21세기 동아시아와 역사 문제

사색과 대화를 위한 강의

이 도서의 국립중앙도서관 출판예정도서목록(CIP)은 서지정보유통지원시스템 홈페이지(http://seoji.nl.go.kr)와
국가자료공동목록시스템(http://www.nl.go.kr/kolisnet)에서 이용하실 수 있습니다.
CIP제어번호: CIP2018024047(양장), CIP2018024045(반양장)

사색과 대화를 위한 강의

21세기
동아시아와
역사 문제

다나카 히토시 · 유용태 엮음

한울
아카데미

21SEIKI NO HIGASHI ASIA TO REKISHI MONDAI
by **Hitoshi Tanaka**

ⓒ Hitoshi Tanaka 2017, Printed in Japan
Korean translation copyright ⓒ 2018 by HanulMPlus Inc.

First published in Japan by Horitsu Bunka Sha
Korean translation rights arranged with Horitsu Bunka Sha
through Imprima Korea Agency.

책을 펴내며

　이 책은 동아시아 지역사회에 통용되는 역사 인식을 만들기 위한 노력의 일환으로 진행된 연속 강의를 바탕으로 구성되었다. 여기서 말하는 동아시아는 한·중·일 3국을 중심으로 하는 협의의 개념이 아니라 타이완과 동남아시아까지 포함하는 광의의 개념이다. 강의는 2015~2016년 일본의 오사카 대학(大阪大學)에서 진행되었고, 그 담당자로는 일본인 학자가 다수였지만, 한국과 중국뿐 아니라 타이완과 싱가포르 학자도 포함되어 있다.

　21세기 동아시아가 협력과 상생을 추구하는 지역공동체로 한걸음 나아가기 위해서는 여러 분야의 노력이 필요하지만, 우리는 역사 연구자로서 역사 문제가 하나의 걸림돌이 되고 있는 현실을 직시하는 데서 출발했다. 21세기 동아시아의 주역이 될 대학생들이 이와 같은 역사 문제를 자국사의 틀 안에 갇혀 좁은 시야로 보는 것이 아니라 국경을 넘어서도 통용될 수 있는 열린 시야로 파악할 수 있도록 돕기 위한 사색과 대화의 장을 실험한 것이라 할 수 있다. 나아가 필자들이 서로 열띤 토론을 할 수 있었으므로, 이 또한 소중한 경험이었다.

　모두들 아는 바와 같이 19~20세기의 동아시아는 근대 국민국가를 향한 개혁 및 혁명과 수구 및 반동, 제국주의와 반제국주의, 공산주의와 반공산주의의 격렬한 대립을 거쳤다. 그 과정에 대한 인식과 기억은 한 나라 안에서뿐 아니라 국가 간에도 대립하는 양태를 보였고, 당시에 그랬지만 그 후에도 지속되어 역사 문제로 현실 속에 살아 있다. 그것은 국내외 정치 상황에 따라 잠시 억제되기도 하고 다시 증폭되기도 한다. 21세기의 동아시아는 앞에서 말한 세 가지 대립에서 기본적으로 벗어났음에도 현실을 살고 있는 사람들은 여전히 19~20세기의 기억과 인식을 가슴에 품고 지낸다. 그중 특히 제국주의-반제국주의의 대립과 공산주의-반공산주의의 대립에 의거한 역사 인식은 국경을 넘는 순간 통용되기 어려운, 역사 인식의 심각한 차이와 갈등으로 남아 있다.

그중 공산주의와 반공산주의 간의 대립으로 생긴 역사 인식의 차이는 기본적으로 냉전기에 형성되었지만, 탈냉전기에 들어와서도 지속되고 있다. 남한과 북한 사이에, 타이완 해협의 양안 사이가 그러할 뿐 아니라, 남한 사회 안에서도 그러하다. 더구나 21세기 동아시아를 특징짓는 중화인민공화국의 대국화에 따라 중국공산당의 '혁명 사관'이 "중화민족의 위대한 부흥"이라는 기치 아래 국경을 넘어 확산될 가능성이 커졌다. 그리하여 우리는 제국 일본의 팽창이 남긴 역사 문제도 해결하지 못한 채, 공산당이 지배하는 중국에 의해 형성된 또 다른 역사 문제와 직면하게 된 셈이다.

이런 복합적인 문제의식을 살리기 위해 1부 「20세기 중국 정치의 궤적」, 2부 「아시아를 '상상'하다」, 3부 「역사 문제에 대한 한국, 타이완, 중국의 인식」 등 3부로 구성했으며, 뒤에 보론으로 「역사 문제에 대한 일본의 인식」을 덧붙였다.

1부에서는 중국공산당의 혁명사관에 의거한 역사 인식과 역사 서사의 편향을 네 가지 사례로 나누어 비판적으로 검토했다. 중화인민공화국을 정통으로 전제하고 중화민국을 깎아내리는 혁명 사관을 비판하는 내용을 담고 있다. 최근 대국화하는 중국의 역사 인식에 대한 일본 학계의 우려를 잘 보여준다.

2부에서는 일본 제국의 팽창 과정에서 진행된 일본인의 식민과 현지 주민에 대한 우월감, 원자폭탄 투하를 둘러싼 일본과 미국의 인식 차이, 패전 후 아시아를 주체 형성의 방법으로 삼을 것을 역설한 다케우치 요시미(竹內好)의 사상 등 주로 일본인의 아시아에 대한 상상을 다루었다. 그러나 여기에 그치지 않고 싱가포르를 사고의 거점으로 삼아 동남아시아까지 포괄함으로써 아시아의 주체성을 강조하고 '월경 아시아(Trans-national Asia)'를 상상하는 글을 실어 시야를 확장했다.

3부에서는 동아시아 근대사에 대한 인식의 차이를 좁히기 위한 노력의 일환으로 한국, 중국, 타이완 학자들이 각기 다른 시각으로 문제에 접근했다. 주로 제국 일본에 의해 생겨난 역사 문제인 식민 지배와 침략 전쟁을 둘러싼 인식의 차이가 각 연구자가 속한 해당 사회의 맥락에 의거해 다루어졌다. 그 밖에 타이완에서의 본토화와 중국화의 엇갈림, 근대 중국의 서양 인식에 보이는 이중성(침략자이자 모델로 묘사) 등도 함께 다루었다.

이상의 내용에서 드러나듯이 제국 일본의 침략 전쟁과 식민지 지배에 대한 일본인 스스로의 생각을 다룬 글이 빠져 있어, 일본 주오 대학(中央大學)에서 진행된 연속 강의의 원고 두 편을 보론으로 추가했다. 하나는 제국의 해체 과정에서 식민지에 두고 온 일본인의 재산이 그들의 피해자 의식을 낳았다는 글로, 원자폭탄 문제와는 또 다른 차원에서의 자기변호라고 할 수 있다. 다른 하나는 공동 교재 편찬을 통해 제국 일본의 침략 전쟁과 식민지 지배를 자기성찰의 시각에서 가해자 의식을 갖고 직시하려는 글이다.

이 책은 근대 일본이 남긴 역사 문제를 다각도로 논의하는 동시에, 중화 대국이 제기하기 시작한 역사 문제에 대해서도 유의할 수 있도록 했다. 이 둘을 상호 연관 지어 함께 파악할 수 있는 두 개의 눈은 동아시아인 모두에게 필요하지만, 한국인에게 특히 더 절실하다. 그 까닭은 근현대의 역사가 말해주고 있는 대로이다. 이 책의 토대가 된 연속 강의를 한국인이 주관하지 못한 아쉬움은 남지만, 타자의 시각을 비판적으로 재구성하여 자신의 거울을 복합 렌즈로 발전시킬 수 있다면 그 의미는 결코 작지 않을 것이다.

이 책의 내용은 다나카 히토시(田中仁)가 엮은 『21세기의 동아시아와 역사 문제(21世紀の東アジアと歷史問題)』(法律文化史, 2017)를 저본으로 하여 쓰치다 아키오(土田哲夫)가 엮은 『근현대 동아시아와 일본: 교류·상극·공동체(近現代 東アジアと日本: 交流·相剋·共同體)』(中央大學出版部, 2016)에서 두 편의 글을 가져와 보완했다. 두 책은 모두 재일 교포 3세가 운영하는 원아시아재단의 지원을 받아 기획되었다. 책의 출간을 위해 지원과 협조를 아끼지 않은 오사카 대학 법학연구과와 다나카 교수, 그리고 주오 대학의 쓰치다 교수와 관계자들께 감사드린다. 또한 번역을 맡아준 대학원생들과 출판 제의를 흔쾌히 받아준 한울엠플러스(주)에도 깊이 감사드린다. 아무쪼록 이 책이 사고의 폭과 깊이를 더해 21세기 동아시아를 협력과 상생의 방향으로 한 걸음 진전시킬 수 있기를 바라며, 독자의 애정 어린 질정을 고대한다.

2018년 7월
엮은이를 대표하여 유용태

차례

2부

아시아를 '상상'하다

8장 **'월경 아시아'와 지역 거버넌스**

동아시아에서 역사, 정치경제 발전의 새로운 분석

류훙(劉宏) | 윤현상 옮김

3부

역사 문제에 대한 한국, 타이완, 중국의 인식

9장 **자국사의 제국성을 묻는다**

한·중·일 3국의 동아시아 지역사 비교

유용태

21세기 동아시아와 역사 문제

다나카 히토시 田中仁 | 김은영 옮김

1. 머리말

20세기 후반, 농아시아 지역 질서는 새로운 재편과 변화를 경험했다. 경제 면에서는 세계경제의 중심이 미 대륙과 유럽에 걸친 환(環)대서양권에서 미 대륙과 동아시아에 걸친 환태평양권으로 이동했다. 이런 변화를 뒷받침한 요소로는 첫째, 일본의 고도성장, 둘째, 아시아 신흥공업국(NIEs: Newly Industrializing Countries)의 출현과 아세안(ASEAN: Association of South East Asian Nations)의 발전, 셋째, 1980년대 이후 개혁·개방 정책으로 전환한 중국을 들 수 있다.

정치 면에서는 1980년대까지 동아시아의 많은 나라가 개발주의와 권위주의 체제하에 있었으나, 1990년대 이후 한국과 타이완 등이 민주화되면서 동아시아 지역의 정치 구도에 변화가 생겨났다. 또한 안전보장과 국제 관계 분야에서는 동서 냉전 체제를 구축했던 미국과 동아시아 국가들이 이른바

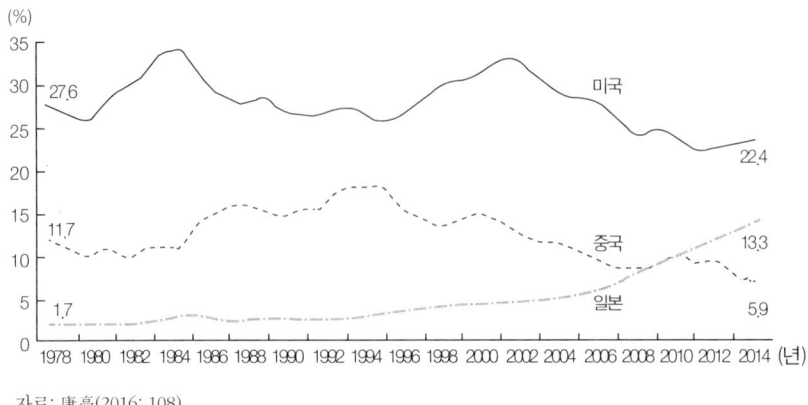

| 총론 그림 1 | 미·중·일이 세계경제에서 차지하는 GDP 지분 추이

자료: 唐亮(2016: 108).

허브스포크(Hub-Spoke) 조약망을 조성하면서 1990년대 이후 아세안을 중심
으로 다면적이고 중층적인 질서가 만들어졌다.

중국은 2000년대 들어 세계무역기구(WTO) 가입을 계기로 글로벌 경제
에 본격적으로 참가하기 시작했으며, 2010년 이후 글로벌 대국으로 성장해
국제 정치와 경제에 큰 자극이 되고 있다(〈총론 그림 1〉).[1]

그러나 한편으로는 중국 정부가 관여할 수 있는 거버넌스(governance)의
영역이 한정적인 데 머물러 있고, 또 덩샤오핑(鄧小平)이 남긴 유산인 국제
협조의 기조[도광양회(韜光養晦)] 방침가 변경되면서 국내외적으로 긴장감이 높
아지고 있다.

---

1   2010년 중국의 명목 GDP는 일본을 제치고 세계 2위가 되었다. 그 결과 일본은 42년간
지키고 있던 세계 2위 자리를 중국에 넘겨주었다. 일본의 경제 규모를 1로 볼 때 중국의
경제 규모는 2004년 1/4, 2005년 1/2, 2010년 1, 2015년 2이다.

2. 동아시아 역사 문제의 발생과 전개

1) 발생은 1980년대

동아시아 역사 문제의 출발점은 1980년대까지 거슬러 올라갈 수 있다.

1982년 일본의 역사교과서에 기술된 '침략'이라는 용어를 '진출'로 바꿀 것을 요구한 검정 의견서가 제출되었다. 이를 다룬 신문 보도를 계기로 중국과 한국이 비판을 가하면서 교과서 문제가 국제 문제로 비화되었다. 일본 정부는 검정 과정에서 '근린제국조항(近隣諸國條項)'을 작성해 사태를 수습했다. 또한 1978년부터 야스쿠니 신사에 A급 전범이 합사되었는데, 1980년대에 일본 총리가 야스쿠니를 공식적으로 참배하자 한국과 중국이 거세게 비판했다.

한편 1990년대 중국에서는 애국주의 교육이 전개되었다. 애국주의 교육은 톈안먼 사건과 냉전 붕괴 이후 사회주의 이데올로기를 대체할 통치의 정당성을 확보하기 위해 '중화의 부흥'을 내세워 내셔널리즘을 일으키려는 의도에서 시작되었다. 그리고 한국에서는 일본군 '위안부'(일본어판에는 '종군위안부'로 표기) 문제가 주목할 대상으로 떠올랐다. 1993년 일본 정부는 위안부 및 위안소의 존재와 구(舊) 일본군의 관여를 인정한 '고노 담화'를 발표했다. 종전 50주년을 맞은 1995년, 자민당·사회당·사키가케당 연립의 무라야마(村山) 내각 중의원이 '50주년 결의'를 채택하면서 이른바 '무라야마 담화'가 발표되었다. 일본에서는 역사 인식 문제에 대한 관심이 높아지면서 '새로운 교과서를 만드는 모임(新しい教科書を作る會)' 운동(1997년 설립) 같은 한국·중국 등 이웃 나라의 동향에 적극적으로 대항하려는 새로운 움직임도 생겨났다.

2) 21세기의 새로운 전개

2000년대에 접어들어 중국 각지에서 반일 시위가 일어나고, 일본에서 총리와 각료들이 야스쿠니 신사를 참배하면서 한일·중일 관계가 악화되었다. 동아시아의 역사 문제는 중국이 항전 승리와 난징 대학살을 국가적 기념일로 삼고, 한국이 역사교과서를 국정화하려 시도하는 등 국내 정치의 제도화가 진행되고, 세계유산을 둘러싼 한국과 일본의 대립, 세계기억유산을 둘러싼 중국과 일본의 대립, 위안부 소녀상 확산 등이 국제 문제를 야기했다.

중국은 2014년 2월 27일 열린 전국인민대표대회 상무위원회에서 9월 3일을 중국인민 항일 전쟁 승리 기념일로, 12월 13일을 난징 대학살 희생자 국가추도일로 지정해 매년 9월 3일과 12월 13일에 거국적인 추도 행사를 거행하기로 결정했다(≪人民日報≫, 2014.2.28).

한편 2015년 7월 '메이지(明治) 일본의 산업혁명 유산: 제철·철강, 조선, 석탄 산업'이 유네스코(UNESCO) 세계유산 목록에 등재되었다. 등재 권고 당초에 한국 정부는 이 산업혁명 유산에 포함된 나가사키(長崎)시 등 일곱 개 시설에 조선인 약 5만 7900명이 강제 동원되었다고 주장하며 "인류의 보편적 가치를 가진 유산을 보호하려는 세계유산조약의 기본정신에 위배된다"라고 등록에 반대했다. 최종적으로 일본이 한국 측의 요구를 일부 수용하기로 하고 합의에 이르렀다.

세계유산이 '세계의 문화유산 및 자연유산의 보호에 관한 조약'에 따라 선정되는 데 비해, 1992년에 유네스코가 창설한 세계기억유산은 국제조약에 근거하지 않아 개인이나 단체가 신청할 수 있다. 2015년 10월, '마이즈루(舞鶴)로의 생환: 1945~1956년 시베리아 억류 등 일본인의 본국 귀환 기록'과 '난징 대학살 기록'이 등록되었는데, '마이즈루로의 생환'에 대해서는 러시아 정부가, '난징 대학살 기록'에 대해서는 일본 정부가 유네스코를 정치적으로 이용하는 행위라며 각각 비판했다.

한국정신대문제대책협의회(이하 정대협)는 1990년 11월 결성된 시민단체이다. 이 단체는 일본 정부에 대해 공식적 사죄와 배상을 요구하면서 주한 일본대사관 앞에서 정기적으로 집회 활동(수요집회)을 하고, 각지에서 일본 군 위안부 소녀상 설치 운동을 하고 있다. 2011년 12월 정대협이 서울의 주한 일본 대사관 앞에 위안부 문제를 호소하는 소녀상을 설치했다. 이후 소녀상은 한국 각지에 약 40개가 세워졌고, 미국·캐나다·호주·중국 등 해외에도 세워졌다.

3. 역사 인식과 '역사 서사'

21세기의 역사 문제에 대해서 핫토리 류지(服部龍二)는 "냉전 후에 다양한 형태로 표면화되고 있으며, 일본에서만 일어나고 있는 것이 아니다"라고 하고, 주체와 매체에 따라 정책, 이미지, 지식, 교육, 기억, 감정의 6개 차원으로 구분했다(〈총론 표 1〉)(服部龍二, 2015: 2~3).

| 총론 표 1 | 역사 문제의 6차원과 주체·매체

	주체	매체
정책	정치가, 관료	국회, 외교, 홍보
이미지	기자, 저널리스트	신문·잡지, 텔레비전, 라디오
지식	언론인	저작
교육	교원, 학생	교과서
기억	당사자, 관계자, 유족	체험, 전문(傳聞), 전시
감정	시민	집회, 인터넷

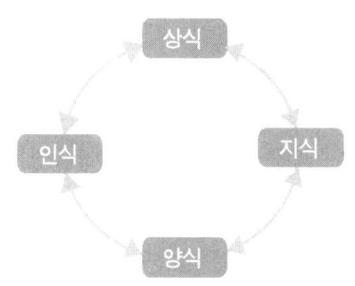

| 총론 그림 2 | 역사 서사와 역사 인식의 관계

역사 문제에 관한 6개 차원에 대해서는 다른 주체의 다양한 의견이 각각의 매체를 통해 표명되었다. 여기서는 이를 '역사 서사'로 통일했다. '역사 서사'와 역사 인식은 '상식', '지식', '양식', '인식'의 상호적 관계로 이해된다(〈총론 그림 2〉, 쉬위밍의 견해에 따랐다).

역사 문제에 관한 사회의 '상식'은 주로 역사 교육으로 국민에게 배양된다. 역사 교육은 문부성 제정 『학습지도요령』(한국의 '교육과정'에 해당)과 같은 행정 문서에 의거해 편찬되고 인가받은 교과서를 사용해 이루어진다. 하지만 학생들은 학습 참고서 등의 교육 도서와 일반 교양서를 참조하면서 다양한 '지식'을 습득한다. 또한 정치(외교와 내정) 영역의 '역사 서사'와 사회 영역의 '역사 서사'는 '양식(良識)', 즉 다양한 '지식'에 대한 일종의 판단을 전제로 한다. 이 '양식'의 배경에는 체계화된 '지식'으로서의 '인식'(역사 인식)이 있다. 반면 '역사 서사'에는 당사자의 기억(체험), SNS 등에서의 감정 토로와 같이 체계화되지 않은 것도 있다.

4. '국민의 이야기'와 동아시아

1989~1991년, 톈안먼 사건부터 동유럽권 혁명을 거쳐 소연방 해체에 이

르는 동서 냉전의 종결은 동아시아 지역 질서에서 변화를 촉진했다. 이와 동시에 동아시아의 네 국가(한국, 중국, 일본, 타이완)는 새롭게 질적으로 달라진 '국민의 이야기'를 내놓게 되었다.

1) 중국

1970년대에 중국은 국제연합(UN)에 복귀해 안보리 상임이사국이 되었다. 사실 중국은 핵확산금지조약(NPT)의 핵보유국 지위를 획득하면서 이미 동아시아 지역 정치에서 돌출적인 존재가 되었다. 1980년대 마오쩌둥(毛澤東) 사망 후 중국 정치의 지도권을 손에 넣은 덩샤오핑은 국가 전략을 바꾸어 '개혁·개방'의 시대를 열었다. 1990년대 동유럽권 혁명과 소비에트 연방 붕괴를 계기로 정치·경제 체제의 전환을 이룬 중국은 전면적인 시장화와 함께 공산당의 일당 통치 체제를 견지하고자 했다. 또한 사회주의 이데올로기로 유지해왔던 사회적 응집력이 약해지는 것을 보완하기 위해 내셔널리즘(애국주의)을 강조하기 시작했다.

1991년 8월, 청년층을 주요 대상으로 하여 전(全)국민을 망라한 애국주의 교육 캠페인은 중국공산당 중앙의 '문물의 충분한 운용을 통한 애국주의 및 혁명 전통 교육 진행에 관한 통지(關於充分運用文物進行愛國主義和革命傳統敎育通知)'와 국가교육위원회의 '초중고 중국 근현대사 및 국정교육 강화를 위한 총체강요(中小學加强中國近代現代史及國情敎育的總體綱要)'로 개시되었다. 이 캠페인은 중국의 굴욕적인 근현대사를 배우고 공산주의 혁명으로 국가의 모습이 얼마나 크게 바뀌었는지 배우도록 전 국민에게 호소했다. 이 계획을 촉진하기 위해 중국공산당 산하의 선전 기관이 총동원되었다. 그 결과 애국주의의 내용은 중국의 정치 기구에 깊이 뿌리내려 공산당의 새로운 이데올로기적 도구가 되었다. 중국공산당 중앙의 '애국주의 교육 실시강요(愛國主義敎育實施綱要)'(1994)는 애국주의 교육 캠페인의 가장 중요한 요소 중 하나로서

'애국주의 교육 기지' 설치를 지방정부에 요구했다. 1995년 3월 민정부(民政部)가 선정한 국가 수준의 애국주의 교육 기지 100개가 공표되었다. 그 내역은 대외 전쟁 40, 국공내전 24, 신화 21, 영웅 15개였다. 그런데 대외 전쟁 40개 가운데 1931년부터 1945년까지의 항일 전쟁에 관한 것이 절반인 20개에 달했다[2](ワン·ジョン, 2014: 144, 149, 155~157). 이처럼 중국의 '국치(國恥)'에 관한 언설은 가족 이야기(원초주의)와 역사교과서(구축주의)에 더해 엘리트 주도의 이데올로기 교육(도구주의)이 병행해 추진된 결과 여러 가지 해석이 생겨나게 되었다(ワン·ジョン, 2014: 204).

2) 타이완

타이완에서는 1988년 장징궈(蔣經國) 사망 후 총통이 된 리덩후이(李登輝)가 민주화를 진행했다. 계엄령 해제, 헌법의 내란 시기 조항 폐지, 종신 의원 은퇴, 실효 통치 지역에서 지역 대표 선출 등 일련의 조치로 1996년 총통 직접선거가 실시되었으며, 이 선거에서 리덩후이가 새 총통으로 당선되었다. 이후 2008년에는 국민당(國民黨)의 마잉주(馬英九), 2016년에는 민진당(民進黨)의 차이잉원(蔡英文)이 당선되며 경쟁적인 정당정치가 정착되어갔다.

그동안 1990년대 이후 민주화는 타이완 정치의 '본토화'를 둘러싼 종족 정치(ethnopolitics, 타이안에서는 이를 '族群政治'라 표기)로 전개되었다. 그리하여 1990년대 중반부터 2010년대에 걸쳐 타이완 사회의 정체성(identity)에는 명

---

2 모범 기지로 지정된 많은 시설들은 이후 건설, 개축, 확장 등을 위해 정부의 재정 지원을 받았다. 또한 모범 기지 인정받으면서 학교, 군, 관공서 등으로부터 단체 견학이 많아졌다. 예를 들어 루거우차오(蘆溝橋) 부근에 있는 '중국 인민 항일 전쟁 기념관'(1987년 개관, 1995년 확장)과 '일본군의 중국 침략으로 난징에서 학살당한 동포 기념관'(이른바 '난징 대학살기념관', 1985년 개관, 1995년 확장)에는 지금까지 900~1000만 명이 찾고 있다 (ワン·ジョン, 2014: 157~158).

| 총론 그림 3 | 타이완인과 중국인의 정체성 변화

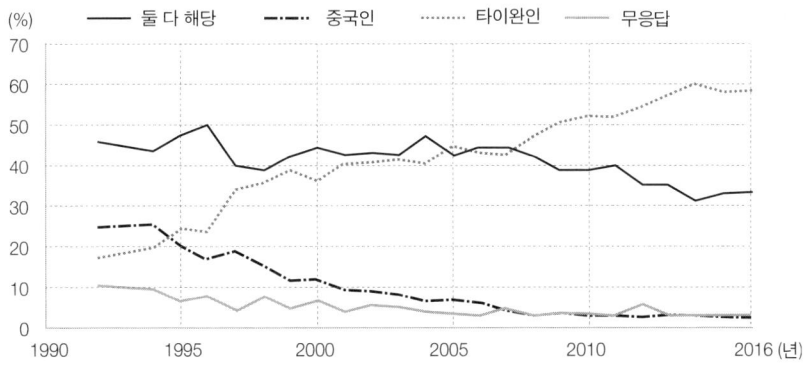

자료: 타이완 정치대학 선거연구센터 홈페이지.

백한 변화가 생겨났다(〈총론 그림 3〉)[3]. 동시에 반세기 동안 일본이 타이완 사회에 근대화와 일본화를 강요했던 사실에 대해, 타이완은 근대화를 취하되 일본화는 거부하는 주체적 선택을 했다는 이해가 정착해갔다.

타이완 정치의 '본토화'는 교육제도의 재편을 불러왔다. 1997년 타이완 역사를 다룬 중학교 교과서 『타이완을 알자(認識臺灣)』(역사 편)가 채택되면서 중국 대륙과 중화민국 역사를 가르쳐온 종래의 역사 교육에 커다란 변화가 생겼다. 이를 계기로 타이완 사회에서 역사관의 규범, 예를 들어 '일치(日治: 일본의 통치)'와 '일거(日據: 일본의 점거)', '종전(終戰)'과 '광복(光復)'에 대한 논쟁이 사회 곳곳으로 확대되었다. 또한 타이완 역사를 고등학교에서 단독 과목으로 인가한 2006년 '과정강요(課程綱要)'(한국의 '교육 과정'에 해당)는 타이완 정치의 민주화를 추진한 것으로 여겨졌다(이 책 10장 참조).

---

3 타이완 정치대학선거연구센터는 타이완 사회의 타이완인/중국인 정체성 동향에 대해 1992년부터 조사를 진행하고 있다. 처음으로 총통 직접선거가 실시된 1990년대 중반, '중국인이기도 하고 타이완인이기도 하다'가 약 반수, '타이완인이다'·'중국인이다'가 20~30포인트였다. 20년 후인 2016년 '타이완인이다'가 60포인트, '중국인이기도 하고 타이완인이기도 하다'가 약 30포인트, '중국인이다'가 수 포인트 정도였다.

또한 중화민국의 역사와 일본 통치하의 타이완 역사가 1945년에 합류하며 타이완의 중화민국이 발전했다고 본 루팡상(呂芳上) 전(前) 국사관장(國史館長)의 'Y 자형의 역사'(≪朝日新聞≫, 2011.9.30), 구석기시대부터 일본 식민지 시대까지를 통관함으로써 타이완의 역사에서 한족(漢族) 요인을 상대화한 저우완야오(周婉窈)의 『도설(圖說) 타이완의 역사』 등, 근 4반세기 동안 타이완의 정치사회적 변화를 통해 본 새로운 타이완의 역사상이 제기되기도 했다.

3) 한국

1990년대 초 한반도 정세는 한국과 북한의 국제연합 동시 가입(1991.9), 한·중 외교 수립(1992.8) 및 북한 핵문제[1993년 3월 핵확산금지조약 탈퇴 선언] 등 동서 냉전 이후 재편이 이루어졌다. 또한 1970년대 이후 급속한 공업화와 경제성장을 이룬 한국은 1987년 대통령 선거를 계기로 권위주의 체제에서 민주화로 전환되기 시작했다.

한국과 일본의 관계는 1965년 6월에 체결된 '한일기본조약'으로 정상화되었다. 그러나 1910년부터 1945년에 이르는 35년간의 식민지 지배를 어떻게 인식할 것인지를 놓고, 일본은 당시의 국제법상 유효하다고 주장한 반면 한국은 무효라고 보면서, 각자 나름대로 해석할 여지를 남겨두었다. 이 문제는 1990년대 초에 새롭게 전개되어갔다.

1991년 8월 전 일본군 위안부 김학순(金學順)이 실명으로 공개 증언에 나섰으며, 그다음 달에는 도쿄 지방법원에 소장을 제출했다. 이에 대한 일본 정부 차원의 대처를 요청하면서 일본군 위안부 문제는 공식적인 외교 문제로 떠올랐다. 이후의 전개 과정을 기무라간(木村幹)은 다음과 같이 개괄했다.

첫째, 일본군 위안부 문제가 갑자기 주목받게 된 배경에는 일본인 남성을 비롯한 외국인 남성이 한국인 여성을 대상으로 행했던 '매춘관광'을 비판하는 한국의 여성 문제 운동가의 활동이 있었다. 여기에는 '외국인이 한국인 여성의 인권을 짓밟은 선행 사례'라는 의미가 부여되었다. 둘째, 당시 한·일 간 역사 인식 문제에서 가장 중요한 이슈는 총력전 시기의 노동자 동원의 강제성을 둘러싼 문제였고, 위안부 문제도 그 일환으로 논의되었다. 셋째, 이와 같이 '재발견'된 위안부 문제에 대한 일본 정부의 혼란스러운 대응(미야자와(宮澤) 정권의 정부 '관여' 부정부터 역사적 사실에 근거하지 않은 '반성' 표명, 무라야마(村山) 정권의 역사 인식 문제에 대한 공식적인 견해 표명 시도로 정부 내에서 다양한 발언이 생겨났고, 그 일부를 한국 측이 '망언'으로 받아들이면서 한일 관계가 악화된 것이 위안부 문제를 한일 역사 인식 문제의 중요 이슈로 부상시켰다. 넷째, 일본 정부의 혼란된 대응 배경에는 양국 정부와 통치 엘리트가 세대교체로 인해 사회 및 여론 장악력을 잃었다는 점도 있다. 그리고 기무라는 이러한 변화가 한국의 민주화에 따른 필연적 결과이기도 하다고 지적했다. 민주화 이후 한국 정부는 항상 여론과 긴장 관계에 놓이게 되었고, 따라서 위안부 문제의 대처에서도 여론을 고려하지 않을 수 없었던 것이다(木村幹, 2014: 209~213).

한국에서 나타난 '국민의 이야기'에 관해서는 고구려사 귀속을 둘러싼 한국과 중국의 논쟁을 들 수 있다. 2002년부터 2007년까지 중국사회과학원과 동북 지구의 학술기관이 시행한 국가 프로젝트 '동북 변경의 역사와 현상에 대한 계열 연구 공정(東北邊疆歷史與現狀系列研究工程)'은 중국 동북 지구의 역사와 국경 문제를 거시적으로 고찰하는 것이 목적이었다. 2004년 중국과 북한이 각자 신청한 고구려 유적군이 세계문화유산 등재를 동시에 승인받았다. 이때 한국에서는 '고구려는 중국 고대의 변경에 있던 소수민족 정권'이라는 중국의 관점에 대해 고구려사를 중국에 편입시키려 한다는 비판이 일어났다. 양국은 외교 협의를 통해 이를 정치문제화하지 않기로 양해했다(金光林, 2008).

4) 일본

일본에서는 1993년에 '55년 체제'가 붕괴하고 연립정권 시대가 열렸다. 호소카와(細川) 정권에 이어 무라야마 도미이치(村山富市) 일본 사회당 위원장을 수반으로 한 자민·사회·사키가케 연립 정권이 수립되었다. 1995년 종전 50주년을 맞이해 세계대전을 정리하려는 움직임이 활발해지는 가운데 우선 사회당이 국회결의안을 작성했다. 그런데 이 결의안은 당시 연립 내각을 구성하고 있던 자유민주당 등의 반발로 대폭 수정할 수밖에 없었다. 6월 9일, 무라야마 내각의 여당 3파가 공동 제출한 중의원 결의안이 약 반수가 결석한 가운데 기립 가결해 채택되었다. 이 국회 결의와 8월 15일의 총리 담화는 냉전 후 맞이한 새로운 환경에서 일본이 전후 50년을 어떻게 정리하고 미래를 전망할 것인지에 관해 국가적 의지를 집약한 것이었다.

1990년대 초 냉전의 종언으로 일본에서도 그때까지 어느 정도 명백히 존재했던 '좌우'의 대립 축이 완전히 무너졌다. 냉전하에서 양대 정당 중 하나였던 사민당(社民黨, 1996년 사회당에서 개칭)이 군소 정당으로 전락하고 '진보파' 지식인의 발언력이 현저히 약화되었다. 이는 동시에 '보수파'에도 상당한 영향을 끼쳤는데, 1997년에 설립된 '새로운 교과서를 만드는 모임' 초기의 간부 대다수가 자민당과 가까운 '친미 보수' 사상보다는 '반미 보수' 사상과 강한 친화성이 있었다는 점에서도 잘 드러난다. 그들은 제2차 세계대전 후 일본의 체제 즉 '전후 체제(regime)'를 부정적으로 이해하고, 종래 논단에서 상당한 영향력을 가졌던 보수·진보 양쪽의 주류 세력을 '전후 체제'를 구축해온 공범자이자 타도해야 할 '낡은 부패 엘리트'로 간주하며, 스스로를 그들에 대한 비판자로 여겼다(木村幹, 2014: 221~223).

26

5. 동아시아에 통용되는 '역사 서사'를 위하여

2015년 8월 14일 공표된 아베 총리의 70주년 담화는 "① 아시아에서 최초로 입헌정치를 실시하고 독립을 지켜온 일본은 세계대공황 후 '새로운 국제 질서'에 대한 '도전자'가 되었으나 길을 잘못 들어 전쟁의 길로 들어섰다, ② 사변, 침략, 전쟁 등 어떠한 무력의 위협이나 행사도 국제분쟁을 해결하는 수단으로서 두 번 다시 이용되어서는 안 된다, ③ 그 전쟁과 아무런 관련이 없는 우리 자손에게 사죄를 계속할 숙명을 지게 해서는 안 된다, ④ 우리나라는 자유, 민주주의, 인권이라는 기본적 가치를 견지하며, 그 가치를 공유하는 나라들과 손잡고 '적극적 평화주의'의 기치를 높이 올려 세계 평화와 번영에 공헌한다"라는 내용이었다. 담화 다음 날인 8월 15일, ≪닛케이(日經)≫, ≪마이니치(每日)≫, ≪요미우리(讀賣)≫ 등 각 신문의 사설은 아베 담화가 고노·무라야마 담화 등 종래 내각의 견해를 계승하고 그 연장선상에서 동아시아의 장래를 전망한 것이라고 평했다.[4]

9월 3일, 중국은 '중국 인민 항일 전쟁 및 세계 반파시즘 전쟁 승리 70주년 기념 대회'를 톈안먼(天安門) 광장에서 개최하고 군사 퍼레이드를 선보였다. 이 대회에는 블라디미르 푸틴(Vladimir Putin) 러시아 대통령, 박근혜 한국 대통령, 반기문 국제연합 사무총장 등이 참석했다. 시진핑(習近平) 중국 국가주석은 군사 퍼레이드에 앞선 연설에서 이 전쟁을 1931년 만주사변으로 시작된 중국 인민전쟁으로 규정하면서 세계 반파시즘 전쟁을 구성한 중요한 요소 중 하나였다고 말했다. 그리고 국제연합 헌장에 기초한 국제 질서를 지켜나가면서 21세기 중국의 세계 대국화를 배경으로 미국과 새로운 양국 관계를 구축할 것을 희망했다. 이와 같은 '14년간 끈질기게 이어진 중국 인민 항일 전

---

[4] ≪아사히 신문(朝日新聞)≫의 8월 15일 자 사설은 "이 담화는 발표할 필요가 없었고 내서도 안 되는 것이었다"라고 전면 부정했다. 한편 ≪산케이 신문(産經新聞)≫은 중국과 한국에 대한 "'역사전쟁'에 대비할 때이다"라고 주장했다.

쟁'이라는 이해는 마잉주 타이완 총통이 9월 2일 제시한 '전쟁 이야기'와는 명백히 다르다. 타이베이(臺北)에서 열린 항전 승리 70주년·중화민국 104년 군인절5 경축 행사에서 마잉주 총통은 1937년 루거우차오 사건으로 촉발된 8년 동안의 대일항전이 장제스(蔣介石) 국민정부하에서 이루어졌다는 것, 그리고 그것을 제2차 세계대전 승리부터 전후에 이르는 국제 정세 전개에서 중대한 요소이자 역사적 사실로서의 지위를 부여해야 한다고 말했다.

한국의 박근혜 대통령은 8월 15일 광복절 연설에서 아베 담화를 언급하면서 유감스러운 부분이 적지 않으나 그럼에도 "일본의 침략과 식민지 지배가 아시아의 많은 나라의 국민에게 큰 손해와 고통을 주었다는 점, 위안부 피해자에게 고통을 주었다는 점에 대해 사죄하고 반성한 역대 일본 내각의 입장을 지켜갈 것을 국제사회에 명확히 했다는 데 주목한다"고 평가했다. 그리고 앞으로 일본 정부는 "역대 내각의 역사 인식을 계승한다는 공언을 일관되고 성의 있게 행동으로 증명해 이웃 나라와 국제사회의 신뢰를 얻어야 한다"라고 했다. 아베 담화를 역대 내각의 역사 인식 계승이라는 맥락으로 이해함으로써 한일 정부가 장차 견해를 서로 조정할 여지가 있음을 드러낸 것이다. 또 톈안먼 군사 퍼레이드에 참석한 박 대통령과 시진핑 국가주석이 함께 내놓은 한·중·일 정상회담 제안에 일본 정부도 긍정적인 자세를 보였는데, 이는 정치 영역에서 '70주년 담화'와 '군사 퍼레이드'로 동아시아의 불안정 요소가 늘어나지 않도록 쌍방향적인 타협이 도모되었음을 시사한다.

그 후 정치 영역에서 역사 문제를 해결하고 완화하려는 시도가 현실화되었다. 2015년 12월 한일 양국의 외교 수장들은 '위안부 문제가 최종적이고 불가역적(不可逆的)으로' 해결되었으며, 한국 정부가 위안부 할머니들을

---

5   1995년 중화민국 국방부는 각종 기념일을 통일하기 위해 9월 3일을 3군의 '군인절'로 하고 각종 경축 활동을 하기로 결정했다. 이에 따라 타이완에서는 9월 3일이 '군인절'로 정착되었다.

| 총론 그림 4 | 4국에 대한 친근감

주: 퍼센트 수치는 친근감을 느끼는 비율이다.
자료: 내각부, 「외교에 관한 여론 조사」를 참조해 필자가 작성했다.

지원하기 위해 설립할 재단에 일본 정부가 10억 엔을 갹출하는 등 양국이 협력해나갈 것을 확인했다. 이듬해인 2016년 5월 버락 오바마 미국 대통령이 현직 대통령으로서는 처음으로 히로시마(廣島) 평화기념공원을 방문해 "우리 나라와 같이 핵을 보유한 나라들은 공포의 논리에서 빠져나와 핵무기 없는 세계를 추구하려는 용기를 가져야 한다"라고 호소했다. 8월 6일 마쓰이 가즈미(松井一實) 히로시마 시장은 평화 선언에서 오바마 연설을 언급하면서 핵무기 폐기를 호소하기도 했다.

21세기에 들어 일본 사회에서 반중(反中)·혐한(嫌韓) 경향이 현저해진 것은 내각부(內閣府)의 「외교에 관한 여론조사」를 보아도 뚜렷하다〈총론 그림 4〉). 이러한 현상은 중국 각지에서 반일 시위가 일어나고, 또한 일본 총리와 각료들이 야스쿠니 신사를 참배하면서 중일·한일 관계가 악화된 데 따른 것으로 보인다.

반면 미국에 대한 친근감은 1980년대부터 21세기까지 일관되게 높은 수치를 보인다. 이처럼 미일 관계는, 예를 들면 히로시마·나가사키(長崎) 원자폭탄 투하에 대한 평가에서 드러나는 심각한 역사 인식상의 차이(서로 용납할

수 없는 '전쟁 이야기')와 양호한 국가 관계가 양립할 수 있음을 보여준다. 이 점
은 양호한 국가 관계(국제 질서)를 세워나가려는 현실적인 정치 과제의 추구
(상호 타협, 관계를 악화·긴장시키지 않으려는 노력)가 꼭 필요하며, 그러한 전제하에
(여러 가지 정치적 요청과 일정한 거리를 두면서) 역사 인식 문제에 대한 사색과 대화
가 가능하다는 사실을 잘 보여준다(이 책의 6장). 다시 말하면 역사 인식이 일
치하지 않는다고 해서 반드시 국가관계가 긴장되거나 악화되지는 않는다는
것이다.

앞에서도 언급했듯이 동아시아에서 역사 문제의 발생은 1980년대의 일
로, 일본의 역사교과서 문제와 일본 총리와 각료의 야스쿠니 참배가 발단이
되었다. 이는 1990년대에 들어서면서 애국주의 교육의 추진(중국), 일본군
위안부의 공개 증언(한국), 무라야마 담화와 역사수정주의(일본)로 전개되었
다. 그리고 21세기에는 국내 정치에서의 제도화(항전 승리 및 난징 대학살의 국가
기념일화)와 국제문제화(세계유산 및 기억유산 지정을 둘러싼 대립, 위안부 소녀상 건립
확산)로 새롭게 전개되었다. 중국의 세계 대국화에 따른 상황의 변화와 제도
창설의 시도, 한·중·일 정부 간 관계의 대립과 조정, SNS 등에서 배외주의
적 감정의 표면화 등이 오늘날의 동아시아 역사 인식을 정치 문제로 비화되
게 만들었다고 할 수 있을 것이다.

여기서 유의해야 할 점은 온갖 역사적 사실과 현상이 정치문제화한 것
이 아니라 몇 가지 특수한 사례가 개별적인 계기와 경위하에서 문제로 나타
났다는 것이다(동아시아의 역사적·지정학적 환경 속에서 오늘날 역사 인식 문제로서 정치
화된 사실과 현상은 한정된다). 그렇다면 이미 정치화되어버린 사실과 현상에 대
해서는 정치적인 해결(쌍방향적 타협)을 도모하면서도 한편으로는 또 다른 요
소가 새로운 역사 문제로 정치화되지 않도록 하려는 지혜가 필요하다. 이를
위해서는 각각의 사실과 현상들이 왜 역사 인식 문제로서 정치화했는지에
대한 냉정한 검토 및 고찰과 함께, 후자의 과제에 대해서는 국경을 넘어서
는 사색과 대화, 학술(역사 연구)의 역할이 매우 중요하다.

6. 맺음말

21세기 동아시아의 '역사 서사'는 '국가'의 경계(타이완 해협, 삼십팔도선을 포함) 및 '국가' 내부의 여러 영역(정치, 논단, 미디어 등)에 의해 겹겹이 얽히고 갈라져 있다. 이런 상황에서 학술에 요구되는 바는 '안'과 '밖' 각자의 경계에

| 총론 그림 5 | 정치의 주체와 전쟁의 기억

주: 1) 이미 정치 문제화된 역사 인식 문제에 대해서는 쌍방향적인 타협에 의한 정치적 처방이 필요하다(일본 총리 관저, 중국 중난하이 신화먼, 타이완 총통부, 청와대).
2) 각각 '전쟁의 기억'을 상징하는 기념물로서 히로시마 원폭돔(일본), 난징 대학살 기념관(중국), 위안부 소녀상(한국)을 두었을 때 이들을 통합시킬 '역사의 기억'을 찾기란 아마 불가능하리라.
3) 타이완의 '전쟁 이야기'를 상징하는 기념물은 무엇인가?

가교를 놓아 동아시아에 통용되는 '역사 서사'를 구상하려는 사색과 대화밖에는 없다.[6]

21세기 동아시아의 특징을 생각해볼 때 한국, 일본, 중국, 타이완에서 정도의 차이는 있겠으나, 정부와 사회, 미디어와 인터넷 공간 등 각 영역에서 다양한 의견이 표출되고 있다.[7] 민간의 교류와 대화, 사색이 더욱 많아져야 하는 까닭이다.

동아시아에 통용되는 '역사 서사'는 반드시 모든 사람이 공유해야 하는 것은 아니다(〈총론 그림 5〉). '동의할 수는 없으나 이해할 수는 있다'에서와 같은 관용성과 포용력이 필요하다.

참고문헌

金光林. 2008. 「中韓兩國の歷史・文化摩擦に對する文明史的考察」. ≪新潟産業大學人文學部紀要≫, 第20號.

內閣府. 2016. 「外交に關する世論調査」. http://www.survey.gov-online.go.jp/index-gai.html

唐亮. 2016. 「中國の經濟成長」. 家近亮子 外 編著. 『新版 5分野から読み解く現代中國 ─ 歷史・政治・經濟・社會・外交』. 晃洋書房.

臺灣・政治大學選擧硏究中心. 2016. 「臺灣民衆臺灣人・中國認識同趨分布」. http://www.esc.nccu.

---

6   가지타니(梶穀, 2015)는 동아시아에서의 '공공성'의 결여가 동아시아 정세를 둘러싼 언론 전반에 폐쇄적 감정을 초래했다고 하면서 '민주', '인권' 혹은 '공공성'에 관한 문제의식의 공유와 함께 사회가 병든 근원을 '외부'에서 찾는 사고를 철저하게 비판하는 것의 중요성을 제기한다.

7   1990년대 이후 타이완과 한국은 권위주의 체제에서 민주제로 이행했다. 중국에서는 1992년 전면적 시장화에 따른 사회적 변화가 나타났다. 21세기 중국에서의 3대 민간 역량에 대해 첸리췬(錢理群, 2012)은 권리보호운동, 인터넷상의 감독, NGO를 들고 있다(pp.407~417).

edu.tw/app/news.php?Sn=166

木村幹. 2014. 『日韓歴史認識問題とは何か ── 歴史教科書・「慰安婦」・ポピュリズム』. ミネル
　　ヴァ書房.

梶穀懷. 2015. 『日本と中國"脱近代"の誘惑 ── アジア的なものを再考する』. 太田出版.

服部龍二. 2015. 『外交ドキュメント歴史認識』. 岩波文庫.

錢理群. 2012. 『毛澤東と中國 ── ある知識人による中華人民和國史(下)』. 靑土社.

田中仁.　2016. 「戰後70年と21世紀の東アジア ──"戰爭の語り"と歴史認識」. 秋田茂・桃木至朗
　　編. 『グローバルヒストリーと戰爭』. 大阪大學出版部.

周婉窈. 2013. 『增補版圖說臺灣の歴史』. 濱島敦俊 監譯. 平凡社.

ワン・ジョン. 2014. 『中國の歴史認識はどう作られたのか』. 伊藤眞 譯. 東洋經濟.

1부

20세기
중국 정치의 궤적

1장

중화민국사와 '역사 서사'

가네코 하지메 金子肇 | 윤현상 옮김

1. 머리말: '역사를 서술하는' 것과 역사학, 중국 근대사

역사학의 견지에서 '역사 서사'라는 키워드에 어떻게 접근할 수 있을까? 또한 중국 근대사라는 연구 분야에서는 어떻게 접근해야 할까? 이 장에서는 이 문제에 접근하기 위해 먼저 '역사'란 무엇인가라는 물음에서 출발하고자 한다.

역사학에서 '역사'란 과거의 '사실'만을 가리키는 것은 아니다. 그렇다면 과거의 '사실'과 '역사'는 무엇이 다를까? 과거의 '사실'을 인간이 일정한 목적이나 시각을 가지고 취사선택하며, 그 인과 관계를 재구성했을 때 비로소 '역사'가 된다고 필자는 생각한다. 요컨대 각각의 시대에 살았던 사람들, 그리고 현재를 사는 우리가 과거의 '사실'에 관여함으로써 '역사'는 만들어진다.

그런데 역사학이 하나의 '학'이 될 수 있는 것은 사료 비판에 기초한 인과 관계의 해석과 검증이라는 방법(곧 실증)이 있기 때문이다. 이로 인해 역사학은 자의적인 '사실'의 선택을 가능한 한 배제할 수 있게 되었고, '사실'을 '역사'로 재구성하는 작업도 설득력을 가질 수 있다. 요컨대 역사학이 스스로에게 유리하도록 '역사를 서술하는' 것은 허락되지 않는다. 물론 구조주의에 입각해 "역사는 서사(내러티브)다"라는 주장도 있다.[1] 그러나 그것과는 다른 차원에서, 자신에게 알맞은 '사실'을 골라 듣기 좋은 '역사'로 재구성하면서 '역사는 이야기다'라고 잡아떼는 것은 허락되지 않는다.

그러나 사료 비판에 기초한 실증 방식으로 '역사 서사'를 다룬다고 하더라도 역사학에는 그 방법을 제약할지도 모르는 귀찮은 문제가 남아 있다. 그것은 '역사관'의 문제이다. 여기에서는 '역사관'을 과거의 '사실'을 취사선택하고 연결해 재구성하는 지침이라고 정의하자. 앞에서 '역사'를 재구성하는 '일정한 목적이나 시각'이라고 한 것이 곧 '역사관'이다. 역사학에서 귀찮은 문제는 '역사관'이 때때로 이데올로기성이나 정치성을 띠고 나타난다는 점이다. 인간이 사회적 존재인 이상 '역사관'은 불가피하게 시대의 사회적·정치적 조건이나 사상적·문화적 환경에 영향을 받는다. 그러나 '역사관'이 이데올로기성이나 정치성을 강하게 띠면, 극단적인 경우 특정 국가·국민·계급·정당 등에 유리한 '역사 서사'가 될 것이다. 또 사료 비판에 기초한 실증도 '역사관'에 제약되어, '역사'의 재구성이 독선에 빠질 위험성이 있다.

이 장에서 다룰 '역사 서사'의 문제는 '역사관'과 일본의 중국 근대사 연구의 관계에 대한 것이다. 1970년대까지 중국 근현대사 연구는, 혁명정당의 정치적 정당성을 변호하고 증명하는 '혁명사관'의 영향하에 있었다. 여기서 말하는 혁명정당은 중국국민당과 중국공산당을 가리키지만, 그중에서도 중국공산당의 정당성을 증명하는 마오쩌둥의 '혁명사관'이 압도적으로 영향

---

1 '구조주의의 아버지'로 불리는 언어학자 페르디낭 드소쉬르(Ferdinand de Saussure)는 언어를 매개로 성립한 인식은 진실에 도달하는 것이 불가능하다고 주장했다. 이런 생각에 입각하면, 언어에 의해 남겨진 사료를 사용해 올바른 '사실'을 인식하는 것은 불가능하고, 그러므로 '역사는 이야기이다'라고 주장하는 것도 가능해진다.

력을 발휘한다. 그러나 1980년대 이후가 되면 '중화민국사'라는 연구의 틀이 형성되어 새로운 '민국사관'이 제창되었다. 돌이켜보면 '민국사관'의 등장은 일본에서 중국 근대사 인식의 패러다임 전환이라고 할 만한 획기적인 의의가 있었다. 그래서 이 장에서는 중국공산당의 '혁명사관'과 그 '역사 서사'를 상대화했던 '민국사관'을 소개하고, 근대 중국의 역사를 인식하고 '이야기하는' 일본(인)의 견지에서 '중화민국사' 연구의 의의를 고찰하려 한다.

2. 중국 근대사란?

우선 본론으로 들어가기 전에, '중국 근대사'의 역사적 전개와 내용을 대략적으로 살펴보자. 중국 근대사를 개략적으로 파악하다 보면 '혁명사관'의 문제점이나 '민국사관'의 특징까지도 한결 이해하기 쉬울 것이다. 〈표 1-1〉을 보면서 읽어주었으면 한다.

통상 중국 근대사라고 하면, 1840년 아편전쟁부터 1949년 중화인민공화국 성립까지의 시기를 가리킨다. 200여 년에 걸친 역사를 국가의 변천을 통해 살펴보면, 청조가 1912년 초까지 존속했고, 그다음 공화제 국가로 탄생한 중화민국이 1912년부터 1949년까지 이어졌으며, 이후 중국공산당이 지배하는 현재의 중화인민공화국이 성립했다. 청조는 아편전쟁, 애로호 사건(제2차 아편전쟁), 청불전쟁, 청일전쟁 등 외국과의 전쟁에서 잇따라 패배했고, 대내적으로는 태평천국이나 의화단 등의 민중반란으로 동요했다. 이때문에 국가의 존망을 걸고 양무운동, 변법운동, 광서신정(光緒新政)과 같은 근대화(서구화) 개혁을 추진했지만, 1911년 신해혁명으로 맥없이 붕괴해 전제왕조의 역사는 막을 내렸다.

신해혁명으로 성립된 중화민국은, 전기(1912~1928)와 후기(1928~1949)로 구분할 수 있다. 베이징(北京)을 수도로 한 중화민국 전기는 쑨원(孫文)으로

|표 1-1| 중국 근대사의 흐름과 시기 구분

혁명 사관 구분	국명 구분	중요 사건	일본
구 민주주의 혁명기	청조	1840 아편전쟁 1851 배상제회, 태평천국 수립(태평천국의 　　 난, 1851~1864) 1856 제2차 아편전쟁(애로호 사건) 1860년대 전반 양무운동 시작(~1894) 1894 청일전쟁 1895 변법운동(~1898) 1899 의화단 사건(~1900) 1901 광서신정(光緖新政, 1901~1911) 1911 신해혁명	에도 메이지
신 민주주의 혁명기	반식민지· 반봉건 사회 / 중화 민국	전 기	1912 중화민국 성립 1915 일본의 21개조 요구 1919 5·4 운동 1920 중국공산당 결성 1924 중국국민당의 개조, 제1차 국공합작의 　　 성립(국민혁명의 시작) 1925 5·30 운동 1926 북벌 시작 1927 국공합작 결렬	다이쇼
		후 기	1927 난징 국민정부 성립(1928년에 북벌을 　　 완성하고 전국정권화) 1931 공산당, 중화소비에트공화국 임시정부 　　 수립, 만주사변(9·18 사변) 1937 제2차 국공합작의 성립(항일민족통일 　　 전선의 형성) 　　 중일전쟁(항일 전쟁) 시작 1941 아시아·태평양전쟁 시작 1945 제2차 세계대전 종료, 항일 전쟁 승리 　　 (일본의 패배) 1946 국공내전 시작 1949 중화민국의 타이완 이전 　　 중화인민공화국 성립	쇼와

부터 대총통직을 계승한 위안스카이(袁世凱)가 전국 통일을 추진한 시대로, 위안스카이가 제정 부활에 실패하고 각지에 유력한 '군벌'이 할거했다. 그러나 동시에 이 시기는 5·4 운동(1919) 등 민족운동을 통해 자본가·노동자, 학생·지식인들이 국민의식을 고양해간 시대이기도 했다. 이런 추세를 따라 1920년대가 되면 중국국민당과 중국공산당이라는 두 개의 혁명 정당이 등장한다. 국민혁명은 1924년에 양당이 제휴한 제1차 국공합작에서 시작되어, 5·30 운동(1925) 등 민족운동이나 노동운동 및 농민운동의 격화, 장제스를 총사령관으로 한 국민혁명군의 북벌전쟁으로 발전했다. 국공합작은 1927년에 장제스가 공산당을 탄압한 후 와해되었지만, 그 후에도 계속된 북벌로 1928년 베이징을 점령했고, 그 결과 난징(南京)에 수도를 둔 국민당 정권(난징 국민정부)이 중화민국을 대표하는 정권이 되었다.

중화민국 후기의 역사는 국민당의 국가 건설, 중일전쟁(항일 전쟁), 제2차 세계대전 후의 국공내전으로 특징지어진다. 장제스의 국민당 정권은 장차 민주 체제를 실현하겠다고 표방하면서 당장은 일당독재 체제하에서 당내의 반대 세력과 농촌에 할거한 공산당을 약화시켜 국내의 통일과 근대국가의 건설을 추진해나갔다. 그러나 만주사변(1931) 이후 격화된 일본의 침략 앞에서 국민당은 마오쩌둥이 지도하는 공산당과 제2차 국공합작을 맺고 1937년부터 8년간 항일 전쟁을 치러야만 했다. 항일 전쟁이 끝난 1945년 이후 중국에서 정치적 발언권을 강화한 것은 공산당과 서구적 민주정치를 주장한 여러 민주당파였다. 당초 장제스는 마오쩌둥과의 합의에 기초해 공산당·민주당파와 협조해 평화적인 국가 재건과 민주화를 추진하고자 했지만, 1946년 여름에 압도적인 군사력에 의지해 공산당과의 내전에 돌입했다. 그러나 국민의 신뢰를 잃어버린 국민당은 곧 열세에 몰렸고, 1949년 장제스는 중화민국을 타이완으로 옮길 수밖에 없었다. 그리고 1949년 10월, 마오쩌둥이 베이징에서 새로운 국가, 즉 중화인민공화국 수립을 선언했다.

이상과 같이 굴곡진 중국 근대사를 국가의 변천(청조 - 중화민국 전기 - 중화민국 후기 - 중화인민공화국)에 따라 시기를 구분했을 때, 확연해지는 것은 국가 체제(지배자)의 교체가 전부 '혁명'에 의해 실현되었다는 사실일 것이다. 이러한 역사적 특징은 이전 체제(지배자)와의 단절을 강조하고 스스로를 정당화하는 '역사 서사'를 조장할 위험성이 있다. 그리고 중국 근대사를 마지막 '혁명'의 지평에서 '이야기하는' 틀이 중국공산당의 '혁명사관'이다.

3. 중국 근대사와 중국공산당의 '역사 서사'

1980년대까지 중국공산당(마오쩌둥)의 '혁명사관'은 일본에서 강한 영향력을 발휘했다. 그것은 1949년 혁명에의 공감, 혁명을 성공으로 이끈 중국공산당에 대한 신뢰, 계급투쟁·인민투쟁사의 중시, 역사가 공산주의로 귀결된다는 필연성(세계사의 기본 법칙)에 대한 확신 등등의 요인이 많은 연구자를 매료시킨 결과였다고 생각된다. 그러나 앞에서 정리한 중국 근대사의 개관에서 알 수 있듯이 중국공산당이 언제나 역사의 중심에 있었던 것은 아니다. 그렇다면 마오쩌둥은 어떠한 틀에서 중국 근대사를 '이야기하고', 공산당에 의한 1949년 혁명의 성공을 논증하려고 했던 것일까?

1) 혁명의 성격을 기준으로 한 시기 구분

마오쩌둥은 〈표 1-1〉이 나타내고 있는 것처럼, 100여 년의 중국 근대사를 '구민주주의혁명기'(1840~1919)와 '신민주주의혁명기'(1919~1949)의 두 시기로 구분했다. 즉, 혁명의 성격에 따라 시기를 구분한 것으로 기준이 된 사건은 1919년의 5·4 운동이었다. 마오쩌둥은 5·4 운동을 기준점으로 구분한 이유를 다음과 같이 말하고 있다.

1919년 5·4 운동까지(5·4 운동은 1914년 제1차 제국주의 대전 및 1917년 러시아 10월혁명 이후에 일어났다), 중국에서 부르주아 민주주의혁명의 정치적 지도자는 중국의 소자산계급과 자산계급(그들의 지식인)이었다. …… 5·4 운동 이후에도 중국의 민족자산계급은 계속해서 혁명에 참가하고 있었지만, 중국의 자산계급 민주주의혁명의 정치적 지도자는 어느덧 중국의 자산계급(부르주아지)이 아니라 무산계급(프롤레타리아트)으로 바뀌었다(毛澤東, 1940: 89).

학생을 중심으로 한 민족운동으로 유명한 5·4 운동을 경계로, 중국의 '부르주아 민주주의혁명'은 '구'와 '신'으로 나뉘고 혁명의 정치적 지도자도 '부르주아지'에서 '프롤레타리아트'로 이동했다고 마오쩌둥은 파악한다. 이를테면 부르주아 민주주의혁명은 봉건제로 대표되는 전근대 사회를 근대 자본주의 사회로 전환하는 변혁(과정)을 의미하며, 프랑스 혁명이 그 전형이라 할 수 있다. 통상적으로 그 혁명을 지도하는 계급이 부르주아지(세계사 교과서에는 시민계급으로 표현되는 경우가 많다)이다.

구민주주의혁명은 서구의 전형적인 부르주아지가 지도하는 부르주아 민주주의혁명을 지칭한다. 마오쩌둥에 따르면 쑨원을 정치적 대표로 한 중국의 부르주아지는 서구의 부르주아지에 비해 철저히 혁명을 지도할 역량이 부족했다. 그래서 연약한 부르주아지를 대신해 공산당의 기반인 프롤레타리아트(노동자 계급)가 중국의 부르주아 민주주의혁명을 지도할 역할을 맡았다. 마오쩌둥은 프롤레타리아트가 지도하는 새로운 유형의 부르주아 민주주의혁명, 즉 신민주주의혁명의 기점을 5·4 운동에서 발견하고, 중국공산당이 그 혁명을 지도할 필요성을 설명한 것이다.

2) 인민 투쟁의 강조

이상의 신민주주의혁명기와 구민주주의혁명기에 일관되게 존재했다고 강조되는 것이 인민 투쟁의 역사적 전통이다. 마오쩌둥은 다음과 같이 서술하고 있다.

> 제국주의와 중국의 봉건주의가 서로 결부해, 중국을 반(半)식민지와 식민지로 만드는 과정은 중국 인민이 제국주의와 그 앞잡이에 저항하는 과정이었다. 아편전쟁, 태평천국운동, 청불전쟁, 중일전쟁, 무술정변, 의화단 사건, 신해혁명, 5·4 운동, 5·30 운동, 북벌전쟁, 토지혁명전쟁부터 현재의 항일 전쟁에 이르는 과정은, 제국주의와 그 앞잡이에 굴복하지 않은 중국 인민의 완강한 저항정신을 보여주고 있다(毛澤東, 1939: 40).

'제국주의와 중국의 봉건주의'에 대한 '중국 인민의 저항'으로서 인용문에 나열되어 있는 아편전쟁 이래의 여러 사건이 이 글을 썼던 1939년 당시 마오쩌둥에게는 구민주주의혁명과 신민주주의혁명의 구체적인 내용이라고 할 수 있을 것이다. 인용문 중에 '중일전쟁'은 청일전쟁을 가리키는데, 청조의 대외 전쟁까지 제국주의와 봉건주의에 대한 인민의 저항으로 언급하는 데서 마오쩌둥이 신구 민주주의혁명의 범주를 한데 묶는 모호함이 드러나고 있다. 그러나 마오쩌둥의 목적은 학술적인 엄밀함보다 그러한 인민의 저항의 역사를 중국공산당이 지도하는 신민주주의혁명을 향해 나아가도록 수렴시키는 데 있었다고 생각한다. 이를 통해 공산당은 인민 투쟁의 역사적 전통의 계승자, 체현자로서 자신들 혁명의 정당성을 호소할 수 있게 되었다.

또 같은 글에서 마오쩌둥은 "중국 봉건사회에서 그러한 농민의 계급투쟁, 농민의 봉기와 농민의 전쟁이야말로 역사를 발전시키는 진정한 동력이다"라고 말하고 있다(毛澤東, 1939: 32). 중국공산당은 국민당의 탄압에 의해 도시에서의 활동을 철저히 제약받아, 농촌·농민을 기반으로 세력을 확대해 갈 수밖에 없었다. '농민혁명전쟁사관'이라고 평가할 이런 주장도, 공산당이 중국 농민의 혁명적 전통을 계승하고 체현하는 존재라는 것을 변호하고 증명하기 위해 강조될 필요가 있었던 것이다.

3) '반식민지·반봉건사회'론과 1949년 혁명

'혁명사관'을 형성하는 틀로서 마지막으로 지적할 것은 중국공산당의 혁명을 합리화하는 근대중국사회론, 즉 '반식민지·반봉건사회'론이다. 우선이와 관련되는 마오쩌둥의 말을 살펴보자.

> 제국주의 열강의 중국 침략은 한편으로 중국 봉건사회의 해체를 재촉하고 중국에 자본주의적 요소를 발생시켜, 봉건사회를 반봉건 사회로 만들었지만, 다른 한편으로 제국주의 열강은 중국을 잔혹하게 지배하고 독립된 중국을 반식민지와 식민지 중국으로 만들었다(毛澤東, 1939: 38)

이 주장은 제국주의 열강이 중국사회의 진화(봉건사회에서 반봉건 사회로)라는 점에서 적극적인 역할을 했다고 보는 듯하다. 하지만 마오쩌둥은 같은 글의 다른 부분에서 다음과 같이 기술했다.

> 자본주의의 발생과 발전이라는 새로운 변화는 제국주의가 중국에 침입해 온 후에 발생한 변화의 일면에 불과하다. 그러나 이런 변화와 동시에 변화를 방해하는 다른 일면이 있다. 그것은 제국주의가 중국의 봉건 세력과 결탁해 중국의 자본주의의 발전을 억압하고 있다는 것이다(毛澤東, 1939: 35)

오히려 제국주의 열강이 중국의 봉건 세력과 결탁해 자본주의화를 방해하고 있다는 점을 강조한다.

주의할 것은 이상과 같은 논리로 설명되는 '반식민지·반봉건 사회'는 제국주의와 봉건 세력의 결합 아래 그 내부에 자신의 구조를 지양(止揚)하고 변혁하려는 계기가 없으며, 발전 없는 고정된 사회라고밖에 파악되지 않는다는 점이다. '반식민지·반봉건 사회'에서는 자립한 정상적인 자본주의화는 불가능하다. 마오쩌둥에 따르면 자립적인 자본주의화를 담당할 수 있는 '민족자본'의 몰락과, '제국주의'나 '봉건 세력'과 결탁한 '관료자본'·'매판자본(買辦資本)'[2]의 기형적 발전은, 오히려 중국 경제의 전면적인 붕괴를 재촉한다는 것이다. 또한 청조·'군벌'·국민당의 지배 세력은, 모두 '제국주의'에 종속한 지주계급 등의 '봉건 세력'을 기반으로 했기 때문에, '반식민지·반봉건 사회'를 극복하는 것이 불가능했다(久保亨, 1982; 奥村哲, 1990). 따라서 이 정체된 '사회'를 회복시킬 수 있는 것은, '제국주의와 중국의 봉건주의'에 완강히 저항한 인민 투쟁과, 그것을 지도하는 중국공산당 말고는 있을 수 없다. 이리하여 신민주주의혁명으로서의 1949년 혁명의 역사적 필연성은 '반식민지·반봉건사회'론에 의해 논리적으로 증명된다.

대략적이나마 시기 구분의 방식, 인민투쟁의 강조, 중국사회론이라는 세 가지를 통해, 마오쩌둥이 중국 근대사를 '이야기할' 때의 틀, 즉 중국공산당의 혁명사관의 특징을 정리해보았다. 마오쩌둥과 중국공산당에게 중국 근대사, 그중에서도 다음 절에서 다룰 중화민국 시기(1913~1949)는 '제국주의'와 '봉건 세력' 및 그들과 결탁한 '관료·매판 세력'으로부터 중국 인민을 '해방'하는 시대였고, 그것은 바로 혁명의 성공과 정권 획득의 필요성·정당성·정의성(正義性)을 논리적으로 증명하기 위한 시대였다.

---

2 '매판'은 원래 외국 상사·은행에 고용되어 상거래를 중개한 중국 상인을 가리킨다. 축적된 자금으로 근대 상업의 발전에도 공헌했지만, '혁명사관'에서는 외국의 앞잡이로 비난받는 대상이 되었다.

4. 중화민국사 연구의 등장과 상대화되는 '역사 서사'

1) 민국사 연구의 배경

1980년대에 들어서자 중국에서 '중화민국사 연구'(이하 민국사 연구)라고 하는 틀 아래 중국 근대사를 연구하려는 움직임이 본격화되었다. 중국의 민국사 연구는 '중국 최후의 착취 제도를 가지고 지배한 정권의 흥망사'를 해명하고자 했다. 그러나 인민투쟁이나 공산당 등 혁명 세력에 치우친 이데올로기 색채가 농후했던 종래의 연구에 비해, '군벌'이나 국민당 정권 등 '혁명사관'이 타도의 대상으로 삼았던 소재까지 객관적·실증적으로 고찰하고자 했다는 점에서 새로웠다. 1976년 프롤레타리아 문화대혁명[3]의 종료와 1978년 말 중국공산당 제11기 3중전회[4]를 기점으로 한 '개혁·개방' 정책[5]의 개시라는 정치적 변화가 학술 분야에 일정한 자유화를 가능하게 했고, 역사학에서 민국사 연구의 발전을 후원했다고 말할 수 있을 것이다(張憲文, 1989).

이러한 중국의 동향은 문화대혁명 종료 후, 역시 '혁명사관'의 영향에서 벗어나는 중이던 일본의 중국 근대사학계에도 영향을 주었다. 일본의 중국 근대사 연구에 큰 족적을 남긴 고(故) 노자와 유타카(野澤豊)가 주도한 잡지 ≪지카키니아리테(近きに在りて)≫[6]는, 1989년에 간행한 제15호와 제16호에

---

3 마오쩌둥이 자본주의의 부활을 저지하고 봉건적 문화·사상을 파괴할 목적으로 1966년에 발동한 정치투쟁이다. 숙청이나 파괴 활동의 폭풍이 휩쓸었으며, 마오쩌둥이 죽은 1976년까지 중국에 많은 혼란을 발생시켰다.
4 중국공산당 중앙위원회 전체 회의의 약칭한다. _옮긴이
5 덩샤오핑에 의해 시작된 국내 개혁과 대외 개방 정책이다. 시장 원리와 외국 자본의 적극적인 도입, 농업에서 생산청부제의 채용 등 대담한 개혁이 발표되었고, 현재에 이르는 중국 경제 발전의 기점이 되었다.
6 노자와에 의해 1981년에 제1호가 간행되어 2011년 제60호까지 나왔다. 일본 내외의 중국 근현대사연구자가 연구 성과를 공표하거나 자유롭게 활발한 토론을 전개하는 장으로, 학계에 크게 공헌했다.

서 "중화민국사 연구의 성과와 과제"라는 특집을 통해 중국·타이완·홍콩·한국·미국 학자의 민국사 연구에 대한 정리나 견해를 게재했다. 또한 그 후 같은 잡지에 게재된 논고를 중심으로 민국 시기의 각 연구 주제의 연구 동향을 종합한 『일본의 중화민국사 연구』(汲古書院)가 1995년에 노자와의 편집으로 간행되어 민국사 연구는 중국 근대사 연구의 주류로 되어 갔다.

한편 1980년대 민국사 연구가 강조되기 시작했던 초기에는, 우선적으로 민국기(民國期)를 대상으로 한 개별 실증 연구의 축적이 중시되어 민국사 연구의 독자적인 시각이나 방법을 의식적으로 추구하는 자세는 희박했던 것으로 보인다. 그러나 중국공산당이 민주화를 요구하는 학생·시민을 탄압한 1989년의 톈안먼 사건은 연구자들 사이에 남아 있던 공산당에 대한 환상을 완전히 사라지게 했고, 동시에 '혁명사관'을 대신하는 새로운 역사 인식의 틀로서 '민국사관'의 중요성이 주창되는 계기로 되었다.

2) 민국사 연구의 독자적인 시각

톈안먼 사건에 대한 관찰을 통해, '민국사관'의 중요성을 강하게 호소한 것은 야마다 다쓰오(山田辰雄)였다. 중국 근대 정치사를 주로 연구한 야마다 에게는, 톈안먼 사건에 대한 견해 역시 일찍이 '혁명사관'과 같이 정치적 논리에 종속되어서는 안 되며, "다양한 학문적 인식의 가능성"이 내재된 '민국사관'과 같은 견해이지 않으면 안 되었다. 그렇다면 '혁명사관'에 비해 '민국사관'에는 어떠한 장점이 있을까? 야마다가 강조하는 것은 다음 두 가지로 요약할 수 있다.

먼저 민국사에서는 중국공산당의 역할을 상대화하고 다양한 정치 세력의 가능성을 추구한다는 시각이다. "지금까지 중국에서 중국현대사 혹은 혁명사의 기본적 시각은 중국공산당을 주축으로 하고, 그 운동에 유불리를 따져 다른 정치세력의 역할을 평가하는 경향이 있었다." 그러나 "그것이 중공지배의 정당성을 역사적으로 확인하는 데는 유용했지만 중국현대사의 다양한 가능성을 해명할 수 없었다." 야마다는 '혁명사관'의 특징과 문제점을 이렇게 지적하면서, 그것에 대비하여 '민국사관'의 시각을 다음과 같이 설명했다.

> 그것('혁명사관' _인용자)을 대신하여 등장한 민국사관은 민국 시기에 활약한 다양한 정치세력을 병존시키고, 그들의 상호 관계를 설명하는 가운데 특정 운동·정당의 역할을 평가하려는 것이다. 그 근저에는 다양한 정치세력이 공통의 정치·사회구조 속에서 권력을 다투고 있다는 인식이 있다. 특정 정치세력의 입장에서 권력대립을 전제로 보는 시각에서는, 다양한 정치세력의 차이와 공통성을 분명하게 할 수 없다. 이러한 시각은 정의와 불의라는 도덕적 판단, 혹은 혁명과 반혁명이라는 실천적 가치와 결부되어, 역사를 일면적으로 그려내게 된다. 민국사관은 이러한 일면성을 극복하려는 것이다(山田辰雄, 1990: 87)

여기에서는 '특정 정치세력'을 (공산당뿐만 아니라 국민당 등 다른 세력도 포함하여) 절대시하지 않고 각 세력의 독자성이나 공통점을 고려하면서, 그들의 상호 관계를 검토해 중국 근대사의 다양한 가능성을 탐색한다는 입장이 표명되어 있다.

야마다가 강조한 '민국사관'의 두 번째 특징은 현대 중국(공산당의 중국)을 20세기 중국에서 출발하는 역사적 연속성 속에서 상대화하는 시각이다.

> 우리는 민국사 연구자로서 민국사에만 머무를 수 없다. 민국사 내부에서 우리가 연구해온, 역사적으로 이어져 온 20세기 중국의 구조적 특징을 역사적 연속성으로 파악하고 그것에 의거해 현대 중국을 고찰해볼 필요가 있다. 현대 중국을 고찰한다는 것은 현대에만 머무르는 것이 아니고, 최소한 지금의 중국이 21세기를 향해 걸어온 발전을 고려하는 것이다. 이 경우 현대 중국 자체를 20세

기 중국 전체 속에서 상대화해 객관적으로 보지 않으면 안 될 것이다(山田辰雄, 1996: 10)

1949년 혁명의 충격은 일본의 중국 근대사 연구자에게 '혁명사관'의 수용과 함께, 혁명 전후의 역사적 단절을 과도하게 강조하는 인식을 심어주었다. 요컨대 중국공산당의 인민공화국은 민국 시기의 '반식민지·반봉건 사회'의 질곡을 일소한 '신중국'으로 인식되어왔다. 야마다가 이 인용문을 쓴 1996년 당시에 이런 역사 인식은 모습을 감춰가고 있었다. 그러나 민국사 연구가 밝힌 '20세기 중국의 구조적 특징'이라는 연속성에서, 공산당 중국을 상대화하는 시각을 가져야 한다는 야마다의 제언은 '민국사관'의 역사 인식의 틀과 범위를 생각하는 데 매우 중요했다.

3) 실증적 연구 성과의 축적

그런데 1980년대 이래 중국 근대사 연구에서 민국사 연구가 주류가 된 이후 오늘날까지 실로 다채로운 연구 성과가 축적되어왔다. 야마다가 강조한 '민국사관'의 두 가지 시각에 입각해보면, 다양한 정치세력(중국 근대사)의 가능성을 추구한다는 점과 관련해서는, 국민당이나 민주당파, '군벌' 등 공산당과 대치하면서 중국의 근대화를 담당한 정치세력, 자본가·노동자·지식인이나 지방 엘리트(郷紳層) 등의 정치적·사회적·경제적 모색에 대한 연구가 비약적으로 발전했다. 또한 20세기와의 연속성과 관련해서도 국민국가 건설, 헌정사, 자유주의, 공업화·기업경영사 등등의 주제를, 청 말, 민국 시기부터 인민공화국 시기에 이르는 연속성에 착안해 추구한 연구가 등장했다. 지면 관계상 이런 연구를 상세히 소개할 수는 없지만, 여기에서는 역사적 연속성에 착안한 일례로 행정·재정 구조의 연속성을 검토한 필자의 연구를 살펴보기로 하자.

나의 견해로는 청조의 재정 시스템은 국가재정과 지방재정이 제도적으로 분리되지 않았고 더욱이 세금 징수를 지방관부가 담당했기 때문에, 중앙재정은 지방재정의 세수(稅收) 송금에 의존했다. 원래 청조는 중앙 상납분을 포함한 전국 세수의 이동을 통일적으로 관리했다. 그러나 태평천국 이후에 그것이 곤란해지자 중앙의 수입을 확보하기 위해 각 성 정부에 일정한 상납액을 도급하는 방침으로 전환하지 않을 수 없었다. 청조는 이러한 재정 구조로부터 벗어나기 위해 20세기 초의 광서신정기가 되면, 국가재정과 지방재정을 구분하고 국세로 고유의 중앙 재원을 획득하려고 시도했다. 이 정책을 '국지재정획분(國地財政劃分)'이라고 한다.

'국지재정획분'은 서구적인 재정 시스템을 도입해 전제 왕조의 재정 시스템을 변혁하는 것이었지만, 그 정책은 신해혁명으로 청조가 멸망한 후에도 중화민국의 역대 정부가 계승해나갔다. 그리고 위안스카이 정권 이래 간헐적이지만 집요하게 추구된 이 과제는 국민당 정권 시대에 본격적으로 실시되어 중앙정부 재원의 강화와 중국 재정의 근대화에 크게 공헌했다. 그러나 국민당을 타이완으로 쫓아낸 공산당 정권은 이러한 민국기의 역대 정부와는 지향점이 전혀 달랐다.

인민공화국 성립 이후의 '사회주의'적 재정은 일찍이 청조의 시스템이 격세유전(隔世遺傳)한 것처럼 국세와 지방세가 분리되지 않은 채 징세 업무가 지방정부에 위임되었다. 당초 공산당 정권 역시 전국의 재정을 통일적으로 관리하고 있었다. 그러나 이후 중앙과 지방에서 세수를 분할하는 방식을 거쳐, '개혁·개방' 후인 1988년부터는 각 성에 세수 상납을 맡길 수 있게 되었고, 청조와 같은 궤적을 따라갔다. 이런 상황은 1994년에 '분세제(分稅制)'('국지재정획분'의 공산당판!)가 실시된 이후 변화했다.

따라서 분세제 도입 이전의 '사회주의'적인 재정 시스템은 사실상 청대의 전통적 구조와의 연속성으로 파악할 수 있다. 이에 대해 청조와 인민공화국의 사이에 위치한 민국 시기는 서구적인 '국지재정획분'의 실시로 전제

왕조의 구조를 파괴했다는 점에서 매우 개성적인 시대였다. 그러나 다른 한편으로 공산당 정권에 의한 분세제의 실시는 서구적 제도화를 목표로 한 민국 시기로 회귀하는 것과 다르지 않고, 이런 점에서 현대 중국은 민국 시기와의 연속성도 가지고 있다(金子肇, 2008; 2009). 이처럼 공산 중국은 20세기 중국의 이중의 연속성 속에 위치하고 있는 것이다.

이상의 설명은 그 옳고 그름을 떠나 필자 나름대로 행정·재정사적 관점에서 '20세기 중국의 구조적 특징'을 파악하고 그 역사적 연속성 속에 현대 중국을 위치지운 것이지만, 다른 많은 연구 주제에 대해서도 같은 시도가 가능할 것이다.

5. 맺음말: 일본과 민국사 연구의 관점

마지막으로 이상에서 언급한 점에 근거해, 근대 중국의 역사를 인식하고 '이야기하는' 일본(인)의 견지에서, 민국사 연구의 의의를 생각해보자.

항일 전쟁과 제2차 세계대전 후 국공내전을 지나 타이완의 중화민국와 국민당, 대륙의 중화인민공화국과 공산당이라는 정치적 구도가 고착화되었다. 따라서 양자의 중국 근대사, 그중에서도 중화민국 시기의 역사에 대한 파악 방식은 서로가 자신의 혁명적 정당성을 경쟁·증명하려는 경향이 강해졌다고 할 수 있다. 이 장에서 반복해 지적한 것과 같이, 일본의 중국 근대사 연구는, 그중에서도 중국공산당의 '혁명사관'에서 많은 영향을 받았다. 한편 '역사 서사'는 구보 도루(久保亭)의 간결한 지적이 시사하듯이, 역사 연구자라는 좁은 영역뿐만 아니라 보통 일본인의 역사 인식에까지 영향을 미치는 것 같다.

중국의 20세기 역사를 전체적·객관적으로 파악하는 것은 실로 여전히 어려운 일이다. 혁명으로 정권이 세 차례 바뀌면서 자신들이 타도한 구정권의 나쁜 점, 뒤쳐진 점을 신정권이 강조했기 때문이다. …… 일본이 침략한 국민당 시대의 결함을 공산당 정권은 계속 비판했다. 침략한 일본이 나쁘긴 하지만, 당시의 중국도 형편없는 상태였다고 보는 역사관이 일본에서 뿌리 깊게 자리 잡은 것은 그 영향일지도 모른다. 침략을 합리화하는 역사관으로부터 아직 벗어나지 못하고 있는 것이다(久保亨, 2015).

중국공산당의 '혁명사관'이 일본인의 역사관에도 심대한 영향을 끼쳤다고 한다면, '혁명사관'을 상대화한 '민국사관'의 의의는 굉장히 커진다. 그러나 1980년대가 되어서야 '민국사관'이 등장했다는 것은 너무 늦었다고 말해야 할지도 모른다. 일찍이 노자와는, 패전 직후 일본에서 중화민국에 대한 재인식·재평가의 움직임이 있었지만 공산당의 국공내전 승리로 인민공화국·마오쩌둥에 대한 예찬으로 대체되었다고 지적하면서, 이와 관련해 이 시기에 "중화민국의 전모를 파악하고 그 역사적 의의를 묻는 작업이 소홀하게 된 것은 일본인의 아시아 인식에서 하나의 커다란 역사적 결여가 생겼다는 것을 의미한다"(野澤豊, 1995: iii)라고 말한 것은 중요한 의미가 있다.

현재 민주적인 정권 교체가 가능하게 된 타이완에서 국민당의 '혁명사관'은 영향력을 잃어가고 있다. 그러나 중국에서는 실증적인 역사 연구가 진전되는 한편, "중화민족의 위대한 부흥"을 내걸고 지배의 정당성을 확보하려는 공산당이 '혁명사관'을 포기할 가능성은 매우 낮다. 그런 가운데 중국 근대사의 다양한 가능성을 추구하고 현대 중국을 역사적으로 파악하려는 민국사 연구는 우리 일본(인)의 중국 인식을 더 깊이 있게 해주고, 중국 및 타이완과 대화하는 '역사 서사'의 틀로서 유효한 '방법'이 될 수 있지 않을까?

단지 필자의 개인적인 느낌이기는 하지만, 근래에는 '중화민국사'라는 틀이 연구자들 사이에서 자명해져서 '중화민국사'라는 총체를 의식하지 않은 채 개별 실증 연구에 침잠하는 경향이 강해지고 있는 것 같다. 이제 민국사 연구를 '방법'으로서 새삼스럽게 의식해 바로잡을 수 있는 시기에 접어들고 있는지도 모른다. 일전에 필자는 다음과 같이 말했었다.

> '중화민국사'라는 연구의 틀은 일찍이 이데올로기 편중의 '혁명사' 연구를 극복하는 데 커다란 역할을 했지만, 근래에는 실증 연구가 개별 분산화하는 가운데, 그 분석 틀을 방법론적으로 단련하고 음미해가려는 자세는 매우 희박해졌다(金子肇, 2008: 18)

이 생각에는 지금도 크게 변함이 없다. 개별적 사실에 대한 실증 연구의 단순한 집적뿐만 아니라 그 성과 위에 중화민국의 역사를 종합적으로 파악할 방법을 구상하는 것이 근대 중국 역사를 '서술하는' 데, 가장 필요한 것이 아닐까?

참고문헌

久保亨. 1982. 「戰間期中國經濟史の研究視角をめぐって: 『半植民地半封建』概念の再檢討」. ≪歷史學研究≫, 506號.

_____. 2015.10.10. "'內向き' 脫し廣い視野を". ≪朝日新聞≫.

金子肇. 2008. 『近代中國の中央と地方一民國前期の國家統合と行財政』. 汲古書院.

_____. 2009. 「政治制度の變遷と中央・地方關係」. 飯島涉・久保亨・村田雄二郎 編. 『シリーズ20世紀中國史2 近代性の構造』. 東京大學出版會.

毛澤東. 1939. 「中國革命と中國共産黨」. 『新民主主義論』. 大月文庫版.

_____. 1940. 「新民主主義論」. 『新民主主義論』. 大月文庫版.

山田辰雄. 1990. 「今こそ民國史觀を」. ≪近きに在りて≫, 17號. 汲古書院.

_____. 1996. 「中華民國と現代」. ≪近きに在りて≫, 30號. 汲古書院.

西村成雄. 1996. 「'現代中國論'と'中華民國論'の對話の試み」. ≪近きに在りて≫, 30號. 汲古書院.

野澤豊 編. 1995. 『日本の中華民國史研究』. 汲古書院.

奥村哲. 1990. 「舊中國資本主義論の基礎概念について」. 中國史研究會 編. 『中國專制國家と社會統合—中國史像の再構成Ⅱ』. 文理閣.

張玉法. 1989. 「臺灣における中華民國史研究」. ≪近きに在りて≫, 15號. 汲古書院.

張憲文. 1989. 「中華民國史研究の現狀と展望」. ≪近きに在りて≫, 15號. 汲古書院.

横山宏章. 1996. 「民國政治史の分析視角: 政治學の側からの一つの試論」. ≪近きに在りて≫, 30號. 汲古書院.

중화민국의 '민주'를 둘러싼 '역사 서사'

미즈하 노부오 水羽信男 | 정세련 옮김

1. 머리말

이 장에서는 중화민국 시기(1912~1949), 특히 1930~1940년대 중국의 '민주'를 둘러싼 언설을 다룰 것이다. 이 시기는 일본과의 긴장이 고조되어, 1937년부터는 전면 전쟁이 시작된 총력전의 시대였다. 야마노 우치(山之內, 2015)에 따르면 총력전을 수행하기 위해 당시 정부는 전시 통제를 강화할 뿐만 아니라 국민의 주체적인 전쟁 협력을 얻기 위해 사람들의 이익과 권리를 보호하는 것에도 고심했다(혹은 그런 자세를 취했다). 중국에서도 총력전 시대에 '민주'를 둘러싼 여러 문제가 급부상했다. 이것이 이 시기를 포함한 기간을 고찰의 대상으로 하는 이유이다.

이 장에서 작은따옴표를 써서 '민주'라고 하는 것은, 중국에서는 이 말이 원래 '군주'와 대비되어 사용된 적이 있어, 서양에서 기원한 데모크라시(democracy)를 의미하는 것만은 아니다. 예를 들면 마오쩌둥은 프롤레타리아 문화대혁명이 한창일 때, 민중이 자신의 정적에게 행한 인권 무시라는 폭력을 '대민주(大民主)', 즉 인민에 의한 직접적인 권력 행사로 합리화·정당화했다. 이는 데모크라시와는 전혀 다른 중국의 '민주'를 상징적으로 드러낸다.

하지만 이 장에서는 데모크라시의 번역어인 '민주'에 한정해 논하고자 한다. 앞에서도 서술했듯이, 20세기 초부터 중국에서 민주주의의 정착을 추구한 사람들의 지적 모색은, 1989년 민주화 운동 탄압 이후에도 면면히 지속되어 오늘에 이르고 있기 때문이다. 그러나 민주주의 자체도 원래 다의적인 개념이다. 우선 이 점에 대한 필자의 견해를 정리하고자 한다. 예를 들어 일본의 대표적인 국어사전은 민주주의를 다음과 같이 설명하고 있다.

> 어원은 그리스어의 demokratia이고, demos(인민)와 kratia(권력)를 결합한 것. 권력은 인민으로부터 유래하고, 권력을 인민이 행사하겠다는 생각과 그 정치 형태. …… 기본적 인권, 자유권, 평등권 혹은 다수결 원리, 법치주의 등이 주요 속성이며, 또 그 실현이 요구된다(『廣辭苑』, 第六版, DVD-ROM版, 2012).

여기에서는 복지국가에 대한 지향성이 '평등권'으로 드러나며, '다수결 원리'와 '기본적 인권'이 동시에 강조되고 있지만, '다수결 원리'와 '기본적 인권'은 역사상 여러 번 충돌했다. 따라서 '법치'에 관해서도 rule by law(법에 의한 지배)와 rule of law(법의 지배)를 구별할 필요가 있다. 기본적 인권을 억압하는 법에 의한 지배는 rule by law(악법도 법은 법이다)이지 rule of law가 아니기 때문이다. rule of law의 법이란 오로지 개인의 존엄을 무엇보다 중시하는 입헌주의에 입각한 자유주의적(liberal) 가치를 수호하는 역할을 담당할 뿐이다.

따라서 일본 '헌법'의 전문은 국정(國政)의 "권위는 국민으로부터 유래하고 그 권력은 국민의 대표자가 행사하며, 그 복리는 국민이 누린다"라고 규정하고 있다. 즉 일본 헌법은 government for the people(국민의 정부)을 강조한 뒤 government by the people(국민에 의한 정부)을 중시했지만, 이 두 가지 만으로는 민주주의라고 할 수 없으니, government of the people(국민으로부터 유래하는 통치)을 정치의 첫 번째로 두어야 한다는 입장에 선다는 것이다.

국민에게 선거권이 주어지고 정부가 복지정책을 집행하고 있어도, 한 사람 한 사람의 개인이 주권자라는 입헌주의의 원칙이 모호하다면 자유주의적 가치뿐 아니라, 민주적 제도도 지킬 수 없다. 알다시피, 1933년 당시 세계에서 가장 민주적이라고도 일컬어졌던 바이마르 헌법하의 독일 의회는 전권위임법(全權委任法)을 가결해 히틀러의 독재에 법적 근거를 부여했다. 마찬가지로 1930년대 일본도 보통선거 제도가 확립되고 양대 정당정치가 작동하던 민주국가이면서, 대외 전쟁을 확대하고 조금씩 자유를 억압해나가는 정치체제로 이행해갔다. 현행 일본 헌법은 "국민으로부터 유래"하는 통치(government of the people)의 중요함과, 그것을 견지하는 것의 어려움에 대한 역사적인 총괄을 전제로 하고 있다.

민주주의와 자유주의가 내포한 이러한 긴장 관계에 대해서, 필자는 20세기 최대 비극 중 하나로 일컬어지는 문화대혁명을 거친 중국인이 일본인보다 민감할 것으로 본다. 예를 들면 후웨이시(胡偉希) 등 오늘날 중국의 자유주의적 연구자들은 목적으로서의 자유주의와 수단으로서의 민주주의를 구분하고, 민주주의의 위험성을 직시하고 있다(胡偉希, 1996: 239).[1] 앞에서 언급한 문제의식에 근거해 개인적인 견해를 제시하려고 하지만, 지면 관계로 이 장에서는 뤄룽지(羅隆基)와 왕자오스(王造時)를 중심으로 거론하면서, 후스(胡

---

[1] 이런 입장은 중국의 민주주의 운동 중에서도 나타났다. 예를 들면 웨이징성(魏京生)은 문화혁명을 적극 지지하면서도, 이윽고 그 이념과 현실의 격차로 괴로워하다가, 공산당을 비판하면서 현재는 미국에 머물고 있다. 그는 1979년 3월에 다음과 같이 말했다. 민주주의는 "첫째, 자유로운 사회제도를 보장한다. 자유를 기초로 자발적으로 협력하고 상대적으로 일치하는 이익에 의거해 통일을 이루지 않으면 안 된다. …… 민주주의는 자유를 보장하는 수단"이다. "이상주의는 본질적으로 반민주주의이며, 독재·전제로 기울어 있다"(魏京生, 1980: 167~170).

2장 중화민국의 '민주'를 둘러싼 '역사 서사' **57**

適)와 중국민주동맹(民盟) 등에 대해 간단히 언급할 수밖에 없겠다.[2]

뤄룽지는 1898년에 출생했다. 칭화 대학(淸華大) 재학 중이던 1919년에 5·4 운동에 참가했으며, 1921년 미국에 유학했고, 이후 영국으로 건너가 노동당의 이론적 지도자 해럴드 래스키(Harold J. Laski, 1893~1950)의 지도를 받았다. 귀국 후에는 정치학자로서 적극적으로 발언하면서, 1930년대 초에는 잡지 ≪신월(新月)≫에 근거해 인권파로 불렸지만, 1930년대 중반부터 후스와는 다른 '용공'파 자유주의의 길을 걷는다. 민맹의 이론적 지도자로 1949년 이후에도 대륙에 머물면서 국무원 삼림공업부장 등에 임명되었지만, 1957년 반우파 투쟁 때 정치적 생명이 다했고, 1965년에 사망했다.

왕자오스는 1903년생으로, 뤄룽지와는 칭화 대학 재학 시절부터 알고 지내는 사이였다. 그 역시 미국에서 정치학을 공부하여, 1929년에 매디슨의 위스콘신 대학에서 박사 학위를 취득했다. 귀국 후에는 대학교수와 언론인으로 활약하면서 1936년에는 항일구국회(抗日救國會)를 조직하고 항일운동에 투신했기 때문에 국민당 정부에 체포되었다. 1949년 이후에도 대륙에 머물렀지만 소련을 비판한 것 등이 빌미가 되어 정치적으로 홀대를 받다가, 반우파 투쟁 당시 우파로 지목되어 문화대혁명 기간 중인 1971년에 옥사했다.

뤄룽지와 왕자오스의 스승 세대에 해당하는 후스는 1891년생이다. 1910년부터 미국으로 건너가 존 듀이(John Dewey)에게 실용주의(Pragmatism)를 수학했다. 1917년에 귀국해 베이징 대학에서 교편을 잡으면서 신문화 운동을 추진하고 ≪신월≫ 등의 매체를 통해 국민당의 일당독재를 비판했다. 동시에 공산주의자와도 논쟁을 벌이며 중국에의 자유주의 정착을 도모했다. 1938년에는 주미 중국 대사가 되었고, 1949년 혁명 무렵에 대륙을 떠나 미국으로 갔다. 1958년에 타이완으로 돌아와 중앙연구원 원장으로 취임했

---

2   이 장의 참고문헌에 제시한 필자의 글을 바탕으로, 새로운 지식을 더해 재구성한 것이다. 개별적인 논점의 상세한 부분에 대해서는 그 안의 주석에 제시된 필자의 글을 참조하기 바란다.

고, 1962년에 사망했다.

중국민주동맹은 1920년대부터 국민당의 일당독재에 저항하는 여러 당파가 조직한 민주정단동맹(民主政團同盟)을 1944년에 개조해 성립했다. 1946년부터 '평화와 민주주의의 신단계'를 담당하는 하나의 세력이 되었지만, 반공적 지식인들이 이탈하고 용공적 경향이 강화되면서 1947년 국민당으로부터 비합법 단체로 규정되었다. 1949년 공산당을 지지하면서 중화인민공화국을 성립시켰으며 현재까지도 존속하고 있다.

2. 중화민국에서의 '민주'

1) '정치민주주의'와 '경제민주주의'

존 킹 페어뱅크(J. K. Fairbank)가 '중국적 자유주의(Sino-Liberalism)'라고 호칭한, 개인이 아니라 민족을 더 중시하는, 서양의 본래적인 자유주의와는 다른 중국의 정치풍토 속에서, 뤄룽지는 보기 드물게 개인의 존엄을 중시하는 진정한 자유주의자로서 미국 학계에서 먼저 재평가되었으며, 필자도 이러한 입장에서 논의해왔다(水羽信男, 2007). 뤄룽지 논의의 진면목은 "국가는 도구이므로, 우리 인류 생활상의 수많은 도구 중 하나이지 유일한 도구는 아니다"라고 지적한 것이었다(羅隆基, 1931: 9). 그는 사람들이 사는 목적은 "Be myself at my best"라고 강조했다(羅隆基, 1929: 6~7). 말하자면 "자신만이 자기 권리의 심판자, 그리고 충실한 호위병이 될 수 있는 것이며, 이는 우리가 독재제도를 반대하는 이유이다"라고 하면서 국민당을 강력히 비판했다(羅隆基, 1930: 11).

이런 그의 입장은 1945년에 그가 집필한 문헌 속에서 다음과 같이 정식화되었다.

한 사람 한 사람이 각기 자기의 주인이 되어 사람다운 삶을 영위한다는 목적에 능히 도달하고 사람들로 하여금 최대한의 발전을 이루게 하는 것, 이것이 민주이다(「中國民主同盟臨時全國代表大會政治報告」, 中國民主同盟中央歷史資料委員會 編,『中國民主同盟歷史文獻1941~49』, 文史資料出版社, 1983, p.5).

뤄룽지와 민맹은 국민당의 일당독재에 강경히 맞섰다. 하지만 그 독재를 정당화하는 측의 논리에 따르면, 중국은 다민족으로 구성되었고 국토는 러시아를 제외한 유럽보다 광대해서 안정된 정치를 실시하기에는 극히 어려운 상황인데도, 민중의 정치 수준이 너무 낮다는 것이었다. 이와 같은 민중에 대한 불신감은 국민당에만 있는 것이 아니었다. 일본의 침략이 강화되는 1934년에는 '신식 독재'를 추구하게 되었는데, 그런 불신감은 딩원장(丁文江)의 다음 논의에도 나타나 있다. 베이징 원인의 발굴 책임자가 되었던 딩원장은 영국에서 지질학을 수학하면서 자유주의 사상을 지니게 되었다고 평가되고 있었다.

대다수 사람들은 정치에 근본적으로 흥미가 없다. 문자를 알고 있다는 의미는 스포츠 뉴스와 탐정소설을 읽는다는 것이다. 정치 문제에 대해서는 직접적으로 이해관계가 있는 것 이외는 굳이 문제시하는 것을 바라지 않는다. ······ 혹시 4억 아두(阿斗: 무능한 사람)가 스스로를 지도한다 해도, 신국가 건설 등은 영원히 불가능하다(丁文江, 「民主政治與獨裁政治」, ≪獨立評論≫, 133號, 1934, pp.5~6).

독재옹호론이 출현한 데는 일본의 침략 강화가 있었음을 무시할 수 없다. 딩원장 등은 구국(救國)을 위해 독재(專制)를 추구한 것이었다. 하지만 뤄룽지 등은 어디까지나 민주주의의 실현을 촉구했다. 그 논거는 다음과 같은 후스의 논의에서 상징적으로 드러난다.

"셋이 모이면 문수보살(文殊菩薩)의 지혜"라고 하듯이 보통의 사람들이 차분히 이야기를 나누면 그렇게 잘못된 선택을 하지 않는다. 민주주의를 실행하는 데 대학원 수준의 지식은 불필요하며, 유치원 수준이라도 상관없다"(横山, 1996: 148~149). 민주주의가 발달된 국가로 여겨지는 미국에서도 사람들의 지적 수준은 결코 높지 않으며, 여기에서 후스 등이 강조하는 것은, '올 커렉트(All Correct)'를 잘못 이해해 OK로 약칭하는 사람들에 의해서도 민주주의는 운용될 수 있다는 사실이었다.

그러나 중일전쟁 말기에 뤄룽지는 법률상의 자유와 평등을 획득하면 '국가를 인민의 도구로 삼는다'는 목적을 달성할 수 있다"라는 생각을 비판하고, 다음과 같이 '경제민주주의'의 중요성을 강조했다.

경제민주주의란 재산과 부의 분배가 비교적 평균화된 사회이며, 이는 생활권과 노동권이 보장된 인민이 경제적으로 자유·평등의 권리를 지니게 되는 것이다. 이러한 자유·평등이 존재할 때 비로소 정치적 자유·평등도 실질적 의미를 갖게 된다. 이러한 인민이야말로 국가를 제대로 관리할 수 있으며 국가가 비로소 대다수 인민의 진정한 도구가 되는 것이다[羅隆基 著, 水羽信男 譯,「政治民主主義と經濟民主主義」, 1944.12(野村 外 編, 2011: 210)].

뤄룽지는 같은 사료에서 양자의 관계에 대해 "우선 정치민주주의가 있고 거기서부터 경제민주주의로 나아간다는 것이다. 즉 정치민주주의를 이용해, 경제민주주의를 보장하는 것이다"(野村 외 編, 2011: 212)라고 지적했다. 또 1945년「중국민주동맹 임시전국대표대회 정치보고」에서는 영미의 정치민주주의 자체에 제도적인 문제가 있는 것은 아니라고 지적하고, 소련의 경제민주주의에 의거해 영미의 정치민주주의를 충실히 한다는 구상을 제시하고 있다. 뤄룽지는 정치민주주의와 경제민주주의를 함께 중시했다고 할 수 있다.

그러나 뤄룽지는 전자를 후자의 실현 수단으로 중시한 것에 불과했을 뿐이라고 필자는 생각한다. 1944년 단계에서 정치민주주의를 우선한 것은 논문 집필 당시의 정치 정세를 반영한 것이라고 할 수는 없을까. 즉 뤄룽지 등은 국민당의 일당독재를 논의의 전제로 할 필요가 있었으며, 정부를 민주적으로 변혁해 여러 당파가 정권에 참여하는 정치민주주의를 실현하고, 경제민주주의를 목표로 하는 수순을 상정하지 않으면 안 되었다. 국민당 일당독재를(뤄룽지에게는 평화적 방법이 최선이었다) 변혁하지 않으면, 경제민주주의가 현실 문제로서는 전망될 수 없다는 것이다.

1945년의 문헌에서는 정치민주주의의 현실에 결함이 있는 것은 경제민주주의가 결여되었기 때문이라고 했다. 그렇지만 여기에서도 정치제도로서 의회정치·정당정치에 우선권(priority)을 둔 것은 아니다. 뤄룽지는 경제민주주의의 실현을 더 중시했으며, 중국에서 무엇보다 중요한 것은 이를 현실화할 수 있는 권력의 수립이었다.

여기에 당시 '민주' 이야기에 내재된 고질병(宿痾)이 있으며, 후스와 뤄룽지의 분기를 초래했던 요인 중 하나가 있는 듯하다. 뤄룽지에게 정치민주주의는 논리적으로 말하면 목적이 아니었던 것이다. 경제민주주의를 실현하는 정권은 일시적으로 강권적이라 해도, 최종적으로는 정치민주주의를 실질화할 것이었다. 이 점에 대해서는 뤄룽지의 사상적 편력을 개관하면서 검토해보자.

3. '정치민주주의' 비판과 '경제민주주의'와의 관계

뤄룽지에게 정치민주주의는 어떻게 이해되었을까? 여기에서는 우선 시간을 거슬러 올라가, 뤄룽지가 1928년 컬럼비아 대학에 제출한 박사 논문 「영국에서의 의회선거의 운영」의 내용을 소개한다. 제1부 "선거의 법적 절차"

는, 뤄룽지가 위스콘신 대학에 1925년 제출한 석사 논문에서 관련 부분을 일부 고친 것이며, 제2부 '선거 캠페인'은 1926년 여름부터 이듬해 여름까지 영국에서 유학하며 해럴드 래스키의 지도를 받은 시기에 추가한 부분이고, 제3부 '선거의 부패·불법행위 및 민원'은 영국 체류 당시 보궐 선거를 관찰한 것에 근거해 석사 논문 중 동일 주제를 다룬 부분을 재구성한 것이라고 한다. 이 책의 완성 과정을 보면, 유학 중 그가 일관되게 영국 의회선거를 연구의 주제로 삼고 있었음을 알 수 있다.

내용상의 특징으로서 우선 지적해야 할 점은, 영국 의회선거의 현실에 대해 상대적으로 낮은 평가를 내렸다는 것이다. 뤄룽지는 자신의 박사 논문 곳곳에서 선거와 관련된 부정한 사실을 지적하고, 그 선거 부정을 규명해야 할 법정도 엄격한 대응을 취할 수 없다고 지적했다. 나아가 그는 당시의 선거에서 각 후보자가 내세우는 정책에는 표면적 차이밖에 없으며, 그들이 선거 운동을 통해 정견을 호소하는 것이 아니라 단지 얼굴을 팔고 있을 뿐이라고까지 비난했다.

동시에 뤄룽지는 노동자의 참정권을 공정하게 보장할 방법을 일관되게 추구하면서도, 영국의 지역구(local constituencies) 의원 후보들의 교양 없음(無 敎養)을 야유한 후에, "평범함이야말로 지역구에서 근대적 정치 강령을 옹호하기 위해 필요하다. 진짜 지식인은 통상 그것을 회피하고 있다"라고 지적했다(羅隆基, 1928: 78). 뤄룽지에게는 지식인의 높은 윤리성·논리성이야말로 정치발전에서 중시되어야 하는 것이었지만, 영국의 현실은 그렇지 않았다.

뤄룽지는 이미 1920년대 말에도 영국의 의회선거를 이상적으로 보고 있지 않았다. 이것은 1940년대에 뤄룽지가 기존의 의회 제도를 비판적으로 파악하는, 이론적인 근거가 되었다는 데 유의할 필요가 있다. 그리고 결코 뤄룽지 혼자만이 이러한 서구 민주주의의 여러 제도를 불신했던 것은 아니다. 당시 중국의 지식인들 사이에는 구미식 의회주의에 대한 불신이 깊었다고 할 수 있다.

하지만, 예컨대 왕자오스는 중국 민중의 정치 수준이 낮은 것은 사회의 기초였던 농업의 낮은 생산성에 기인한다고 생각했다. 그는 중국인이 공공성을 지닐 수 없는 근본적 요인을 국민성·민족성에서가 아니라 빈곤 문제에서 찾아야 한다고 주장한 것이다(王造時, 1935b: 51). 상당수의 중국 자유주의자가 민중의 정치적 능력이 부족한 근본적인 원인을 낙후된 경제에서 찾은 것이다.

이런 인식은 당연히 생산력의 향상을 필수적인 과제로 삼고 '경제민주주의'의 실현을 요구한다. 그리고 그 실현 방법으로서 왕자오스는 통제경제를 실시하는 강력한 행정부에 의한 '사회주의'의 실현을 추구했다. 이는 '생산력 제일주의'에 기인했다고 보아도 좋을 것이다. 빈곤 문제로 시달리는 중국에서 공업화의 과제는 매우 중요했으므로 '사회주의'나 '계획경제' 역시 중시되고 있었던 것이다. 이러한 논의에서 당시 자유주의자의 변혁론 발상법 중 하나의 유형을 찾아낼 수 있을 것이다(水羽信男, 2007; 2011).

또한 왕자오스 등이 말하는 '사회주의'는 이상의 논의로도 이해할 수 있듯이, '과학적 사회주의'는 마르크스·레닌주의가 아니라 영국 노동당도 포섭하는 광의의 개념이었다. 오히려 왕자오스는 소련식의 일당독재를 초월하는 것을 '사회주의'의 이상으로 간주함으로써, 소련이 '인민의 정치'를 실현했다고 할 수 없으며, '민치(民治)' 즉 '인민의 인민에 의한' 정치는 실현되지 않았다고 보았다. 그의 이론으로 말하자면 아직 과제로 남아 있다는 평가였다(王造時, 1935a: 226).

어찌 됐든 '경제민주주의'를 중시하는 관점은 예컨대 민맹의 정치 강령에도 계승되어 사유 재산 제도의 승인과 함께 국가에 의한 통일적 경제계획의 실시를 요구했다. 민맹은 농민의 소득을 확대함으로써 국내 시장을 확대하는 자본주의 발전의 기반을 구축할 토지개혁, 즉 소농 창출을 요구했다. 그러나 이뿐만이 아니라, 토지 국유나 공영 농장을 전망하고 독점성을 가진 기업의 공영화나, 공영 및 대규모 사영 기업에서 근로자의 관리권 보장까지 당연한 정부 정책으로 요구한 것이다. 그리고 이러한 '큰 정부'를 추구하는 논의는 마오쩌둥의 '연합정부론'과 1946년 정치협상회의에서 국민당·공산당과 민맹 등이 일치해 결의한 전후 중국 재건 구상과 공통된 것이었다(水羽信男, 1992).

필자는 뤄룽지나 왕자오스뿐 아니라 많은 지식인들이 국민당을 버리고 공산당을 지지하게 된 요인은, 중국 경제민주주의를 실현할 수 있는 정책을 공산당이 인정한 것(역으로 말하자면 국민당은 그런 정책에 철저하지 못했던 것)이라고 생각해왔다. 또 뤄룽지나 왕자오스 등은 민중의 현실 정치 능력을 낮게 평가했기 때문에, 민중의 참정권을 원칙적으로 승인하면서도 중국이 당면한 변혁을 수련과 자기희생 정신으로 순화되어 철저히 각성한 지도자에게 맡길 수밖에 없다고 생각했다(水羽信男, 2011). 이 엘리트에 의한 위로부터의 변혁이라는 기본적인 입장도 공산당의 변혁 실현을 기대하게 하는 원인이 되었다고 본다.

4. '민주' 서사의 어려움

모리 가즈코(毛里和子)는 민주주의의 다의성을 강조하면서 구체적인 최저 요건으로 ① 정치 체계에서 공민의 정치 참여가 보장되는 시스템, ② 정치적 선택이 보장되는 복수주의(複數主義) 시스템, ③ 권력을 감독하는 시스템이라는 세 가지를 제시했다(毛里和子, 2012: 311). 필자의 관점과 관련시켜보면, '인민의' 정치를 보장하는 제도적인 문제로서 '인민에 의한' 정치의 정치화(精緻化)를 논했다고 말할 수 있다. 또 '인민을 위한'을 민주주의의 최저 요건으로 두지 않는 점에 모리의 회의론이 지닌 특성이 있다고도 할 수 있다.

이 점에 관해 1945년 민맹 등에서 나타난 정부 형태를 둘러싼 논란은 흥미롭다. 민맹의 강령은 인민주권의 최고 기관으로 보통선거에 의해 선출된 중의원과 성 의회 및 소수 민족 자치 단위에서 선출되는 참의원으로 구성되는 이원제 국회를 상정하고 있으며, 권력기관들의 관계에 대해서는 삼권 분립, 책임내각제, 사법의 독립을 내세웠다. 중앙·지방의 관계에 대해서는 성(省) 헌법 제정을 용인하고 성장·현장의 직선 선출을 규정했다. 정치협상회의의 결의에서도 동일한 정권 구상이 제시되고 있다. 확실히 국민당을 배려해 국민대회와 입법원을 병립시키고 삼권분립을 대신해 오권분립을 내세웠지만, 민맹 강령의 기본적인 정신은 정치협상회의에도 계승되었다고 할 수 있다(水羽信男, 1992).

또 이러한 정책을 수행하는 새로운 정부의 설립 과정에 대해서는 권력의 정통성을 담보하기 위해 각 정치 세력이 나름의 계획은 내세웠다. 민맹에서는 뤄룽지가 중일전쟁이 종식될 무렵 다음과 같이 4단계론을 제시했다. 즉 ① 여러 당파의 연석회의, ② 각 당파의 임시 연합 정부, ③ 정식 민의 기관, ④ 정식 정부를 말한다. 여기에 내전의 귀추가 점차 명확해지면서, 공산당을 중심으로 새로운 권력이 중국에 탄생할 가능성이 높아진 1948년에는 상기한 ①과 ② 사이에 임시 민의 기관을 추가한다는 5단계론이 언론계에서 활동하던 공산당원에게도 인정을 받고 있었다. 당시는 공산당원도 포함된 권력의 정통성을 담보하기 위해서는 각 정치 세력의 합의가 아니라, 선거에 기초한 민의 기관을 설치하는 것이 필요하다고 생각되었다. 임시정부로부터 정식 정부에 이르는 고비마다 선거에 기초한 의회의 개설이 상정된 것이다(水羽信男, 2015).

이러한 제도 설계의 배후에는 다음과 같은 뤄룽지의 생각이 숨어 있었다고 할 수 있다.

비관적인 사람은 현재 중국의 정치에서 인심의 개조가 제도의 건설에 비해서 더욱 중요하다고 생각한다. …… (그러나) 우리는 국가에 타락한 사람이 많으면 많을수록, 제도가 중요하다고 믿고 있다. 제도의 기능은 타락한 사람이 악행을 일삼는 기회를 최저한도까지 감소시키는 데 있다(羅隆基, 1930: 24).

적어도 뤄룽지는 1930~1940년대를 통해 중국에 민주적 헌법을 뿌리내리는 운동에 참여하고 있었다.

하지만 1949년 '중화인민공화국 중앙인민정부조직법'에서 이러한 제도 구상은 손상된다. 즉 공산당의 통제하에서 보통선거에 기초한 인민대표대회 제도가 상정되었으며(당장은 선거를 거치지 않은, 공산당이 초빙한 직능별 대표 등으로 구성된 정치협상회의가 인민대표대회를 대행하며, 인민 대표의 보통선거는 1953년부터 시작했지만, 오늘에 이르기까지도 아직 기층에 한정되어 있다), 민주집중제가 강조되었다. 이는 권력의 분립에 의한 균형을 부정하는 것이었다. 게다가 중앙·지방 관계에서도, 성 헌법의 제정은 언급되지 않고 지방 장관의 민선 기회도 사라졌다(日本國際問題 硏究所中國部會 編, 1986: 585~588).

공산당 중심의 권력 수립 과정에 대한 자세한 내용은 모리사키 군케쓰의 책(杜崎群傑, 2015)을 참고하도록 권하지만, 1949년 신정부 수립 5단계론은 결국 부정되어, 인민정치협상회의에서 직접 인민정부가 조직되었다. 하지만 이 연합정부는 뤄룽지나 왕자오스가 요구한 경제민주주의를 실행하는 주체로 적극적인 지지를 받게 되었다.

5. 맺음말: 우리에게 '민주'란?

민맹과 그 지도자·뤄룽지, 왕자오스 등은 국공내전의 결과로 탄생한 인민공화국을 지지했으며, 본격화된 국제적인 냉전 속에서 조국의 공업화를 목표로 했기 때문에, 인민으로부터 유래되는 정치를 실현할 방법으로 인민에 의한 정치를 제도적으로 보장하는 데 전력을 다하지 않았다. 그들은 경제민주주의 혹은 인민을 위한 정치의 실현이 가능하다고 판단할 때에 그 정책을 실시하는 권력의 옹호를 일차적인 것으로, 그리고 정치민주주의를 이차적인 것으로 생각했다.

하지만 이러한 생각을 동시대에 비판한 프리드리히 하이에크(Friedrich August von Hayek, 1899~1992)의 경제 이론도 1940년대 중국에서 널리 학습되었다(久保, 2011). 시장원리주의라고 불리는 '작은 정부'와 연결시킬 수 있는 하이에크에 대해 뤄룽지 등이 알지 못했던 것은 아니다. 1948년 9월 후스의 다음과 같은 논의를 통해 하이에크의 정치사상도 받아들여지고 있었음을 알 수 있다.

> 철저한 개혁을 주장한 사람 중에 정치적으로 절대적인 전제의 길을 걷지 않은 사람은 한 명도 없다는 것을 (세계의 근대사는) 명백히 보여주고 있는 것입니다. …… 절대적인 전제정치만이 수단을 가리지 않고, 대가를 아끼지 않고, 가장 잔혹한 방법으로 근본 개혁이라고 여겨지는 목적을 달성하기 때문입니다. 그들은 자신들의 견해에 잘못이 있다는 점을 인정하지 않습니다. 그들은 반대하는 사람들에도 고려할 만한 이유가 있다는 것을 인정하지 않습니다. 그렇기 때문에 그들은 자신들과 다른 것을, 그리고 자유로운 사상과 언론도 절대로 용납할 수 없습니다[胡適(水羽信男 譯), 「自由主義」, 砂山 編, 2011, pp.133~134].

후스의 입장은 이후 아이제이아 벌린(Isaiah Berlin, 1909~1917)에 의해 '소극적 자유'로 불릴 수 있게 되지만, 이를 필자는 근대 중국에서 얻기 어려운 매우 중요한 주장이라고 생각한다(水羽信男, 2013). 대륙의 공산당 정권을 거부하고 타이완의 국민정부에서 민주화를 요구한 후스나, 국민당 내부, 그리고 타이완 민주주의자들의 고난으로 가득 찬 인생을 필자도 존경한다. 그러나 동시에 뤄룽지나 왕자오스 등을 공산주의에 현혹된 불쌍한 '용공' 지식인이라고만 평가하는 입장에는 찬성하지 않는다. 그것은 후스 역시 뤄룽지 등과 마찬가지로 공산당과는 다른 독재 권력인 국민당을 상대로 싸울 수밖에 없었고, 또 그 투쟁에서 승리한 것은 아니라는 사실에만 기인하는 것은 아니다. 오히려, 좀 더 본질적으로는 저자가 뤄룽지나 왕자오스 등의 사상적 모색에서 오늘날까지 지속되고 있는 민주주의의 문제점이 명확히 드러나 있다는 점에 보다 더 주목하기 때문이다.

프랭클린 루스벨트(Franklin Roosevelt)가 1941년 연두 교서에서 강조했던 네 가지 자유 실현 중에 결핍으로부터의 자유가 있었다는 것은 유명하지만, 이 장과 관련시켜보자면, 그것은 경제민주주의를 미국 정부 나름대로 추구한 결과라고도 이해할 수 있다. 다 아는 바와 같이 미국 민주주의 사상의 근저에는 결과의 평등이 아닌 기회의 평등이 자리하고 있으며, 격차 사회의 형성에 대해서도 경쟁이야말로 사회의 활성화에 이바지한다는 생각에서 용인되어왔다. 빈곤은 본인의 문제이며, 불만이 있으면 추가적인 노력을 시도하는 것이 좋다. 기회는 만인에게 열려 있는 것이다. 그러나 1930년대에는 자본주의 국가 안에서 기득권자를 엄중히 비판한 전체주의자가 가난한 사람들의 지지를 얻고 세력을 키워서 민주주의를 파괴했다. 이러한 상황을 미국의 지도자도 무시할 수 없게 된 것이다. 다만 미국 정부가 이 문제를 적절하게 처리했는지는 또 다른 문제이다.

그렇다면 어떻게 경제민주주의를 실현한다는 것인가. 루스벨트 대통령이 직면한 곤란은 차치하고, 뤄룽지 등의 경험에 비추어 보면, 그들의 원점으로 되돌아가서 정치민주주의를 통한 공업화의 진전, 그리고 부의 재분배 정책 집행이 필요할 터이다. 그런 의미에서는 인민을 위한 정치 이상으로, 인민으로부터 유래하는 정치를 인민에 의한 정치로 제도화하지 않으면 안되었다.

하지만 그럴 수는 없었다. 그 요인은 공산당에 대한 기대이며, 그 기대에 응답할 가능성을 당시의 공산당이 갖고 있었을 터이다. 또 그것과 표리일체이지만, 정치민주주의를 담당하는 주체로서 민중을 상정하면서도, 당시 민중의 정치 능력을 매우 낮게 평가하고 있었던 것도 관련된다. 그들이 보기에는, 민중의 사고를 바로잡는 동시에 유력한 대행 세력이 중국에는 필요했던 것이다. 그들의 시각에서 그것은 실질적으로는 '인민의' 권력이었다. 이미 역사에서는 이러한 생각이 오류였음이 입증됐다고 할 수 있다.

그러나 그 외에도, 메츠거(Thomas Metzger)가 지적하는 민주주의에 대한 중국 지식인의 태도에도 주목할 필요가 있다(Metzger, 1995 등). 메츠거는 본래 민주주의는 인류가 최선의 정치를 실현하는 수단이 아닌 최악을 피하기 위한 도구라고 지적했다. 그에 따르면, 서양에서 민주주의의 배후에는 비관주의적 인간관이 자리하고 있다. 인간은 이기적이고, 자신의 이익을 위해서는 타인의 권리를 침범하는 것도 마다하지 않는다. 그래서 구체적으로 사람들의 개별적인 활동을 통제하는 규칙을 여러 겹으로 만들 필요가 있었고, 그 규칙을 지키게 만드는 틀을 작동시킬 필요가 있다.

그러나 중국의 지식인은 민주주의를 중국의 복잡한 여러 문제를 한꺼번에 해결할 수 있는 '마법 지팡이'로 이해했다. 혹은 민주주의를 도덕적인 정치 자세의 문제로 환원(혹은 왜소화)했다. 중국인은 추상적이고 낙관적인 입장에 섰던 것이다. 결국 메츠거의 논의를 부연하면 성악설에 근거해 사회적 공정을 실현하기 위해 권력 분립을 포함한 제도화를 정밀하게 생각하기보다는, 때에 따라서 공허한 정의와 공정을 선전하는 데 스스로 만족하며, 일단 곤란에 직면하면 갑자기 태도를 바꾸어 민주주의에 실망해버리는 경향이 있었던 것 같다.

그렇다 하더라도, 중국에 걸맞은 민주적 제도를 구축하는 것은 여전히 어려운 문제를 안고 있다. 중국은 광대한 국토를 보유한 다민족 국가이다. 어떠한 중앙-지방 관계를 수립해야 하는가. 미국식 연방 제도가 적합한 것인가, 혹은 그렇지 않은 것인가. 또 복수정당제에 기초한 의회 제도를 실현한다고 하더라도, 소수민족의 권리를 지키며 효과적으로 논의할 의회 제도는 구체적으로 어떤 것인가. 이 문제는 일본에서의 숙의민주주의의 논의나 기존 의회제에 대한 비판 등과 관련되어 있어 간단히 답할 수 있는 것이 아니다. 다시 말하면, 압도적인 빈부 격차의 시정 문제도 여전히 중요한 과제로서 남아 있다. 어디까지나 개인의 존엄에 구애되어 자유주의적 가치를 지키려 한 민국시대 중국 지식인의 지적 모색은 지면 관계로 충분히 논하지는 못했지만, '민주'에 관한 상기의 문제를 진지하게 다룬 것도 적지 않다. 역사에서 배우는 의미가 있다고 말하는 까닭이 여기에 있다.

참고문헌

久保亨. 2011. 『戰後中國の經濟自由主義』. 村田雄二郎 編. 『リベラリズムの中國』. 有志舍.

杜崎群傑. 2015. 『中國共産党による'人民代表會議'制度の創成と政治過程—權力と正統性をめぐって』. 御茶の水書房.

羅隆基(Lo. Lung-chi). 1928. *The Conduct of Parliamentary Election in England*. New York: Julius Lewin & Son.

_____. 1929. 「論人權」. ≪新月≫, 2卷 5號.

_____. 1930. 「我們要什麽樣的政治制度」. ≪新月≫, 2卷 12號.

_____(署名은 努生). 1931. 「'人權'釋義」. ≪新月≫, 3卷 10號.

毛里和子. 2012. 『現代中國政治—グローバルパワーの肖像』. 名古屋大學出版會.

砂山幸雄顯. 2011. 『世界冷戰のなかの選擇—內戰から社會主義建設へ』(新編 原典中國近代思想史 第7卷). 岩波書店.

山之內靖. 2015. 『総力戰体制』(ちくま學藝文庫). 筑摩書房.

石井知章 編. 2015. 『現代中國のリベラリズム思潮—1920年代から2015年まで』. 藤原書店.

石井知章·緒形康 編. 2015. 『中國リベラリズムの政治空間』. 勉誠出版.

水羽信男. 1992. 『1940年代後半期における中國民主派知識人の國家統合をめぐる論調』. 橫山英·曾田三郎 編. 『中國の近代化と政治的統合』. 溪水社.

_____. 2007. 『中國近代のリベラリズム』. 東方書店.

_____. 2011. 「1930年代中國における政治變動と政治學者—王造時を素材として」. 村田雄二郎 編. 『リベラリズムの中國』. 有志舍.

_____. 2012. 『中國の愛國と民主章乃器とその時代』. 汲古書院.

_____(鄭晩琳 譯). 2013. 「中國自由主義者的分岐―1930年代的胡適和羅隆基」. 潘光哲 主編. 『胡適與現代中國的理想追尋―紀念胡適先生120歲誕辰國際學術研討會論文集』. 秀威資訊科技股份有限公司.

_____. 2015. 「実業界と政治参加」. 深町英夫 編. 『中國議會100年史―誰が誰を代表してきたのか』. 東京大學出版會.

野村浩一・近藤邦康・砂山幸雄 編. 2011. 『救國と民主―抗日戰爭から第二次世界大戰へ』(新編原典中國近代思想史 第6卷). 岩波書店.

王造時. 1935a. 『実行統制經濟的先決問題』(원래 게재는 1933年 9月). 同前 『荒謬集』. 自由言論社.

_____. 1935b. 『中國問題的分析』. 商務印書館.

日本國際問題研究所 中國部會 編. 1986. 『新中國資料集成』 2卷(第3版). 日本國際問題研究所.

胡偉希. 1996. 「理性與鳥托邦―二十世紀中國的自由主義思潮」. 高瑞泉 主編. 『中國近代社會思潮』. 華東師範大學出版社.

橫山宏章. 1996. 『中華民國史―專制と民主の相剋』. 三一書房.

Metzger, Thomas. 1995. "Modern Chinese Utopianism and the Western Concept of Civil Society". 陳三井 主編. 『郭廷以先生九秩誕辰紀念論文集』. 中央研究院 近代史研究所.

3장

인민공화국의 성립과 '역사 서사'

마루야마 고지 丸山鋼二 | 김은영 옮김

1. 중국공산당의 정권 장악을 뒷받침하는 다섯 가지 정통성

1949년 10월 중화인민공화국(中華人民共和國, 이하 인민공화국) 수립 이래 오늘날까지 중국공산당이 계속 정권을 장악하고 있다. 이러한 정권 장악의 정통성은 어디에 근거할까? 통상적으로는 다음과 같은 세 가지 점이 지적된다.[1]

첫째, 외국 정부로부터 외교적 승인을 받아 국가의 정통성을 획득하는 것이다. 이는 특히 쿠데타와 혁명으로 수립된 '임시혁명정부' 등의 정통성에 대한 중요한 근거가 된다. 인민공화국은 1949년 10월 1일 수립을 선언한 지 2시간 만에 소련의 승인을 받았고, 그다음 날(10.2) 외교 관계 수립이 발표되었다. 이후 동유럽 등 사회주의권 국가들의 승인이 이어졌다. '임시혁명정

---

[1] 중국공산당 지배의 정통성을 둘러싼 논의에 대해서는 杜崎群傑(2015)에 압축적으로 정리되어 있다.

부'의 수립에 관해 1948년부터 중국과 소련 양당 간에 적극적인 논의와 의견 교환이 이루어졌다.

둘째, 선거를 통해 정통성을 획득하는 것이다. 일반적으로 입헌 체제하에서 보통선거에 의한 의회와 대통령 선출이 법적 정당성 혹은 합법성의 근거가 된다. 인민공화국은 1949년 6월에 46개 당파와 단체 대표 총 610명의 참가로 개최된 중국 인민정치협상회의(이하 인민정협) 제1회 전체회의에서 임시헌법이 된 '공동강령'을 채택해 '건국'되었다. 그 후 1954년에 형식적인 지역대표제[직접 보통선거가 아니라 제한 차액 선거, 중층적 간접 선거('複選'), 별도로 해방군과 화교 대표의 직능 대표 형태도 존재]에 의해 국회격인 전국인민대표회의(全國人民代表會議, 이하 전인대)가 열려 최초의 인민공화국헌법이 채택되었다. 전인대는 그 후로도 제12기(2013년부터 5년 임기)까지 계속 열리고 있으며, 중국공산당이 '(사회주의) 민주'를 주장하는 근거가 되고 있다. 전인대는 '헌법'상 각급의 국가 최고 권력으로 자리매김함으로써 당이 국가를 영도하는 것의 정당성이 제도적으로 보장되고 있다(加茂, 2006: 25~69).

셋째, 정권을 담당했을 때의 실적이 정통성을 담보하는 근거로 이용되는 일이 많다.[2] 현재 중국에서는 경제성장으로 인해 국민들의 생활이 풍족해진 것을 실적으로 내세우고 있다. 중국공산당 정권의 정통성은 '노후화의 위기' 혹은 정책 목표 실현 능력의 상실이라는 '실효성의 위기'에 처하게 되었으므로 '실효성' 있는 시장주의적 경제정책으로 '정통성'을 회복할 수밖에 없는 상황이라고도 할 수 있다.

중국공산당의 '정통성'에 관해 이 세 가지 근거 외에 다음과 같은 두 가

---

2 야마구치 야스시(山口定)는 정치체제와 정치 시스템이 "시민의 일상생활과 이익 단체의 직능적 이익의 시점에서 본 '효용'과 '효율'에 대한 기대에 답을 하고 있는가"라는 수준에서 평가·판정되는 것을 '정통성'과는 다른 '정당성'으로 정의하고, 사회주의 국가들처럼 "오랜 세월에 걸쳐 '효용'을 만족시키는 것에 계속 실패하면 본래 갖추어져 있던 '정통성'이 마모되고 해체된다"라고 지적하고 있다[『政治體制』(東京大學出版會, 1989), p.273].

지 점에도 주의를 기울여야 한다.

넷째, 인민공화국의 '건국' 자체가 중국공산당의 통치 근거로서 오늘날에도 기능하고 있다는 점이다.[3] 즉 혁명 성공과 신정부 수립이라는 공적이 중국공산당의 '빛나는 역사', '불후의 중국혁명사'로서 계속 '이야기되고' 있다는 것이다. 애초에 1949년 10월 1일의 인민공화국 수립을 '건국'으로 표현하는 것 자체가 중국인에게 통용되는 '역사 서사'임을 이해해야 한다(10월 1일은 중국의 국경절, 곧 건국기념일로 여겨진다). 일본에서 신화[『일본서기』에 나오는 초대 진무 천황(神武天皇)의 즉위일에 따라 2월 11일이 건국기념일[메이지 시기에는 '기원절(紀元節)']이 되었던 것처럼, 일본인의 역사 관념에서 일본이라는 국가(國家)의 흥망은 있어도 나라(國)는 영원히 계속된다고 무의식 속에서 의식되고 있다. 이에 비해 중국인은 중국 문명과 중화 세계는 영원히 불멸이지만, 국가는 영원하지 않고 흥망을 반복하는 것이라고 여긴다. 따라서 중국인의 역사 관념과 중국공산당의 '빛나는 역사'라는 언설을 비롯해 중국공산당의 역사 인식 그 자체가 새삼 따져보아야 할 문제임을 지적해두고자 한다.

다섯째, 사상적·이데올로기적 정통성 문제이다. 가톨릭(원래 의미는 '보편적')과 이슬람교에 의거한 '종교국가', 혹은 마르크스·레닌주의에 기초한 이데올로기적 정통성이 문제시되는 '공산주의국가'가 그 전형이었다. 당시 존재하고 있던 코민포름(유럽공산당 노동자당정보국, 1947년 10월 결성)에서 제적·제명되는 것은 과거의 코민테른(세계 공산당) 시대에서와 마찬가지로 사활이 걸린 문제였다. 실제로 1948년 6월에 요시프 티토(Josip Broz Tito)가 지도하는 유고슬라비아 공산당이 코민포름에서 제명되자 동·서유럽의 공산당은 물

---

3   모리 가즈코(毛里和子)는 덩샤오핑 시대가 되어 "혁명이라는 과제에 의거해 정통성을 지켜나가는 것으로부터, 경제 발전에 의해 권력의 정당성을 다시금 확보할 수밖에 없는 상황으로 바뀌었다"고 지적한다『現代中國政治(新版)』(名古屋大學出版會, 2004), p.245]. 오늘날에는 '사회의 극적 변혁'이라는 의미에서 혁명의 정통성을 주장하기 어려워졌기 때문에 애국심과 애국주의에 호소하는 경향이 강하게 생겨나고 있다.

론이고 중국공산당도 이오시프 스탈린(Joseph Stalin)에게 충실하게 복속하여 유고슬라비아 공산당을 공개적으로 비판했다. 제명 판정과 이론해석권은 국제공산주의 운동 속에서 '유일무이한 권위'였던 스탈린 한 사람이 장악하고 있었다. 따라서 당시의 중국공산당과 마오쩌둥으로서는 스탈린에게 절대복종을 함으로써 그의 승인과 묵인을 얻지 못하면 마오쩌둥 자신의 당내에서의 정치적 지위도 제약받는 관계 및 상황에 있었다. 사실상 인민공화국이 공산당 국가로서 가진 국제적 정통성, 그리고 마오쩌둥의 국내·당내에서의 정통성과 직결되어 있었다.

2. 중국공산당사에 의한 '역사 서사': 인민공화국 성립은 '역사적 필연'이다

그렇다면 현대 중국에서는 인민공화국의 수립과 정권 담당의 정통성에 대해 어떻게 서술되고 있는지, 그 '역사 서사'를 우선 중국공산당사의 최고 경전으로 여겨지는 책[4] 속에서 확인해보자.

여기에는 "중국공산당의 지도적 지위는 누군가가 원했기 때문이라거나 혹은 누군가의 자의로 구축된 것이 아니다", "공산당의 지도하에 인민공화국을 수립하고, 신민주주의사회로부터 사회주의 사회로 나아가려는 것은 중국 인민의 엄숙한 역사적 선택이며 역사의 필연적 추세이다"라고 서술되어 있다. 결국 중국혁명의 승리와 인민공화국의 성립, 사회주의로의 이행은 '역사적 필연'이었다고 주장하고 있는 것이다.

이 절에서는 중국혁명 승리의 요인('역사적 필연론'하에서는 '신화'로도 표현할

---

[4] 원저는 中共中央黨史研究室, 『中國共産黨的七十年』, 胡繩 主編(北京·中共黨史出版社, 1991) 초판[일본어판은 『中國共産黨小史(上下卷)』(北京: 外文出版社, 1995)]이다. 이 책은 출판된 지 20년 이상 지난 지금도 중국공산당사 연구에 큰 영향을 주고 있다고 여겨진다.

수 있다)을 '중국혁명의 독자성', '중국공산당의 자립성', '인민정협에 의한 인민공화국 성립의 승낙'이라는 세 가지로 정리하고, 각각의 요인(신화)의 '이야기'에 대해 설명할 것이다. 다음 절에서는 국공내전과 인민공화국의 성립 과정을 따라가면서 ① 신구(新舊) 정협, ② 임시정부의 수립, ③ 인민정협에 대한 국민적 합의에 대해, 3절에서는 ① 중소 양당 간의 최대 분기 문제가 된 민주당파와의 합작 정책, ② 민족 부르주아 계급을 둘러싼 중국공산당 내의 갈등, ③ 인민정협 노선의 정통성에 대해 자료를 통해 역사학적, 비판적으로 검토할 것이다. 이러한 작업으로 중국공산당 지배의 '정통성'(강인성)과 허구성(취약성)도 분석하면서 역사의 본래 모습, 바람직한 본연의 '역사 서술'을 되찾고자 한다. 그것이야말로 역사학이 가진 본래의 목적이며 역할이기 때문이다.

1) 중국혁명의 독자성: '마오쩌둥 사상', 농촌혁명 방식

우선 '마르크스·레닌주의의 기본적 원칙과 중국혁명의 구체적 실천을 연결한 소산'으로 정의되는 '마오쩌둥 사상'이라는 용어법에서 전형적으로 드러나고 있듯이, 중국혁명의 독자성과 오리지널리티(originality: '중국화된' 민족성)가 강조되고 있는 것을 독자성으로 들 수 있다. 특히 '농촌으로 도시를 포위한다'는 농촌혁명 방식은 도시 프롤레타리아 혁명이던 러시아 혁명과는 대조적인 것으로 서술되어왔다.

그러면 정말로 중국공산당과 마오쩌둥에게 프롤레타리아 혁명의 지향성이 없었던 것일까? 이 절에서는 중국공산당이 처음부터 가지고 있던 '프롤레타리아 독재 지향'과 그 반대 지점에 있는 '민족 부르주아 계급 정책'에 대해 검토한다.

2) 중국공산당과 마오쩌둥의 자립성: 중소 양당 관계

다음으로 중국혁명의 독자성 주장과 함께 중국공산당의 자립성과 자주성이 강조되고 있다는 점이다. 특히 스탈린과 소련공산당으로부터의 자립성은 새삼 강조되나 외국으로부터의 원조와 지시에 따랐다는 등의 사실은 무시되는 경향이 있다. 중국의 자력에 의한 혁명의 성취는 유고슬라비아 공산당의 승리와 마찬가지로 사실이기는 하지만, 내전 말기부터 뚜렷해진 소련으로부터의 경제적·군사적 지원이라든가 스탈린의 지시와 권고에 관한 언급은 이 책 어디에도 없다.

그런데 인민공화국 성립 전후 중소 양당의 관계 또는 마오쩌둥과 스탈린과의 관계는 어떠했을까? 마오쩌둥과 중국공산당은 소련, 스탈린으로부터 국제공산주의자라는 정통성을 부여받기를 강력히 바라며 자발적으로 복속하는 자세를 보였다. 이러한 사실은 글 중에 언급하는 정도로만 기술하겠다.

3) 인민정협(당파·단체의 추천 대표)에 의한 인민공화국의 승인: '인민해방 전쟁사관'

중국혁명 승리의 세 번째 요인은 '대중으로부터, 그리고 다시 대중 속으로'라는 대중노선, 그 대중에 의거한 인민혁명적 성격의 강조, 타 당파와 연합한 통일전선의 중요성이다. 이는 국공내전(중국에서는 '인민해방전쟁'으로 부른다)에서 거둔 승리를 거쳐 인민공화국이 성립했다고 보아 '인민해방전쟁사관'이라고도 표현할 수 있다. 혁명 성공의 '공적'에 의해 1949년 9월에 선거를 거치지 않은 당파와 단체의 추천 대표로 구성된 애국민족통일전선조직인 '인민정협'의 회의로 인민공화국 정부가 수립되었다. 더 나아가 인민정협은 '전국 인민을 대표하는 성격을 갖추었으며 전국 인민의 신임과 옹호를 얻고 있다'는 비민주적인 비약적 논리가 돌연 제기되었고, 이것이야말로 새로운 정치 지배의 정통성이라고 주장되었다.

이와 같은 논리로 '임시혁명정부'로서의 정통성을 당분간 주장할 수 있었다. 그러므로 국내적 정통성을 법적·공적으로 창출하기 위해서는 인민대표(의원) 선출이라는 정치 과정이 불가결했다. 그 때문에 1953년 마침내 전국적인 기층 보통선거가 불완전하게나마 실시되었고, 이듬해 1954년 제1회 전인대가 개최되었다.

그러면 이러한 정치적 위임 = 대표 관계의 창출 혹은 불완전한 보통선거의 지속이 실제로 대중으로부터 지지와 동의를 얻은 것이라고 주장할 수 있는지를 검토해보자.

3. 바람직한 '역사 서술' (1): 인민정협에 의한 인민공화국 수립은 민의의 승인인가?

1) 신구 정치협상회의

애초에 인민정협이라는 명칭은, 인민공화국 수립 직전인 1949년 9월 17일 신정협준비회 제2차 전체회의가 열리고 갑작스럽게 '인민'이 추가되어 변경된 것이다(준비회의 1회 전체회의는 3개월 전인 6월).

정치협상회의는 전후 초기의 국공 충칭 교섭(重慶交涉, 1945.8.28~10.10)에서 맺은 '쌍십협정(雙十協定)'을 전제로 1946년 1월에 개최되었던, 국민당, 공산당, 중간파(민주당파) 3자 대표 38명이 모인 정치회의를 가리킨다. 협의 결과 신정부조직안, 평화건국강령, 군사문제안, 국민대회안, 헌법 초안의 5대 결의가 채택되고, '장제스의 지도'를 인정하면서 다당파 연합정부를 구성한다는 방향이 모색되었다('정협노선'[5]). 그러나 국민당은 이 정협 결의를 무시하고 1946년 11월 헌법제정국민대회 개최를 강행해 중화민국헌법을 채택했다. 이듬해 선거를 거쳐 국민당은 1948년 헌법시행국민대회를 개최해 장제스를 총통(국가원수, 대통령)으로 선출하고 '법통'(법적 정통성과 합법성)을 주장했다. 하지만 국민당의 헌정 실시가 민의에 반해 독재적·억압적이라는 비판에 직면하면서 '정통성(법통)의 유실'[비정통화(delegitimation)] 현상을 저지할 수 없었다.

1946년 6월에 국공내전이 발발했다. 마오쩌둥은 1947년 10월 10일(신해혁명 발발 기념일인 쌍십절) 인민해방군 총사령부 명의로 공공연히 "장제스 타도"를 슬로건으로 내걸고, 민의를 폭넓게 획득하고자 민주당파, 애국 인사들과의 협력하에 민족통일전선을 결성해 민주연합정부를 수립할 것을 호소했다. 그러나 여기에서는 신정부 수립이 정치 강령에 머물고 구체적 정치 과제로는 인식되지 않았다.

그런데 3개월 후인 12월 회의[1947년 12월, 산시성(陝西省) 미즈현(米脂縣) 양자거우(楊家溝)]는 '신중국의 건국'을 행동강령으로서 명확히 제기했다. 회의에는 중앙인민정부의 즉시 수립을 주장하는 이도 있어 진지한 논의의 장이 열렸으나, 아직 그 시기가 무르익지 않고 있었다. 이에 중화민국헌법에 대항할 수 있게 준비해왔던 헌법의 공포 역시 장래의 문제라고 판단했다.

신정부의 수립이 중국공산당의 의사일정에 오른 것은 4개월 후인 1948년 4월 30일이었다. 중국공산당 서기처 확대회의가 채택한 메이데이 슬로건은 민주당파, 인민단체, 사회 현달(賢達: 유식자)로 신속히 '새로운 정협'을 개최해 "인민대표대회의 소집에 대해 토론하고 민주연합정부를 수립하자"라는 주장을 내세웠다. '사회 현달'은 구(舊)정협이 개최될 때 참가 대표 중 한 부류였으나 국민당계의 인사도 포함했기 때문에 후에 무당파인 '애국민주 인사'로 바꿔 불리게 되었다.

여기서 중국공산당은 처음으로 신(新)정협 개최를 주장했다. 그러나 그

---

5   1946년 1월의 연합정부의 '정권 성질'(국체)에 대해 중국공산당은, 1949년 마오쩌둥의 『인민민주독재론』과는 정반대로 '부르주아 계급이 지도하지만, 프롤레타리아 계급도 참가하는 연합정부'로 규정해, 국민당의 '지도성'을 용인했다.

때까지는 지방 수준에서 '임시참의회' 개최를 지시하고 있었다. 참의원의 다수는 공민(公民)의 선거로 선출하지만 행정기관 등의 초빙과 단체 선출이라는 방법도 있었으므로 신정협과 마찬가지로 자문회의 성격을 띠었다. 그러나 참의회는 "국민당 시기 참의회의 나쁜 인상을 준다"는 등의 이유를 들어 점차 개최가 꺼렸고, 1948년 중반부터 인민대표회의와 각계 대표회의가 개최되는 방향으로 변화되었다(杜崎群傑, 2015: 199). 다만 1948년에 진지루위 변구(晉冀魯豫邊區)와 진차지 변구(晉察冀邊區)를 합병해 화베이 인민정부(華北人民政府, 후에 중앙인민정부의 '모델'로 불린다)를 수립했을 때는 '두 변구의 참의회 대표 연석회의'라는 절차를 밟았다(杜崎群傑, 2015: 171).

1946년 1월의 정협 노선은 항전 시기의 자문·민의 기관인 '국민참정회'라는 국민당의 일당 훈정(訓政) 시스템 그 자체를 비판하고, 중국공산당과 민주당파의 존재와 활동을 허용하는 정치적 민주주의 운동을 상징하며 새로운 권력 창출의 정통성을 담보할 수 있는 역할을 맡고 있었던 것이다. 중국공산당은 국민당이 제대로 활용하지 못했던 민주주의 운동의 상징 '정협'을 1948년 4월부터 자신들의 정치적 지배를 확대하고 국민정부를 타도하는 데 적절히 이용하기 위해 내세웠다(또한 중국공산당도 당시 시대 조류의 제약 때문에 그것을 전면에 내세울 수밖에 없었다).

2) 임시정부 수립 문제: 1948년 9월회의

1948년 9월 8일부터 13일까지 열린 중공중앙정치국 회의(9월회의)에서는 처음으로 임시정부 수립 문제를 주요 의제로 삼았다. 이때도 상당한 시간 동안 자본가 및 부르주아와의 관계에 대한 토론을 주고받았다. 후에 '톈진 강화(天津講話)'(1949.4~5[6]) 시 자본가를 향한 융화와 영합의 자세를 보였던 류

---

6   톈진 강화는 발표 직후부터 당내에서 비난이 터져 나왔고, 문화혁명기에는 류사오치(劉少

사오치(劉少奇)도 "부르주아를 대할 때는 두뇌를 냉정하게 유지해야 한다"며 부르주아의 모반과 정권의 변질, 유혈 혁명의 재발을 각오하라며 경계심을 숨기지 않았다. 다만 국민당 정권을 전복시키려면 앞으로 4년이 더 걸릴 것 (1946년 7월부터)으로 전망되었기 때문에 신정부 수립 후 직면하게 될 대(對)부르주아 투쟁을 집중적으로 토론했다고는 하지만, 그것이 아직 눈앞에 닥친 절박한 것으로는 실감되지 않았다(楊奎松, 2006: 108~109).

9월회의 후인 9월 28일, 마오쩌둥은 네 번째로 11월의 소련 비밀 방문[7]을 결정하고, "일련의 문제에 관해 소련공산당과 어르신에게 직접 보고를 드리고, 진심 어린 지시를 주시도록' 열망했다(결국 이 소련 방문은 연기된다)(沈志華, 2015a: 283). 9월 회의는 소련과의 제휴 및 사회주의 인민정권 수립이라는 목표를 확정하고, '어느 국가에 경도되는 것이 아니라 사회주의로 경도된다' 라고 중국공산당의 대(對)소 접근 방침을 재차 확실히 밝혔다(許文鴻, 2011: 116). 이미 1948년 4월에 두 번째로 소련 방문을 준비하고 있던 마오쩌둥은 중소 관계를 신중국의 대외 관계에서 가장 중요한 것으로 여겼다(胡喬木, 1994: 547~548).

---

[7] 奇)의 역사적 죄상의 하나로 여겨졌으며, 오늘날에도 그 역사적 평가는 정해져 있지 않다. 1949년 12월에 마오쩌둥이 국가주석으로 소련을 공식 방문하기까지, 마오쩌둥은 방문 희망을 다섯 차례 요청한 것으로 보인다. 첫 번째는 1947년 전반으로, 6월 15일에 스탈린으로부터 동의하는 전보를 받았음에도 7월 1일에 연기되었다. 두 번째는 1948년 7월로 내정된 모스크바 방문을 마오쩌둥은 4월 26일에 5월로 앞당길 것을 결의했고, 스탈린도 이에 동의하는 전보를 4월 29일 보냈지만 5월 10일 연기를 지시했다. 세 번째로 7월 4일에 마오쩌둥이 다시 방소를 타전했으나, 7월 17일 스탈린은 식량 조달을 이유로 들어 11월로 연기할 것을 제안했다. 네 번째는 1948년 9월 28일에 마오쩌둥이 11월의 방소를 재차 확인했지만 11월에 몸 상태 등을 이유로 마오쩌둥이 12월로 연기하자고 요청했다. 그러나 1949년 1월 스탈린이 다시 거절한다(그 대신 소련공산당 정치국원 아나스타스 미코얀이 중국공산당 본부 시바이포(西柏坡)를 방문해 중소 회담을 한 일화로 유명하다). 다섯 번째는 1949년 4월 마오쩌둥이 잇달아 방소를 희망했으나, 스탈린으로부터 "지휘의 자리를 비우지 말라"는 권고를 받는 형식으로 마오쩌둥이 중국혁명의 영수임을 승인받았다(그 대리로 류사오치가 6~8월에 소련을 방문했다).

그런데 1948년 가을 중국공산당군이 랴오선(遼瀋), 화이하이(淮海), 핑진 (平津)의 세 차례 대전투에서 승리하면서 1949년 1월까지 국민정부의 군사력 이 양쯔강 이북에서는 기본적으로 소멸했다. 정부가 강화를 요구하고 많은 중간파 민주 인사들이 연이어 중국공산당 지배 구역으로 들어오면서 중국공 산당이 제창한 연합정부의 수립이 갑작스럽게 절박한 문제가 되었다. 9월 회의로부터 거우 2개월 후에는 국민당 타도에 '3년도 필요 없다. 앞으로 1년 정도'라는 인식이 생겨났다(中共中央文獻硏究室, 1996: 194; 外門出版社, 1968: 379).

중국공산당과 민주당파의 협력 관계도 1948년 11월, 옌안(延安)을 대신 한 새로운 붉은 수도 하얼빈(哈爾濱: 동북해방구의 수도)에서 신정협 협의가 이 루어져 중국공산당과 민주당파의 협의서(23개 참가 단체와 신정협준비회의 하얼빈 개최 등에 합의)가 체결될 정도로 양자의 협력 관계가 진전되었다.[8]

3) '간접적인 정치 위임'은 '국민적 합의의 형성'인가?

인민공화국은 비선거(非選擧)로 당파와 단체 대표를 소집한 인민정협의 공동강령에 의거해 성립되었다. 중국공산당은, 이 인민정협이 **본질상** '전국 인민의 대표대회'(본래의 선거에 의한 의회이다. 강조는 필자)이므로 "보통선거에 의한 전인대를 개최하기까지는 정협 전체 회의가 전인대의 직권을 행사할 수 있다"[「中國人民政治協商會議共同綱領」, 1949.9.29(日本國際問題硏究所中國部會, 1964: 591)] 고 강변하고, 추천 대표를 선거 대표로 슬쩍 바꾸어 "전국 인민의 신임과 옹 호를 얻고 있다"며 새로운 정치적 지배의 정통성을 주장했다.

그러면 이러한 '인민의 신임과 옹호에 의한 대표성 획득'의 논리, 비선거

---

8 「關於召開新的政治協商會議諸問題的協議」(1948.11.25), 中國人民政治協商會議全國委員會文史 料硏究委員會 編, 『五星紅旗從這裏昇起』(文史資料出版社, 1984), pp.211~214. 그로부터 2개 월 후인 1949년 1월 31일에 베이징을 평화적으로 점령한 중국공산당은 신정협 회의 장 소를 하얼빈에서 베이징으로 옮겼다.

라는 '간접적인 정치적 위임이 곧 대표 관계'(西村成雄, 2011: 164)라는 것은 얼마만큼 새로운 정치적 지배의 정통성을 담보할 수 있는 것일까?

이미 그 당시에도 "인민의 선거에 의해 탄생되지도 않았는데 어떻게 전국인민대표회의(여기서는 의회)의 직권 행사로 정부를 설립하는가?"라거나, "이 대표들은 인민의 선거로 탄생되지 않았으니 인민정협은 전국 인민의 의지를 대표할 수 없지 않은가?"라며 회의를 품는 이도 있었다. 또 "왜 급하게 인민민주독재를 수립하려고 하는가?"라고 의심하는 목소리도 높아졌고, 상하이(上海)의 산업계를 중심으로 미국과 영국에 대한 정책과 대(對)소 일변도 방침에 의문을 나타내는 이도 있었다.[9]

이에 대해 화강(華崗: 중국공산당 상하이 공작위원회 서기)은 "인민정협은 전국 각 민주당파와 인민단체의 대표를 포함하고 있고, 각 대표는 각자의 단체에서 선출된 이들"이므로 "전국 인민의 의지를 대표할 수 없다는 것은 완전히 근거가 없는 말이다"라고 일축했다.[10] 화강은 인민정협이 "전국 인민의 의지를 대표할 수 있다"라고 주장함으로써 정통성을 부여하고, 직접선거를 거치지 않아도 전국 인민에 의해 승인받은 대의·입법 기관이라고 재정립하면서, 직접 중앙정부를 조직하는 것이 이론적으로는 가능하다고 강변했다.

9　「關於上海産業界對毛澤東『論人民民主專制』反應的批語和電報」(中共中央文獻硏究室·中央檔案館, 2008), pp. 268~269.

10　林石夫,「論新政協與新中國」,『群衆(香港版)』(第127期, 1949.6), pp.595~596. 林石夫,「從封建地主官僚資産階級先生到人民民主專政」,『群衆(香港版)』(第129期, 1949.7), pp.630~632. 린스푸(林石夫)는 화강(華崗, 전 중국공산당 기관지 ≪新華日報≫ 편집장)의 필명이다. 한편으로는 당시 "인민민주독재는 사실상 프롤레타리아 독재이다"라는 주장도 있었다는 데서 이론적 혼란 상태였다는 것을 알 수 있다(杜崎群傑, 2015: 315).

4. 바람직한 '역사 서술' (2): 인민정협에 의한 '정통성' 획득

1) 민주당파와의 합작: 중소 양당 간 최대의 '분기' 문제(1949.1~2)

1949년 1월의 정치국 회의에서 마오쩌둥은 현재 민주당파에게 어떻게 대처할 것인지가 "중대한 과제가 되고 있다"라고 단언하며 경계심을 드러냈다. 부르주아 계급의 대표적 인물들과 원만한 관계를 유지하는 것이야말로 당면한 중대사였는데, 특히 도시에 들어온 후부터 최대의 정치적 과제가 된다. 이 문제를 처리하는 기본적 원칙은 계급 분석과 계급적 입장을 견지하는 것이라고, 고급 간부들에게 훈계를 내렸다(楊奎松, 2006: 110).

마오쩌둥이 스탈린에게 중소 양당이 현재 논의해야 할 문제로서 정협, 연합정부, 외교정책, 경제정책의 네 가지를 들고 있듯이, 중국공산당은 민족 부르주아 계급의 정치 대표인 민주당파가 참가하는 정협·연합정부 문제와 경제정책을 중소 양당 간의 현안으로 여겼다(沈志華, 2015a: 359). 부르주아 계급을 어떻게 다룰 것인지는 민주당파에게 직결된 문제였다. 내전 승리를 눈앞에 둔 시점에서 중국공산당은 도시 경제정책의 방향을 결정해야 했다. 당의 이데올로기에 따라 근거지에서 겪은 경험을 살려 '빈민 노선에 의한 균분 정책'을 채택해야 할지(중국공산당 내에서는 이것이야말로 '프롤레타리아 혁명' 노선이라고 주장하는 이가 여전히 많았다), 아니면 기업 경영자의 도망이나 기업의 도산, 노동자의 실업이 발생하지 않도록 하는 시장주의 정책을 채택해야 할지 결단을 내릴 시점이 임박했다.

1949년 1~2월 소련정치국원 아나스타스 미코얀(Anastas Mikoyan)가 비밀리에 중국을 방문했을 때, 민족 부르주아 계급이나 민주당파와의 합작 문제는 중국공산당 측이 소련공산당과 스탈린의 의견을 받아들인 모양새로 이미 해결된 터였다. 그런 까닭에 마오쩌둥은 미코얀에게 과거 민족자본 몰수 정책의 실수와 '지식분자의 반발'을 이유로 들며 '소비에트 정권과는 다른 신민주주의 체제'를 주장했고, 2월 6일 회담에서도 "민족 부르주아지의 반발을 사지 않기 위해서라도 사적 공업자본과 그 기업을 몰수하지 않는다"라고 언급했을 뿐이다(杜崎群傑, 2015: 111~112).

그러나 실제로는 1947년 11월 스자좡[石家莊, 당시는 스먼(石門)] 점령으로부터 1949년 1월의 톈진 탈취까지 계급적 입장과 '빈민 노선'의 관철을 계속 강조한 결과, 가난한 사람들이나 말단 간부가 말하는 대로 노동자와 점원을 몰아세우고 농촌의 토지혁명 방식을 도시에 도입해 공장주와 점주에게 청산 투쟁을 펼치는 상황이 거의 대부분의 지역에서 발생했다. 톈진에서도 점령된 지 한 달이 지나지 않아 53건의 청산 투쟁이 일어나면서 많은 자본가들이 어쩔 수 없이 홍콩으로 도망갔다(楊奎松, 2006: 110~111).

민주당파와의 협력은 중국공산당의 민족 부르주아 계급 정책과 직결되는 문제였다. 이미 1948년 4월 20일 자 스탈린의 답전은 중국공산당이 민족 부르주아 계급과 협력할 것을 지시하고 있었다. 같은 해 4월 26일, 마오쩌둥이 두 번째 소련 방문을 요망하며 보낸 전보 첫머리에 "완전히 동의한다"라고 표명하고, 민주당파 문제로 중소 양당에 '갈림길'이 존재하지 않을까 생각했다. 이 문제로 마오쩌둥은 3월 15일에도 스탈린에게 전보를 보냈고, 스탈린은 "'중국 중앙정부의 수립과 자유 부르주아 계급 대표를 정부에 참가시킨다'는 마오쩌둥 동지의 고려는 매우 올바르다고 생각한다"라며 열렬한 칭찬으로 답했다(沈志華, 2015a: 252; 薛, 2009: 237).

그러나 후에 미코얀은 1960년에 정리한 중국 방문 보고[11]에서 "그곳에서 마주친 중국공산당과 소련공산당의 최대 갈림길은 중국공산당이 정권을 장악한 후에 중국의 각 민주당파에 어떻게 대처할 것인지의 문제였다"라고 서술했다. 이어서 "주지하는 바와 같이 스탈린의 의견을 듣고 중국공산당은

---

[11] 1960년 9월 22일 자로 미코얀이 소공 중앙위원회 주석단에 제출한 「1949년 1~2월의 중국행 보고」. 다만 중소 대립이 표면화된 이후의 것이라는 점에는 유의할 필요가 있다.

부르주아 정당에 대처하는 정책을 바꾸었다"라고 끝맺고 있다(列多夫斯基, 2004: 17). 실제로 중국공산당은 경제 붕괴의 위기를 직접적인 배경으로 판단하여 미코얀의 중국 방문 후, 민족 부르주아 계급에 대한 정책을 상당히 적극적으로 변환했다.

그러나 전국 정권의 수립과 중·대 도시의 점령이 임박하고, 곧바로 닥친 부르주아 계급과의 충돌과 투쟁이 중국공산당 지도자의 경계심을 고조시켰다. 이러한 당내의 심리 상황은 마오쩌둥에게도 영향을 미쳤고, 곧 대도시를 탈취해 신정권을 수립하는 일이 현실적으로 절박해진 순간임에도 그는 주저하고 있었다. 미코얀은 파죽지세인 중국공산당군의 군사 공세에 흥분한 나머지 마오쩌둥이 왜 서둘러 난징(南京)이나 상하이 등 대도시를 점령하고 전국 정권을 수립하려 하지 않는지 이해할 수 없었다. 마오쩌둥에게 그 이유를 물었을 때 돌아온 답은 "서두르지 않는다"는 것이었다. 왜냐하면 "정부를 수립하려면 많은 당파와 연합해야 한다. 그렇게 되면 공산당이 스스로 하는 일에 대해 다른 정당에 책임을 진다는 의미여서 반드시 귀찮은 일이 되기 때문"이라고 변명했다(列多夫斯基, 2004: 24).

미코얀은 마오쩌둥에게 중앙정부의 설립 시기에 대해 "중국 혁명정부의 성립을 길게 끌어서는 안 된다. 되도록 빨리 연합의 기초 위에 혁명정부를 수립해야 한다"라고 권고했다. 그리고 "난징과 상하이를 공략한 후에는 곧 새로운 혁명정부 수립을 선언한다. 그렇게 하면 국제 관계에서 유리해져 그 이후 중국공산당은 유격대와 같은 신출귀몰한 활동을 할 필요가 없어지고 정부의 이름으로 국제사회에 진출할 수 있으므로, 반드시 반(反)장제스 투쟁에 유리해질 것이다. 정부 수립의 시간을 늦추면 혁명의 역량이 약화된다"라고 소련공산당의 입장을 견지했다(沈志華, 2015a: 373).

중국공산당 지도자는 신정권 수립에 대해 절차와 일정이라는 표면적 사항을 이해하고 있을 뿐이고, 구체적인 정권 구상이나 국가기구안을 갖고 있지 않았다. 미코얀이 보기로는 "정부 각 부처의 기초가 되는 기관은 여기에 아무것도 없다"고 가차 없이 지적하고 있다(沈志華, 2015a: 419). 마오쩌둥은 미코얀에게 중국공산당에서 모스크바로 전문 대표단을 파견해 소련의 경험을 배우고 싶다고 제안했다. 소련의 프롤레타리아 독재 경험을 학습하고 모방하는 것은 이미 1948년 이래로 마오쩌둥이 소련을 방문하려는 중요한 목적이었다. 재차 같은 희망을 표명하여 6~8월에 중국공산당 대표단(단장 류사오치)의 소련 방문이 실현되었다.[12] 결국 신정부의 정권 구상이 얼마나 소련 모델을 모방한 것이었는지 여기서도 알 수 있다. 때마침 스탈린도 동북해방구 재정위원회 주임 천원(陳雲)에게 보낸 전보에서 민족 부르주아지 문제에 대해 "민족 부르주아지를 소홀히 할 것이 아니라 그들을 제국주의자와 싸우는 하나의 역량으로 간주하고 협력해야 한다"라고 요구했다(列多夫斯基).

2) 민족 부르주아 계급을 둘러싼 중국공산당 당내의 갈등(1949.3~7)

1949년 3월 5일부터 13일까지 열린 중국공산당 제7기 제2회 중앙위원회 전체회의(이하 2중전회)에서는 자본가에 대한 회유 정책['공사겸고(公私兼顧)', '노자양리(勞資兩利)'의 신경제 정책]을 취하기로 당내 의견이 일치했다. '1917년 10월 혁명으로부터 12년 후인 1929년에야 비로소 사회주의로의 이행을 개시했다'고 하는 소련의 경험과 "사회주의에 도달하기 위해서는 반드시 자본주의를 거치지 않으면 안 된다"는 레닌(Vladimir Il'ich Lenin)의 이론, "제국주의 반대를 위해서라도 민족 부르주아와의 협력이 중요하다"는 스탈린의 의견에 따라 중국공산당도 15년 정도의 시간을 들여 부르주아 계급이나 자본주의와 평화적 경쟁 및 평화 공존을 이루고, 민족 부르주아 계급에게도 신중국에서 주인공이 될 자격을 부여하기로 결정했다. 이는 인민정협 공동강

---

12   중국공산당 대표단의 소련 국가기관, 관료회의와 당조직에 대한 관찰 인터뷰의 요청에
      대해서는 「劉少奇致斯大林函: 關於訪蘇安排問題」(1949.7.6.)(沈志華, 2015b: 84~85).

령의 기초와 토론 속에 명확히 표현되었다. 그 이전 류사오치의 '톈진 강화'(4~5월)도 그러한 방침과 정신을 경제 정책으로 구현한 것이었다.[13]

2중전회는 공작의 중심을 농촌에서 도시로 옮겨 종래의 농촌혁명 방식에서 벗어나 '도시가 농촌을 지도하는 시기'가 시작되었음을 선언한 회의로 알려져 있다. 그러므로 마오쩌둥도 2중전회에서 통일전선의 성실한 이행을 바라며 "가능한 한 많이 도시 소(小)부르주아지와 민족 부르주아지의 대표적 인물들과 단결하고, 민주 인사 대다수에게 일을 주어 각자 담당 부서에서 알맞은 직무와 권한을 가지게 해야 한다"라고 주장했다(外文出版社, 1968: 489). 당시에는 민주당파가 충실히 중국공산당을 따르게 하는 제도의 설계를 중국공산당 단독으로 할 수 없었다. 그런 행위는 중국공산당 지배의 정통성을 즉시 잃게 할 만큼 위험하다는 인식이 강했다. 마오쩌둥도 미코얀에게 "민주 인사들도 독재라는 단어를 두려워한다"라고 말했다(沈志華, 2015a: 425). 물론 민주당파 측도 정협이나 연합정부 형성에 기대를 품고 있었기 때문에 중국공산당을 지지했다.

그러나 민주당파에 대한 중국공산당의 경계심은 여전히 계속되고 있었다. 2월 17일 중국공산당은 '어떻게 민주당파와 단체에 대응할지'에 관해 민주당파의 무장 금지(즉, 중국공산당에 의한 군사력 독점)와 신당 결성 금지, 조직 발전의 제한을 제시했다(中央統戰部·中央檔案館, 1988: 257~259). 5월 25일 '민주동맹의 성격에 관한 지시'에서도 '교육의 방법으로 찬동을 얻기', '신민주주의에 찬동시키기 위해 부분적 개조가 필요', '일부를 흡수해 공산당원으로 하기' 등이 지시되었고 부르주아 계급에 의한 정권 교체와 전복 가능성을 경계하고 있었다(中央統戰部·中央檔案館, 1988: 267).

2중전회에서 마오쩌둥은 "정협을 소집해 민주연합정부를 성립시킬 일

---

13 '톈진 강화'는 "자본주의에 의한 착취는 죄가 아니라 공적(功績)이다"라고 설명된다. 더욱이 "자본가를 해치는 것은 농촌에서 중농을 잃는 것과 마찬가지다"라고까지 단언하는 등, 그들과의 단결 정책을 강조했다.

체의 조건은 이미 무르익었다. 모든 민주정당, 인민단체, 무당파 민주 인사는 모두 우리 편에 서 있다"(外文出版社, 1968: 486)라고 말했다. 그리고 4~5월에 난징을 점령한 후에 베이징(北京)에서 정협을 열고 연합정부를 수립하겠다는 전망을 피력했다. 실제로는 인민공화국의 수립이 반년 정도 후인 10월 1일로 늦춰졌다. 이윽고 소련을 방문한 류사오치는 귀국하기 전인 8월 스탈린과의 회담에서 중앙정부의 설립 시기에 관한 질문을 받자 "1950년 1월 1일" 예정이라고 답변했다. 그러자 스탈린은 "기회를 놓치지 말라"고 조언했다. 이에 중국공산당은 신정부 수립 시기를 두 달 앞당겨 10월 1일로 서둘러 정했다. 중국공산당은 신정부의 성격('국체')과 국가 체제('정체')뿐만 아니라 수립 시기조차도 스탈린의 직접적 지시를 받아들였던 것이다.

중국공산당은 3월에 본부를 베이징으로 이전하고 대도시 공작을 위한 이행 정책을 중점적으로 실행했다. 6월 15~19일 662명의 대표(정식 대표는 510명)가 출석한 가운데 베이징에서 신정협준비회 제1회 전체회의가 개최되었다. 신공동강령[14]과 정부기구안 작성을 위한 준비회 상무위원회를 발족하고 마오쩌둥이 주임으로 선임되었다. 이로써 중국공산당은 신정협(본질상은 전인대 대위)의 소집권을 장악했다.

6월 30일에 발표된 마오쩌둥의 「인민민주독재론」에서는 "민족 부르주아지는 혁명의 지도자가 될 수 없고, 국가 정권에서 주요한 지위를 점할 수 없다"라고 언명하는 등 민족 부르주아지에 대한 견제와 공산당의 우위를 강조하고 있었다. 인민대표회의(인민정협)이건 중앙인민정부이건 간에 당초 구상되었던 '임시'는 전부 철폐되고, 잠정 단계를 거치지 않은 채 직접 설립하도록 되었다. 이렇게 해서 잠정적인 중앙인민정부 단계를 거치지 않고 인민정협에 의해 직접 중앙인민정부를 설립한다는 구상, 즉 '인민정협 노선'이

---

14   공동강령은 1948년 11월에는 「중국 인민민주혁명강령초고」로서 제1고와 제2고가 작성되었다(杜崎群傑, 2015: 258~259).

거의 확정되었다.

중국공산당은 또한 신정협 준비회의 주도권을 장악하고 이를 통제하기 위해 7월 11일 '신정협 준비회당조(新政協準備會黨組)·당조상무위원회(黨組常務委員會)' 설립을 결정하고 공동강령이나 조례 초안과 같은 정치 문제에 대해서는 중국공산당이 사전에 심사할 수 있는 체제를 갖추었다(곧이어 8월 27일에는 '전국정협당조'를 설치·이전했다)(中共中央文獻硏究室·中央檔案館, 2008: 111~113, 321~322).

3) 인민정협 노선의 정통성 획득(1949.9)

1949년 9월 30일, 인민정협은 '공동강령'과 '중앙인민정부조직법', '인민정협조직법'을 채택하고 폐막했다. '공동강령'은 임시헌법으로 간주되어 정책 결정과 정책 실시의 법적 근거로 여겨졌다. 그리고 인민공화국 중앙인민정부위원회가 조직되어 인사권(행정·사법뿐 아니라 군대도 포함하는 전부)과 전인대 소집권과 개최권의 양대 권한을 위임받은 인민정부위원회 주석으로 마오쩌둥이 선출되었다. 인사나 결의, 법안은 인민정협이라는 '공식의 제도화'를 통해 승인받는다는 '형식주의적 인민민주제도'[15]를 갖췄다.

인민정협에 임시적이 아닌 '정식 또는 정통의' 전국적 대의·입법 기관의 지위가 부여됨으로써 중국공산당은 헌법 제정 권력을 장악했다.[16] 또한 헌법에 준하는 강령과 시정 방침, 중요 결의, 혹은 선거법과 조직 조례를 포함

---

15 칼 슈미트(Carl Schmitt)는 '합법'적인 기관을 통해 '수(數)'의 원리로 달성된 집정적 지위는 "몰가치적·몰자질적인·무내용이고 형식주의적-기능주의적"인 '합법성'과 '정당성'에 지나지 않는다고 했다[『合法性と正當性』(未來社, 1983), p.34]. 마루야마 마사오(丸山眞男)도 '형식적 합법성'은 "어디까지 가더라도 합법성이고 실질적인 정통성과는 다르다"라고 했다(丸山眞男, 2014: 111).

16 "국가의 기본적 조건을 정하는 근본법으로서의 헌법을 제정하는 사람은 절대적 권력을 갖게 된다"(杜崎群傑, 2015: 54).

한 법안의 기초권도 기존과 같이 장악하게 되었다. 중국공산당 통치의 '정통성'은 인민정협 조직법과 중앙인민정부 조직법에 의해 법적으로도 보장받게 되었던 것이다(杜崎群傑, 2015: 53~54).

"건국 후 얼마 안 된 시기에 신해방구 농촌에서 권력의 정통성이란 사회 내부에 근거를 둔 것이라기보다는 인민해방군이 남하하면서 가져온 어떤 '외래성' 속에서 찾을 수 있었다"(田原史起, 2004: 254)라는 지적대로, 인민공화국 수립 전후에 중국공산당 지배의 정통성은 중국공산당의 무력이라는 폭력에서 비롯된 것이었다. 중국공산당은 '구(舊)지배계급 타도에 성공한 순간 태어난 혁명 정권'이었으므로 폭력으로 위협해 피치자를 지배할 수 없고, 피치자의 자발적인 복종을 필요로 할 수밖에 없었다(丸山眞男, 2014: 102~103). 폭력적 권위주의에 의한 통치이건 이데올로기에 의한 통치이건 간에, 반드시 민중(인민, 국민)으로부터의 내적·자발적 동의 내지 승인 및 지지가 불가결했다.

인민정협은 중국공산당의 정치적 지배에서 사실상 민중의 동의와 승인을 얻고 권력에 정통성을 부여해주는 절호의 '민주적 제도'였다. 무력으로 국민정부를 타도하고 중국공산당이 권력을 장악한 중국혁명을 정당화해주는 최고의 수단이었다. 그리하여 인민정부에 의해 수립된 중앙인민정부는 당초의 임시적·잠정적인 것이 아니라 정식 기구라고 주장할 수 있었다.

5. 맺음말: 인민정협 '공동강령'과 중국공산당의 통합

인민공화국의 성립은 한편으로는 중국공산당의 통치와 그 군대(인민해방군)에 대한 지도권을 정치적으로 합법화하면서 동시에, 다른 한편으로는 공동강령으로 민주연합정부로서의 정치적 정통성을 확인한다는(혹은 중국공산당의 독재적 통합이 제약되는) 이중성을 내포하고 있었다. 하지만 부르주아지 정당도 참가한 '연합정부'라는 이름 아래 인민정협(의회, 입법권), 중앙인민정부

위원회(행정권), 인민혁명군사위원회(군권)라는 권력의 삼중 독점에 의해 1949년 10월에는 중국공산당의 독재가 거의 실현되고 있었다.

그러나 공동강령을 거쳤어도 중국공산당의 도시 정책은 노동자·빈민 본위로 경도된 것이었기 때문에 자본주의 상공업은 계속 위축되어갔고, 건국 후에도 중국 경제는 활기를 잃었다. 1950년 3~4월 중국공산당은 전국 통일전선 공작 회의를 개최했다. 마오쩌둥은 상공업계에서 통일전선을 책임지고 있는 많은 간부가 중국공산당의 부르주아 계급에 대한 신정책을 이해하지 못하고 있음을 알아채고, 서면으로 비판적인 지시를 내렸다.[17] 저우언라이(周恩來)는 더욱 직접적으로 "현재 상업은 활기를 잃어 뭔가 대책을 생각해야만 한다. …… 소상인을 일소하자는 목소리가 있는데 작은 가게와 동네 공장이 모두 무너지면 도리어 곤란한 일이 되지 않겠는가?"라고 비판하고 있다.[18] 같은 해 6월의 7기 3중전회(三中全會)에서 마오쩌둥은 "당내의 동지 대부분은 '공동강령'이 무엇인지 전혀 이해하지 못하고 있다. 많은 동지가 자본가와의 협력이 아니라 그들에 대항해 타격을 주고 있다"라고까지 비판했다.[19] 마오쩌둥의 의견에 따라 상공업 정책이 조정되자 1950년 하반기에 곧바로 적극적인 효과가 나타나 생산액과 거래액이 확실히 상승하기 시작했다.

공동강령에서 인민민주독재 체제의 신민주주의 국가에 "민족 부르주아 계급도 참가한다"라고 규정했음에도 중국공산당 당내에는 그것을 이해하지 못한 간부들이 많았다. 다수파는 변함없이 '프롤레타리아 혁명' 노선을 신봉해 부르주아와의 대결을 추구하고 있었다. 마오쩌둥은 스탈린의 권고를 받

---

17 毛澤東,「在全國統戰會議工商組討論會的一份發言記錄上的批語」(1950.4)(中共中央文獻研究室 編, 1987), pp.292~294.

18 楊奎松(2006: 116)에서 인용했다. 周恩來,「發揮人民民主統一戰線積極作用的幾個問題」(1950. 4.13)(中共中央文獻研究室, 1992: 180)의 해당 부분은 이 표현과 다르다.

19 「毛澤東在七屆三中全會上的講話」(1950.6.6),「不要四面出擊」,『毛澤東選集』第5卷(人民出版 社, 1978), pp.21~24.

아들여 인민공화국 성립 전후에는 명확히 민족 부르주아 계급과의 합작 노선을 건지하고 있었다. 하지만 마오쩌둥조차도 1952년 무렵부터 부르주아와의 대결 노선을 택해 당내 논쟁을 거쳐 1953년의 '과도기의 총노선'을 지도부가 받아들이도록 했다. 이로써 민족 부르주아 계급의 명운은 완전히 끝났다.

중국공산당은 내전에서 무력으로 거둔 승리를 배경으로 인민공화국에서 집권당의 지위(이른바 '당의 지도성')를 굳혔다. 그러나 인민정협 노선은 이후 중국에서 '제도적 민주주의'에 대한 경시와 민주제도의 '형식주의화'를 초래했고, 결국 공동강령에 남아 있던 민주화에 대한 계기도 점차 무너지게 되었다.

참고문헌

加茂具樹. 2006. 『現代中國政治と人民代表大會』. 慶應義塾大學出版會.

杜崎群傑. 2015. 『中國共産黨による '人民代表會議'制度の創設と政治過程 — 權力と正統性をめ ぐって』. 禦茶の水書房.

列多夫斯基. 2004. 「米高揚赴華的祕密使命(1949年 1~2月)」. 『毛澤東與大林赫魯曉夫交往錄』. 東方出版社.

西村成雄. 2011. 『20世紀中國政治史研究』. 放送大學敎育新興會.

薛衡天. 2009. 『民國時期中蘇關係史(下)』. 中共黨史出版社.

楊奎松. 2006. 「共産黨のブルジョアジー政策の變轉」. 久保亨 編著. 『1949年前期の中國』, 第4 章. 汲古書院.

外文出版社. 1968. 『毛澤東選集』(第4卷). 北京: 外文出版社.

_____. 1977. 『毛澤東選集』(第5卷). 北京: 外文出版社.

日本國際問題硏究所中國部會. 1964. 『新中國資料集成第2卷(1948~1949年 9月)』. 日本國際問題硏究所.

田原史起. 2004. 『中國農村の權力構造 — 建國初期のエリート再編』. 禦茶の水書房.

中共中央文獻硏究室. 1992. 『建國以來重要文獻選編』(第1冊). 中央文獻出版社.

_____. 1996.『毛澤東文集』(第5卷). 中央文獻出版社.

中共中央文獻研究室 編. 1987.『建國以來毛澤東文稿』(第1冊). 中央文獻出版社.

_____. 1996.『劉少奇年譜』(下卷). 中央文獻出版社.

_____. 1998.『建國以來劉少奇文稿』(第1冊). 中央文獻出版社.

中共中央文獻研究室·中央檔案館 編. 2008.『建國以來周恩來文稿』(第1冊). 中央文獻出版社.

中央統戰部·中央檔案館 編. 1998.『解放戰爭時期中共中央統一戰線文件選編』. 檔案出版社.

沈志華. 2015a.『俄羅斯解密檔案選編 ― 中蘇關係 第1卷(1945.1~1949.2)』. 沈志華 主編. 東方
　　出版中心.

_____. 2015b.『俄羅斯解密檔案選編 ― 中蘇關係 第2卷(1949.3~1950.7)』. 沈志華 主編. 東方
　　出版中心.

許文鴻. 2011.『中共"一邊倒"政策的形成』. 北京: 知識産權出版社.

胡喬木. 1994.『胡喬木回億毛澤東』. 北京: 人民出版社.

丸山眞男. 2014.『政治の世界他十編』(岩波文庫). 岩波書店.

4장

중국 외교의 '평화공존'과 '역사 서사'

요시다 도요코 吉田豊子 | 정동연 옮김

1. 머리말

일반적으로 중국 외교의 가장 중요한 원칙 중 하나가 '평화공존 5원칙'
이다. ① 영토·주권의 존중, ② 상호 불가침, ③ 내정 불간섭, ④ 호혜평등,
⑤ 평화공존이라는 5원칙은 미소 냉전이 한창이던 시기에 제3세계 국가의
지지를 획득하기 위해 먼저 1954년에 인도와, 다음으로 미얀마(당시는 버마)
와의 양국 관계를 결정하는 원칙으로 정해졌다. 이 원칙은 이듬해 1955년
반둥 회의[1]에서 보편화되어 1956년 폴란드·헝가리 사건 후에는 사회주의
국가 사이의 관계에도 적용되었다. 이러한 '평화공존 5원칙'의 유래에 대한

---

[1] 아시아·아프리카 회의라고도 불린다. 1955년 인도의 자와할랄 네루(Jawaharlal Nehru),
    인도네시아의 아흐메드 수카르노(Achmed Sukarno), 중국의 저우언라이(周恩來), 이집
    트의 가말 나세르(Gamal Abdel Nasser)가 중심이 되어 미국과 소련 그 어느 쪽에도 속
    하지 않는 '제3세계'를 창설했다. _옮긴이

주된 견해에 따르면 '평화공존'은 사회주의와 자본주의라는 다른 체제를 가진 국가들이 공존할 수 있다는 레닌의 사상에서 그리고 그 외의 항목은 유럽에 기원을 둔 주권 국가 간 관계의 규범에서 유래한다(岡部達味, 2001).

그러나 이른바 '제3세계' 국가의 경우 사회주의 및 자본주의와도 성격이 달랐다는 점뿐만 아니라, 건국 직후 국가 건설을 위해 평화적인 국제 환경의 확보와 국제사회에의 참가, 특히 국제연합 가입을 위해서는 서방측 강대국과의 관계가 필연적인 전제였음을 생각해본다면 '제3세계' 국가만을 대상으로 했던 것은 아니었을 것이라는 의문이 자연히 생겨나게 된다. 또 한 가지 문제로는, 그 외의 네 항목이 이미 국제적인 규범이었다고 할지라도, 중국이 그것을 받아들였던 역사적 과정을 밝히는 것이 중요할 것이다.

필자는 국가 건설을 위해 평화적인 국제적 환경을 확보하고 중화민국의 타이완을 대신해 세계 대국의 지위를 획득하기 위해 국제연합에 가입한다는 건국 당초 가장 중요한 두 가지 목적을 중심으로, 건국 전후로부터 1956년까지 중국 외교의 '평화공존'과 소련과의 관계에 대해 고찰한 적이 있다(吉田豊子, 2016).

그동안 건국에서부터 1950년대 말 중소 관계의 변화에 이르기까지의 중국 외교에 관해 '소련 일변도'만이 강조되어오던 것과는 달리, 최근에는 '독립자주'와 '평화' 외교를 전면에 내세운 연구가 늘어나고 있는데, 그중에서도 '평화공존 5원칙'을 파악하려는 경향이 강하다(章百家, 2012; 齊鵬飛·李葆珍, 2014; 黃·王, 2016).

이 장에서는 '소련 일변도'와 동시에 중국 외교의 '독립자주'도 중시해 그 사이에서 '평화공존'이 형성되어간 역사적 과정을 명확히 드러내고자 한다. 이때, 국제 환경은 미소 냉전을, 대외 관계는 중소·중미 관계를 중심으로 하면서 여기에 이웃 국가를 포함한 '제3세계'의 신흥 독립국가와의 관계뿐만 아니라 영·프·일 등 서방측 강대국과의 관계, 그리고 내정에서 국가 건설을 위한 평화적 국제 환경을 확보하려는 갈망을 포함해, 이 세 가지의 상호 관련성을 분석 시각으로 삼고자 한다.

요컨대 이 장은 중국 외교에서 '평화공존'이 형성되는 역사를, 가장 중요한 시대적 배경인 냉전의 전개와 중국의 평화에 대한 갈망을 축으로 시기 구분을 하여 재구성하려 한 초보적인 시도이다. 또한 '소련 일변도' 외교와 '독립자주' 사이에 '평화공존'이 위치하면서 전술적·전략적으로 움직이고, 또한 각 역사적 단계에서 정책 원칙이 형성되어가면서 점차 보편화되어간다는 관점을 미리 제시해둔다.

2. 전술에서 전략으로의 '평화공존'

1) 신중국의 대외 정책과 '평화공존' 외교

중국공산당은 국공내전의 승리가 가시화되기 시작한 때부터 건국 구상을 구체화해나갔다. 당초 중국공산당은 장기간 동안 계속된 제국주의 지배의 굴욕적 역사를 끊어내기 위해, 그리고 미소 냉전하에서 소련 진영을 선택하는 것이 서방측 강대국과의 관계를 곤란하게 할 것이라 생각했기 때문에, 서방측 강대국과 그 영향 아래에 있다고 여겨지는 아시아 신흥 독립국가와의 관계 수립을 서두르지 않았다. 그러나 건국이 가까워지자, 1949년 6월 30일 마오쩌둥은 「인민민주주의독재론」에서 신중국은 동서냉전 구도 속에서 소련 중심의 동방 진영에 가담하기로 결정했다고 선언하고, 이와 같은 대외 방침의 대원칙을 '소련 일변도'라고 주장하면서도, 서방측 강대국 및 신흥 독립국가와의 관계 수립을 서둘렀다. 그 가장 중요한 이유는 이 국가들로부터 국가를 승인받고 외교 관계를 수립하는 것은 동방 진영의 힘을 강화, 국제사회에서의 중국의 지위를 드러내는 국제연합 가입, 경제 부흥과 발전을 위한 안정된 국제 환경과 주변 환경의 확보를 위한 요건이었기 때문이고, '타이완 해방'에 대한 미국의 간섭을 막는 것이기도 했다.

실제로, 중화인민공화국 임시헌법의 역할을 한 '중국정치협상회의 공동강령'에서는 중국 스스로의 요구와 스탈린을 중심으로 하는 소련의 조언을 받아들여 신중국의 외교정책을 다음과 같이 규정했다. 첫째, 소련 일변도에 대해, 국제 평화주의의 민주 진영과 제국주의 침략 진영 사이에 중간 진영은 존재할 수 없기 때문에 중국은 전자에 귀속한다고 했다(총강령 제11조). 둘째, 평화적 국제 환경의 확보에 대해 "중화인민공화국의 외교정책 원칙은 본국의 독립·자유와 영토·주권의 보존, 국제적인 영구적 평화와 각국 인민 간의 우호 합작을 옹호해 제국주의 침략 정책과 전쟁에 반대한다"라고 했다(제7장 대외 정책 제54조). 셋째, 비사회주의 국가와의 관계 수립은 호혜 평등과 상호 영토·주권의 존중이라는 전제하에서, 정치적 관계는 교섭을 통해 외교 관계를 수립하도록 하고(제56조), 정치적 관계 수립이 어려운 정부나 인민과는 무역·통상 관계를 회복하고 발전시키는 경제적 관계를 맺는다(제57조). 즉, 정치적 관계가 없는 국가라도 경제적 관계 수립은 가능하다는 것이다. 이는 경제적 관계를 먼저 맺음으로써 장차 수립하게 될 정치적 관계의 토대를 구축하려는 것으로, 특히 서방측 강대국과의 관계를 염두에 둔 것이었다.

요컨대 신중국의 대외 정책은 '소련 일변도'이면서도, 서방측 강대국, 아시아 신흥 독립국가와의 관계 수립까지 포함했다는 점에서 사회주의와 자본주의 사이의 '평화공존'만을 주장하는 레닌의 대외 정책과는 차이가 있었다. 후자에 비하면 전술적 성격이 더욱 강한 것이었다.

1949년 11월 18일 외교부 성립 대회에서 저우언라이는 "외교 공작은 양면성이 있다. 한편으로 연합하고 다른 한편으로 투쟁하는 것이다. …… 제국주의 국가에 대해서는 전략적으로 반대하지만, 개별 문제에서 전술적으로 연합할 수는 있다"라고 말했는데, 여기서 '개별 문제'란 '제국주의 국가'에 의한 중국 승인을 뜻하는 것이며, '제국주의 국가'는 여러 국가 중에서도 미국, 영국, 프랑스를 가리키는 것이었다. 12월 16일 정무원 제11회 정무 회의에서 저우언라이는 「외교 문제에 관한 보고」를 했다. 여기서는 제국주의 세 나라에 의한 중국 승인에 대해, 영국은 중국 승인에 기울어 있고, 프랑스는 양면 정책을 취하고 있으며, 미국에 의한 중국 승인은 아직 불가능한 것이라고 말했다(吉田豊子, 2016)

그러면 한국전쟁 발발 이전, 비사회주의 국가에 의한 중국 승인과 국교 수립의 실제 상황은 어떠했을까? 미소 냉전에서 서방 진영의 강대국 영국은 1950년 1월 6일 신중국을 승인했는데, 아마 식민지 홍콩에서의 권익을 확보하기 위해서였던 것 같다. 인도, 미얀마, 인도네시아는 당초 중국공산당이 제국주의 영향 아래 있다고 생각했으나, 후일 민족주의 국가로 인식한 후에는 각각 신중국을 승인했고 곧이어 중국이 주도하는 '담판건교(談判建交: 교섭을 통해 국교를 수립하는 것)'의 방식으로 중국과 국교를 수립했다. 셋 중에서 '담판외교'의 모델이 된 것은 인도였다(萬國偉·高廣景, 2011; 潘敬國, 2008; 范宏偉, 2012; 三宅康之, 2014).

이러한 주변 국가와의 외교는 주변 국가 측에서 먼저 접근해왔다는 점이 특징이다. 미소 냉전 속에서 이 국가들이 '평화중립'을 주장하고 나선 배경은 실로 복잡했지만, 여기서는 중요하다고 여겨지는 세 가지만 지적하겠다. 첫째, 아시아에서 신흥 공산주의 강대국인 중국이 무시할 수 없는 존재였다는 것, 둘째, 주변 신흥국가는 독립자주 외교를 전개함으로써 자국의 입장을 강화하려 했다는 것, 셋째, 지정학적 문제에서 중국이 전쟁 이후 국가 부흥을 위해 안전한 주변 환경을 확보하려 했던 것과 마찬가지로, 주변 국가도 중국과의 관계 안정화를 바라고 있었다는 것이다.

2) 한국전쟁의 교착화와 '평화공존' 외교의 전략화

1950년 2월 '중소 우호동맹상호원조조약'[2]이 체결되어 중국은 소련의 핵우산 밑에서 부흥과 건설에 전력을 다할 수 있게 되었으나, 6월 25일 한국전쟁이 발발함으로써 아시아에도 냉전이 구조화되었다. 아시아 냉전의 특수한 형태로 한반도에서 미국과 중국 사이에 '격전'이 전개되는 한편, 미국은 타이완에 제7함대를 파견해 타이완의 중립화를 선언하고, 대일 단독 강화를 진행해 샌프란시스코 강화조약의 조인과 동시에 '미일 안보조약'까지 체결함으로써 강력한 대중 '봉쇄' 전략을 취했다. 이렇게 중소 동맹과 미일 동맹이 군사적·정치적 대결로 아시아 냉전을 형성했다.

1951년 한국전쟁이 교착상태에 빠져 휴전 교섭이 시작될 무렵, 소련은 국제연맹 제6차 총회에서 한국전쟁과 인도차이나 문제 등을 평화적으로 해결하기 위해 소련, 미국, 영국, 프랑스에 중국까지 포함하는 '5대국'의 평화조약 체결을 제안하고, 서방측 강대국과의 평화공존 가능성도 언급했다. 이런 배경 아래 저우언라이는 10월 23일 중국 인민정치협상회의 제1차 회의 보고에서, 1949년의 '중국 인민정치협상회의 공동강령'의 외교 방침은 사회 제도가 상이한 국가 사이에 '평화공존'이 가능하며, 이를 전제로 중국은 외국과 적극적으로 외교 관계와 무역 관계를 수립하고자 한다고 말했다. 이처럼 '평화공존'은 한국전쟁을 정치적으로 해결하기 위한 전략으로 자리 잡게 되었다(吉田豊子, 2016)

여기서, 이듬해인 1952년 스탈린과 그의 이론 비서 게오르기 말렌코프(Georgy Malenkov)가 국내외에서의 '평화공존'을 강조했다는 점을 언급해야 한다. 더욱이 냉전이 국지적인 형태로 타국에 직·간접적으로 개입하는 것을 반대하기 위해 말렌코프는 '평화공존' 속에 '내정 불간섭'도 포함해 말했다(ウラム, 1974). 여기서 제기된 '내정 불간섭'의 원칙 역시 중국에 커다란 영향을 주었다고 생각된다.

한편 중국의 경제 체제가 '신민주주의'³ 체제였는데, 한국전쟁의 '총력전'

2　1950년 중국과 소련이 우호 및 동맹, 상호 원조를 약속한 조약이다. 1960년대부터 중소 간의 대립이 심화되며 유명무실해졌다가 1980년에 공식 폐기되었다. _옮긴이

3　마오쩌둥의 신민주주의는 반식민지·반봉건 사회에서 사회주의로 나아가는 과도기로 설

과정을 거치면서 사회주의 쪽으로 가까워졌다는 인식 아래, 중국은 사회주의로 나아간다는 정책 방침을 정했다. 휴전 교섭 도중에 제1차 5개년계획을 마련하고 1953년부터 사회주의 건설의 길로 걸어갔다. 결국 중국에는 '평화공존'이 한층 중요해졌다. 다만, 당시 스탈린은 유럽 정세에 더욱 관심을 기울이고 있었기 때문에, 한국전쟁의 휴전협정에 그다지 적극적이지 않았다.

3. '평화공존' 속의 긴장완화 움직임

1) 스탈린 사망 후 '평화공존' 속의 긴장완화

1953년 3월 스탈린이 사망하면서 소련의 대외 정책은 변화했다. 새로운 정권에서 재차 외상이 된 바체슬라프 몰로토프(Vyacheslav M. Molotov)는 소련의 대외 정책은 '평화공존'이고, 그것은 이미 전술적인 것이 아니라 전략적인 것이라고 판단했다. 4월 28일 저우언라이가 세계평화평의회 앞으로 보낸 전보에는 소련의 이와 같은 정책 변화의 영향이 드러나 있을 뿐 아니라, 전술한 것처럼 중국의 사회주의 건설을 위해서는 평화적 국제 환경이 필요하다는 것, 그리고 무엇보다도 '5대국'의 지위를 추구하는 것이 그 배경으로 자리 잡고 있었다. 이 전보에는 평화적인 정책, 그리고 다른 사회체제와의 '평화공존'이라는 원칙에 따라 소련 주도로 '5대국' 평화조약을 체결하자는 제안과 함께 이 위원회가 제안한 세계인민평화선언 주장에 대한 찬성과 지지가 포함되었다(吉田豊子, 2016)

1953년 7월에 한국전쟁의 휴전협정이 체결되었다. 9월 28일, 소련은 미

정되었다. 각계각층이 참여하는 연합정부와 혼합경제(국영경제, 사영 경제, 합작사 경제 병행)를 주요 특징으로 한다. _옮긴이

국, 영국, 프랑스에 두 차례 외상 회의 소집을 통보했다. 하나는 국제적인 긴장완화 조치를 논의하기 위한 것으로 중국을 포함하는 '5대국' 외무장관 회의이고, 다른 하나는 독일 문제를 협의하기 위한 것으로 중국을 제외한 나머지 4개국의 외무장관 회의였다. 그리고 4개국 외무장관 회의 준비 기간 중에 모든 문제를 협의하도록 했다(牛軍, 2013a).

1954년 10월 8일, 저우언라이 명의로 '5대국' 외무장관 회의 개최에 찬성하는 성명이 발표되었다. 여기에는 한국전쟁의 정전협정을 체결하고, 중국의 국제연합 가입 요구를 미국이 수용해줄 것을 기대하는 내용이 담겼다. 중국의 국제연합 가입 필요성에 관해서는 많은 국제 문제, 특히 아시아에 관한 문제의 해결에는 중국의 참가가 필수불가결하고, 중국은 국제적인 전면적 긴장완화와 극동 및 세계의 평화를 위해 노력하고 있음을 강조했다. 구체적인 방법으로 협의를 통한 국제분쟁의 해결과 '평화공존' 정책을 제시했다(吉田豊子, 2016).

1954년 1월 25일에서 2월 28일까지 4개국 외무장관 회의가 베를린에서 개최되어 독일 문제를 둘러싼 협의를 진행했고, '5대국' 외무장관 회의를 제네바에서 개최하는 데도 합의했다. 4개국 외무장관 회의를 먼저 개최한 것은 중국을 '5대국'의 하나로 국제무대에 나서도록 길을 열어주려는 소련 측 의도가 작용한 것이기도 했다(牛軍, 2013a). 베를린 회의 후 니키타 흐루쇼프 (Nikita Khrushchyov)는 소련의 외교정책은 평화공존을 견지하고 국제분쟁을 평화적 방식을 통해 해결함으로써 국제 정세의 긴장완화에 진력하는 것이라 했다(ウラム, 1974).

2) 제네바 회의 전후 중국의 '평화공존'

제네바 회의 전후, 중국은 인도와 미얀마에 대해 적극적으로 '평화공존' 외교를 전개한다. 이것은 소련과 마찬가지로 동남아시아에서 '중간적 집단'

의 존재를 지지하고, 이 국가들을 통해 영국이나 프랑스와 연합함으로써, 미국을 억제하고 미국이 동남아시아에서 '침략적 집단'을 조직하는 데 대항하려는 목적이 있었다.

1953년 12월 저우언라이는 티베트 지방의 통상과 교통을 둘러싸고 인도와 교섭을 벌이면서 처음으로 '평화공존 5원칙'을 제출했고, 이듬해 1954년 4월에는 인도의 요청으로 현지를 방문해 합의 성명을 발표했다. 6월, 저우언라이는 미얀마를 방문해 '평화공존 5원칙'을 두 나라 관계의 기준으로 삼는다는 성명을 발표했다.

또한 중국과 인도, 미얀마 사이에서는 이를 양국 관계만이 아니라 다국간의 국제 관계에도 적용해야 한다는 데 인식을 같이했다. 이후 중국의 외교 문서에서도 '평화공존'이라는 용어가 사용되기 시작했다.

단, 여기서 말하는 '평화공존'에는 당시까지의 대외 관계 원칙이던 상호영토·주권의 존중, 호혜평등, 상호 내정 불간섭, 평화공존 이외에 '상호 불가침'이라는 항목이 추가되었다. 세계, 특히 중국의 국가 건설을 위해서는 이웃 나라, 그중에서도 아시아 신흥 독립국과의 평화적 환경을 조성할 필요가 있고, 이를 위해서는 한국전쟁 참가에 의한 중국의 '호전적' 이미지를 불식시키려는 의도가 있었음이 틀림없다. 어쨌든 이른바 '평화공존 5원칙'은 이때 처음으로 형성되었다. 여기서 중국이 말하는 '평화공존'이란 사회체제가 서로 다른 국가가 공존할 수 있음을 의미하는 '평화공존' 외에도, 나머지 네 항목까지 포함되어 있었음을 강조하고 싶다.

그러면 신중국의 첫 번째 국제무대였던 제네바 회의는 중국 외교에서 어떤 위치를 차지하고 있을까?

회의 개최 그 자체는 소련이 주장한 '5대국' 평화조약 체결을 구체화하는 것이었지만, 중화민국인 타이완을 대신해 중국이 국제연합 상임이사국이 되는 길을 열어주는 데 중요한 목적이 있었다. 실제로 소련은 1950년부터 중국을 5대국의 일원이라고 주장해왔다(牛軍, 2013a; 2016). 이 회의에서는 미국의 저항이 있었지만, 결과적으로는 소련의 주장이 상당히 관철되었다고 할 수 있다.

주목해야 할 사실은, 회의에서 저우언라이가 인도차이나 문제에 관해 발언을 할 때 실질적으로는 '평화공존'을 제창하면서도 이 용어를 사용하지 않고 '화평상처(和平相處: 서로 평화적으로 함께 지낸다)'라는 용어를 빈번히 사용했다는 점이다. 주된 이유는 다음과 같다고 생각할 수 있다. 첫째, '평화공존'은 공산당의 용어이므로 다른 인도차이나 국가가 공산주의 사상에 두려움을 갖지 않게 하려는 것이고, 둘째, 서방측 제국주의 열강의 식민지가 되기 전 중국의 조공 체제하에 있었던 주변국이 경계심을 갖지 않도록 배려하려는 것이었으며, 셋째, 지정학적 관점에서 물리적인 신생 '대국'이라는 위압감을 아시아 국가에 주지 않으려는 것이었다(李潛廣, 2013; 李潛廣, 2016b; 翟强, 2014).

사회주의 건설로 나아가고 있던 1954년 9월, 중국공산당은 제1회 전인대를 열어 전시 체제인 대군구(大軍區)를 기초로 하는 대행정구(大行政區) 제도의 폐지를 선언하고, '공동강령'을 대신하는 최초의 헌법도 채택했다. '헌법' 전문에서는 대외 정책에 대해 "평등, 호혜, 주권 및 영토 보전의 상호 존중이라는 원칙에 기초해 어떠한 국가와도 관계를 수립하고 이를 발전시켜나간다"라고 했다. 즉, '평화공존' 외교를 평가하고 이를 관철해 '세계평화와 인류 진보라는 숭고한 목적을 위해 노력한다'는 점을 내세우고 있다.

소련도 중국의 '평화공존 5원칙'에 찬성했다. 이는 1954년 10월 흐루쇼프의 중국 방문 이후 발표된 '중소 공동선언'에서 확인된다. 여기서 강조해야 할 부분은, 스탈린 사망 후 소련에 대해 대등한 지위를 요구해온 것에서 보이듯 사회주의 진영에서 마오쩌둥의 '부상'이 사실이 되어가고 있었고, 소련의 새 지도부가 아직 강고하다고는 말하기 어려운 상황 속에 중국의 사회주의 건설을 적극 원조해 긴밀한 관계를 구축함으로써 사회주의 진영의 단결을 꾀하려 했다는 것이다. 중국에는 특히 공업 건설에서 소련의 원조가 주는 의미는 컸다. 이처럼 스탈린 사후 중소 관계가 긴밀해진 것은 공통의 목표와 상호 관계의 결과였다.

3) 서방측 강대국과의 '평화공존' 움직임

4개국 외무장관 회의와 제네바 회의가 개최되어 긴장완화의 조짐이 보이고 중국이 '평화공존'의 외교 방침을 명확히 정하면서, 제네바 회의에 즈음해 서방측 강대국과 중국의 관계 강화 내지 관계 수립을 모색하는 움직임이 일어났다.

앞서 제네바 회의 때 영국은 이든(Eden) 외무장관을 통해 중국과 접촉해 대리·대사급 관계를 수립했다. 그리고 제네바 회의 후 중국은 한동안 서방측 강대국과의 '민간 외교'를 계속 진행했다.

중국은 1954년 8월에 영국의 노동당 대표단, 10월에는 일본의 국회의원 대표단, 학술문화 중국방문단을 각기 받아들였다. 여기서 눈여겨볼 점은, 중국은 이때 일본과 영국이 미국과의 평화공존이 가능하다는 의사를 중개해주었으면 하고 기대했다는 것이다. 또 타이완 문제의 평화적 해결을 위해 미국과 평화공존 할 의사가 있음을 전달해줄 것을 인도에도 요구하고 있다. 게다가 프랑스 의회대표단이 중국을 방문했을 때, 중국은 영국과는 달리 완전한 외교 관계 수립을 요구했는데, 여기에 이르기까지의 관계에 대해서도 문화와 과학의 교류를 강화하고 무역 관계를 촉진해 '반관반민'이라는 과도적 형태를 취하기로 했다. 타이완 문제를 둘러싼 국제 관계의 긴장을 완화하기 위한 미중 대사급 회담은 1955년 8월에 시작되었다(吉田豊子, 2016)

4. 반둥 회의와 '평화공존'

1) '국제평화통일전선'과 미중 대립

저우언라이가 국제 정세를 인식한 후 제안한 대외 정책이 마오쩌둥의 지지를 받으면서 서방측 강대국과 적극적으로 외교 관계를 수립하려는 움직임이 시작됐다. 제네바 회의의 휴회 기간을 이용해 귀국한 저우언라이는, 1954년 7월 7일 중국공산당 중앙정치국 회의에서 국제 정세가 긴장완화 쪽으로 호전되고 있으므로, 서방측과 동남아시아 등 여러 국가와 적극적으로 국교를 수립해야 한다고 주장했다. 이 보고를 받은 마오쩌둥은 '국제통일전선'을 중국의 외교 방침으로 삼을 것을 분명히 제안했다. "요컨대 우리는 국제적으로 이런 방침을 시행할 것이다. 평화라는 문제로 단결할 수 있는 국가들과 관계를 수립해 우리 국가를 지키고 위대한 사회주의 국가의 건설을 위해 분투하는 것이다"라고 했다. 다음 날 정치협상회의에서 '국제통일전선'이라는 방침 아래 미국과의 관계에 관한 마오쩌둥의 견해에 주목해야 한다. 마오쩌둥은 미국이라는 국가 전체를 위험한 적으로 간주하지 않고 미국 정부 내의 호전파를 고립시켜야 한다면서, '국제통일전선'의 최종적인 목표는 미중 관계의 완화, 나아가 국교 수립의 실현이라고 했다(李潛虞, 2016b; 陳揚勇, 2016)

그러나 다른 한편으로 중국에 있어 '타이완 해방'은 양보할 수 없는 문제였다. 제네바 회의에 의한 국제 정세 완화 속에서 중국은 '제네바 협정'이 체결된 직후인 7월 23일 반드시 타이완을 해방한다는 사설을 ≪인민일보≫에 발표했다. 이와 관련해 마오쩌둥은 저우언라이에 보낸 전보에서, '미국·중화민국 군사조약'을 파기시키는 것보다 중요한 목적은 인민의 정치적 자각과 경계심을 높임으로써 국가 건설의 임무를 완성하려는 열정을 자극하고, 이런 투쟁을 이용해 국방력을 강화하며, 해상 작전 능력을 숙달하는 것이라고 했다. 9월 3일, 마오쩌둥이 중국 인민해방군에 진먼(金門)을 포격하라고 명하면서 이른바 제1차 타이완 해협 위기가 시작되었다. 이에 대해 11월 16일, 미 국무장관 존 덜레스(John Dulles)가 기자회견에서 무력으로 타이완을 지킬 것을 선언하면서 12월 2일에 '미국·중화민국 상호방위조약'이 정식으로 체결되었다. 게다가 미국은 9월 8일 필리핀, 태국, 파키스탄을 포함하는 동남아시아조약기구(SEATO)도 결성시켰다. 이와 같이 제네바 회의 이후 미국의 아이젠하워 정권은 대중(對中) '봉쇄'를 한층 더 강화했다.

2) 반둥 회의의 유래와 중국 초청 결정

| 사진 4-1 | 반둥 회의 휴식 시간의 저우언라이와 각국 대표 1955년 4월

자료: 中華人民共和國外交檔案館 編, 2007.

1955년 반둥 회의, 즉 아시아·아프리카 회의는 두 차례의 동남아시아 수뇌 회의에서 그 개최가 결정된 것이다. 인도차이나의 정세를 협의하기 위해 1954년 4월 28일부터 5월 2일까지 인도, 미얀마, 파키스탄, 실론(현재 스리랑카), 인도네시아의 5개국 외상 회의가 실론의 수도 콜롬보에서 열렸다('콜롬보 회의'). 이 회의에서 인도네시아 총리 알리 사스트로미조조(Ali Sastromidjojo)는 아시아뿐만 아니라 아프리카 각국을 포함하는, 이번 회의와 비슷한 성격의 대규모 회의를 열자고 제안했고, 회의의 최종 성명서에서 그 가능성을 검토하기로 했다. 12월 28~29일, '콜롬보 5개국' 총리는 인도네시아의 보고르(Bogor)에서 아시아·아프리카 회의 개최를 검토했다(李潛虞, 2016a)

'자유주의' 세계인 서방측과 달리, 사회주의의 영향을 받을 가능성도 있기 때문에, '신흥 독립국'에 의한 아시아·아프리카 회의 개최 움직임과 관련해 미국은 중국의 회의 참가를 몹시 경계하고 있었다. 중국이 회의에 초청되면 국제적 위신이 높아지고, 참가국들의 지지를 획득할 뿐만 아니라 참가국들과 외교 관계를 수립할 수 있는 좋은 기회를 얻을 가능성이 컸기 때문이다.

이 때문에 미국은 우선 중국의 회의 참가를 저지하려고 했다. 보고르 회의에서 파키스탄 총리 무함마드 알리(Muhammad Ali Jinnah)가 제출한 중국 초청 반대안은 미국의 지시에 따른 것이었다. 그러나 미얀마 총리 우 누(U Nu)와 인도 총리 자와할랄 네루(Jawaharlal Nehru)가 단호히 중국을 초정할 것을 주장하며 계속 협의한 결과, 5개국 총리는 최종적으로 중국을 포함해 아시아·아프리카 29개 독립국을 초청해 1955년 4월 마지막 주에 인도네시아에서 개최한다는 성명을 발표했다.

중국이 회의 참가를 적극적으로 받아들인 배경에는 전술한 '국제통일전선'의 실시가 명확히 자리 잡고 있지만, 동시에 아시아·아프리카에 대한 소련의 정책 변화도 긴밀히 연관되어 있음을 부인할 수 없다. 제2차 세계대전 종결 초기에, 스탈린은 아시아·아프리카의 민족해방운동을 충분히 인식하고 있지 않았으나, 1950년대에 들어서면 개발도상국의 민족 부르주아지를 세계 프롤레타리아트의 제국주의 반대를 위한 동맹군으로 인식하게 되었다. 스탈린의 사망으로 새로 지도자가 된 흐루쇼프는 이런 생각을 실천에 옮기기 전에, 아시아·아프리카 국가에 대해 경제·군사 등에서 소련의 영향을 적극적으로 확대하려는 방침을 취했다(ウラム, 1974).

3) 반둥 회의와 중국

중국은 제네바 회의에 비해 반둥 회의에서는 극히 저자세를 취하면서도 신중했다. 사전 준비 작업의 목표는 아시아·아프리카와의 신뢰 관계를 구축해 미국을 고립시키는 것이었고, 이를 달성하기 위해 중국이 평화적이라는 이미지를 심어주려 했다. 신중함이 담긴 구체적 방책 중 하나는 제네바 회의에 참가했을 때처럼 대규모 대표단을 파견하지 않는 것이다.

「아시아·아프리카회의 참가 방안」(1955.1)은 준비 공작에 관한 가장 중요한 문서이다. 그 취지는 국제적 평화통일전선을 형성해 국제 정세의 긴장 완화를 요청하는 것이었고, 구체적인 조치로는 중국에 적대적인 미국을 고립시켜 아시아·아프리카 국가와 단결하는 것이었다. 그리고 회의 참가국을 다음과 같이 분류했다.

① '평화 중립' 국가: 인도, 미얀마, 인도네시아, 아프가니스탄.
② '평화 중립'에 가까운 국가: 이집트, 수단 등.
③ '평화 중립'에 반대하는 쪽에 가까운 국가: 일본, 남베트남 등.
④ '평화중립'에 반대하는 국가: 태국, 필리핀, 터키.

여기에 ①과 단결하고, ②를 쟁취하며, ③에 영향을 주어 ④를 고립시킨다는 전략 방침을 내놓고 있다.

이 '참가 방안'과는 별도로 대표단에는 두 가지 목표가 부여되었다. 최대 목표는 아시아·아프리카 국가의 평화조약 또는 평화 선언을 체결해 평화공존 5원칙, 식민지 반대, 평화 요구, 전쟁 반대를 주요 내용으로 담는 것이었고, 최소 목표는 조약 성격의 공동선언을 발표하는 것이었다.

중국의 목표를 실현하기 위해, 저우언라이는 반둥 회의에서 다음과 같은 세 가지 중대한 외교적 행동을 취했다. 첫 번째 외교적 행동은 미국이 배후에서 지지하고 있던 반공주의 국가에 대항하는 것이다. 회의가 시작된 첫 날부터 공산주의를 맹렬히 공격하는 발언이 이라크나 파키스탄 등에서 쏟아져 나오자, 저우언라이는 사전에 준비해온 평화 추구의 염원을 담은 '주요 발언' 원고를 배포하고, 회의에서는 임시로 준비한 '보충 발언'을 발표했다. "중국 대표는 싸움을 하기 위해 온 것이 아니다"라는 말로 시작한 저우언라이의 발언은 '구동존이(求同存異: 같음을 추구하되 작은 차이는 남겨준다)'와 '화해 정신'을 강조해 많은 참가국의 칭찬을 받았다.

두 번째 외교적 행동은 '아시아·아프리카 회의 최종 공동선언'을 기초하는 과정에서 찾아볼 수 있다. 하나는 식민지 반대 입장을 분명히 한 것이다. 미국의 군사동맹 국가는 서방측의 '식민지'이고, 동유럽권은 소련의 '식민지'라는 의견이 서로 대립하며 격렬히 부딪치는 가운데, 저우언라이는 서방측 '식민지'와 동유럽권 측 '식민지' 모두를 부정했다. 또 다른 하나는 '평화공존'이라는 용어를 '화평상처'로 바꿔놓은 것이다.

미얀마 총리 우 누가 '평화공존 5원칙'과 '국제연합헌장'의 정신에 기반을 두자고 제안하자, '평화공존'은 공산당의 용어이고, 그 의미는 인도 총리 네루의 생각과는 다르다는 의견이 거센 가운데, 저우언라이는 '평화공존'을 '화평상처'라는 용어로 바꿀 것을 제안했다. '화평상처'는 국제연합헌장 정신의 하나였기 때문에 회의 참가국에 의해 수용되었다. 이는 이전에 열린 제네바 회의에서 동남아시아 국가와 접촉하는 과정에서 저우언라이가 실제로 느낀 바이고, 그때 '화평상처'라는 용어를 사용한 것은 앞에서 이미 말한 대로이다.

세 번째 외교적 행동은 저우언라이가 아시아·아프리카 국가를 지도하는 7개조 원칙을 정리해 제출하고 모든 국가의 찬성을 얻어낸 것이다. 즉, 주권과 영토의 상호 존중, 서로 침략과 위협을 가하지 않는 것, 내정 불간섭, 종족(種族) 평등 승인, 모든 국가는 크기에 상관없이 평등하다는 것, 모든 국가의 인민은 그들의 생활양식과 정치·경제 제도를 선택할 권리가 있다는 것, 서로 손해를 끼치지 않는다는 것이었다. 이 7개항에는 '화평상처'라는 용어는 없지만, 그 내용은 충분히 반영되어 있다. 이것이 저우언라이의 깊은 생각에서 나온 것임은 틀림없다. 회의는 이것에 기초해 최종적으로 '세계 평화와 협력 추진에 관한 선언'('반둥 10원칙' 내지 '평화10원칙')을 발표했다(李

潛虞, 2016b; 2016c; 吉田豊子, 2016) 반둥 회의 후, 중국에서는 건국 당초의 소련과 동유럽 등 사회주의 국가 중심의 외교와는 다른 '신흥 독립국가'와의 국교 수립이 한동안 붐을 이루었다.

1956년, '평화공존'은 중국의 국가 건설에서 한층 중요해졌다. 2월 소련 공산당 제20회 대회는 흐루쇼프가 스탈린을 비판하는 비밀 연설을 한 것으로 유명하지만, 흐루쇼프는 당중앙위원회 보고에서 서방측과의 '평화공존'을 제기했다.

흐루쇼프의 '평화공존'은 미중 관계가 긴장되어가는 상황에서 나온 것이기도 해서, 같은 해 4월 25일 마오쩌둥은 「십대관계론(十大關係論)」에서 소련과는 다른 중국의 독자적인 사회주의 건설 방침을 제기했다. 이것은 특히 대외 정책에 반영되어 있다. 즉, 국제적 긴장완화를 위해 중국은 '평화공존'으로 한층 더 나아가겠다고 강조하는 한편, 소련으로부터 배우지만 이를 맹종하지는 않으며 소련 이외 자본주의 국가로부터도 배운다는 "모든 국가로부터 배운다"라는 방침을 제출했다.

흐루쇼프의 스탈린 비판의 영향으로 같은 해 가을에 폴란드 사건이 일어났다. 소련이 무력으로 개입하자 중국은 대국주의라고 비판하며 사회주의 국가 간의 평등을 주장했고, '평화공존'의 원칙은 사회주의 국가 간에도 적용되어야 한다고 주장했다. 소련도 이에 동의했다. 그러나 그 직후 헝가리 사건에서는 중국이 소련에 대해 무력 개입을 권고했다. 그 이유는 헝가리 사건이 사회주의 국가의 이익에 반하는 것이었기 때문이다(石井明, 2010; 潘志華, 2013; 朱丹丹, 2013).

5. 맺음말

중국의 외교에서 '평화공존'은 종래 '평화공존 5원칙' 항목 가운데 하나로,

1920년대에 레닌이 주장한 자본주의와 사회주의라는 서로 체제가 다른 국가가 공존할 수 있다는 '평화공존'에서 유래했다. 나머지 네 개 항목은 유럽의 주권 국가 간의 관계를 규정하는 규범에 지나지 않는 것으로 파악하는 경향이 있다. 다만, 아무리 국제적 규범이나 이론이라 하더라도 받아들이는 측에서는 구체적인 역사적 환경 속에서 그것을 받아들이는 절차가 있고, 당연하게도 그 과정에서 그것은 어느 정도 변형될 수도 있다. 이 장에서는 이처럼 당연하지만 간과되어왔다는 시각에서 중국 외교의 '평화공존'을 역사적으로 파악해보았다. 이 과정에서 찾아낸 몇 가지 중요한 내용은 다음과 같다.

첫째, 중국의 대외 정책에는 당초의 전통적인 레닌식 '평화공존'과 함께 이와는 다른 '평화공존'이 포함되어 있었다는 것이다. 전자의 주된 목적은 중국의 국제연합 가입, 그리고 '타이완 해방'의 평화적 해결이었고, 후자는 동서 냉전 속에서 '중립주의'를 표방해 사회주의와도 자본주의와도 비슷해 보이지만 실제로는 전혀 다른 아시아의 '신흥 독립국가'와의 관계 수립도 시야에 넣고 있었다.

둘째, '평화공존'의 내용이 구체적인 역사 상황을 반영해 단계적으로 내실을 다져나갔다는 것이다. 즉, ① 건국 시기의 구상은 영토·주권의 상호 존중이라는 정치적 관계와 호혜평등의 무역이라는 경제적 관계 중 어느 한쪽이 아니라 양쪽 모두였다. 이는 엄중한 동서 대립 속에서 경제적 관계를 선행해 정치적 관계를 수립하는 길을 개척할 생각이었던 것으로 보인다. ② 그 후 상호 내정 불간섭이라는 항목이 아시아에서의 양국 관계에 추가되었다. 이것은 무엇보다도 물리적으로 '대국' 중국, 그리고 주변 국가와 조공 관계를 맺어 온 역사에 대한 '신흥 독립국가'의 경계심을 없애는 것이 목적이었다.

셋째, 상호 불가침이라는 군사적 관계가 추가되었다. 여기에는 특히 미국과 정치적·군사적으로 대립하면서 국가 건설의 평화적 환경을 확보하기 위해 아시아에서 인도, 미얀마, 인도네시아라는 주요 '신흥 독립국가'의 지지를 얻어내고, 한국전쟁 등에서 생겨난 중국의 '호전적' 이미지를 불식하려는 목적이 있었다. 1954년에는 방금 말한 3개국과 상호 불가침 조약을 체결하는 것까지 생각하고 있었을 정도였다.

요컨대 신중국의 외교에서 '평화공존 5원칙'은 역사적인 단계를 밟아 그 내용이 구체화되고 있었고, 그것이 모두 '평화공존'의 전제였다고도 말할 수 있겠다. 이것은 '5원칙' 앞에 '평화공존'이 덧붙어 있었다는 데서도 알 수 있다. 그 의미는 레닌식의 '평화공존'을 기초로 하면서 중국적 특색을 지니는 것이었다고 말할 수 있겠다. 이는 정치적으로는 사회주의를 표방하면서 경제적으로는 시장 원리를 도입하는 오늘날 중국식 사회주의와 비교해보면 한층 명확할 것이다.

되돌아보자면, 내전에서 갓 회복되던 시기에 한반도에서 미국과 '격전'을 벌이며 아시아 냉전의 최전선에 서게 된 중국은 핵전쟁의 공포 속에서 세계평화를 얼마나 희구했겠는가? 여기서 1952년 말렌코프가 만약 핵전쟁이 일어나면 인류는 파멸할 것이라고 한 말이 재차 뇌리를 스쳐 지나간다.

오늘날 새로운 세계 질서와 아시아 질서가 형성되어가는 상황에서, 평화와 발전의 지속이라는 인류 공통의 과제를 위해서는, 세계적 강대국인 동시에 동아시아 지역의 강대국으로서 중국이 중국적 특색뿐만 아니라 보편적 가치도 담고 있는 '평화공존'의 외교를 펼치는 것이 역사적으로 점점 중요해지는 것은 더 말할 나위가 없다.

참고문헌

岡部達味. 2001. 「中國外交の50年」. 岡部達味 編. 『中國をめぐる國際環境』. 岩波書店.
吉田豊子. 2016. 「試析建國初期中國的 "和平共處" 政策與蘇聯」. 徐藍 主編. ≪近現代國際關係史

　　研究 ≫, 第9輯. 世界知識出版社.

李潛虞. 2013. 「試論1954年中印·中緬總理的互訪」. ≪南洋問題研究≫, 第4期.

＿＿＿.(吉田豊子 譯). 2016a. 「アメリカのアジア·アフリカ會議政策に關する試論」. ≪社會システム研究 ≫, 第32號. 立命館大學社會システム研究所.

＿＿＿.2016b. 「國際平和統一戰線與中國對萬隆會議的政策」. ≪中共歷史理論研究≫, 第2輯.

＿＿＿.2016c. 『從萬隆到阿爾及爾 ― 中國與六次亞非國際會議(1955~1965)』. 世界知識出版社.

萬國偉·高廣景. 2011. 「中印建交的歷史考察」. ≪黨史研究與教學≫, 第3期.

潘敬國. 2008. 「中印建交與新中國外交抉擇」. ≪當代中國史研究≫, 第15卷 第1期.

范宏偉. 2012. 『平和共處與中立主義 ― 冷戰時期下和共處的成就與經驗』. 世界知識出版社.

三宅康之. 2014. 「建國初期中國與第三世界外交 ― 以和印尼建交外交爲事例」. 徐藍 主編. ≪近現代國際關係史研究≫, 第6輯. 世界知識出版社.

徐友珍. 2014. 「步向代弁級關係 ― 1950-1954年的中英建交談判」. 徐藍 主編. ≪近現代國際關係史研究≫, 第6輯. 世界知識出版社.

石井明. 2010. 「1950年代の中國外交 ― 革命·支援·平和共存·ハンガリー事件」. ≪現代中國研究 ≫, 第27號.

瀋志華. 2003. 『毛澤東, 斯大林與朝鮮戰爭』. 廣東人民出版社.

＿＿＿.2013. 『無奈的抉擇 ― 冷戰與中蘇同盟的運命』. 社會科學文獻出版社.

牛軍. 2013a. 『冷戰與新中國外交的緣起 1949-1955』. 社會科學文獻出版社.

＿＿＿. 2013b. 「論新中國外交的形成及主要特徵」. 同『冷戰與新中國外交決策』. 九州出版社.

＿＿＿. 2016. 「論中國對印度支那停戰政策的緣起與演變」. 李丹慧 主編. ≪國際冷戰史研究≫, 第1期. 世界知識出版社.

章百家. 2012. 「中國外交成長歷程中的觀念變遷 ― 從革命的, 民族的視角到發展的, 全球的視野」. 許振江·汪衛華 主編. 『自主·理解·合作 ― 中華人民共和國對外關係60年』. 當代世界出版社.

翟强. 2014. 「周恩来和萬隆會議」. 『冷戰年代的危機和衝突』. 九州出版社.

齊鵬飛·李葆珍. 2014. 『新中國外交簡史』. 人民出版社.

朱丹丹. 2013. 「革命理想主義與社會主義國家關係新原則」. ≪外交評論≫, 第3期.

中華人民共和國外交檔案館 編. 2007. 『中華人民共和國外交檔案選 編』(第二集). 北京: 世界知識出版社.

陳揚勇. 2016. 「新中國成立後毛澤東對戰爭與應對 ― 『毛澤東年譜(1949~1976)』」. ≪黨的文獻≫, 第4期.

ウエスタッド. O. A.(佐佐木雄 大監譯·小川浩之 外 譯). 2010. 『グローバル冷戰史― 第三世界

への介入と現代世界の形成』. 名古屋大學出版會.

ウラム. アダム. B(鈴木博信 譯). 1974. 『膨張と共存 ソヴエト外交史 3』. サイマル出版會.

ボリーソフ. O. Б. コロスコフ. Б. T(滝澤一郎 譯). 1977. 『ソ連と中國 ― 友好と敵對の關係 史 上』. サイマル出版會.

2부

아시아를
'상상'하다

5장

제1차 세계대전 후
다롄 일본인 사회의 중국 인식

종합 잡지 ≪만몽≫을 사례로

마쓰시게 미쓰히로 松重充浩 ┃ 정동연 옮김

1. 머리말

이미 많은 연구가 밝힌 것처럼, 제1차 세계대전(1914~1918)은 기존의 국제 질서에 다양한 변화를 가져다주었다. 특히 '민족자결', '전쟁의 위법화(違法化)'라는 이념이 국제사회에서 영향력을 확대해가면서, 열강과 식민지 또는 열강과 종속 지역 간의 관계에 일대 변화가 요구되었다. 이는 청일전쟁과 러일전쟁을 거쳐 제1차 세계대전 동안 동아시아에서 권익 확대를 꾀하던 일본에도 예외는 아니었다. 당시 일본은 '국운 신장'의 중요한 계기를 대외 전쟁까지 포함한 대외 발전에서 찾으려는 인식이 강했고, 제1차 세계대전 후 종래 대외 진출의 자세나 국제 질서 속에서 자신의 위치를 재고해야만 하는 상황에 놓이게 되었다.[1]

---

1   제1차 세계대전의 세계사적 영향, 전쟁의 위법화 이념의 성립과 발전 및 민족자결과의

이런 상황은 일본의 식민지나 조차지에서 더욱 절실한 문제가 되었다. 일본의 대외 구상이 매일 실천적으로 시도되고 검증되는 것은 다름 아닌 식민지나 조차지에 사는 일본인 사회에서였기 때문이다.[2]

특히 일본의 조차지였던 다롄(大連)은 일반적으로 일본의 대외 전쟁에서 더없이 중요해 절대 양보할 수 없는 성과로 간주되면서도, 이른바 '자유항(自由港)'으로서의 존재를 국제사회에 널리 개방해 안정적으로 국제무역을 하며 그 속에서 이익을 향유하려는, 일본의 국익과 국제 질서가 크게 교차하는 도시였다. 앞서 말한 제1차 세계대전 후 일본이 직면한 과제를 더욱 직접적이고도 절실하게 따져 물어야 하는 도시가 되었다.

이와 함께 다롄 현지의 일본인에게는 새로운 국제 질서 구상이 곧 새로운 중일 관계 구상을 의미하는 것이었음은 물론이고, 이를 이야기하는 것이 현지에서 중요한 과제가 되었다는 점에 유의할 필요가 있다. 제1차 세계대전 이후 다롄에서는 중국인 거주자 수가 일본인 거주자 수를 추월해 증가하고 있었다(〈표 5-1〉, 1931년의 감소는 만주사변에 의한 것으로 추측된다). 그리고 그렇게 증가한 중국인 중에서는 일본인에게 종속된 존재가 아닌, 정체한 일본인 상공업자를 경멸하면서 자신의 재능으로 현지 상공업계에서 일본인 상공업자와 치열하게 경쟁하며 성장해 어느덧 현지 일본인에게는 버거운 상대가 되어버린 상공업자도 생겨나고 있었다(塚瀬進, 2004). 이러한 중국인 상공업자들을 어떻게 자신들의 통치 아래로 편입할 것인지가 현지 일본인의 안정적 발전에 매우 절실하고도 실천적인 새로운 과제가 되었다. 다롄의 일본인 사회는 새로운 국제 질서 구상을 중일 관계의 재구축과 불가분한 형태로 추구해야만 하는 상황에 놓여 있었다.

이 장은 ≪만몽(滿蒙)≫에 게재된 중일 관계의 방향에 관한 논조를 소개

관련에 대해서는 山室信一·岡田曉生 外 編(2014), 三牧聖子(2014)를 참조할 수 있다.

2   '내지(內地)'의 전쟁 위법화에 대한 반응은 상대적으로 저조했다(伊香俊哉, 2002)

| 표 5-1 | 다롄시 인구의 추이

(단위: 명)

	일본인(내지)	조선인	중국인	외국인
1906	8,248	-	10,601	23
1907	16,688	-	14,582	54
1908	21,593	7	17,561	47
1909	22,877	24	17,882	61
1910	26,001	21	19,775	89
1911	29,752	23	21,032	96
1912	32,862	23	22,908	95
1913	35,416	23	36,963	82
1914	37,278	34	36,018	94
1915	34,563	39	42,466	116
1916	36,378	36	46,750	69
1917	38,455	73	51,762	95
1918	41,592	149	55,401	89
1919	45,370	216	62,564	78
1920	50,778	240	94,832	118
1921	51,624	245	79,087	150
1922	53,921	315	87,759	161
1923	55,139	345	89,946	254
1924	71,512	602	110,744	343
1925	75,486	591	121,473	359
1926	77,441	684	123,598	346
1927	80,056	823	135,801	400
1928	84,273	896	137,296	382
1929	88,793	1,071	168,445	484
1930	96,434	1,158	183,431	618
1931	99,172	1,137	172,286	561

자료: 大連市 編(1936)을 근거로 필자가 작성했다.

함으로써 만주사변 발발에 이르는 다롄 일본인 사회의 새로운 중일 관계 구상의 궤적을 확인하려는 것이다(이하에서 따로 언급하지 않는 이상 출처와 직접 인용 후 괄호 속에 기재한 내용은 ≪만몽≫에 게재된 기사의 필자, 기사 제목, ≪만몽≫의 권수와 호수, 간행 연월, 쪽수를 가리킨다. 이 장에서는 ≪복각판 만몽≫(전 121권 + 별책 1권)(不二出版, 1993~2003)을 이용했다. 이와 함께 제1차 세계대전에서 큰 고통을 받지 않았던 이른바 일본의 '고통 없는 전후(戰後)'에 구상된 중일 관계가, '고통'을 수반한 현지 중국과의 현실적 관계 속에서 어떻게 변모해가는지에 대한 하나의 역사적 사례를 제공할 것이다.

2. ≪만몽≫의 간행과 새로운 중일 관계 형성을 둘러싼 논조

1) ≪만몽≫의 해제

우선 이 장의 주요 사료가 되는 ≪만몽≫의 서지정보를 확인해보자.[3]

≪만몽≫은 만몽문화협회[4](1920년에 설립되었으며, 1926년에 '중일문화협회'로, 1932년에는 '만몽문화협회'로 개칭되었다)에 의해 편집·발행되었다(1926년 10월에 발행된 78호까지가 만몽문화협회, 1932년 3월 발행된 143호까지가 중일문화협회, 1939년 1월에 발행된 225호까지가 만주문화협회, 그 후가 만몽사이다. 단, 만몽사는 그 이전의 편집·간행 조직 사이에 계승성이 없다).

만몽문화협회는 규약 총칙 제1조와 같이 "만몽과 러시아 동부의 문화 개발에 이바지하고, 생산흥업의 일반적 소개와 기타 필요한 시설을 위함"(1권,

---

3   당시 다롄의 출판·언론계의 전체 실태에 대해서는 후일을 기약해야겠지만, 신문의 간행 상황으로부터 본다면 그 경영적 기반의 취약함과는 별개로 언론활동의 활발함이 엿보인다(張楓, 2011)

4   만몽문화협회의 설립 과정과 그 특징에 관해서는 당시 현지의 출판계 전체 속에서 평가를 내리면서도 만주국까지를 시야에 넣어 분석을 진행한 岡村敬二(2012)과 이 협회의 설립 목적을 일본의 국제적 고립 해소와 중국 동북 지역에의 권익 확대라는 시각에서 추적한 高紅梅(2008)가 있어 참고가 된다. 이 장은 이 두 성과를 참고하면서도 ≪만몽≫ 지면에 표출된 언설 그 자체를 통해 일본인 인식의 전개 과정을 새롭게 검토한 것이다.

| 표 5-2 | 1921년도 만몽문화협회 수지 결산표

	회계 목록	금액(엔)
	보조금*	32,000,000
	회비 수입	15,180,540
	광고 수입	6,805,710
수입	잡수입	503,300
	수입 이윤	228,980
	서적 매출 수입	8,616,540
	합계	63,335,070
	급료	16,817,860
	상여금	2,555,000
	여비	320,200
	수선비	103,140
	주택 임대료	296,770
	전화료	112,900
	전등료	64,670
	수도료	18,220
	통신 운반비	1,452,500
	소모비	1,300,350
지출	도서 구입비	887,920
	인쇄비	27,988,140
	장려비	2,171,750
	회의비	187,700
	교제비	932,265
	잡비	2,134,540
	선전비	4,569,580
	직원퇴직급여기금	-
	예비비	-
	차년도 이월금	1,421,565
	합계	63,335,070

주: * 보조금의 대부분은 만철과 관동청에서 들어온 것이다.
자료: ≪만몽≫, 26책(1922), p.75에 근거해 필자가 작성했다.

1책, 1920.9. p.114)을 목적으로 다롄의 유력 일본인을 중심으로 일본 국내, 전체 동북 부속지, 기타 재외 유력 일본인을 중심으로 결성된 단체로, 회원은 1924년 말 일본인 1924명, 중국인 384명으로 총 2308명(6卷 7冊, 1925.5, p.4)이었고, 그 후에도 만주사변에 이르는 시기까지 점차 증가하는 상황이었다. 이 협회는 〈표 5-2〉에서 보듯이 남만주철도주식회사(이하 만철)[5] 및 관동청[6]으로부터의 자금에 크게 의존했으며, 이런 의미에서 다롄 사회 안의 반관(半官)적 성격을 띤 조직이라는 일면이 있다. 그 활동은 출판, 강연회, 조사, 중일 교류 사업, 교육 등 문화 사업에 폭넓게 걸쳐 있었으며,

---

5 1906년 포츠머스 조약에 따라 일본이 러시아의 뤼순과 다롄 조차권을 양도받은 후 설립한 회사이다. 1945년까지 만주 지역에서 철도 사업을 비롯하여 광업, 제조업, 문화 사업 등을 전개함으로써 일본의 식민 통치 기반이 되었다. _옮긴이

6 일본은 러시아로부터 넘겨받은 뤼순과 다롄을 관동주라 칭했다가, 이를 관동도독부와 관동군으로 나누어 행정과 군사를 분리했다. 1919년 관동도독부가 관동청으로 개편되었다. _옮긴이

중국어 월간지 ≪동북문화월보≫(1922년 창간)를 간행하고,[7] 중화여자수예학교(中華女子手藝學校)를 개설(1926)하는 등 일본인뿐만 아니라 중국인까지 활동 대상으로 삼고 있었다. 이 협회의 기관지로 1920년 9월에 다롄에서 창간된 것이 ≪만몽≫이다(창간 당시 잡지명은 ≪만몽의 문화(滿蒙之文化)≫로, 33호(1923.4)부터 ≪만몽≫으로 개칭했다. 이하 ≪만몽≫이라 총칭한다. 또, 앞에 게재한 불이출판사본에서는 1943년 10월에 발간된 121호까지 복간되었지만, 최종호의 간행호수와 시기는 명확하지 않다).

≪만몽≫은 일본어 월간지로, 그 지면에는 ≪만몽≫의 자체 분류에 따라 총론, 정치, 경제, 교육, 종교, 지리와 역사(地歷), 문학 등 41개 분야에 걸쳐 논문, 에세이, 조사 데이터, 창작 문예 작품, 사진 등이 게재되어 종합 잡지로서 체재를 갖췄다(≪만몽≫ 총목차, 집필자 색인(不二出版, 2003), ≪만몽≫의 제목 데이터베이스는 http://kery.sakura.ne.jp/research-furtherance/index.html을 참조. 또, 이 잡지의 편집위원 대부분은 만철의 직원이거나 촉탁이었고, 집필자도 만철 또는 관동청의 관계자가 많았기 때문에, 이런 의미에서는 만철이나 관동청을 비롯한 다롄 사회 지도층의 의향을 강하게 반영하는 잡지였다고 할 수 있다. 간행 부수는 1924년도 말 현지에서 간행된 종합잡지 중 최대 부수인 3만 3700부로(6권 7책, 1925.5, p.5), 발행기관인 만몽문화협회는 현지에서 만철 조사부와 어깨를 나란히 하는 유력 출판사로 평가받게 되었다(岡村敬二, 2012: 19).

2) 새로운 중일 관계 형성의 모색

제1차 세계대전 직후인 1920년 창간 당시부터, ≪만몽≫에서는 이 장 1절에서 언급한 새로운 국제 질서에 대한 기대가 계속 주장되었다.

---

7   ≪동북문화월보≫에 관해서는 高紅梅(2008)를 참조.

위싱턴 회의[8]는 세계 평화와 인류의 복리 증진을 위해 군비 축소를 결의했지만, 이때 ≪만몽≫에서의 우리의 진지한 지도나 개발은 일본과 중국(支那) 양국의 가장 큰 행복인, 동시에 우리의 중대한 사명이 되었다. 이에 우리는 그 신조에 따라 용감하게 매진해 인류가 세계적 문화의 큰 복을 골고루 누리도록 하려는 것이다(「第三年の春を迎へて」, 17冊, 1922.1, p.7).

최근의 식민 사상은 세계대전 후의 변혁에 따른 국제주의의 고조와 민주주의의 자각에 의해 큰 변화를 겪고 있다. 그러므로 각국의 식민정책에서 군국주의에 따른 영토적 침략을 시도하는 등의 경향이 상당히 줄어든 것은 사실이다. 특히 민족자결이나 인종차별 철폐 주장이 국제사회에서 철저히 실현되는 것은 아직 요원한 감이 있지만, 국가의 자주권을 존중하고 독립·평등의 지위를 인정하는 국제 법칙이 발달해간다는 점에서 기뻐할 만한 일이다(「滿蒙の開發と國際的協調の必要: 本誌創立滿三週年を迎ふるに際して」, 38冊, 1923.9, pp.2~3).

여기서는 종래 군사력을 중심으로 한 하드 파워와는 다른, 이른바 소프트 파워로서의 '문화', '문명'에 의거한(岩永裕吉, 「滿蒙文化協會に望む」, 1卷 1冊, 1920.9, p.15) '국제주의', '민주주의', '독립평등' 등을 존중하는 새로운 국제 질서 형성에 대한 강한 기대와 추구가 중국 동북 지역에서 일본의 활동 목표로 설정되어 있음을 확인할 수 있다. 또 다른 기사에서는 그것이 국제 협조 속에서 추구되어야 한다고 주장했다(「國際友誼と國際自由」, 20號, 1922.4, p.7).

그렇다면 새로운 중일 관계는 중국 동북 지역에서 구체적으로 어떤 방법에 의해 형성될 수 있는 것일까? 이때 ≪만몽≫에서 계속해서 주장되고

---

8   제1차 세계대전 이후 군비 축소와 열강의 세력 재편을 위해 개최된 회의이다. 1921년 말에서 1922년 초에 걸쳐 진행되었다. 한동안 동아시아에서는 제국주의적 팽창이 지양되는 한편, 상호 협조에 기반을 둔 국제 질서가 자리 잡게 되었다. _옮긴이

있었던 것은 조사와 확실한 사실에 기초한 관계 형성이었다.

현재 당면한 사명은 조직적·통일적으로 만몽 문화의 진상을 조사해 소개하는 것이다. 그렇다. 진상의 조사와 소개이다. 따라서 불확실한 보고나 사실을 과장해 일반 사람들을 오도하는 것은 우리가 결코 취해서는 안 되는 바이다. 어디까지나 사실에 입각해 그 진상을 생생히 드러낼 것을 기대한다(「滿蒙文化協會 設立趣意書」, 1卷 1冊, 1920.9. p.11).

중국 동북 지역의 개발은 객관적·과학적인 조사 데이터를 구사할 수 있는 조직에 의해 이루어져야 한다는 시각 그 자체는 고토 신페이(後藤新平)[9]의 문장적 무비론(文裝的武備論)[10]의 계보를 이어가는 것이기도 하지만, 여기서는 객관적·과학적인 조사가 뒷받침된 사실에 근거한 인식이 '양자의 원만한 발달'이라는 새로운 중일 관계 형성에 전제되고 있다는 점에 유의하고 싶다. 객관적·과학적인 인식이 중일 상호 간의 오해를 풀고 양자의 원만한 관계 형성을 가능케 한다는 전망이 피력되고 있는 것이다. 그것은 후술할 중일 관계의 엄중한 현실에 비춰보자면 지나치게 낙관적인 견해라 할 수도 있겠지만, ≪만몽≫에서는 만철에 의한 각종 조사 결과가 공개되는 등 다양한 조사 보고가 게재되어 이러한 낙관적인 견해를 그대로 드러냈다.

---

9   타이완 총독부 민정장관을 거쳐 남만주 철도 주식회사의 초대 총재가 된 인물이다. 이후 가쓰라 내각과 데라우치 내각에 참여했고, 도쿄 시장을 역임했다. _옮긴이

10   초대 만철 총재를 지낸 고토 신페이가 주장한 일본의 만주 경영의 기본 정책이다. "즉각 군사적 대비로 전환할 수 있도록 비군사적 시설을 정비하는" 것(北岡伸一, 『後藤新平 — 外交とビジョン』, 中公新書, 1988, p.95)과 "문명의 이기(利器: 王道)를 가져가는" 것으로 "현지에서 일본의 만주 경영에 저항하기 어려운 관계를 만드는 것"(北岡伸一, 같은 책, p.96)의 함의가 있고, '문장(文裝)'에는 '과학'이 강조되어 있다[西宮紘, 「後藤新平の滿州經略」, 中見立夫 外, 『滿洲とは何だったのか』(藤原書店, 2004)에 수록되어 있다].

3. 일본인의 중국인 인식과 중국인의 일본인 인식

1) 일본인의 사명관과 중국인에 대한 인식

이 장 2절에서는 제1차 세계대전 후 새로운 중일 관계가 객관적·과학적 사실에 근거해 형성될 수 있다는 견해의 논조가 ≪만몽≫에서 전개되고 있었음을 확인했다. 그런데 이 시기 중국인은 어떠한 존재로 여겨졌을까? 이 절에서는 그 점을 확인하려 한다.

일본인이 중국인을 평가할 때 전제가 된 것은 선진적인 일본인이 중국인을 지도해 새로운 문화 창조에 기여한다는 논리였다. 이것은 난코우메(高紅梅, 2008)도 ≪만몽≫의 원문 인용과 함께 지적하고 있어(pp.8~9) 중복되는 감이 있지만, 당시 일본인의 자기 정당화의 일면을 알아보는 데 중요하므로 여기서 확인해보도록 하겠다.

대개 선진국 국민이 후진국에 가서 어떤 일을 할 때도 현지 국민의 손으로는 도저히 건설할 수 없거나 새로운 문명을 만들어내지 않으면 안 된다. 단지 물질적으로 그 지역이 개방되었다는 것만으로 갑의 국민보다 을의 국민이 부유하다는 것을 보여줄 수는 있겠지만, 선진 문명인이라고까지 말할 수 없다. ……(중략은 인용자, 이하도 마찬가지이다) 일본이 만주나 몽골 등지에서 우월한 지위를 차지하고 있다고 해서 거류민이 단지 행복을 누리는 데 만족해서는 안 되며, 중국인이 도저히 건설할 수 없는 문명을 이곳에 일으키지 않고서는 우리가 잘난 체하며 만주에서 살아갈 수는 없다. 즉, 일본이 만주에서 우월권을 부여받은 탓에 세계 문화가 이만큼 진전되었다는 확신을 인류 일반에 보여주어야만 비로소 우리는 우월한 지위를 부여받게 되는 것이다. 달리 말하자면 인류 문명에 기여하는 바가 있어야 한다(岩永裕吉, 「滿蒙文化協會に望む」, 1卷 1冊, 1920.9, p.15).

여기서는 중국 동북 지역에서 일본인의 우위가 문화적 우위로 담보되고, 그 우위는 고스란히 현지 중국인에 대한 우위가 되고 있다는 것을 알 수 있다. 그리고 이를 전제로 중국인을 "우수하고도 식견을 갖춘 중국인"이나 "이상적인 중국 시민과 국민"으로 지도해나가는 것이 일본인의 고결한 사명이라고 말할 수 있는 것이다(石川鐵雄, 「滿蒙に於ける文化政策の提唱」, 1卷 2冊, 1920.10, p.11). 이와 동시에 문화적 우위라는 것이 현지의 중국인이 일본인을 믿고 복종하는 데 직접적으로 영향을 미친다는 낙관적인 견해도 확인할 수 있다. 이는 앞서 말한 객관적·과학적인 사실을 믿고 따르는 것과 다름 없다.

그러면 일본인의 지도를 받은 중국인은 실제 어떤 존재로 인식되고 있었을까? ≪만몽≫에서는 크게 두 가지 인식 유형이 나타나고 있다.

그중 하나는 위기에 처한 중국의 현상을 타파하고 새로운 질서를 형성할 수 있는 존재라는 인식이었다.

실제 중국은 안팎으로 여러 어려운 위기에 직면해 있다. 새로운 중국의 청년학생은 그들의 낡은 것, 그러니까 몹시도 노후하고 부패(腐廢)한 조국의 현실에 대해 심각할 정도로 비관적이다. 그러나 이러한 비관은 그들을 채찍질해 새로운 민족적 자각으로 이어지고 있다. 이제 새롭게 태어난 청년 중국에는 남북통일도 재정의 궁핍함도 봉천파와 직예파 군벌 간의 내전도 모두 구세력의 한가한 갈등에 지나지 않는 것처럼 보인다. 그러나 그들은 새로운 공화국 건설에 어려움을 겪고 있다. 개조의 길에 선 현대 중국이여! 그대의 불안은 세계 인류 공통의 불안이다(「現代支那の不安」, 21冊, 1922.5, p.7).

여기에는 앞서 말한 새로운 중일 관계 형성이라는 사명을 가진 일본인의 이른바 파트너로서의 중국인상이 제시되어 있는데, 이처럼 ≪만몽≫에는 혼미한 중국의 정국을 타파해 새로운 질서 구축으로 나아가고 있는 중국인에 대한 기대감을 반영한 기사가 반복적으로 게재되었다.

그러나 이와 동시에 ≪만몽≫에는 오래전부터 내려오는 중국인상을 재확인하는 내용의 기사도 상당히 많이 게재되었다.

중국인은 예로부터 시기와 의심이 많고, 게다가 인정과 풍속·습관을 달리하는 우리 일본인은 그들과 새로운 사업을 개시할 때 평소 친교하면서 서로 잘 알지 않고서는 모두 의심의 눈초리로 바라보며 회사 등 특히 중요한 사항을 일본인에게 완전히 맡기는 것을 좋아하지 않기 때문에 서로의 감정이 유쾌하지 않은 경우가 심히 많다. …… 중국인은 한 번 신뢰한 이상 그들과 상호 충돌을 일으킬 일은 없다. …… 중국인은 보수적이고 진취적 기상이 부족해 공연히 옛것을 지키므로 사업 내부를 혁신하고 외부에 대해 새로운 사업을 벌이는 데 지장이 생기는 일이 많다. …… 중국인은 개인주의적이라고 말할 수 있을 정도로 자기 경영 등에 대해서는 극히 근면하지만, 당장 자기에게 직접적인 관계가 없는 회사를 위해 부지런히 일할 줄 모르기 때문에, 회사에 출근해서는 담배를 피우거나 잡담에 빠져 능률이 떨어지는 경우가 많다. 그러나 하급 사원은 매우 가혹하게 부리기 때문에 심한 경우 매일 밤 11시경까지도 작업을 시키는 사례가 적지 않다. 이처럼 비문명적인 것에 대해서는 여럿이 모여 각자 분담을 정해 유기적으로 활동함으로써 상호 간에 어떤 불평도 없는 상태에 이르기까지는 많은 훈련이 필요하다. …… 그들과 우리는 대면 또는 세력 균형에서 이른바 화양겸제(華洋箝制)의 폐단에 빠지기 쉽다. 그러므로 합작 사업의 가장 우려스러운 면도 여기에 있다. 화양겸제는 만한겸제(滿漢箝制)로부터 나온 것으로, 중국 정부는 외국인에게 특허를 주는 사업은 최대한 중외 합작이라고 하여 중국과 외국의 세력이 균형을 이루고 서로 견제하도록 해 내지에서 외국 기업을 억제하려고 했다. 따라서 이 방법으로 외국 기업을 억제할 수만 있다면 그 목적을 달성한 것이므로 사업의 성과는 따지는 법이 없었다. 그런데 중국인이 이 방법을 영리를 목적으로 하는 보통 사업에 적용하는 경우도 적지 않게 볼 수 있다. 이 때문에 직원 수가 두 배로 늘

고 책임 소재가 모호하며 사무 처리가 복잡하고 경비가 증대되어 마침내 유망한 사업이 실패로 끝나는 경우가 적지 않다. …… 또한 외국인이 중국 관민과 공동 사업을 계획할 때 특히 힘든 점은 중국 관헌 중 청렴결백한 사람은 적고, 사적 이익을 사업과 동일시하는 소인배가 많다는 점, 정실에 따라 기획되는 사업의 성패는 대부분 관헌에게 뇌물을 준 액수에 달려 있을 정도로 폐해가 크다는 점인데, 이런 폐단은 중국의 상하 모두에 존재하는 참으로 슬픈 현상이다(滿鐵調査課, 「滿洲に於ける合辦事業の現狀」, 28冊, 1922.12, pp.11~12).

장문의 인용이기는 하지만, 일본과 중국이 직접적으로 맞부딪치는 합작 사업의 현장에서 본 일본인의 중국인에 대한 인식이 적나라하게 드러나 있다. 여기서는 이기적이고 시기와 의심이 많으며 준법정신이 부족하다는 중국인상을 확인할 수 있다. 이것은 중국인은 지도를 받아야 한다는 이미지를 떠올리게 하는 것이기도 하다. 여기서 주목해야 할 것은 두 가지 중국인상의 전제로서 제시되었던 사실은, 뿌리 뽑기 어려운 편견임과 동시에 전체 구조에 대한 파악을 결여했다는 것이다. 하지만, 표층적 '현장'의 개별 사실 그 자체에는 큰 오류가 없다고 '실감'할 수 있는 것이었다. 객관적 과학적인 사실을 추구하면 새로운 중일 관계를 개척할 수 있다는 낙관적 견해는 그 전제가 되는 중국인 인식에서부터 너무나도 빨리 커다란 혼란과 장애에 부딪히게 되었다. 여기서 현지 일본인은 이토록 상반된 중국인을 어떻게 통일적인 중국인상으로 재편해갈 것인가, 이를 위해서는 어떠한 이해 방식과 실천이 필요할 것인가라는 과제에 직면하게 되는 것이다.

2) 중국의 일본·일본인 인식

한편 현지 중국인은 일본(인)을 어떻게 인식하고 있었을까? 당시 다롄의 중국인 사회에서는 간나이에서 상업을 위해 이민한 지방의 유력 상공업자가 다롄 화상공의회(華商公議會)나 소강자(小崗子) 화상공의회를 결성함으로써 현지 중국인 사회의 자치 활동의 중핵을 담당하는 사회 층을 형성하고 있었다. 또한 일본인이 새로운 중일 관계 형성의 전제로 삼은 '문화', '문명'에 관해서도, 이들을 중심으로 조직된 다롄중화청년회(1920년 결성)가 '덕육, 지육, 체육, 군육(群育), 미육'으로 '고상하고 우아한' 인격을 육성해 사회공헌을 꾀한다는 이념을 토대로, 중국어 종합 잡지 ≪신문화≫를 창간(1923.2)하는 등 적극적인 활동을 전개했다(松重充浩, 2001; 松重充浩, 2006)

이 항에서는 앞서 언급한 상황에서 중국인이 일본인을 어떻게 인식하고 있었는지를 ≪만몽≫의 해당 기사를 통해 확인하려고 한다. 다만 그것이 중국인의 말을 일본인이 일본어로 기록·편집한 것이라는 점에 유의해야 한다. 그렇다면 중국인의 일본인 인식의 실태를 실증적으로 재구성하기 위해서는 별도의 작업이 필요하겠지만, 이 장의 주제가 일본인의 중일 관계 인식의 궤적을 추적하는 것이므로 그 작업은 후일로 미루고자 한다.

≪만몽≫에 게재된 중국인의 일본인에 대한 인식은 자제력 있고 근면하며 향상심이 뛰어나다는 것(王朝佑, 「中日兩國人の習癖」, 104, 1928.12, p.80)과 독선적이고 "중국이라면 시종일관 깔보는 국민"이라는 것(宇澄楧, 「華人K氏の滿洲印象記滌沫錄」, 73, 1926.5, p.106) 등 두 가지로 크게 나눌 수 있지만, 대다수는 후자였다.

상하이의 하이칼라 일본인이 인력거에 오르는 모습을 보면 하나부터 열까지 서양인을 흉내 낸다. 호각을 불고, 값을 정하지 않고 올라탄다. 그러고는 연신 척척 하는 소리를 내며 작대기로 툭툭 친다. 인력거꾼은 마음속으로 '걸핏하면 동문동종(같은 한자를 쓰는 황인종)이니 일지친선(일중 우호) 따위를 내세우지만 (우리에겐) 동정심도 없는 놈이구나'라고 생각하며 울화가 치밀어 오르는 것을 느낀다. 그렇지만 많은 보수를 받을 수 있을 거라 생각하며 참고 달린다. 어찌 알았으랴. 일본인이 주는 돈은 서양인이 주는 돈에 비해 말이 되지 않을 만큼 적다는 것을 …… 만주의 일본인은 국가의 위세를 빌린 자이고, 남중국의 일본인은 서양을 추종하는 자이다. 전자는 이리와 같은 위세이고, 후자는 여우와 같은 교활함이다. 국가의 위세를 빌린 것과 서양을 추종하는 것, 이리와 같은 위세와 여우와 같은 교활함, 그것은 결코 대일본의 중국에 대한 태도가 될 수 없다 (宇澄棲, 「華人K氏の滿洲印象記滌沫録」, 76冊, 1926.8, p.96).

오만불손하고 인색한 일본인의 태도에 대한 깊은 실망감이 드러나 있다. 일본이 널리 주장하는 '문화', '문명'과 현재 일본인의 실상 사이에서 중국인은 커다란 괴리를 느끼고 불신을 품게 되면서, 일본인과 중국인은 동상이몽의 상황에 놓이게 된 것이다(伊藤伊八, 「支那女學生の觀た日本」, 55冊, 1925.1, pp.71~79). 이런 상황에서 일본의 새로운 중일 관계 구상은 점차 고조되어가는 중국 내셔널리즘의 영향을 받게 된다.

4. 중국 내셔널리즘에 대한 대응과 새로운 중일 관계의 좌절

1) 계속된 연대 노력

뤼순과 다롄을 회수하려는 움직임(1923)[11]이 일어난 후, 중국 동북 지역에서도 중국 내셔널리즘이 대두하게 된다. 특히 모자산(帽子山)에 영사관 분

---

11 뤼순·다롄의 조차 연장을 승인하는 내용을 담은 이른바 '21개조 요구'가 구체화된 조약 중 하나인 '동만주 및 동몽골에 관한 조약'(1916년 체결)은 무효라며 보이콧 운동을 벌이는 등 중국 측에 의해 전개된 환환운동이다. 러일전쟁 후에 일본이 계승하는 형태가 된 랴오둥 반도 조차지에 관한 러·청 간의 조약 원문에서는 1923년 3월 26일에 조차 기한이 만료되는 것으로 되어 있었다. 또한, 이 운동이 중국 동북 지역에서 갖는 획기성에 관해서는 平野健一郎 「1923年の滿州」[平野健一郎 編 『近代日本とアジア―文化の交流と摩擦』(東京大學出版會, 1984)에 수록되어 있다]를 참고.

관 설치를 반대하는 운동(1927.4)은 제1차 세계대전 후에 제시된 새로운 국제 질서의 이념을 정당화의 논리로 삼으며, 일본 측의 구상과 현지의 실태 사이의 모순을 격렬히 공격하는 측면도 있었다(松重充浩, 1997). 여기에 더해 장쉐량(張學良) 지방정권(1929~1931)에서 전개된 대일 경합 정책의 진전과 그것을 둘러싼 중일 간의 이른바 '만몽 현안 교섭'의 정체는 일본 상공업의 장기적 불황과 어우러져 현지에서의 중일 관계를 더욱 긴장시키고 있었다. 앞에서부터 언급해온 새로운 중일 관계 구상은 커다란 시련 앞에 서게 된 것이다.

이런 상황에 대해 ≪만몽≫이 지면을 통해 취한 방법은 종래의 수법을 새로이 강조해 반복하는 것이었다. 과학적 수법의 중요성에 관해서는 「'과학의 만주' 특집」(「『科學の滿洲』特輯」, 125冊, 1930.9), 좀 더 광범한 중국(인) 이해에 대한 민속학적 지식 집적에 관해서는 「전설의 중국 특집」(「傳說の支那特輯」, 69冊, 1926.1), 전술한 '새로운 중국'을 상징하는 존재로 간주된 중국인 여성에 관해서는 「특집 중국 여성」(特輯『支那の女』」, 105冊, 1929.1) 등의 다양한 특집호가 편찬되었다. 종래의 수법이 새로이 확인되고 강조되었으며, 조사 대상의 확대나 심화를 통해 중국 사회와 중국인을 좀 더 잘 이해하는 것과 함께 중일의 상호 이해에 장벽이 될 수 있는 인식을 제거하려는 노력이 필요하다는 점이 거듭 주장되었다.[12]

일본인의 마음속에는 여전히 중국에 대한 고압적 강경론이 적지 않게 남아

---

12 중국인에 대한 이해를 심화하기 위한 대처는 다롄을 포함한 중국 동북 지역의 일본인 사회뿐만 아니라 이른바 '내지'에 대해서도 만몽(중일) 문화협회의 선전대 파견에 의한 선전활동으로 전개되고 있었다. 여기에는 다롄을 포함하는 중국 동북 지역의 일본인 사회와 '내지'의 중국 인식의 차이(「編輯私記」, 131冊, 1931.3, p.161; 惠須園 「わが滿蒙視察者に興ふ」, 133冊, 1931.5, p.1)와 그것이 만주사변 전후에 어떠한 방향과 내실에 의해 '일체화'되어가는가 하는 흥미로운 과제가 놓여 있지만, 이는 새로운 글에서 논하도록 하겠다.

있다. 이러한 강경론은 그것이 이치에 맞느냐와는 상관없이 중국과의 국교에 좋지 않은 영향을 주어 결국 일본의 진의를 오해하게 만든다는 점에서 통탄할 만한 일이다. 베이징의 국회든 도쿄의 국회든 어떤 의미에서는 종종 국민의 진실한 목소리를 대변하지 못하고 있다는 점은 비슷하다. 특히 일본과 중국 양국 간의 국제 문제에서는 전통적으로 반감을 가지며 개인의 이익 외에는 아무것도 알지 못하는 당파 감정을 버리지 못한다. 이제 양 국민은 나쁜 군벌과 정당·관료로 인해 갖가지 무거운 부담을 지고 있다는 것을 잊어서는 안 된다. 우리는 일본과 중국 양 국민이 더욱 이해하고 제휴하지 않으면 안 되며, 여기에는 현명하고도 공정한 국민 외교가 필요하다는 데 통감한다. 그러므로 동아시아의 새로운 문화 수립을 위해서는 두 민족의 친화를 촉진해 철저한 방책을 강구하지 않으면 안 된다(「北京の國會と東京の國會」, 31冊, 1923.2, p.1).

이웃 나라 중국과의 진정한 제휴는 그들 국가적 색채에 따라 좌우되는 것이므로, 개개인의 심금을 울릴 수 있을 것이라는 인류로서의 긍지를 갖는 것이다(「歳末の言葉」, 92冊, 1927.12, p.1).

일어서라!
진정으로 동양평화를 위해
그리고 인류생존의 의의를 밝히기 위해
헛된 감정은 어떤 경우에도 추악한 투쟁을 일깨워준다.
모두가 우스꽝스러운 가면극이다.
우선 가면을 버려라! 적나라한 인간 동지의 힘으로 나라를 초월한 진정한 제휴, 융화, 친선의 과실을 손에 넣을 수 있으리라.

(「育號の辭」, 100冊, 1928.8, p.1)

여기서는 중일 양쪽 민중이 연대할 수 있는 정치 공간을 지적하면서 "진정한 코스모폴리탄(cosmopolitan)이고 싶다"고 하는 형태로 내셔널리즘을 상대화하려는 기대를 읽을 수 있다.

그러나 이러한 주장에 내셔널리즘의 상대화를 향한 구체적인 처방전이 명시되어 있는 것은 아니었다. 여기서 문제가 되는 것은 이와 같은 이념의 지향성이, 밀려오는 중국 내셔널리즘이라는 파도의 방파제가 될 수 있을까 하는 점이었다. 좀 더 구체적으로는, 중국 동북 지역의 일본인에게 기존 권익이나 잠재적 성장 가능성의 방기를 강요하는 현지 중국 내셔널리즘을 앞에 두고, 현지 일본인이 전술한 새로운 중일 관계 형성을 향한 노력을 계속해나갈 수 있느냐는 것이었다. 그리고 현실적으로는 그런 노력의 필요성이 현실에 대한 구체적 처방을 결여한 상태로, ≪만몽≫에서 반복적으로 주장되는 데 머물러 있었다(上田恭輔, 「思ひ出るまゝの記」, 119冊, 1930.3, pp.47~48; 「願望十年」, 125冊, 1930.9, p.1; 惠須園, 「所謂日本の文化的侵略に就て」, 137冊, 1931.9, p.1; 田村羊三, 「滿蒙に於ける科學文明の創造」, 137冊, 1931.9, p.6). 그리고 중일 관계의 상황은 긴장완화로의 출구를 찾지 못한 채 만주사변의 발발로 전개되어가고 있었다.

2) 중일 관계의 긴장화와 '만몽 권익'의 재정당화

앞 항에서 서술한 상황이 전개되는 과정에서 ≪만몽≫에 등장했던 것은 제1차 세계대전 후의 새로운 국제 질서 이념을 방기한 다음에, 자기 권익의 정당성을 재형성해 중국 내셔널리즘에 대항하려는 논조였다.

이러한 국제주의는 수많은 오해를 포함하고 있다. 단지 국제생활의 아름다운 이상으로 인식되는 것에 지나지 않는데, 이것이 실현될 날은 예측할 수 없다. 따라서 국제주의는 사실로 받아들여지지 않는 것이라 일본이 만몽에 특수권익을 논하면서 이를 고려할 필요는 없다. 그러나 과거의 제국 외교는 공연히

'정의', '협조'라는 미명하에 갈팡질팡하거나 문호 개방을 소리 높여 외치거나 (1902년 1월 30일의 영일 동맹) 또는 특수 권익의 승인을 외국에 구하는 등[1917년 11월 2일의 '이시이(石井)-랜싱(Lansing) 협정'][13], 스스로 복잡한 관계를 초래한 느낌이 있을뿐더러, 위정자의 무능함과 줏대 없음을 천하에 폭로하는 데 지나지 않았다. 국제주의와 만몽은 하등 문제가 될 일이 없을 뿐만 아니라, 일본이 만몽에 진출할 수 있는 것은 조약에 근거한 절대 불가침의 공권(公權)이며, 정정당당히 국제 사회에서 주장할 수 있는 권리이다. …… 따라서 일본이 만몽의 특수 권익을 확립하는 것은 금일의 일이며, 국제주의 등의 헛된 논의에 빠져 있을 때가 아니다. 마땅히 거국일치해 만몽 발전을 위해 노력해야 한다(植田捷雄, 「國際主義と滿蒙」, 111冊, 1929.7, pp.202~204).

훗날 저명한 국제법 학자로서 이름을 떨치게 된 우에다 가쓰오(植田捷雄)의 이러한 논조는 이른바 '만몽 특수 권익'에 대해 국제법학적으로 재해석했다는 학술적 의의를 갖는다. 이뿐만 아니라 이러한 논조는 많은 현지 일본인의 인식 저변에 공유되어 있었던 것으로 보인다(「卷頭言: 中國のための眞實」, 26冊, 1922.10, p.7). 선행 연구나 ≪만몽≫의 많은 기사에서 지적되고 있듯이 일본 상공업자가 처한 곤경은 중국 상공업자의 대두나 장쒜량 지방정권의 대일 경합 정책 때문만은 아니었고, 다분히 경영이나 기술혁신에 대한 노력 부족과 정부에의 의존성이라는 측면이 있었으며, 이는 일본 스스로도 자각하고 있었다(川合正勝, 「滿蒙植民問題と中日兩國生活程度との關係」, 77冊, 1926.9, pp.56~57; 難波勝治, 「滿鐵沿線に於ける植民的施設に就て」, 122冊, 1930.6, p.24). 그러나 장기간에 걸친 불황은 중소 자본이 대다수인 일본 상공업자를 중심으로 한 다롄의 일

---

13 1917년 일본 특사 이시이 기쿠지로와 미국 국무장관 로버트 랜싱 사이에 체결된 협정이다. 중국에서 일본의 특수 이익을 인정하면서도 열강의 기회 균등을 보장하는 내용을 담고 있다. _옮긴이

본인 사회에서, 전술한 것과 같은 새로운 중일 관계 형성을 위한 지속적 노력보다도 당면 문제의 해결, 구체적으로는 일본 정부(군사적 권한 행사를 포함)에 의한 문제의 일괄 해결을 원하는 방향으로 나아가고 있었다(柳澤遊, 1999).

이때 일본의 인구·식량 문제, 소련의 잠재적 위협, 중국의 조약 유린(국제적 신의의 유린) 등이 계속되는 상황에서(田村謙治郎,「赤化に其後を脅さる、滿蒙」, 52冊, 1924.11, pp.14~22; 山田武吉,「滿蒙問題に対する主張」, 87冊, 1927.7, pp.21~27; 木村莊十,「奉海鐵道を觀る」, 97冊, 1928.5, p.45), 다롄 일본인 사회에서는 "민족자결 주장은 자기 보전의 강한 본능과 만났을 때는 공허한 문구가 되고 마는"(千葉豊治,「日本の人口糧食問題と對滿蒙策 ― 外人の目に映じたる」, 34冊, 1923.5, p.20) 상황이 일어나고 있었다. 이것은 이념의 정당성에 의한 새로운 중일 관계 형성의 모색이 현실의 '시련' 속에서 크게 후퇴해가는 상황이 확대되기도 했다.

어느 청년이 일본에서 만주로 왔다. 그의 사상은 코스모폴리탄이었다. 그래서 인류로서 일본인이기도 하고 서양인이기도 하며 중국인이기도 했던 것일까, 마찬가지로 이런 사람은 아니었을까? 우리는 만주에서, 다행히 국제 도시로 일컬어지는 다롄에서 인류애에 바탕을 두고 일본과 중국의 친선을 외치고 있다고 우쭐대는 것 말이다. 머지않아 그는 비관하며 돌아왔다. …… 공존·공영은 정신적 결합이 아니라, 고작 이익 문제라는 경제적 친선의 결말로 끝맺고 만다. 일본과 중국의 친선에서 우리도 결심하지 않으면 안 될 때가 온다는 것을 슬퍼하는 것이다(M·A生,「動く支那の諸相: 嗚呼! 濟南事件」, 98冊, 1928.6, pp.68~71).

이런 상황에서, 만주사변이 발발하는 1931년의 ≪만몽≫ 신년호의 머리말에는 새로운 상황의 출현을 '예언'하는 듯한 글이 게재되었다.

민국 20년(1931) 중화민국이 내정과 외교에 전력을 다해 '무리하게 자신을 버리는 강경책'에 매진했다는 것은 명확하다. 따라서 반장제스(反蔣介石)를 내건 군

사행동 이상으로 다사다난한 해가 될 것임은 상상하기 어렵지 않다. 특히 대일 외교정책을 내정과 외정의 중심으로 한 극단적인 적극적 대책으로 혹은 철저한 만철 압박 혹은 전국적인 반일 운동 등이 계속해서 감행될 것이라 보지 않으면 안 된다. 중국이 다사다난한 것과 동시에 일본도 곧 국난을 겪으리라 예상된다. 우리는 이런 의미에서 새로운 민국 20년은 아시아의 첫 번째 민국혁명(공화제를 수립하는 혁명 _옮긴이) 이후 가장 큰 위기를 품고 있는 위태로운 해로, 마음을 단단히 먹고 거국일치해 실수 없이 잘 대처해야 함을 통감하는 바이다(武田南陽, 「新春に直面して中國の將來を劃す」, 129冊, 1931.1, p.27).

5. 맺음말

이상으로 이 장에서는 ≪만몽≫에서 전개된 제1차 세계대전 후 다롄 일본인 사회의 새로운 중일 관계 구상의 궤적을 확인해보았다. 즉, ≪만몽≫ 창간 당시 제시된 새로운 관계 형성에 대한 커다란 기대는 뿌리 깊은 일본의 중국 멸시와 중국 내셔널리즘의 부상, 일본의 장기적 불황이라는 상황에서 '중일 제휴'의 실현이 곤란해지면서 상호 이해와 상호 변용을 위한 장기적인 전망과 그것을 가능하게 할 효과적인 정책을 제시하지 못한 채, 만주사변의 발동을 막아내지 못하고 시들어갔다.

이는 동아시아의 국제 협조 체제하에서 일본 측이 '만몽 권익'을 조정하고 확보하려는 시도는 결과적으로 이른바 '워싱턴 체제'가 내포한 허약성(소련과 중국 내셔널리즘에 대한 열강의 구체적 대응과 조정 방법의 결여)을 드러내며 파탄에 이르는 궤적을 보여준다고 할 수도 있지만, ≪만몽≫에는 현지 중일 관계의 새로운 방향성에 대해 유의해야 할 내용도 게재되어 있다.

단지 유의해야 할 것은 …… 일본에서 유행한 것이 어느새 중국어에도 들어가 있다는 점이다. 종래 '아상유달유달거(我上溜達溜達去: 나는 산보하러 간다 _옮긴이)'라는 말에서 '유달(溜達)'이 '산보(散步)'로 바뀌고 있다. 4~5일 전, 다롄 교외의 헤이스자오(黑石礁)에 살고 있는 쑨추안방(孫傳芳)를 방문한 친구는 '감봉(減俸)'이라는 말을 은둔해 세상물정 모르는 그가 사용하고 있음에 깜짝 놀랐다는데, 이러한 사례는 조금만 주의해 살펴보면 얼마든지 있을 것이다. …… 이러한 상태라면 장래에 일본어 그 자체가 중국어화할 시대가 오지 않을까? 중일 양국의 우호에는 너무나도 속임수가 많다. 교언영색은 공자도 경계한 것이다. 이와 같은 교언조차 국어의 불통 때문에 진정한 흉금을 털어놓을 수 없다. 동문동종의 양국인은 우선 격의 없는 말을 통해 진정한 제휴와 융화를 도모할 기회를 속히 진전시켜나갈 수는 없는 걸까? 이러한 의미에서 중국어의 일본어화에 주목해야 한다고 생각한다(卷頭言, 「中國語の日本語化」, 135, 1931.7, p.1).

여기에는 피진(pidgin)[14] 일본어의 사례가 제시되어 있는데, ≪만몽≫의 다른 기사에는 피진 중국어의 사례도 소개되어 있다(「日本人支那語の正體」, 55冊, 1925.1, p.79). 새로운 중일 관계의 형성이 차질을 빚는 상황에서, 일본에 의한 중국인 지배라는 엄연히 존재하는 권력 관계가 재생산되면서도 상호 교류와 상호 변용의 사례가 축적되어갔음을 보여주는 것이라 할 수 있다.

또 하나는 제1차 세계대전 후 새로운 국제 질서가 '만주국'(1932)의 '오족협화(五族協和)', '왕도낙토(王道樂土)' 이념으로 계승된다는 점이다.

일본은 이 기회에 조선인, 만주인, 몽골인을 하나의 단체로 하는 독립 국가를 건설해 밖으로는 소련과 한족에 대항하고, 일본의 지도 아래 그 압박을 배격하는 일대 세력을 만몽의 땅에 수립해야 한다. …… 대개 민족자결은 유럽에서

---

14   피진(pidgin)이란 외국어가 서툰 사람이 제한된 외국어 단어를 모국어와 결합해 만든 단순한 형태의 혼성어를 말한다. _옮긴이

도 천하가 인정하는 공론인데, 조선·만주·몽골을 하나로 묶는 '우랄-알타이' 민족이 단결해 한족과 슬라브 민족 사이에서 독립한다는 입장은 세계의 동정을 살 만한 이유가 된다. 그래서 일본 민족 또한 이런 계통의 민족이고, 이것이 일본의 굴기에 도움이 되리라는 것은 당연한 일이다[林銑十郎, 『滿洲事件日誌』(みすず書房, 1996), pp.40~41].

≪만몽≫에 게재된 기사는 아니지만, 새로운 국제 질서의 내용이 '만주국'에 정당성을 부여하는 데 이용되고 있음을 확인할 수 있다. 이 장의 과제와 관련해 주목해야 할 것은, '만주국' 건국이념의 허위성을 확인하는 것이 아니라, 제1차 세계대전 후의 새로운 국제 질서가 '만주국' 건국이념의 이른바 초기 설정 단계에 내포되어 있다는 사실이다.

이상의 두 가지 지향은 '만주국'이 만주사변 이전 다롄의 일본인 사회에서 중일 간 상호 교류와 상호 변용이 일정하게 진행되면서도 성취되는 것은 없는 채로 새로운 중일 관계의 형성이라는 과제와 새삼스럽게 대치할 가능성을 시사하는 것이기도 하다. 그것은 민족자결과 독립·평등에 대한 구체적인 처방전의 결여가 성취를 이루어내지 못한 요인임을 깨닫고 새로운 처방전을 마련하라고 일본 측을 압박하는 것을 의미한다. 그리고 ≪만몽≫에는 '만주국'의 건국이념과 현실의 통치 실태 사이의 괴리, 그것을 어떻게 메울 것인지를 다룬 글이 게재되었지만, 그 궤적에 대해서는 다른 글에서 소개하도록 하겠다.

참고문헌

≪滿蒙≫.

岡村敬二. 2012.『滿洲出版史』. 吉川弘文館.

顧明義等 編. 1999.『大連近百年史』(上・下). 遼寧人民出版社.

高紅梅. 2008.「≪東北文化月報≫と滿蒙文化協會 ― 中國人の對日認識の視覺から見る」.≪富
士ゼロクス小林節太郎記念基金≫.

大連市 編. 1936.『大連市史』. 大連市役所.

柳澤遊. 1999.『日本人の植民地體驗』. 靑木書店.

馬麗芬・韓悅行 主編. 1999.『大連近百年史見聞』. 遼寧人民出版社.

山室信一・岡田曉生 外 編. 2014.『現代の起點 第一次世界大戰』. 全 4卷. 岩波書店.

三牧聖子. 2014.『戰爭違法化運動の時大』. 名古屋大學出版會.

篠崎嘉郎. 1921.『大連』. 大阪屋號書店.

松重充浩. 1997.「國民革命期における東北在地有力者のナショナリズム ― 奉天總商會の動向
を中心に」.≪史學研究≫, 216號.

_____. 2001.「植民地大連における華人社會の展開 ― 1920年代初頭大連華商團體の活動を中
心に」. 曾田三郎 編著.『近代中國と日本―提携と敵對の半世紀』. 御茶の水書房.

_____. 2006.「第一次大戰前後における大連の '山東幇' 中國人商人」. 本庄比佐子 編.『日本の
靑島占領と山東の社會經済 ― 1914~1922』. 財團法人東洋文庫.

李振遠 主編. 1999.『長夜曙―植民地統治時期大連的文化藝術』. 大連出版社.

伊香俊哉. 2002.『近代日本と戰爭違法化體制 ― 第一次世界大戰から日中戰爭へ』. 吉川弘文館.

張楓. 2011.「大連における泰東日報の經營動向と新聞論調 ― 中國人社會との關係を中心」. 加
瀬和俊 編.「戰間期日本の新聞産業 ― 經營事情と社論を中心に」.≪東京大學社會科學
研究所研究シリーズ≫, No.48. 東京大學社會科學研究所.

塚瀬進. 2004.『滿洲の日本人』. 吉川弘文館.

<u>6장</u>

원자폭탄 투하와
미국·일본의 역사 인식
미국 대통령 오바마의 히로시마 방문을 계기로 하여

다카하시 게이키치(高橋慶吉) | 김성현 옮김

1. 머리말

원자폭탄이 투하되고 71년이 지난 2016년 5월 27일, 버락 오바마(Barack Obama) 대통령이 미국 대통령으로서는 처음으로 히로시마를 방문했다. 먼저 아베 신조(安倍晋三) 총리와 함께 평화기념자료관을 견학하고 원폭사망자 위령비(原爆死沒者慰靈碑)에 헌화한 후 "핵(核) 없는 세계"의 실현을 강조하는 성명서를 발표했다. 성명을 마친 후 두 명의 피폭자와 대화를 나누었다.

오바마는 성명에서 원자폭탄에 의해 "10만 명이 넘는 일본의 남성, 여성, 아이들"이 숨진 것을 인정했다. 그러나 사죄는 없었으며 왜 원자폭탄을 투하했는지도 설명하지 않았다. 이런 성명이 될 것임은 오바마가 히로시마를 방문하기 전부터 이미 어느 정도 예견되어 있었다. 방문 결정이 발표된 5월 10일, 벤 로즈(Ben Rhodes) 대통령 부보좌관은 대통령이 "제2차 세계대전 말기 원자폭탄 사용의 결정을 재고(再考)하는 것은 아니다"라는 방침을 보였기 때문이다. 또한 오바마 자신도 방문 며칠 전 NHK와의 인터뷰에서 사죄할 계획은 없으며, 원자폭탄 투하의 시비(是非)를 검증하는 것은 역사가의 일이라는 생각을 분명히 했다.

보도에 따르면 오바마 정권이 히로시마 방문에 즈음해 이와 같이 신중한 자세를 취한 것은 원자폭탄 투하를 정당하다고 받아들이는 역사 인식이 미국 내에 뿌리 깊이 남아 있기 때문이었다. 그러나 한편으로는 미국의 역사 인식에도 변화가 감지된다고 한다. 이 장은 오바마의 히로시마 방문으로 주목을 끈 미국의 원자폭탄 투하에 대한 역사 인식에 관해 심도 있게 검토하고, 그런 관계를 통해 일본의 인식도 살펴보고자 한다.

구체적으로 원자폭탄 투하의 정당성 문제와 깊이 관련된 두 가지 논점, 즉 왜 미국은 원자폭탄을 일본에 투하했는지와 원자폭탄 투하는 필요했는지에 주목해, 이 논점에 관한 미국과 일본 쌍방의 역사 인식을 학계와 여론이라는 두 차원에서 살펴보고자 한다.

미국과 일본의 원폭관(原爆觀)과 관련해 이른바 스미소니언(Smithsonian) 박물관의 원폭 전시에 관한 논쟁을 계기로 1990년대에 연구가 왕성하게 진행되었다. 그중 이 장의 관심사와 가장 가까운 연구는 1997년 발표된 아사다 사다오(麻田貞雄)의 연구일 것이다. 이 연구는 원자폭탄 투하의 시비를 둘러싼 미일 양국 국민 일반의 의식 차이를 지적하고, 그 차이를 초래한 요인 중 하나로 원자폭탄 투하의 목적에 대한 인식이 서로 다르다는 점에 주목했다(Asada, 1997).

아사다의 연구와 같이 1990년대에 진행된 연구는 대체로 미국과 일본의 원폭관의 차이를 지적하고 강조했다. 이 장은 이러한 선행 연구를 참고해 오바마의 히로시마 방문이라는 새로운 상황의 전개를 바탕으로 미국과 일본의 원폭관을 재검토하는 데 집중하고자 한다. 가능한 한 새로운 자료와 사건을 제시하는 것은 물론이고, 오바마의 히로시마 방문 자체에 대해서도 이 장의 주제와 동떨어지지 않는 범위에서 더 분석해보고자 한다.

2. 미국 학계의 역사 인식

미국 학계에는 머리말에서 언급한 두 가지 논점과 관련해 세 가지 주요한 해석이 있다. 정통적 해석과 수정주의 해석, 절충적 해석이 그것이다.

정통적 해석은 원자폭탄 투하 당시, 미국 대통령 해리 트루먼(Harry S. Truman)과 육군장관이자 원자폭탄 개발의 실질적 책임자인 헨리 스팀슨(Henry Stimson)이 전쟁 종료 후에 내놓은 설명을 지지한다. 이 설명에 따르면 미국이 원자폭탄을 투하한 이유는 전쟁을 조기에 끝내고자 했기 때문이고, 원자폭탄 투하는 필요했다. 만약 원자폭탄을 사용하지 않으면 일본 본토에 대한 상륙작전이 부득이해져 미군만 해도 50~100만 명의 사상자를 낼 것이기 때문이다.

트루먼과 스팀슨이 말한 일본 본토 상륙작전은, 오키나와 전투가 끝을 향해 가던 1945년 6월 중순에 결정된 두 개의 작전 즉 규슈 남부로의 상륙작전과 간토(關東) 평야에 대한 상륙작전을 가리킨다. 규슈 남부로의 상륙작전은 1945년 11월에, 간토 평야에 대한 상륙작전은 1946년 3월에 감행하기로 되어 있었다.

현재 인디애나주의 노터데임 대학에서 미국사를 가르치는 윌슨 미스캠블(Wilson D. Miscamble)은 정통적 해석을 취하는 대표적인 역사가 중 한 명이다. 그는 2011년에 출간한 단행본을 기초로 오바마의 히로시마 방문이 발표된 다음 날 ≪월스트리트 저널≫에 글을 기고했다. 여기서 미스캠블은 원자폭탄이 전쟁의 조기 종결을 위해 투하되었고, 그 결과 일본인을 포함한 많은 인명을 구할 수 있었다는 전형적인 정통적 해석을 보여주었다. 게다가 그는 원자폭탄 투하에 대해 미국이 사죄해야 할 이유는 없다면서, 이런 '정통적' 역사 인식을 가지고 히로시마를 방문하라고 오바마에게 요구했다(Miscamble, 2011; 2016).

한편 트루먼과 스팀슨의 설명을 부정하는 것이 수정주의 해석이다. 베트남 전쟁의 장기화와 함께 미국 외교의 윤리성에 대해 의문이 고조되면서, 이런 해석이 1960년대 후반부터 왕성히 제기되었다. 대표적인 논자로 역사가 가 알페로비치(Gar Alperovitz)를 들 수 있다.

알페로비치는 일본을 항복시키는 데 원자폭탄도 상륙작전도 필요하지 않았다고 생각한다. 게다가 이 둘 중 어느 것도 필요하지 않다는 인식이 전쟁 말기 트루먼 정권 내에서도 지배적이었다고 한다. 알페로비치에 따르면 미국은 통신방수(通信傍受)[1]를 통해 일본 정부가 소련의 중재로 전쟁의 조기 종결을 계획하고 있었다는 사실을 알고 있었다. 또한 일본 측이 전쟁을 종결하면서 천황의 지위 보전을 무엇보다 중시하고 있다는 것도 파악하고 있었다. 이 때문에 무조건항복 요구를 완화하고 천황의 지위를 보증하면 일본이 항복할 가능성이 높다고 보았으며, 이러한 보증에 소련의 참전이라는 충격이 더해지면 일본은 확실히 항복할 것이라고 생각했다. 하지만 트루먼 정권은 '포츠담 선언'에 천황의 지위를 보증하는 문구를 굳이 포함시키지 않고, 소련의 참전도 기다리려 하지 않았다. 끝까지 원자폭탄으로 전쟁을 끝내려고 했던 것이다. 그 배경에는 원자폭탄 투하가 제2차 세계대전을 통해 세력을 확대하고 있던 소련에 위협으로 작용해 미국에 의한 전후 질서 형성을 용이하게 할 수 있다는 생각이 자리하고 있었다(Alperovitz, 1965; アルペロビッツ, 1995).

이렇듯 정통적 해석과 수정주의 해석이 원자폭탄 투하를 파악하는 방식에 큰 차이가 있기는 하지만, 원자폭탄 투하를 트루먼의 '결단'에 의한 것으로 보는 점에서는 두 해석은 일치한다. 바로 이런 견해를 부정하는 것이 세 번째의 절충적 해석이다.

그 대표적 논자인 역사가 바턴 번스타인(Barton J. Bernstein)에 따르면 원자폭탄을 사용할 것인지 아닌지의 문제가 전시(戰時) 워싱턴에서 진지하게

---

[1] 무선통신에서 통신을 직접 받는 사람이 아닌 다른 사람이 그 통신을 우연히 또는 고의적으로 수신하는 것을 가리킨다. _옮긴이

고려의 대상이 된 적은 없으며, 원자폭탄을 적국에 사용하는 것은 루스벨트 시대부터 있어온 '지배적인 전제'였다. 트루먼은 그 전제를 따른 데 불과하다. 물론 트루먼은 대통령으로서 이를 부정할 수 있었을 것이다. 그러나 1945년 4월 루스벨트가 돌연 사망해 이제 막 대통령이 된 트루먼에게, 전임자 시대부터 있어온 전제를 뒤집을 만한 담력은 아직 없었다. 또한 그렇게 할 적극적인 이유도 없었다. 원자폭탄에 의해 일본 본토 상륙작전이 불필요해지리라는 것도 몰랐고, 일본인에게는 물론이고 러시아인에게도 강한 심리적 충격을 줄 수 있다는 것을 몰랐기 때문이다(Bernstein, 1975).

다만 번스타인은 소련에 대한 원자폭탄의 정치적 효과는 어디까지나 '보너스(덤)'로 인식되었다는 점을 지적하고 있다. 그의 견해에 따르면 설사 소련 문제가 없었더라도 미국은 일본에 원자폭탄을 사용했을 것이다(Bernstein, 1975).

이 점에서 번스타인의 논의는 수정주의적 해석보다도 정통적 해석에 가깝다. 그러나 번스타인은 상륙작전에 따른 미군 사상자에 대한 트루먼과 스팀슨의 설명을 부정한다. 즉, 그들이 상륙작전으로 50만 명에서 100만 명의 사상자가 나올 것이라고 전망했음을 보여주는 전쟁 당시의 자료는 없다는 것이다. 다음 절에서 살펴볼 스미소니언 원폭 전시 기획안에 영향을 준 것으로 생각되는 번스타인의 1986년 논문에 따르면, 상륙작전에서 사망하리라고 추정한 미국인의 수는 최소 2만 명, 최대 4만 6000명이라는 것이 전쟁 당시 워싱턴의 지배적인 견해였다(Bernstein, 1986).

미국의 지도자에게 2만에서 4만 6000명은 그 자체로는 그리 많은 숫자가 아니었을지라도, 원자폭탄 투하로 희생을 피할 수 있게 된다면 충분히 큰 숫자였다. 다만 전쟁 종결 이후 원자폭탄의 참화가 미국에 서서히 알려지는 가운데, 원자폭탄의 사용이 옳은 선택이었다고 여론에 호소하려면 원자폭탄으로 실제 목숨을 잃은 일본인의 수를 크게 웃도는 추정치를 제시할 필요가 있다고 생각했을 것이다. 번스타인에 따르면 50만 명이나 100만 명이라는 숫자는 그런 생각에서 날조된 것이었다(Bernstein, 1986; 1999).

번스타인은 추정치의 문제에 관해 트루먼과 스팀슨의 설명을 부정할 뿐만 아니라 원자폭탄의 필요성에 대한 그들의 설명도 부정하고 있다. 미국이 천황제의 보증과 소련의 참전 및 계속된 보통 폭탄에 의한 공격 등 "원자폭탄 투하 이외의 전략을 채용하고 있었다고 해도, 별로 내키지 않아 했던 일본 본토 침공을 행하기 전 단계, 즉 11월 이전 단계에서 전쟁이 종결되었을 가능성은 높다"라고 보는 것이다. 특히 나가사키에 원자폭탄을 투하하는 것은 "거의 틀림없이 불필요한 것이었다"라고 번스타인은 말한다(Bernstein, 1995: 388, 402).

이상과 같이 미국 학계에는 원자폭탄 투하의 목적과 필요성에 관해 세 가지 해석이 존재한다. 사실 1990년대 초반 그들 사이의 논쟁은 절충적 해석의 연장에서 정리되는 듯 보였다. 역사가 새뮤얼 워커(Samuel Walker)는 1990년 연구사를 회고하는 논문을 발표했는데, 그는 이 논문에서 미국 학계를 정통적 해석과 수정주의 해석으로 나누어온 문제는 "거의 해소되었다"라고 지적하고 있다(Walker, 1990). 그러나 1990년대 중반 스미소니언 박물관의 원폭 전시를 둘러싼 소동을 계기로 학계에서 논쟁이 재연되었다. 이런 와중에 워커는 2005년 논문에서 1990년 논문의 "결론은 완전하다 할 정도로 당시의 시련을 견뎌낼 수 없었다"라고 시인했다(Walket, 2005).

원자폭탄 투하로부터 반세기 이상 지났음에도, 이에 관한 역사가의 해석이 여전히 일치하지 않는 이유는 무엇일까. 우선 원자폭탄 투하의 목적에 관해서는 자료의 부족이라는 요인이 크게 작용했다. 특히 원자폭탄 투하를 명령한 트루먼의 의도를 직접 보여주는 명확한 자료가 없고, 잡다한 간접 자료에 의지할 수밖에 없는 것이 역사가의 해석이 일치하지 않는 이유이다. 한편, 원자폭탄 투하의 필요성에 관해 해석이 나뉘는 주요 원인은 만약 '원자폭탄을 사용하지 않았다면'이라는 가정하에 논의할 수밖에 없다는 데서 찾을 수 있다(西岡達裕, 2013).

학계에서의 논쟁은 고등학교 수준의 미국 교과서(백과사전처럼 두꺼우며, 일본 교과서와 달리 원자폭탄에 관한 기술도 풍부하다)에서는 반드시라고 해도 좋을 정도로 언급되고 있다. 또한 교과서에 따라서는, 소수이기는 하지만 동시대에 존재한 원자폭탄 투하 반대론을 소개한 책도 있다. 미국의 교과서라고 하면 예전에는 정통적 해석 일색이었지만, 현재는 꼭 그렇지만은 않다. 다만 학계에서의 논쟁이든 원자폭탄 투하 반대론이든 기껏해야 칼럼난에 기재되기 십상이고, 가장 중요한 본문에는 대개의 경우 현재도 정통적 해석을 강하게 반영하고 있다.

미국의 교과서는 채택 과정에서, 주(州) 혹은 학구(學區) 공청회나 각종 위원회에 일반 시민이 다수 참가할 수 있도록 되어 있기 때문에 사회 신념이나 통념을 반영한 내용으로 구성되는 경우가 흔하다고 한다(藤田怜史, 2012). 교과서에 정통적 해석의 영향이 강한 것은, 그것이 학계에서 일정하게 지지를 얻고 있기 때문이기도 하고, 다음 절에서 자세히 살펴보겠지만 일반 사회에서도 그에 대한 강한 지지가 존재하기 때문일지도 모른다.

3. 미국 여론의 역사 인식

원자폭탄 투하에 관한 트루먼과 스팀슨의 설명은 교과서를 비롯한 다양한 매체를 통해 미국 국민에 폭넓게 전달되어갔다. 이 때문에 트루먼과 스팀슨의 설명은 학계에서만이 아니라 일반에게도 잘 알려졌다. 미국에서 원자폭탄 투하를 긍정적으로 평가하는 견해는 대체로 트루먼과 스팀슨의 설명, 즉 정통적 해석에 근거로 하고 있다.

미국에서는 지금으로부터 20여 년 전 "히로시마를 둘러싼 첫 국가적 논의"(리프턴·미첼, 1995: 103)라는 대논쟁이 있었다. 이른바 스미소니언 원폭 전시 논쟁이다. 그것은 스미소니언 협회[2] 산하의 항공우주박물관에서

원자폭탄 투하 50주년인 1995
년에 원폭전시회를 개최하면
서 일어난 논쟁이다. 이 원폭
전시에서 눈길을 끈 것은 히로
시마에 원자폭탄을 투하한 대
형 폭격기 B29[통칭 에놀라 게이
(Enola Gay)]였다. 나가사키에
원자폭탄을 투하한 복스카
(Bockscar)가 오하이오주 데이턴

| 사진 6-1 | **항공우주박물관 별관의 에놀라 게이**
2016년 8월 23일 필자 촬영.

공군박물관에 오랜 세월 전시된 것에 비해, 전후에 스미소니언이 소유하게 된
에놀라 게이는 한 번도 전시된 적이 없었다. 스미소니언은 창고에서 이것을
꺼내 복구 작업을 한 뒤 특별 전시를 계획했다. 게다가 복스카처럼 기체만 전
시하는 것이 아니라 원자폭탄 투하와 관련된 내용 전체를 제시하고자 했다.

그러나 이 야심찬 시도는 여론의 강한 반발을 불러왔다. 내용 전체를 전
시하게 되면, 솟구쳐 오른 버섯구름 아래서 일어난 참사에도 시선이 향할
수밖에 없었다. 실제 스미소니언이 1994년 1월에 완성한 제1차 기획안에
따르면, 원폭 전시를 구성하는 다섯 개 섹션 중 하나에서 폭격 중심지의 상
황을 사진과 유품을 통해 생생히 소개하기로 되어 있었다. 또한 다른 섹션
에서는 이 장의 2절에서 살펴본 학계의 논의가 소개될 예정이었고, 또 다른
섹션에서는 '히로시마와 나가사키의 유산'으로서 일본에의 원자폭탄 투하
가 미국과 소련 사이의 핵 군비 확장 경쟁을 불러일으켜 냉전을 가열시켰다
는 견해가 제시될 예정이었다.

이러한 내용의 기획안에 특히 강하게 반발한 것은 20만 명의 회원을 보

---

2   영국인 과학자 제임스 스미손((James Smithson)이 미국에 기부한 유산을 기초로, 1846년
     연방의회가 설립한 학술연구 기관이다. 예산의 60~70%가 연방정부 지출로 조달되며 협
     회의 관리·운영을 책임지는 이사회는 부대통령과 연방최고재판소 장관으로 구성된다.

유한 공군협회와 300만 명의 회원을 거느린 미국 최대의 퇴역 군인 단체인 전미퇴역군인협회였다. 원자폭탄이야말로 일본을 항복으로 밀어 넣음으로써 상륙작전으로 잃었을 50만 명에서 100만 명의 미국인 병사의 목숨을 살렸다고 강하게 믿는 이 단체들은 '원폭전시회'라는 발상 자체에 부정적이며 에놀라 게이도 복스카와 마찬가지로 '평화의 상징'으로 자랑스럽고 장엄하게 전시되기를 바라고 있었다. 이러한 견지에서 "흔들의자에 앉아 사후 설명이나 하는 비판자"(スウィーニー, 2000: 316)의 견해는 소개되면 안 되는 것이었고, 버섯구름 아래의 세계로 걸어 들어가는 것 따위는 당치도 않은 일이었다. 또한 원자폭탄 투하를 냉전과 결부시키는 생각도 수용되기 쉽지 않았다. 요컨대 두 단체의 관점에서 스미소니언 기획서는 에놀라 게이의 명예를 폄훼하고, 미국이 쟁취한 영광에 먹칠을 하는 것으로밖에 보이지 않았다.

매스컴 다수도 스미소니언을 비판하는 쪽으로 돌아섰다. 또한 1994년 여름, 여론의 동향에 민감한 연방의회 의원이 스미소니언에 대해 비판의 목소리를 냈다. 그해 9월에 상원에서는 원폭 전시의 기획서가 퇴역 군인에게 '모욕적'이라 비판하면서 수정을 요구하는 결의안을 전원 일치로 채택했다.

이런 와중에 스미소니언은 공군협회 및 퇴역군인협회와 협의를 거듭해 두 단체의 의향을 기획서에 대폭 반영했다. 그렇기는 해도 스미소니언은 역사가의 견해를 완전히 무시하려 하지 않았다. 1995년 1월, 전시자문위원회 위원을 맡고 있던 역사가 번스타인의 의견을 받아들여 본토 상륙작전의 추정 사상자 수와 관련해 내용을 수정했다. 그때까지 기획서에는 100만 명이라는 숫자가 신빙성 있는 수치로 기록되어 있었다. 이 부분을 고쳐 100만이라는 숫자는 그대로 두었지만, 그것이 "어디서 나온 것인지는 불분명하다"라고 기재했다(ハーウィット, 1997: 제23장).

그러나 이 기재 내용의 변경에 퇴역군인협회가 맹렬히 반발해 원폭 전시에 반대를 표명하기에 이르렀다. 이에 따라 의회에서는 전시에 관한 청문회와 하위트 항공우주박물관장의 사임을 요구하는 목소리가 높아졌다.

1995년 1월 말 결국 스미소니언은 대형 특별전시회의 개최를 단념했다. 스미소니언 원폭 전시 논쟁은 미국 사회에서 원자폭탄 투하를 정당화하려는 힘이 얼마나 강한지를 똑똑히 보여주면서 마무리되었다.

현재 에놀라 게이는 워싱턴 교외 항공우주박물관 별관에 상설 전시되어 있다. 그 설명문은 극히 간결한데, B29의 일반적인 설명에 이어 "1945년 8월 6일, 일본 히로시마에 처음 실전 사용된 원자폭탄을 투하했다"라고만 쓰어 있다. 이것이 바로 퇴역군인협회 등이 원했던 전시의 모습이었을지도 모른다.

퇴역군인협회는 오바마의 히로시마 방문에는 반대하지 않았다. 하지만 성명을 발표해 원자폭탄 투하에 대해 재평가하는 것과 사죄하는 것에는 반대하는 자세를 분명히 보여주었다.

퇴역군인협회의 그런 자세는 미국 여론을 얼마만큼 대표하고 있는 것일까? 종전 직후인 1945년 8월 26일에 실시한 갤럽 여론조사에 따르면, 원자폭탄 투하에 대해 지지한다가 85%, 지지하지 않는다가 10%였다. 그 후 45년 만에 실시한 1990년 갤럽 조사에서는 지지한다가 53%, 지지하지 않는다가 41%로 나타났다. 갤럽은 1991년, 1994년, 1995년, 2005년에도 같은 조사를 실시했지만, 어느 조사에서도 지지한다는 50%대, 지지하지 않는다는 30%대 후반에서 40%대 초반이었다. 2005년 갤럽의 분석 기사는 "과반수가 제2차 세계대전에서의 원자폭탄 사용을 지지"라는 표제 아래, 원자폭탄 투하라는 역사적 사건의 60주년을 맞이하면서 미국인의 원폭관은 10년 전과 비교해 "거의 변하지 않았다"고 지적했다(Moore, 2005).

유감스럽게도 갤럽에 의한 조사는 2005년을 마지막으로 실시되지 않고 있다. 하지만 퓨 리서치 센터(Pew Research Center)가 실시한 2015년 조사에서, 원자폭탄 사용은 정당하다는 응답이 56%, 정당하지 않다는 응답이 34%로 나왔다. 이 조사의 분석 기사는 1991년에 ≪디트로이트 프리 프레스(Detroit Free Press)≫가 실시한 조사와 비교해 미국인 원폭관의 변화를 지적했다(Stokes, 2015). 1991년 조사에서는 원자폭탄 사용이 정당하다는 응답이

63%로 60%를 넘었고, 정당하지 않다는 응답이 29%로 20%대에 머물러 있었다. 그러나 변화의 폭은 그다지 크지 않고, 절반이 넘는 미국인이 원자폭탄 사용을 긍정적으로 보는 상황에 변화가 생긴 것은 아니었다.

그렇다고 하더라도 젊은 층에 한정하면 긍정적 평가는 50%를 넘지 않는다. 2015년 퓨 리서치 센터 조사에 따르면, 18세에서 29세까지는 원자폭탄 투하를 정당하다고 보는 응답이 47%였다. 보도에서는 이 수치가 미국인 원폭관의 변화를 나타내는 것으로 자주 소개되었다. 그렇지만 1990년 갤럽 조사에서 18세에서 29세까지에서는 원자폭탄 투하에 지지한다는 응답이 이미 38%로, 전체에 비해 꽤 낮은 수치를 차지했다. 이것과 비교하면 퓨 리서치 센터에서 조사한 47%라는 수치는 오히려 높은 편이다. 근래 들어, 적어도 젊은 층의 원폭관에 큰 변화가 생긴 것은 아니라고 할 수 있을 것이다.

이상으로 볼 때 이 장에서는 미국의 원폭관에 변화의 조짐이 보인다는 판단은 유보하고자 한다. 물론 현저한 변화가 일어나고 있음이 엿보이는 데이터도 있기는 하다. 오바마의 히로시마 방문 결정에 따라 실시한 CBS 조사에서 원자폭탄 투하에 대해 지지한다가 43%로 나타나 50%에 못 미치고, 지지하지 않는다가 44%로 지지하는 수치를 상회했다. 그렇지만 이 결과는 조금은 뜻밖이며, 일시적으로 끝날 가능성도 부정할 수 없다. 게다가 CBS 조사와 거의 같은 시기에 유고브(YouGov)가 실시한 여론조사에서는 크게 다른 결과가 나왔다. 원자폭탄 투하가 옳은 결정이었다고 보는 응답이 45%, 잘못 생각한 결정이었다고 보는 응답이 25%로, 원자폭탄 투하에 대한 긍정적 평가가 50%를 넘지 않았지만, 그 비율은 부정적 평가의 약 2배였다. 이 결과는 전년 유고브의 조사 결과와 거의 차이가 없다.

오바마는 2009년 4월 프라하 연설에서 미국이 "핵무기를 사용한 적이 있는 단 하나의 핵보유국"으로, "핵 없는 세계"의 실현을 위해 행동할 "도의적 책임"이 있다고 말했다. 하지만 원자폭탄 투하에 대한 긍정적 평가가 뿌리 깊이 남아 있는 가운데, 오바마의 이런 호소는 미국 사회에서 폭넓은 공감을 얻지는 못한다. 2010년에 CNN이 미국 국민을 대상으로 실시한 여론 조사에서 응답자의 49%가 "미국을 포함한 소수의 대국은 다른 나라로부터의 공격을 막기 위해 핵무기를 충분히 보유해야 한다"라고 응답했다. 게다가 2016년 3월에는 대통령 선거의 공화당 후보 경선에서 1위를 달리고 있던 도널드 트럼프(Donald Trump)가 과격파 조직 '이슬람국가(IS)' 소탕 작전에서 전술핵무기의 사용을 배제하지 않겠다는 생각을 밝혔다.[3]

많은 보도에서 언급되었듯이, 히로시마 방문을 결단한 오바마에게는 자신의 유산(legacy)을 만들고 싶다는 생각이 있었을 것이다. 또한 히로시마 방문이 미일 관계 강화에 자산이 된다는 판단도 분명히 있었다. 그렇지만 무엇보다 과거의 핵 사용을 정당화하고 핵에 매달리려고 하는 미국 국민에게 "도덕적 각성"(오바마의 히로시마 연설에 의하면)의 필요성을 호소하고 싶은 생각이 있었던 것은 아닐까. 물론 그것을 호소하고 싶은 상대는 러시아나 북한 등 다른 데도 있었을 것이다. 그렇지만 "핵 없는 세계"의 실현을 위해 행동하는 미국의 '도의적 책임'을 말한 오바마는, 미국 대통령으로서 미국 국민을 가장 의식하고 있었을 것이다.

오바마의 뇌리에는 핵무기의 확산으로 핵 테러 위험도 증대되고 있다는, '핵 없는 세계'의 실현이야말로 미국의 국익에 적합하다는 인식('핵 없는 세계' 구상의 본보기가 되었다는 헨리 키신저(Henry Kissinger) 등 이른바 '네 현인'의 주장에[4] 기초한 인식)이 깊이 남아 있었을 것이다. 또한 조지 부시(George Bush) 정권 때 손상된 미국의 도덕적 위신을 회복하고, 도덕적 고양이 국익에 적합하다는

---

3   트럼프는 중국과 북한에 대한 억제력으로서 한국과 일본이 핵무기를 보유하는 것을 용인하겠다는 생각도 밝혔다.

4   '네 현인'이란 키신저(닉슨 정권과 포드 정권 당시 국무장관)와 슐츠(레이건 정권 당시 국무장관), 페리(클린턴 정권 당시 국방장관), 넌(전 상원의원) 등 네 명을 가리킨다. 그들은 2007년 1월 4일과 2008년 1월 15일에 ≪월스트리트 저널≫에 기고한 글에서, 핵무기 확산을 막으면서 핵무기 의존도를 줄이고 궁극적으로는 핵무기 없는 세계를 지향해야 한다고 호소했다.

오바마 나름의 국익관이 있었을지도 모른다.

그렇다고 하더라도, 오바마는 원자폭탄 투하에 관한 정통적 해석을 정면에서 부정하는 듯한 언행은 삼갈 필요가 있었다. 이런 언행은 예전부터 스미소니언 원자폭탄 전시를 중단하게 만든 보수적인 여론을 자극해 '핵 없는 세계' 구상의 추진을 점점 곤란하게 만들 뿐만 아니라 오히려 트럼프 진영의 기세를 오르게 할지 모르기 때문이었다.

또한 원자폭탄 투하 문제로 보수적인 여론이 들끓으면 미일 관계가 동요할지 모른다는 문제도 있었다. 다행히 스미소니언 원자폭탄 전시 논쟁 때는 미일 양국 정부의 억제적 대응으로 미국 내 논쟁이 미일 간 논쟁으로 발전하지는 않았다. 그래도 원자폭탄 전시 중단 발표에 따라 일본에서는 히로시마와 나가사키를 중심으로 반발이 확산되고, 무라야마 도미이치 총리도 "이번 사태는 일본의 국민감정에서 보면 유감"이라고 발언하는 등 미일 간에 긴장이 감돌았다. 미일 관계를 중시하는 오바마로서는 이와 같은 사태가 일어나는 것은 피하고 싶었을 것이다.

오바마는 이런 사정 때문에 히로시마 방문 목적을 제2차 세계대전에서 사망한 모든 무고한 사람들을 추도하기 위함이라고 규정함으로써, 히로시마 방문 그 자체가 사죄의 의미를 띠는 것으로 해석되지 않도록 했다. 그는 또한 2009년의 일본 방문 때는 일본의 관습이라는 이유로 천황에게 머리를 숙였지만, 원폭사망자위령비에는 머리를 숙이려고 하지 않았다. 물론 이 장의 머리말에서 서술했듯이 그는 히로시마에서 사죄의 발언을 하지도 않았다.

과연 오바마의 히로시마 방문이 미국인을 어느 정도 감화시켰는지는 모른다. 그렇지만 히로시마 방문에 대해 보수파로부터의 비판적 언사는 제한되고, 방문에 의해 지지율이 내려간 것도 아니라는 점을 고려하면, 오바마는 미국 여론의 강한 반발을 회피하는 데는 성공했다고 말할 수 있을 것이다.

4. 일본 학계와 여론의 역사 인식

이 절에서는 원자폭탄 투하의 문제에 관한 일본 학계의 논의와 여론 상황을 정리하고자 한다. 먼저 일본 학계에서는 세 가지 견해가 정립된 미국 학계와 달리 수정주의 해석이 매우 강하다. 일본 최초의 본격적인 연구로 알려진 니시지마 아리아쓰(西島有厚)의 연구도, 수정주의 입장에서 원자폭탄 투하의 주요 요인으로 소련 요인을 꼽았다(西島有厚, 1968).

니시지마 연구의 한 가지 특징은, 미국인에 의한 연구에서는 거의 이용되지 않은 일본 측 자료를 이용해 일본 정부 내 움직임을 상세히 분석해 원자폭탄 투하의 필요성을 부정한다는 점이다. 이 연구에 따르면, 원자폭탄은 당시 일본 정부 내에서 지도권을 장악하고 있던 주전파(主戰派)에 항복을 결의하게 할 정도의 충격을 주지 못했다. 원래 그들은 일본 본토를 초토화해도 전쟁을 계속하겠다고 생각했기 때문이다. 그러나 소련의 참전으로 큰 충격을 받고, 이를 계기로 주전파의 태도가 철저한 항전에서 항복을 전제로 유리한 조건을 획득하는 쪽으로 바뀌었다. 주전파가 주장하던 본토 결전 계획의 '절대적인 전제 조건'으로 소련의 중립이 그 배경에 자리 잡고 있었기 때문이다.

소련의 참전으로 그 조건이 붕괴되어버렸기 때문에 주전파는 항복 그 자체는 인정하지 않을 수 없게 된 것이다. 이러한 견지에서 니시지마는 "원자폭탄 투하는 일본의 항복을 얻어내는 데 안 하느니만 못한 행동이었다"고 지적했다. 게다가 "원자폭탄에 의해 사망한 사람들은 결코 전쟁을 종식시켜 일본 국민에게 평화를 가져다주기 위한 고귀한 제물이 아니었다. 원자폭탄으로 죽은 사람들은 사실상 헛되이 소중한 목숨을 빼앗겨버렸다고 해도 과언이 아니다"라고 했다(西島有厚, 1968).

물론 이런 견해에 대해 부정적인 연구가 일본에 없는 것은 아니다. 그중 한 명인 아사다 사다오(麻田貞雄)의 연구에 따르면, 소련의 참전은 분명 본토

결전을 주창하고 있던 육군에게 '전략적 파탄'을 의미했지만 사전에 어느 정도 예측이 가능한 것이었다. 그 때문에 육군을 비롯한 주전파에게 큰 충격을 준 것은 원자폭탄이었다. 더구나 원자폭탄은 군부의 체면을 살려준 측면도 있었다. 원자폭탄에 의해 일본이 전쟁에 패한 것은 과학 능력의 차이 때문이지 군부의 역부족 때문은 아니었다고 말하는 것이 가능해졌기 때문이다. 이러한 견지에서 아사다는 원자폭탄 투하 없이 일본이 1945년 8월에 항복했을 가능성은 매우 적으며, 규슈 상륙작전이 예정되어 있던 같은 해 11월에 항복했을 가능성도 "50 대 50이거나 그 이하"였을 것이라고 지적한다. 또한 원자폭탄으로 상륙작전에서 벗어나게 되어 "미일 쌍방이 히로시마와 나가사키를 훨씬 상회하는 대량 살육을 피할 수 있었다"라고도 말한다(麻田貞雄, 1997).[5]

그럼 일반 여론 차원에서 원자폭탄 투하는 어떻게 인식되고 있을까? 이 장 2절에서 소개한 1991년 ≪디트로이트 프리 프레스≫의 조사와 2015년 퓨 리서치 센터의 조사는 일본에서도 실시되었다. 우선 ≪디트로이트 프리 프레스≫의 조사에서는 원자폭탄 투하를 정당하다고 보는 응답이 29%, 정당하지 않다고 보는 응답이 64%였다. 이에 반해 퓨 리서치 센터의 조사 결과는 각각 14%와 79%였다. 즉, 원자폭탄 투하가 정당했다고 보는 응답이 15% 낮아졌고, 정당하지 않다고 보는 응답은 15% 늘었다. 앞에서도 확인했듯이, 미국 국민을 대상으로 한 조사에서도 정당하다는 응답이 줄어들고 정당하지 않다는 응답이 늘기는 했지만, 일본에서만큼의 변화는 아니었다. 이로 미루어보건대 미일 간의 원폭관의 차이는 축소되기는커녕 점점 확대되고 있다고 할 수 있을 것이다.

많은 일본인이 원자폭탄 투하를 정당하지 않다고 생각하는 이유는 무엇

---

5 2014년 9월 9일 ≪산케이 신문≫ 기사에 의하면, 2014년 공개된 『쇼와천황실록(昭和天皇實錄)』에서는, 쇼와천황이 원자폭탄 투하보다 소련 참전에서 큰 충격을 받았음을 엿볼 수 있다고 한다.

일까. 사실, 이 점에 관해 충분한 조사는 실시되지 않고 있다. 그렇지만 이 장 머리말에서 말한 두 가지 논점과의 관련해 생각해보면, 원자폭탄 투하의 목적을 전쟁의 조기 종결이라고 보는 미국인과 달리 일본인은 또 다른 목적이 있었다고 볼 가능성이 있다. 또한 원자폭탄이 상륙작전을 대신하는 유일한 수단이었다고는 보지 않을 가능성도 있다.

전자에 관해서는 머리말에서 소개한 아사다가 1976년과 1991년, 1994년에 도시샤 대학(同志社大學) 학생을 대상으로 조사를 실시했다. 조사 결과를 근거로 한 연구는, 일본에서는 학계만이 아니라 일반에서도 소련 요인에서 원자폭탄 투하의 목적을 찾는 경향이 강하다고 지적한다. 한편 후자에 관한 조사는 필자가 아는 한 없다. 그렇지만 전쟁의 조기 종결을 위해서라는 미국인의 설명을 일본인이 받아들이려 하지 않는 것은 원자폭탄의 필요성에 의문을 품고 있다는 방증이라 할 수 있다.

물론 이 외에도 일본인이 원자폭탄 투하를 부정적으로 바라보는 이유를 생각해볼 수 있다. 예를 들면 다음과 같은 사고방식, 즉 "원자폭탄 사용은 어떠한 상황에서도 결코 정당화될 수 없는 비인도적 잔혹 행위였다"라는 사고방식이 폭넓게 지지를 받고 있을 가능성도 있을 것이다(木村 カズニック, 2010: 17).

어찌 됐든 일본에서는 원자폭탄 투하를 부정적으로 보는 견해가 강하고, 원자폭탄 투하를 정당화하는 말은 금기에 가깝다. 제1차 아베 내각에서 방위청 장관을 역임한 규마 후미오(久間章生)는 나가사키 출신의 정치가인데도, 이 점을 잘 이해하고 있지 못했던 것은 아닐까. 그는 2007년 6월 강연회에서 "'원자폭탄으로 전쟁은 끝났구나' 하고 머릿속으로 정리하고는 이제 '어쩔 수 없군'이라는 식으로 생각하고 있다"라고 말함으로써 거센 비판을 받았다. 결국 규마는 이 발언이 있고 며칠 뒤 방위청 장관직을 사임했고, 그 해 나가사키 평화기념식에 참석하는 것도 어려워졌다.

오바마의 히로시마 방문 때 일본 정부는 사죄를 요구하지 않았고, 일본의 여론에서도 사죄를 요구하는 목소리가 크지 않았다. 그래도 오바마는 자신의 히로시마 방문을 성공시킨 배경에 미국 여론뿐만 아니라 원자폭탄 투하의 정당화에 강한 거부반응을 보인 일본 여론도 있음을 고려할 필요가 있었다. 오바마가 히로시마에서 한 연설에서 미국인도 일본인도 아닌, 인류의 관점을 취한 이유 중 하나가 여기에 있을 것이다. 오바마에 따르면 제2차 세계대전을 기록할 장소는 세계에 수없이 많이 있지만, 히로시마의 "하늘에 피어오른 버섯구름의 이미지 속에서 우리는 무엇보다도 인간성 안에 있는 근본적인 모순을 들춰낼 수 있다. 우리가 인류라면 지니고 있는 것, 즉 우리의 생각과 상상력, 언어와 도구를 만드는 능력, 자연을 자신과 구별해 자신의 의사를 위해 변화시키는 능력이야말로, 터무니없는 파괴 능력을 우리 자신에게 불러일으키는 모순"이다. 오바마는 이런 발언을 한 뒤, 인류는 이 모순에서 벗어나 '핵 없는 세계'를 추구하지 않으면 안 되며, 이를 위해서는 '도덕적인 각성'이 필요하다고 호소했다.

이러한 인류의 관점은 적어도 히로시마에는 친숙하다. 주지하다시피 오바마가 헌화한 원폭사상자위령비에는 "편히 잠드소서. 잘못은 반복하지 않을 테니(安らかに眠ってください 過ちは繰返しませぬから)"라고 새겨져 있다. 히로시마 시의 설명에는 이 비문의 주어가 '인류'로 되어 있다. 히로시마는 오바마의 방문 훨씬 이전부터 인류의 관점에서 '핵 없는 세계'의 실현을 호소하고 있었다. 오바마는 방문에 즈음해 이와 같은 히로시마의 노력을 참고했을지도 모른다.

오바마의 히로시마 방문은 일본 여론과의 관계에서는 대성공으로 끝났다고 할 수 있다. ≪닛케이 신문(日經新聞)≫ 조사에서 이를 평가할 만하다는 응답이 92%였다.

오바마의 히로시마 방문이 이렇듯 많은 일본 국민에게 평가받은 것은, 오바마가 피폭자를 끌어안는 등 그 아픔에 이해를 표하며 "No More Hiroshimas(제2, 제3의 히로시마가 나와서는 안 된다)"라고 함으로써 일본 국민과 미래를 아우르는 자세를 보였기 때문은 아닐까? 즉, 오바마의 히로시마 방문은 원자폭탄 투하에 대한 해석과 평가와는 별개로, '아픔의 공유'를 목표

로 할 때 '미래의 공유'가 가능하다고 느끼게 했기 때문에 많은 일본 국민이
이를 평가한 것이라고 생각한다. 오바마의 히로시마 방문은 적어도 미일 관
계에서는 의미 있는 일이었다고 할 수 있다.

5. 맺음말

전후 미국에서는 목적과 필요성의 관점에서 원자폭탄 투하를 정당화하
는 트루먼과 스팀슨의 설명이 널리 유포되었다. 이에 대한 미국 국민의 반
응에서는 변화의 조짐도 보인다. 그렇지만 여전히 다수의 국민에게 지지를
받고 있는 것이 현실이다. 트루먼과 스팀슨의 설명은 정통적 해석으로 미국
학계에서도 일정한 지지를 받고 있다. 한편, 일본 학계에서는 정통적 해석
을 부정하는 수정주의적 해석이 강하고, 일반 여론 차원에서도 근거가 반드
시 명확하다고는 할 수 없지만 역시 원자폭탄 투하의 정당성을 부정하는 견
해가 강하다.

이상의 논의에 근거해 1990년대에 진행된 연구와 같이 미일 간에는 원
폭관의 차이가 크다고 보는 것이 이 장의 입장이다. 더구나 몇 가지 여론조
사에서는 1990년 이후 이 차이가 더욱 확대되고 있는 양상도 엿볼 수 있다.

미일 간에는 이 외에도 역사 인식의 차이가 있다. 예를 들어 도쿄 재판
(극동국제군사재판)에 관한 인식의 차이이다. 미국에서는 이를 '문명의 재판'으
로 파악하는 견해가 강한 반면, 일본에서는 '승자의 재판'으로 보는 경향이
강하다. 그렇지만 미국과 일본은 이렇듯 역사 인식에 큰 차이를 안고 있으
면서도 전쟁 종료 후 강고한 동맹 관계를 구축해왔다. 오바마의 히로시마
방문도 이 때문에 가능했을 것이다.

전후, 미국과 일본이 역사 인식의 차이를 안고 있으면서도 양호한 국가
관계를 구축해온 것을 자칫하면 간과하기 쉽다. 그렇지만 이와 같은 미일

관계의 역사는 중일, 한일 사이에서 역사 인식 문제가 심각해지고 있는 만큼 잊어서는 안 될 것이다. 역사 인식의 차이를 끌어안으면서 양호한 국가 간 관계를 구축하기 위한 암시가 여기에 있을 것이기 때문이다.

참고문헌

藤田怜史. 2012. 「アメリカ中等教育用歴史教科書における原爆投下決定の記述―1949年-2010年」. ≪明治大學人文科學研究所紀要≫, 第71卷.

麻田貞雄. 1997. 『原爆投下の衝撃と降伏の決定』. 細谷千博·入江昭 外 編. 『太平洋戰爭の終結―アジア·太平洋の戰後形成』. 柏書房.

西岡達裕. 2013. 「原爆投下·正義·道德―研究史と考察」. ≪國際學硏究≫, 第3號.

西島有厚. 1968. 『原爆はなぜ投下されたか―日本降伏をめぐる戰略と外交』. 靑木書店.

林村朗, ピーター·カズニック(乘松聡子 譯). 2010. 『廣島·長崎への原爆投下再考―日米の視點』. 法律文化社.

アルペロビッツ, ガー(鈴木俊彦 外 譯). 1995. 『原爆投下決斷の内幕―悲劇のヒロシマ·ナガサキ』. ほるぷ出版.

スウィーニー, チャールズ W.(黑田剛 譯). 2000. 『私はヒロシマ, ナガサキに原爆を投下した』. 原書房.

ハーウィット, マーティン(山岡淸二 外 譯). 1997. 『拒絶された原爆展―歷史のなかの「エノラ·ゲイ」』. みすず書房.

バーンスタイン, バートン(竹下興喜 監譯). 「檢證·原爆投下決定までの三百日」. ≪中央公論≫, 2月號. 1995.

リフトン, R. J. and G. ミッチェル(大塚隆 譯). 1995. 『アメリカの中のヒロシマ(下)』. 岩波書店.

Aleprovitz. Gar. 1965. *Atomic Diplomacy: Hiroshima and Potsdam*. Simon and Schuter.

Asada Sadao. 1997. "The Mushroom Cloud and National Psyches: Japanese and American Perceptions of the Atomic Bomb Decision, 1945~1995." in Laura Hein and Mark Selden(eds.). *Living th the Bomb: American and Japanese Cultural Conflicts in the Nuclear Age*. M. E. Sharpe.

Bernstein, Barton J. 1975. "Roosvelt, Truman and the Atomic Bomb, 1941-1945: A Reinterpretation." *Political Science Quarterly*, Vol.90, Issue.1.

_____. 1986. "A Postwar Myth: 500,000 U. S. Lives Saved." *Bulletin of the Atomic Scientists*, Vol.42, No.6.

_____. 1999. "Reconsidering Truman's Claim of 'Half a Million American Lives' Saved by the Atomic Bomb: The Construction and Deconstruction of a Myth." Journal of Strategic Studies, Vol.22, No.1

Miscamble, Wilson D. 2011. *The Most Controversial Decision: Truman, the Atomic Bombs, and the Defeat of Japan*. Cambridge University Press.

_____. 2016. "Obama, Truman and Hiroshima." The Wall Street Journal.

Moore, David W. "Majority Supports Use of Atomic Bomb on Japan in WWII." Gallup Com.

http://www.gallup.com/poll/17677/majority-supports-use-atomic-bomb-japan-wwii.aspx (검색일: 2016.9.29).

http://www.pewresearch.org/fact-tank/2015/08/04/70-years-after-hiroshima-opinions-have-shifted-on-use-of-atomic-bomb/ (검색일: 2016.9.29).

Stoke, Bruce. "70 Years after Hiroshima, Opinions Have Shifted on Use of Atomic Bomb." Pew Research Center.

Walker, J. Samuel. 1990. "The Decision to Use the Bomb: A Historiographical Update." Diplomatic History, Vol.14, No.1.

_____. 2005. "Recent Literature on Truman's Atomic Bomb Decision: A Search for Middle Ground." *Diplomatic History*, Vol.29, No.2.

7장

제2차 세계대전 후 일본의 아시아주의

다케우치 요시미를 중심으로

다키구치 쓰요시 瀧口剛 | 김은영 옮김

1. 머리말

이 장은 다케우치 요시미(竹内好, 1910~1977)를 중심으로 제2차 세계대전 후 일본의 아시아주의론을 고찰한 것이다. 과거(전통)를 돌아보면서 아시아와의 관계를 질문하는 사상인 아시아주의론은 전후 일본의 아시아에 관한 '역사 서사'의 중요한 한 단면이다.

1990년대 이후 일본에서는 아시아주의에 관한 논고가 급격히 증가했다. 예를 들어 논문 데이터베이스에서 '아시아주의'를 키워드로 넣어 논문 수를 조사해보면 1980년대에 26편이던 것이 1990년대 들어 63편, 2000년대에는 169편을 헤아린다. 다만 2010년 무렵을 경계로 그 수가 감소된다. 1990년대 이후 아시아주의에 관한 논고가 늘어난 현상은 냉전의 종언, 세계화에 따른 교류의 증대, 아시아 금융 위기, 동아시아공동체론 등장 등과 같은 시대 상황이 그 배경에 있었음이 틀림없다.

아시아주의에 관한 연구는 질적으로도 다양해지고 있다. 동아시아공동체와의 비교뿐 아니라 일본을 이외의 국가를 포함해 다양한 아시아주의자가 언급되고 있다. 또한 더 근본적으로 애초에 근대 이전부터 있었던 '아시아', '아시아 인식'을 규명하고, 인문학적인 오리엔탈리즘, 해체(deconstruction)의 방법을 활용해 아시아와 근대의 초극(超克)을 논하기도 한다. 아시아주의를 네트워크의 관점에서 재고하거나, 아시아주의와 '대동아전쟁'의 관계를 두터운 실증 연구로 논증하려는 시도도 등장했다. '일본'의 밖이라든가 비교의 관점이 도입된 것 또한 뚜렷한 특색이다. 전후 아시아지역주의 외교에 관한 연구도 풍부해지고 있다.

그런데 아시아의 정치·경제적 독립이 거의 완료된 시점에서 오히려 아시아주의를 돌아보게 된 사실은 역설적이라고 할 수 있다. 원래 아시아주의는 범(凡)아시아주의(pan-asianism)라고도 불리며 '구미 열강의 아시아 침략에 저항하기 위해 일본을 맹주로 한 아시아 민족들의 연대를 주창하는 사상'(酒井哲哉, 2005)이기 때문이다.

아시아주의는 시대와 함께 그 문제의식을 변화시켜왔다. 아시아주의는 시대 상황과 관련해 자신이 서 있는 위치를 확인하면서 논할 수 있는 대상이다. 그러나 이는 단순한 아시아 인식이라기보다도 자립적으로 관여하는 입장이기도 하다.

이 장은 다케우치 요시미의 아시아주의론을 주요 대상으로 삼아 냉전과 탈식민지화 시대의 아시아주의론을 전망한다. 다케우치의 아시아론은 전전과 전후를 매개하는 동시에 후대의 아시아주의론에 영향을 주었다는 점에서 중요하다.

2. 전후 일본과 아시아

1) 아시아의 내셔널리즘과 냉전

제2차 세계대전 후 아시아주의론의 출발점으로 탈식민지화를 향한 움직임과 '아시아의 내셔널리즘'을 들 수 있다. 전후에 냉전 상황이 고착되는 한편, 아시아·아프리카의 탈식민지화 움직임이 새롭게 가속화되고, 신흥 국가들이 독립해 자기 목소리를 내기 시작하면서 '아시아 내셔널리즘'으로 불렸다.

신흥 국가들이 국제정치계에 존재감을 드러낸 것은 1955년 열린 반둥 회의(아시아·아프리카 회의)를 통해서였다. 이 회의는 아흐메드 수카르노 인도네시아 대통령과 저우언라이(周恩來) 중국 총리, 나세르 이집트 총리 등 29개국이 참가해 이데올로기 대립을 넘어 평화공존을 목표로 하는 '반둥 10원칙'을 선언했다.

반둥 회의가 열렸을 때 민주당의 하토야마(鳩山) 정권은 이를 '아시아 복귀'의 기회라고 파악했다. 그러나 반공 진영의 일원이기를 요구하는 미국의 압력으로 딜레마에 직면했다. 그 결과 정치적 과제는 피하고 경제를 전면에 내세우게 되었다(宮城大藏, 2008).

그 후 일본 정부는 탈식민지화의 배경으로 개발 원조를 기축으로 하는 이른바 '아시아 지역주의 외교'를 시행했다(保城廣至, 2008). 특히 기시 노부스케(岸信介) 정권의 동남아시아 외교는 기시 총리 개인의 아시아주의적 성격이 명확하다. 기시는 안보 개정을 통해 미일 관계의 대등화를 목표로 했는데, 이는 반미가 아니라 대미 관계를 기축으로 하면서 동남아시아 각국과의 관계를 깊이 다지는 외교의 선구가 되었다. 한편 대중국 관계에서 일본 정권은 미국과 타이완에 대한 배려에 의거한 '정경 분리' 방침을 취했으며 특히 기시 정권 이후 일진일퇴를 반복했다.

이와 같은 일본 정부의 아시아 정책에 대해 다케우치는 대항하는 측에 있었다. 현대 중국의 문학자이지만 정치적 발언을 하는 지식인이기도 했던 다케우치는 기시 내각의 안보 개정에 반대해 대학을 사직하고 중일 국교 회복을 요구했다.

2) '민족적 사명감'과 전쟁책임론

(1) 민족적 사명감

일본에서는 패전 직후 저하되었던 아시아에 대한 관심이 서서히 높아져 갔다. 당시 일본의 논단은 아시아의 내셔널리즘에 기대를 걸고 있었다. 예를 들어 이이즈카 고지(飯塚浩二)의 『아시아의 내셔널리즘』(1960)은 아시아의 내셔널리즘이 유럽과 일본의 내셔널리즘과 달리 '국가적 이기주의에 신중함을 가르치는' 것이기도 하며, 국경을 넘어서는 것이 될 수도, 국제적인 것이 될 수도 있다고 매우 낙천적으로 논하고 있다.

'아시아의 내셔널리즘'과 일본의 관계에 관해 다케우치는, 양자의 결합을 말하려면 그 전제로 제2차 세계대전 이전 일본의 '민족적 사명감'과 팽창 정책의 관계를 검토할 필요가 있다고 주장하고 있다. 예를 들면 다케우치는 "지금 일본이 아시아의 내셔널리즘과 연결되어야 한다고 해도 과거의 민족적 사명감을 무시하고서 그 연결 통로를 발견할 수는 없을 것이다. 일본인의 민족적 사명감은 일본 제국주의의 팽창 정책과 떼려야 뗄 수 없는 것이었다. 그것을 어떻게 어디서 분리할 수 있을까? 만약 분리할 수 없다면 민족적 사명감은 충족되지 않는다"(「아시아에서의 진보와 반동」, 1957. 이하 특별히 언급이 없는 경우는 竹內好, 『日本とアジア』, 1993에 수록된 것이다)라고 했다.

다케우치에게는 민족적 전통에서 단절된 전후 근대주의의 비판자라는 측면이 있었다. 다른 한편 쇼와 전전기(昭和戰前期)의 '피로 물든 민족주의'의 역사가 전후에 망각되고 있음을 비판한 것처럼(「근대주의와 민족의 문제」, 1951, 전집 제7권), 다케우치가 자국의 내셔널리즘을 절대화하고 '국가주의'를 주장하려 한 것이 아님을 유의할 필요가 있다.

(2) 전쟁책임론

다케우치 요시미가 내세운 아시아주의론의 중요한 계기로 '대동아전쟁'의 이중적 성격에 관한 논의를 들 수 있다. 다케우치는 「근대의 극복」(1959)에서 '태평양전쟁'의 성격에 대해, 중국과의 관계로 보면 침략 전쟁이지만, 미국과의 관계에서 보면 제국주의끼리의 전쟁으로 보아 이중적 성격이 있다고 논했다. 이 전쟁에 이중적 성격을 부여하는 견해는 다케우치가 전시에 쓴 「대동아전쟁과 우리의 결의(선언)」(1942)에서 유래했다.

전쟁의 이중적 성격은 전쟁책임론으로 이어져 다케우치는 "침략 전쟁의 측면에서 보면 일본인에게 책임이 있으나, 제국주의 전쟁의 측면에서 보면 일본인만 일방적으로 책임을 질 수 없다"(「전쟁 책임에 대하여」, 1960)라고 했다. 그렇지만 다케우치가 말하는 전쟁책임론은 하야시 후사오(林房雄)의 '대동아전쟁 긍정론'과는 다르며, 전쟁을 (아시아와의 관계에서) 침략 전쟁이라고 단정하는 데 거리낌이 없었으나, 한편으로는 전쟁을 근대 일본의 '탈아'의 결과라고 보았다.

또한 다케우치의 전쟁책임론은 서구를 절대시하는 '문명일원론' 비판에도 영향을 미친다. 다케우치는 도쿄 재판에서 피고인 전원의 무죄를 주장한 팔(Pal) 판사 등을 제외하고 재판의 판결이 '문명일원론'에 의거했다면서 이를 아시아의 관점에서 재검토해야 한다고 보았다.

다케우치는 식민지주의 등에 의해 서양의 '문명'은 허위가 되어갔다고 판단했다. 현대 아시아의 독립운동은 더욱 폭넓은 '문명관'을 보여주어야만 한다. 오늘날 '고전적 문명관'의 순수한 후계자는 미국이며, "아메리카는 원리적으로 아시아와 대립하고 있다"고 했다. 다케야마 미치오(竹山道雄)로 대표되는 근대화론이 나타내고 있듯이 전후 일본은 서구화되었다고 여겨졌으나 그것은 허위의 문명이다. 그러므로 그와는 다른 가치 체계를 스스로의 힘으로 발견해 '아시아의 원리'로 펼쳐나가자고 주장했다(「일본과 아시아」, 1961).

다케우치의 아시아주의론은 이상의 문제의식 아래 근대 일본이 "주체적으로 아시아에 책임지는" 정신을 가지라고 요구한 것이다. 다케우치는 "일본인이 메이지 시대 이래의 전통을 되살려 주체적으로 아시아에 책임감을 가지게 된다면" 아시아 최대의 문제인 중일 관계를 정상화할 수 있을 것이라고 말했다(「일본인의 아시아관」).

3. 다케우치 요시미의 아시아주의론

다케우치 요시미의 아시아주의론을 대표하는 저작 『일본의 아시아주의』 (1963)는 다케우치가 엮은 『아시아주의』(筑摩書房, 원제는 '해설 아시아주의의 전망') 의 해설로 저술된 것이다. 다케우치가 스스로 취사선택한 자료집의 성격을 띠는 이 책은 '원형(原型)', '심정(心情)', '논리(論理)', '전생(轉生)'으로 구성되어 있으며, 다음 저자들의 자료를 사용했다.

① 원형: 오카쿠라 덴신(岡倉天心), 다루이 도키치(樽井藤吉).
② 심정: 미야자키 도텐(宮崎滔天), 히라야마 슈(平山周), 소마 곳코(相馬黑光), 후지모토 나오노리(藤本尙則).
③ 논리: 우치다 료헤이(內田良平), 오카와 슈메이(大川周明), 오자키 호쓰미(尾崎秀實).
④ 전생: 이이즈카 고지(飯塚浩二), 이시모다 타다시(石母田正), 홋타 요시에(堀田善衛).

다음 항에서는 자료 편에 입각해 본론(해설), 그리고 이와 관련된 다케우치의 아시아주의론을 소개한다.

1) 정의

(1) '경향성'으로서의 아시아주의

다케우치는 아시아주의의 정의(定義)에 대해, 그것은 독립적 사상이 아니라 "다른 사상에 의거해서 표현되는" "천차만별"이며, "객관적으로 한정할 수 있는 사상이 아닌 하나의 경향성"으로 존재하고, 동시에 "계보화할 수 없는 사상"이라고 했다.

이와 같은 다케우치의 정의는 아시아주의의 폭을 넓혀주었다. 일반적으로 근대 일본에서 아시아주의는 우익 및 국가주의 사상과 강하게 연결되어 있다. 그러나 아시아주의를 부수적인 경향성으로서만 파악할 수 있다고 본 다케우치는 그것이 국가주의와 우익에게만 부수되는 것으로 보지는 않았다. 예를 들어 민본주의자 요시노 사쿠조(吉野作造)나 마르크스주의자 오자키 호쓰미(尾崎秀實)를 언급하고, 나중에는 이시바시 단잔(石橋湛山)을 아시아주의자로 발견한다.

아시아주의를 '경향성'으로 존재하며 '계보화할 수 없는' 사상이라고 한 정의는 막연하고 인식하기 어려운 측면을 잘 표현한 것으로, 오늘날까지도 인용되고 있다. 아시아주의의 다양성을 전제로 한 논의나 아시아주의를 네트워크와 그때마다의 프로젝트로 인식하는 관점에서도 다케우치의 정의가 활용되고 있다(白石隆·カロライン, 2009).

(2) 아시아 국가들의 연대

한편 아시아주의의 아시아주의에 대한 그의 최소한의 적극적 정의는 "아무리 좁게 보아도 아시아 국가들과의 연대(침략을 수단으로 하는지 아닌지 불문하고)의 지향을 내포하고 있다는 점에서만은 공통점을 인정하지 않을 수 없다"

라고 한 데서 볼 수 있다.

이처럼 '침략을 수단으로 하는지 아닌지를 불문하고' 아시아 국가들과의 연대를 지향하는 사상을 아시아주의로 보는 정의는, 아시아에 대한 주체적 관여를 중시하는 다케우치가 전략적으로 사용한 것이다. 그러나 침략과 연대의 구분이 모호하다는 이유로 역사가들로부터 비판을 받았다. 이에 대해 다케우치는 자신의 출발점은 '연대와 침략의 이분법'의 타당성을 의심하고 양자의 '여러 유형의 조합'을 생각하는 데 있다고 답했다. 또한 인간은 동기와 수단을 명료히 구별하는 투명한 실체가 아니라 "유동적이며 상황에 따라서만 자타를 알 수 있는 존재"이며, 역사란 "가역적이고 분해 가능한 구축물"로 생각한다는 견해를 밝혔다(「학자의 책임에 대하여」, 『竹內好全集』, 8卷, 1996). 침략과 연대가 서로 떼려야 뗄 수 없이 연결되어 있는 것이 제2차 세계대전 전의 일본의 아시아주의였다.

(3) '탈아'로서의 대동아공영권

다케우치는 다른 한편으로 '대동아공영권' 시대에 많이 나타난 '자칭' 아시아주의는 '사상'이라는 이름에 걸맞지 않다고 보았다. 특히 히라노 요시타로(平野義太郎)의 『대아시아주의의 역사적 기초』(1945)를 통렬히 비판했다. 다케우치는 현양사(玄洋社)처럼 가령 침략적 측면이 있어도 "세상에 아부하지 않는" 사상을 아시아주의로 파악한다는 기준을 세우고 있었다. 이런 발상에서 정관계(政官界) 인사의 아시아주의자는 검토 대상으로 삼지 않았다.

애초에 다케우치는 '대동아공영권'을 아시아주의의 반대물로 인식하고 있었다. 그는 "대동아공영권을 아시아주의가 비아시아주의화된 극한으로 파악하고 싶다. …… 만약 그렇지 않으면 아시아주의는 단순한 과거의 유물이 되고 말 것이라서 너무나 건디기 어렵다. 그러나 이 논증은 매우 곤란하겠지"라고 집필 당시 공개 일기에 써놓았다(「轉形期」, 1963, 『竹內好全集』, 제16권).

2) 발생과 분기(1980년대)

(1) 발생의 기반

다케우치는 막부 말, 메이지 유신 시기에 해외 웅비(海外雄飛) 사상을 접촉한 시점에서 논의를 시작하고 있지만, 이를 아시아주의라고 하지 않는다. 그 후 초기 내셔널리즘이 중국에서 상대방의 내셔널리즘과 이용·원조의 복잡한 관계로 들어가는 국면을 아시아주의 발생의 기반으로 평가하고 있다. 예를 들어 해외 웅비를 목표로 했던 민권가 미야자키 도텐과 군사 첩보 활동에 종사한 아라오 세이(荒尾精)의 관계를 "침략주의자와 연대 의식의 미묘한 결합과 분리"라고 평하고 있는 것이다.

(2) 현양사, 흑룡회

다케우치는 조선 문제를 중심으로 하여 청일 관계가 긴장되는 1880년대를 아시아주의의 분기점이라고 보아 중시했다. 현양사(玄洋社)가 민권(民權)에서 국권(國權)으로 전향한 것, 오이 겐타로(大井憲太郎)의 「국내 개혁과 대외 진출이 연관된 사고방법」, 다루이 도키치의 『대동합방론(大同合邦論)』, 후쿠자와 유키치(福澤諭吉)의 「탈아론(脫亞論)」이 출현한 것을 그 예로 들었다.

현양사는 1881년에 히라오카 고타로(平岡浩太郎)를 사장으로 내세워 도야마 미쓰루(頭山滿) 등이 후쿠오카(福岡)에서 창립했다. 1880년대에 한반도를 둘러싸고 일본이 청나라와의 긴장 관계를 고조시키면서, 현양사는 민권에서 국권으로 방향을 돌렸다. 1901년에는 현양사의 중심인물 가운데 하나인 우치다 료헤이(內田良平)가 흑룡회(黑龍會)를 결성했다. 흑룡회는 청일전쟁의 한 요인이 되었던 동학당과 제휴하고 러일전쟁에 협력하는 데서 나아가 한일병합을 위한 숨은 활동 등을 했다. 다케우치는 이들의 '조선 농민과의 결합'을 사심 없는 '연대 의식'으로서 '일종의 아시아주의의 발현 형태'로 보았다.

연대와 침략의 두 요소를 모두 가지고 있던 현양사와 흑룡회는 일본이 제국주의화함에 따라 국권으로 방향을 틀어 침략적 요소를 증대시켜갔다.

(3) 대동합방론

1880년대에는 다루이 도키치의 『대동합방론(大同合邦論)』(1893)이 등장한다. 대동합방론의 주요 내용은 서양 열강에 대항하기 위해 일본과 조선의 대등한 합방을 주장하는 것이었는데, 이에 대해 다케우치는 "전무후무한 탁견"이라고 평하고 있다. 그러나 그것이 일방적인 한일병합으로 끝난 사실에 대해 다케우치는 "이 소박한 아시아주의자들은 대등한 합방이 냉혹한 일방적 병합으로 끝날 수밖에 없었던 역사적 사실에서 배움을 얻는 데 게을렀다는 역사적 책임을 면할 수 없을 것이다. 만약 역사에서 교훈을 얻는다면 '만주국' 건국은 조선의 독립과 상호 관련되어 있어야 했음을 깨닫는 것"이라고도 기록하고 있다.

(4) 탈아론

같은 상황에서 후쿠자와 유키치의 「탈아론(脫亞論)」(1885)이 등장한다. 조선의 개혁파 김옥균(金玉均)을 지원하다가 실패한 후 저술한 「탈아론」은, 문명 즉 가치의 이름으로 아시아연대론을 부정했다는 점에서 아시아주의에 대해서도 매우 중요했다. "후쿠자와의 가치와 대치되는 다른 가치가 없으면 아시아주의는 테제로서 확립되지 않기" 때문이었다. 이와 같은 아시아주의의 원리는 10년 후 오카쿠라 덴신, 미야자키 도텐 등이 등장할 때까지 기다려야 했다.

또한 다케우치는 나카에 조민(中江兆民)의 『삼취인경륜문답(三醉人經綸問答)』(1887)을 제2차 세계대전 후의 맥락에서 논한 홋타 요시에의 「일본의 지식인(日本の知識人)」을 언급하며 "아시아주의는 비(非)아시아주의화, 비아시아주의는 또한 아시아주의화된다"고 사상의 운명을 논했다. 이는 아시아주의가 비아시아주의로 변하는 계기가 상존함을 시사한 것이다.

3) 가치, 심정, 논리

(1) 오카쿠라 덴신

다케우치는 「탈아론」의 문명관에 대립하는 아시아주의를 제시한 인물
로 오카쿠라 덴신, 미야자키 도텐을 들고 있다.

다케우치는 오카쿠라 덴신의 「동양의 이상」(1903)을 '대동합방론'과 어
깨를 나란히 하는 또 하나의 '원형'으로 간주했다. 다케우치에 따르면 덴신
의 "아시아는 하나"라는 유명한 명제는 "오욕으로 가득 찬 아시아가 본성으
로 돌아가는 모습을 '이상(理想)'으로 하여 낭만적으로 그린" 것이었다. 미(美)
를 지상의 가치로 여겼던 덴신의 입장에서 본래 제국주의는 배척되어야 하
는 그 무엇이었다.

유럽, 미국뿐만 아니라 중국, 인도를 여러 차례 방문했던 덴신은 현실 속
아시아의 다양성 또한 충분히 인식하고 있었는데, "핵심에서 아시아는 유럽
과 다르고 이 다르다는 점에서 아시아는 하나이며 그 아시아적인 것을 발굴
하지 않고 문명의 허위를 구제할 수 없다"라고 했다. 별고(別稿) 「오카쿠라
덴신(岡倉天心)」(1962)에서도 아시아 국가들의 다양성에 관한 현실 인식에도
아시아가 하나여야 한다는 것은 '보편적 가치' 때문이라고 논하고 있다.

보편적인 가치로서 '미 = 정신 = 아시아'(「오카쿠라 덴신」)를 발견한 덴신에
대한 다케우치의 평가는 높다. 다양성에 입각한 이념적 아시아관은 다케우
치 자신의 관점과 통하는 데가 있었다. 현대의 연구는 덴신의 아시아론을
오카와 슈메이의 아시아론과 함께 "유럽산 오리엔탈리즘을 수용해 주체적
으로 재인식하려는 시도"라고 평가하고 있는데, 이는 다케우치의 물음을 출
발점으로 하고 있다(鹽出浩之, 2011).

그러나 한편으로 다케우치는 덴신이 제국주의 시대에는 통용되지 않는

다고도 했다. 이 점에 관해서 다케우치는 미의 사도로서 라빈드라나트 타고르(Rabindranath Tagore)와 덴신의 유사성을 지적한 후 "그러나 한쪽은 해방운동으로 연결되었지만, 다른 쪽은 민중을 발견할 수 없었다. 그리고 무참하게도 침략 사상의 오명을 뒤집어썼다"(「오카쿠라 덴신」)고 한 것을 상기할 필요가 있다. 다케우치는 덴신이 "민중을 발견할 수 없었던" 점에서 그 한계를 보았던 것이다.

(2) 미야자키 도텐

한편으로 다케우치는 아시아 연대의 '심정'도 계속적으로 존재했던 것을 중시하고 그 대표 격으로 쑨원의 중국혁명 운동을 지원하며 헌신적으로 활동했던 미야자키 도텐과 그의 저서 『33년의 꿈』(1902)을 들고 있다. 그 밖에 쑨원 지지자로서 미야자키 그룹의 야마다 요시마사(山田良政), 현양사의 창립자이자 동시에 신해혁명의 지원자였던 도야마 미쓰루, 인도 독립혁명가 라스 비하리 보스(Rash Behari Bose)를 지원했던 소마 아이조(相馬愛藏)와 소마 곳코(相馬黑光) 부부를 자료 편의 '심정'에서 다루고 있다.

(3) 심정과 논리의 분열: 기타 잇키와 오카와 슈메이

그 후 '가치'와 '심정'으로서 아시아주의가 분석되는데도 20세기 이후 "왜 아시아주의가 현양사 = 흑룡회적인 통로로 흘러 들어왔는가"라고 다케우치는 묻는다. 또 '제국주의 단계의 새로운 유형'의 아시아주의자로서 기타 잇키(北一輝)와 오카와 슈메이를 제시하고, "그들의 논리가 일방적으로 침략의 논리에 몸을 맡기고", "심정과 논리의 분열"을 초래한 것은 왜인가 질문을 던진다.

기타 잇키는 신해혁명 후 흑룡회의 일원으로 중국에 건너가서 쑹자오런(宋教仁)을 지원하며 반(反)쑨원파인 혁명파로 활동했으나 실패하고, 국내 개조운동으로 돌려 2·26 사건에 연좌되어 사형당했다. 반면 오카와는 다이쇼(大

正)기에 미쓰카와 가메타로(滿川龜太郎), 기타 잇키 등과 함께 국가주의 단체를 설립하고 군부 쿠데타 계획 사건인 3월 사건과 10월 사건에 관여했다. 패전 후 A급 전범 혐의로 체포되었으나 정신질환을 일으키자 소송이 취하되었다. 오카와 슈메이에 대해서는 회상을 포함한 두 편이 자료로 채택될 정도로 중시되고 있으나, 다케우치는 그에 대해 본격적으로 논하지 않았다.

4) 쇼와에서 메이지로의 회귀

(1) 오자키 호쓰미

다시 다케우치는 오자키 호쓰미는 예외로 하고, 다이쇼 후기부터 우익이 아시아주의를 독점하게 된 것은 어째서인가 묻는다.

오자키는 중일전쟁기에는 고노에 후미마로(近衛文麿)의 브레인 조직인 쇼와 연구회(昭和硏究會) 소속으로 미키 기요시(三木淸), 로야마 마사미치(蠟山政道) 등과 함께 동아협동체론(東亞協同體論)을 전개했다. 중국 문제 전문가로 명성이 높고, 조르게(Sorge) 사건에 연루되었던 오자키의 동아협동체론을, 다케우치는 좌익의 아시아주의 논리를 보여주는 예로서 들고 있다. 동아협동체론은 이후의 연구에서도 관심을 받았으며 '전시혁명(戰時革命)'의 시도라는 평가도 받게 되었다(石井外, 2010).

(2) 분기점: 우치다 료헤이와 고토쿠 슈스이

아시아주의가 침략주의로 변질된 원인에 대해 다케우치는 좌익의 민족주의 몰이해 때문이라고 보고, 아시아주의에서 좌익과 우익이 갈리는 지점을 추적해 다시 메이지 시기로 거슬러 올라가기 시작했다. 우익의 도야마 미쓰루와, 루소를 소개한 나카에 조민은 사이가 상당히 좋았다. 둘은 동아경륜(東亞徑輪) 면에서도 궤를 같이하는 측면이 있었다. 그런데도 도야마의 후계자 우치다 료헤이가 문명의 이름으로 러시아에 대한 주전론을 주장하고, 조민의 제자 고토쿠 슈스이(幸德秋水)의 비전론(非戰論)이 민족주의를 파악하는 데 취약했다는 점을 문제로 들고 있다.

아시아주의는 러일전쟁을 정당화하는 '문명'의 논리가 가진 허위성을 판가름할 법도 했다. 그렇지만 "아시아주의가 결국 입장을 확립하지 않고 침략주의의 통로로 흘러 들어간 갈림길"을 여기서 볼 수 있다.

(3) '영구혁명'과 사이고 다카모리

다케우치는 현양사론으로 돌아가 "초기 내셔널리즘과 팽창주의의 연결은 불가피했다. 만약 이를 거부했으면 애당초 일본의 근대화는 어림도 없었다. 문제는 그것이 인민의 자유의 확대로 어떻게 연계되는가라는 점이다"라고 말한다. 또 현양사가 국권으로 전환한 것을 언급하며, 내부 결함을 대외 진출로 덮으려는 패턴이 패전까지 이어졌는데, 이는 "인민의 나약함"에서 기인하며 "이런 유형이 성립되지 않는 계기를 역사상 발견할 수 있는가라는 점에 지금의 아시아주의가 지닌 최대의 문제"가 있다고 보았다.

마지막으로 다케우치는 정한론으로 하야한 사이고 다카모리(西郷隆盛)의 '이중성'을 살펴보면서 본론을 마치고 있다. 오카와 슈메이, 우치무라 간조(內村鑑三)를 인용하면서 사이고가 메이지 유신의 제2혁명을 수행하려고 했다는 것, 거기서 '영구혁명(永久革命)의 상징'으로서 사이고 문제를 "상관적이지 않고는 아시아주의를 정의하기 어렵다"고 했다. 그리고 이것이 스스로의 사상적 위치라고 선언하며 '해설'을 마치고 있다.

5) 오카와 슈메이라는 문제

(1) 민족주의와 아시아주의

1963년에 다케우치가 고민한 아시아주의론은 계보화할 수 없는 사상으로서의 아시아주의, 후쿠자와 유키치의 '탈아'와 한 쌍인 오카쿠라 덴신의

'아시아는 하나'라는 이념성, 아시아 연대의 심정 등, 이후에 등장한 아시아주의론의 씨앗이 된 고찰을 담고 있다.

한편 이해하기 어렵다고 생각되는 것은, 다케우치의 논의가 대동아 공영권 직전에서 되돌려져 '영구혁명'의 이미지를 찾아 메이지 초기로 거슬러 올라갔다는 점이다. 다케우치가 메이지 시기를 파고들었던 것은 아시아 연대의식이 훗날의 대아시아주의와는 달리 "약자의 강권에 대한 저항을 정당화하는 사상을 가진 것이며, 일본도 또한 약자의 일원이라는 의식이 있기 때문"(「아시아 속의 일본」, 1974, 전집 제5권)이었다고 여겨진다.

다른 한편으로 사이고 다카모리에게서 아시아의 '영구혁명' 이미지를 찾아내는 관점은 민족(주의)과 아시아(주의)를 대체로 등치시킨 발상에서 유래한다고 생각되나, 이해하기 쉬운 이론은 아니다.

(2) 연대와 침략

민족(주의)과 아시아(주의)가 크게 중첩된 것은 연대와 침략의 논리적 구별 문제와도 연관된다. 다케우치의 아시아주의론은 주체적으로 아시아에 책임지는 전통을 찾아내는 것을 계기로 하여 전개되었다. 다케우치는 전전의 일본에는 "주체적으로 생각하는 자세"가 있었다는 것이 중요하며, 침략은 "연대의 일그러진 표현이라는 측면"이 있고, 무관심보다는 오히려 건전하다고 말하고 있다(「일본인의 아시아관」, 1964).

그래도 아시아의 관점에서 일본의 침략을 판가름한다는 당초 다케우치의 문제의식이 모호해진 것이 사실이다. 이는 대동아전쟁을 (연아보다) 탈아를 우선하는 것으로 파악하고 민족주의와 아시아주의를 상당히 많이 중첩시켜 파악한 데서 유래했다(松本健一, 2000).

다만 몇 년 후 다케우치가 사사(師事)했던 오카와 슈메이를 뒤돌아볼 때 이 문제와 마주치게 된 것이 아닐까 생각된다. 다케우치는 오카와에게 중일전쟁을 비판하는 시각이 있었다고 시사해왔다.

(3) 오카와 슈메이론

다케우치는 강연 「오카와 슈메이의 아시아 연구」(1970, 전집 제8권)에서 처음으로 오카와 슈메이에 대해 본격적인 논의를 펼쳤다. 전시에 '이슬람연구소'에서 오카와와 만났던 과거를 회상하며 이야기를 시작한 다케우치는 결론적으로 오카와가 "일본형 파시스트의 한 전형"이기는 하지만, 이슬람학자로서 학문적 업적이 더욱 의미가 있으니 재평가되어야 한다고 말했다.

다케우치는 오카와의 아시아관을 다음과 같이 요약한다. 아시아는 본래 "내적 자유, 정신적 자유라는 귀중한 가치"를 낳았음에도, 그것을 외적인 사회생활에서 실현할 노력을 게을리했기 때문에 유럽에 패배했다. 그러므로 아시아는 "나태함을 각성하고 힘을 획득하는 길로 나아갈 필요가 있다"고 했다. 아시아의 특질은 내적·정신적 자유에 있고 그 실현을 위해 힘이 필요하다고 한 오카와의 논리는 오카쿠라 덴신으로부터 계승된 것이라고 다케우치는 지적하고 있다.

한편 오카와의 중국관은 "중국혁명의 기저에 흐르는 피압박 대중의 소망에는 눈길이 미치지 않는다"는 약점이 있었다. 오카와는 이상화된 중국, 즉 유교 윤리, 특히 성리학의 관점에서 연역적으로 현실을 비판하는 경향이 강했기 때문이라고 다케우치는 지적한다.

하지만 다케우치는 오카와가 무조건적으로 일본의 침략을 긍정한 것은 아니었다고 주장한다. 도의적 주체성을 확립하는 조건부로 일본의 주체성을 인정하고, 만주사변과 국가개조운동에 관여했다. 따라서 중일전쟁이 확대되자 오카와는 고민에 빠졌다. 중국의 민족 부흥과 일본의 도의적 주체는 한 몸일 터이기 때문이다. 오카와는 판단을 잘못했으나 논리적 일관성은 잃지 않았다. 다케우치는 오카와가 태평양전쟁 중 출세 길에 오르면서 사상가로서 창조성을 잃었다고 보았다.

다케우치의 문제 제기 이후 서서히 오카와 연구가 시작되었다. 여기에는 다케우치가 던진 물음의 영향이 엿보인다. 예를 들어 마쓰모토 겐이치(松

本健一)는 이슬람 문명을 주목하며 근대 내셔널리즘을 넘어서는 사상을 읽어
내고 있다(松本健一, 2004). 게다가 우스키 아키라(臼杵陽)는 다케우치의 문제
제기를 받아 일본의 이슬람 연구의 원류로서 오카와를 들고 있다(臼杵, 2010).

6) 아시아주의자 이시바시 단잔

다케우치는 대동아공영권을 완전히 비판할 수 있는 아시아주의자를 찾지
못하고 있었다. 그러던 1970년대 초엽에 아시아주의자 이시바시 단잔을 발견
한다. 다케우치는 21개조 요구를 비판한 이시바시의 언론 활동과 전후에 총
리로서 중일 관계 개선에 노력한 정치 활동에서 자유주의적 아시아주의자의
모습을 찾아내고, "자유주의자이자 아시아주의자, 그것은 내가 다년간 찾아
오다가 거의 포기했던 유형이다"라고 했다. 이시바시의 전집이 간행되자 다
케우치는 이시바시가 이 유형에 속하는 사상가임을 발견하고 놀랐다고 한다.

다케우치는 자유주의자에 대한 편견이 있었다고 고백하며, 중국의 내셔
널리즘을 이해하는 '자기 자신이 개방적인 내셔널리스트'를 이해하는 동시
대 일본인은 좌우를 불문하고 한 명도 없는 것은 아닌가 의심하고 있었다고
도 말한다(「내가 발견한 이시바시」, 1971, 전집 제8권).

다케우치의 이시바시 단잔론은 열린 내셔널리즘의 논리가 한 걸음 더
가까이 왔음을 보여주고 있다.

4. 아시아주의와 트랜스내셔널한 국제관계론

1) 국제 시스템으로서 아시아주의

다케우치가 말한 것처럼 역사가 "분해 가능한 구성물"이라면 분석 틀을

재편하려는 시도는 당연히 있을 수밖에 없다. 하쓰세 류헤이(初瀬龍平)는 다케우치가 군이 구분하지 않았던 연대의 아시아주의와 대아시아주의를 분리하고 서구 국가 체계의 이중성을 체현한 '탈아' 논리와 비교했다(初瀬龍平, 1982).

하쓰세에 따르면 서구 국가 시스템은 유럽 안에서는 평등한 국가주권 간의 관계를 상정하지만, 유럽 바깥에 대해서는 그 지역의 정치권력에 주권을 인정하지 않고 식민지나 세력권으로 만들었다. 제2차 세계대전 전 일본의 아시아 인식에서는 후쿠자와 유키치 등의 「탈아론」이 이러한 이중 잣대 시스템을 도입하려고 했다. 그에 반해 조선과 중국 등의 피억압 민족의 독립을 지지하고 그들을 국제 시스템의 주체로 삼으려 했던 것이 미야자키 도텐, 이시바시 단잔 등의 아시아연대론이다. 이에 대해 일본형 화이질서론의 입장에서 서구 국제 체계를 부정하려고 했던 것이 흑룡회 계열의 대아시아주의이다. 대동아공영권은 「탈아론」과 대아시아주의의 결합이다.

이러한 국제 시스템 분석으로는 연대와 침략이 확실히 구분된다. 시대 상황의 변화가 이 같은 분석을 낳은 요인 중 하나일 것이다.

2) 냉전 후기와 아시아의 용인

1960년대 후반 이후에는 종래 아시아주의론이 자리했던 배경과 달라진 국면이 뚜렷이 드러났다. 미야기 다이조(宮城大藏)는 아시아의 독립과 질서를 둘러싼 경쟁적 논리를 냉전의 논리(반공인가 아닌가), 혁명의 논리(혁명외교에서 '평화5원칙'으로), 탈식민지화의 논리(종주국의 영향을 둘러싸고), 개발의 논리(경제 개발과 성장)로 정리하고, '전환의 10년'(1965~1975)을 거치며 앞의 세 가지는 희박해졌다고 보았다(宮城大藏, 2008). 아시아는 '정치의 시대'에서 '경제의 시대'로 전환되었다.

시대 상황의 변화 속에서 아시아(주의) 연구는 새로운 단계로 접어들었다. 우에무라 기미오(上村希美雄)는 1980년대에 포스트 다케우치의 아시아주의를 전망한 논고 중에서, 분쟁의 현실과 경제성장에 의해 "시야에서 놓쳤던 아시아"가 나타난 한편으로, 1970년대부터 시작된 아시아 연구의 기운, 동남아시아학의 발흥 등 '풀뿌리 아시아주의'에서 새로운 방향성을 보고 있다. 또한 '최후의 아시아주의자' 다케우치의 아시아학을 그 변화의 가운데 자리에 올려놓았다(上村希美雄, 1986).

3) 트랜스내셔널한 국제관계로

1980년대는 근대 국가라는 틀에 의문부호가 제기되고 탈국가적 주체에 관심이 집중된 시기였다. 국가와 보편적 조직 사이에 있는 지역주의, 국가의 하위에 있는 지방자치제, 민간의 NGO가 국제관계의 행위자(actor)로 주목받게 되었다.

현실 세계에서도 전후에 유럽공동체가 서서히 형성되고 아시아에서도 아세안이 궤도에 오르기 시작했다. 아시아주의도 이와 같은 틀로 재인식하게 되었다. 예를 들어 미와 기미타다(三輪公忠)는 '탈민족적 탈국가적' 아시아주의를 일본의 근대적 내셔널리즘에서 유래한 아시아주의와 분리하고, 거기에서 '대동아공영권'의 침략과 해방의 양의성(兩義性)을 논했다(三輪公忠, 1986).

한편 전후 아시아주의에 관해서는 하쓰세가 1989년의 논문에서 다음과 같이 논했다. 전후 아시아 국가들이 독립하면서 전쟁 전 시기에 보였던 구미 열강을 전복시킨다는 계기는 사라졌지만, 아시아 민중이 연대하는 계기는 전후에 다시 생겨나 변형된 채 존속하고 있다. 첫째, 연대의 계기는 NGO 등을 통한 풀뿌리 '아시아 공생'의 사상과 행동이며 이는 국제인권을 존중하는 데 기초하고 있다. 둘째, 대아시아주의적인 요소도 잔존하고 있는데, 경제협력과 관련된 재계의 인식에서 전형적으로 드러난다. 하쓰세는 유행가

와 만화 등 대중문화 수준에서 '문화적 아시아주의'도 언급하고 있다(初瀬龍
下, 1989).

이처럼 1980년대에 이르러서 아시아주의론은 근대 국가 시스템의 상대
화라는 지적 조류나 경제 대국이 된 일본과 아시아의 관계를 비판하는 틀로
서 재조명되었다.

다케우치는 1960년대에 "나라라는 픽션", "일본에 단일한 나라가 있다
는 환상"(「전후를 어떻게 평가할까」, 1965, 『狀況的 一 竹內好対談集』 수록)을 말했다.
다케우치의 내셔널리즘론은 그것을 국가와 동일시하는 것이 아니었다. 아
시아주의론의 변용은 다케우치의 아시아주의론 속에서 이미 움트고 있었다
고 평가할 수 있을 것이다.

5. 맺음말

전후 시기 다케우치의 아시아주의론이 형성된 배경에는 냉전과 탈식
민지화, '이중적 성격'을 띤 전쟁을 겪은 일본의 존재 방식에 대한 물음이
있었다.

이를 배경으로 하여 그는 서구의 문화적 가치에 대한 동양의 되감기, 그
리고 그것을 변혁해 더 높은 보편에 이르는 '아시아'를 세운다. 이와 같은 다
케우치의 이념으로서의 '아시아'라는 방법은 「방법으로서의 아시아」(1961)에
서는 "서구적인 우월한 문화적 가치를 더 대규모로 실현하기 위해 서양을 한
번 더 동양으로 감싸 안고 거꾸로 서양 자신을 여기서부터 변혁하는, 이 문화
적인 되감기, 혹은 가치상의 되감기로 보편성을 만들어낸다. 동양의 힘이 서
양에 의해 새로 만들어진 가치를 더욱 높이기 위해 서양을 변혁한다 ……"라
고 표현되고 있다.

이는 변증법적 발상에 가깝다. "테제로서의 근대(주의)와 안티테제의 민

족(주의)으로부터 진테제(synthese)를 도출하는 방법"이 '아시아'라는 성격을 잠재적으로 가지고 있었다고도 할 수 있다(松本健一, 2005). 개별(내셔널리즘, 전통)과 보편(글로벌리즘, 근대 서양적 가치)에 대해 그것을 극복할 수 있는 지역질서(지역주의), 가치(문명)가 존재하는 것은 아닐까, 아시아주의에는 이러한 물음이 있다. 아시아주의는 그 자신의 과거·전통을 재정립하는 사상이고 운동이었다.

한편 다케우치는 아시아의 이념화를 비판하는 시각을 가지고 있었다. "민중을 발견하지 못한" 덴신과 "피압박 대중의 소망에는 눈길을 주지 않은" 오카와의 약점을 지적한 것은 다케우치의 중요한 시각이었다. 또한 "고뇌에 공감하는 자만이 상대를 이해할 수 있다고 하는 말은 메이지 시대 이래의 전통 속에도 존재했던 아시아주의의 심정과 일치한다. 우리가 그것을 새로운 형태로 부활시킬 수 있을까?"(「일본인의 아시아관」)라는 다케우치의 물음은 '공감'의 원리를 시사한다.

전전부터 전후까지 다케우치가 활동했던 시기와 현대는 크게 달라졌다. 그러나 '피로 물든 민족주의'에서 '열린 내셔널리즘'으로 관점을 이동시켰던 다케우치에게서 트랜스내셔널한 아시아 지역주의, 또 인터넷 사회의 '뿌리 없는 내셔널리즘'을 비판하는 관점을 전망하는 것도 가능하다(鶴見俊輔 外, 2007). 다케우치의 아시아주의론은 언제나 질문을 던지는 열린 텍스트로 존재하고 있다.

참고문헌

石井知章·米谷匡史·小林英夫 編. 2010. 『1930年代のアジア社會論 ―「東亞協同體」論を中心とする言説空間の諸相』. 社會評論社.

井上壽一. 2006. 『アジア主義を問いなおす』. 筑摩書房.

上村希美雄. 1986. 「戰後史のなかのアジア主義 ― 竹内好を中心に」. 『歷史學研究』, 561號.

臼杵陽. 2010. 『大川周明 ― イスラームと天皇のはざまで』. 青土社.

酒井哲哉. 2005. 「アジア主義」. 猪口孝 外 編. 『國際政治事典』. 弘文堂.

鹽出浩之. 2011. 『岡倉天心と大川周明 ―「アジア」を考えた知識人たち』. 山川出版社.

白石隆・ハウ・カロライン・S. 2009. 「「アジア主義」の呪縛をこえて ― 東アジア共同體再考」.
        ≪中央公論≫, 124卷 3號.

孫歌. 『アジアを語ることのジレンマ ― 知の共同空間を求めて』. 岩波書店.

竹内好 編. 1963. 『アジア主義』. 築摩書房.

竹内好. 1993. 『日本とアジア』. ちくま學藝文庫. 築摩書房.

_____. 1970. 『狀況的 ― 竹内好対談集』. 合同出版.

_____. 1980~1982. 『竹内好全集』 1~7卷. 築摩書房.

鶴見俊輔 外. 2007. 『無根のナショナリズムを越えて ― 竹内好を再考する』. 日本評論社.

中島嶽志. 2014. 『アジア主義 ― その先の近代へ』. 潮出版社.

初瀬龍平. 1982. 「アジア主義と國際システム ― 宮崎稻天の場合」. 安部博純 外 編. 『日本の近
        代化を問う』. 勁草書房.

_____. 1989. 「アジア主義の轉換 ― 現時點」. ≪神戶法學雜誌≫, 39卷 1號.

保城廣至. 2008. 『アジア地域主義外交の行方 ― 1952~1966』. 木鐸社.

松浦正孝. 2010. 『「大東亜戰爭」はなぜ起きたのか ― 汎アジア主義の政治經濟史』. 名古屋大學
        出版會.

松浦正孝 編著. 2013. 『アジア主義は何を語るのか ― 記憶・権力・價値』. ミネルヴァ書房.

松本健一. 2000. 『竹内好「日本のアジア主義」精讀』. 岩波現代文庫. 岩波書店.

_____. 2004. 『大川周明』. 岩波現代文庫. 岩波書店.

_____. 2005. 『竹内好論』. 岩波現代文庫. 岩波書店.

宮城大藏. 2008. 『「海洋國家」日本の戰後史』. ちくま新書. 築摩書房.

三輪公忠. 1986. 『日本・1945年の時點』. 東京大學出版會.

米谷匡史. 2006. 『アジア/日本』. 岩波書店.

Saaler, Sven and J. Victor Koschmann(eds.). 2007. *Pan-Asianism in Modern Japanese History:
        Colonialism and Borders*. Routledge.

Saaler, Sven and Christopher W. A. Szpilman(eds.). 2011. *Pan-Asianism: A Documentary
        History*, Vol. 1~2.

8장

'월경 아시아'와 지역 거버넌스*
동아시아에서 역사, 정치경제 발전의 새로운 분석

류훙 劉宏 | 윤현상 옮김

1. 머리말

21세기 들어 동아시아공동체에 관한 논의가 학계에서 주목받고 있다. 학계나 정계에서 동아시아 일체화에 관한 논의는 국민국가를 출발점으로, 이를 바탕으로 형성된 '방법론적 내셔널리즘(methodological nationalism)'에 의해 아시아 지역의 발전 과정이나 성과, 문제, 도전을 분석해왔다. 이런 종류의 사고방식은 아시아 역사에 관한 서술이나 지역 정체성 논쟁과 연구에도 영향을 미쳐왔다.

---

* 거버넌스는 신공공관리론(新公共管理論)에서 중요시되는 개념으로, 국가·정부의 통치기구인 '정부(government)'와 구별되는, 지역사회에서 국제사회에 이르기까지의 여러 공공 조직에 의한 행정 서비스 공급 체계의 복합적 기능에 중점을 두는 포괄적인 개념이다. 통치·지배라기보다는 경영의 뉘앙스가 강하며, 반관반민(半官半民)·비영리 등의 조직이 수행하는 공공 활동으로 파악할 수 있다. 행정학용어 표준화연구회, 『이해하기 쉽게 쓴 행정학용어사전』(새정보미디어, 2010). _옮긴이

이 장에서는 현재와 미래 아시아의 발전 동향이 아시아의 역사 서술이나 역사의식의 형성을 결정짓는다고 생각하지 않는다. 필자가 강조하고 싶은 것은, 국민국가가 아시아에 존재하고 발전한 것은 지난 1세기 동안의 현상이고, 그 이전에 오랫동안 존재해온 문화의 교류나 개념의 이동, 인구의 이동, 사회의 상호작용, 상업·무역 네트워크는 국민국가 시대에도 여전히 남아 계속되고 있을 뿐만 아니라 오히려 강화되었다는 점이다. 이런 종류의 비국가적 시각은 아시아의 역사 서술이나 지역 정체성 형성에 중요한 영향을 미치고 있다.

1970년대 중반부터 1990년대 중반까지 동아시아 경제의 신속한 발전은 다양한 분석 틀을 만들어냈고, 해당 지역 경제성장의 원동력과 모델도 이에 의거해 설명되어왔다. 동아시아 경제의 기적을 해석하는 데 가장 유행한 이론은 발전국가(developmental State: 발전지향형 국가) 이론이었고, 그 중심 내용에는 다음과 같은 것이 포함된다. 일본이나 동아시아의 신흥 공업국, 지역(NICs)의 정부는 '시장 친화 전략'을 세우고 실행하는 가운데 중요한 역할을 담당했고, 국가는 제도화 시스템을 통해 동아시아 경제의 기적을 창조했다. 또한 경제 기술관료(technocrat)는 정치적 영향에서 벗어나기 시작해, 우수하고 효율성이 높은 관료 시스템을 만들어내려 노력했고, '보이는 손'에 의해 시장에 관여해 국가 경제의 발전을 견인했다(Hawes and Liu, 1993: 629~660; Akira, 2008). 동시에 문화적 측면에서 동아시아 경제의 신속한 발전을 해석한 학자도 있다.

유가(儒家) 사상이나 그 밖의 동아시아의 문화적 가치관(예를 들어 근면하게 일하는 것이나, 규율, 교육, 가정을 중요하게 여기는 것 등은 중화문화권의 우수한 전통적 사상이다)은 경제의 신속한 발전과 성장을 촉진하고, 사회의 조화와 응집력을 보증하는 중요한 요소라고 그들은 생각하고 있다(Liu, 2012: 20~41).

세기가 바뀔 때 동아시아에는 중대한 변화가 발생했고 세계적 차원과 지역 차원에서 여러 가지 깊은 영향을 미쳤다. 우선 가장 중요한 변화로는 중국 경제가 급속히 성장하고, 중국이 글로벌 경제 및 지역경제에 융화해 일체화하는 추세이다(예를 들면 WTO나 동아시아 역내 경제 조직에 가입하는 것 등이다).

중국이 세계 제2의 경제 대국이 되었다는 사실은, 아시아 정치경제의 구조와 국제 관계의 구조를 근본에서부터 재형성하게 했다. 중국의 부상을 글로벌 거버넌스에 대한 도전으로 보는 학자도 있으며, 글로벌 거버넌스의 미래 전망은 중국과 서양 사회 이익의 동일성 혹은 차이성에 의해 결정될 것이라고 보는 학자도 있다(Gu, Humphrey and Messner, 2008: 274~292). 국제정치의 영역에서 중국이 갈수록 '자기주장이 강한(assertiveness)' 행동을 외교 석상에서 보임으로써 학계와 여론의 이목을 집중시키며, 우려를 자아내고 있다(Johnston, 2013: 7~48).

다음으로 중국의 대두와 경제 발전의 주기적 변화에 대한 반응으로서, 동아시아 각국은 제조업이나 무역, 은행 등의 부문을 포함한 국내 경제 시스템의 재편을 진행해왔다. 국제통화기금(IMF)의 최신 평가에 따르면, 중국 GDP의 성장률이 1포인트 내려갈 때마다 인도네시아 경제는 0.5포인트가 하락한다. 따라서 인도네시아가 국내 경제구조를 조정하는 것은 필연적인 흐름이다(Bland, 2013).

마지막으로 과거 10년은 세계화의 속도와 범위가 급속히 증가한 10년이었다. 교통과 기술의 비약적인 진보 덕분에 자본이나 인구, 이념의 월경과 이동이 크게 증가했다. 2010년에는 국제적인 이민의 수가 2억 1400만 명에 달했으며, 그중에서 아시아 출신의 이민은 2750만 명(43%가 아시아 지역 안에서 이동)이고, 세계 이민 총수의 13%를 차지한다(International Organization of Migration, 2010: 165~181).

이상의 변화는 1980년대 이래, 아시아 경제의 기적에 관한 이론의 분석 틀을 다시 파악하도록 촉구하고 있다. 종래 '아시아의 기적'에 관한 논의 중에서 중국은 전체적으로 비교적 주변 요소에 불과했다. 그 발전 모델은 발전국가론의 영향을 강하게 받고 있었지만, 독자적인 특징을 띠고 있었다. 21세기 들어 10여 년 동안에 세계화가 진전되고, 신자유주의 시장의 힘이

다시금 중시되면서, 발전국가론과 '문화론'은 새로운 도전에 직면했다. 과거 10여 년 동안 동아시아 정치경제의 발전에서 주요한 발전 모델은 무엇인가라는 질문에 답해야 한다. 이들의 발전은 동아시아 내부와의 관계에 어떠한 영향을 미치고 있는가? 역사나 사회·문화적 요소는 아시아 사회 내부의 상호작용과 미래에 어떻게 영향을 미칠 것인가? 어떠한 새로운 이론과 분석틀을 사용해 현대 동아시아의 발전과 그 동향을 이해할 수 있을 것인가?

이 장은 이상의 문제에 전면적으로 답할 수는 없지만, 다음 두 가지 점에 대해 논술해 이상의 문제를 생각하는 데 도움이 될 수 있는 논점을 제공할 것이다. 첫째, 지배적인 지위를 차지한 국민국가의 틀은 동아시아 지역의 정치경제 발전을 분석할 때 여전히 빼놓을 수 없는 요소이지만, 인구·실천·이념·자본 등의 국경을 넘는 이동을 일으키는 중대한 전환을 설명하기에는 충분하지 않다. 필자는 대체 가능한 선택지로서 지리·문화적 의미에서의 '월경 아시아(Trans-national Asia)' 개념을 제기해 국민국가적인 틀에 이끌린 주류 연구가 무시해온 빈틈을 채우고자 한다. 둘째, 전통적인 국가와 사회의 이분법 및 국가주의와 제도주의 사이에 존재하는 엄격한 이론적 구분을 초월함으로써 국경을 뛰어넘는 네트워크와 지역 거버넌스를, 이 분야들을 서로 연결하고 동아시아 정치경제의 발전을 설명하는 새로운 분석 도구로 삼는다. 국경을 초월하는 네트워크의 광범위함과 다차원의 상호작용에서, 발전국가는 네트워크화한 국가 모델과 공존하기 시작했고, 각종 협상 시스템을 통해 국민국가의 국내외 사무에 계속 영향을 미치고 있다.

2. '월경 아시아'와 그 역사적 기초

지난 10년, 동아시아의 정치경제 등의 영역에서 현저한 변화와, 지역 내에서의 국경을 뛰어넘는 다층적인 상호작용을 가속화하고 강화했던 것이,

상호 보완하면서 양호한 결과를 만들었다. 필자가 제기하는 '월경 아시아' 개념은 바로 이러한 시대 배경에서 형성되고 강화되었다(劉宏, 2013). 이 개념은 상호 연관된 세 가지 시각에서 이해할 수 있다. 우선 공간적 의미에서 보면 '월경 아시아'에는 지리적·문화적 의미에서의 유연성이 있고, 명확하기는 하지만 많은 문제를 지닌 동아시아와 동남아시아 지역을 포함하고 있다. 인위적으로 아시아를 다른 부분 영역으로 구분하는 것은, 장기간에 걸쳐 존재한 다원적 사회문화와 지정학적 배경에 있는 문화·사회·경제 관계를 무시해버리는 것이다. 근대 아시아 발전의 원동력을 좀 더 잘 이해하기 위해서는 이 교조주의적인 구분을 초월해야만 하고, 아시아의 부분 영역들에 저마다 존재하는 특징과 그 사이의 관계에도 주목해야 한다. 다음은 좀더 중요한 문제로 '월경 아시아'는 발전도상의 동적 과정이며 존재라는 것이다. 동아시아와 동남아시아 국가 간의 결합, 그리고 외부 세계와의 동적 결합을 통해 '월경 아시아'는 각국 내의 의제나 발전 전략을 (재)형성시킬 수 있다. 이 과정에서 국경을 초월한 조직이나 이념(사회경제의 성장 모델을 포함해)의 이동은 동아시아 발전의 경로에 중요한 영향을 끼치고, 또 서양의 근대성과는 다른 아시아 근대성을 형성시킨다. 결국 '월경 아시아'는 인구, 이념, 상품, 실천, 자본 등의 국경과 지역을 초월한 모든 이동에 관련된 분석 도구이자 연구 방법이다. '월경 아시아'에는 깊은 역사적·문화적 기초가 있고, 과거 20여 년 사이에 국민국가의 경계를 초월한 무역이나 이민의 급속한 증가에 따라 그 역사적·문화적 기초는 현저히 강해지고 있다. 이러한 역사와 경제의 상호작용의 변천과 다층적인 과정을 통해 근래에 '월경 아시아'의 제도화는 계속 강해지고 있으며, 해당 지역의 정치경제의 발전에 서서히 영향을 미치고 있다.

동아시아 지역 내부의 무역 및 문화 교류와 이민을 통해 만들어지기 시작한 광범한 관계는 서양 식민자들이 동남아시아에 발을 들여놓기 전 몇 세기, 또는 19세기 말에 일본이 지역의 강자로 출현하기 전까지 거슬러 올라갈 수 있다(Arrighi, 2003). 이들의 관계는 20세기 초에 재형성되었다. '아시아' 가 처음으로 하나의 지역 개념으로 창조되었을 때, 내셔널리즘은 '상상의 공동체' 형태로 출현해 '출판자본주의'의 경로를 통해 아시아 전체에 확산되 었다. 조핸 아너슨(Johann P. Arnason)은 다음과 같이 말한다. "장기적으로 보면, 이 지역(동남아시아)의 가장 돌출된 특징은 문명 사이의 충돌과 번잡한 지방의 분기(分岐)에 대응하지 않을 수 없다는 것이다. …… 동남아시아의 전통과 지배적인 외부의 모델 사이에는 적극적인 상호작용이 존재하고 있다. 이것은 매우 특색 있는 것으로, 외부로부터의 자극과 현지의 모델 형성 간의 극히 유연한 조합이며, 단순히 원주민의 기초 구조를 견지하고 있는 것은 아니다"(Arnason, 1997: 99~122). 로버트 헤프너(Robert Hefner)는 문화의 유동성, 문화를 초월한 자극과 말레이 제도를 초월한 복합적 공동체가 해양 동남아시아에 관한 유효한 분석 틀을 구성하고 있으며, "사회의 구성은 불변하는 것이 아니며, 전통적 실체와 그 이웃과의 사이를 분리하는 것은 불가능하다"라고 했다(Hefner, 2001: 1~58).

아시아의 근대성은 이념과 인구의 유동에 의해 형성되어왔다. 그리고 그 이념에는 월경하는 것과 지역 내부의 것이 있고, 양자가 모두 비교적 대규모이며 그에 걸맞은 힘을 갖고 있었다. 20세기 초반 중화문명은 서양으로부터의 침입이라는 전례 없는 도전에 직면했고, 그 위기는 캉유웨이(康有爲)로 대표되는 개혁파와 쑨원이 주도한 혁명파 사이에 충돌을 야기했다. 마찬가지로, 이때 동남아시아에도 잔혹한 제국주의와 내셔널리즘 운동이 범람하고 있었다. 이 민족운동들의 발전 전략은 비국가중심주의(non-state centric) 언설로 정리되어 통합되었고, 이 때문에 "급진적인 정치문화적 지역 개념' 으로서의 아시아가 형성되었다(Karl, 2002).

예를 들어 아시아주의 등의 개념 제기와 실천은 일본, 동남아시아, 중국 등의 지식인과 민족주의자를 서로 긴밀히 연결시켜 지리와 국가의 경계를 초월한 정치·문화 네트워크를 형성했다(Hau and Shiraishi, 2009: 3293~3288; 劉

宏·曹善玉, 2013: 294~317). 중국의 지식인은 일본을 통로로 서양에 관한 지식을 획득하고, 20세기 초반 서양의 사상이나 학술이 중국에 전파될 때도 일본을 가장 중요한 중계 지점으로 삼았다(Liu, 1995).

지역 내부와 국가를 뛰어넘는 연결에 대해 간단히 논술하는 것은 아시아 정치의 역사적 전통을 그와 관련된 문제 속에 묻어버리는 결과를 초래할 수 있다. 이는 아시아 연구의 주요한 틀을 재고하게 만든다. 전통적으로 이런 틀은 '방법론적 내셔널리즘'[1]에 주도되어, "그 방법론은 민족, 국가, 사회를 현대 세계가 원래 가진 사회적·정치적 형식으로 가정하고", "그 사상은 과거의 세기에 사회과학연구에 영향을 주었다"(Wimmer and Schiller, 2002: 301~334)고 한다. 예를 들어 중국의 역사학 연구는 긴 세월에 걸쳐 반제국주의 사상과 국민국가의 틀이라는 국가중심론에 속박되어왔다. 그러나 국민국가 연구의 틀이 갖는 한계는 이미 날이 갈수록 분명해지고 있으며, 국가를 초월한 아시아의 시각은 해당 지역의 역사와 현실을 인식할 때 더욱 중시될 수 있다. 통차이 위니차꿀(Thongchai Winichakul)은 다음과 같이 말한다. "낡은 국민국가 이론이 다루는 대상은 국민국가 건설이다. 왜냐하면 거기에는 국민국가의 발전 과정이 포함되어 있기 때문이다"(Winichakul, 2003: 3~29). 그러나 현재는 그 밖의 비국민국가성이나 국경을 초월한 이론이 만들어져 번성하고 있는 추세이다. 즉, 아시아의 근현대사에 관한 수정주의적 해석은 동아시아의 정치경제를 재형성하고, 과거 30년 동안 중국이 참여하고 있던 변동 과정의 이론적 기초가 되는 것이다.

---

1   방법론적 내셔널리즘은 국제 이주 연구에서 국민국가를 비교연구의 분석 단위로 채택하는 것을 의미한다. 안드레아스 위머(Andereas Wimmer)와 글릭 실러(Glick Schiller)를 비롯한 일련의 학자들은, 이렇듯 국가를 비교연구의 분석 단위로 채택하는 것은 국경을 넘나드는 국제 이주의 초국가적인 속성을 정확히 설명하기에 적합하지 않다고 본다. 이들은 연구의 분석 단위를 국민국가로 설정하는 것이 국제 이주 연구를 포함한 사회과학 전반에 만연해 있다고 보고 있다(이병하, 「국제이주 연구에 있어 정치학적 접근과 방법론적 쟁점」, ≪연구방법논총≫, 2-1(2017), 37~38쪽]. _옮긴이

3. 오늘날의 의제에 대한 성찰: 아시아 문제를 해결하는 아시아적 시각

냉전이라는 배경하에서 새롭게 독립한 많은 국가가 자신의 국민국가를 건설하기 시작하면서, 동아시아의 국경을 초월한 역사와 문화의 공통 유산이 더욱더 드러나게 되었다. 예를 들어 인도네시아와 중국 사이의 지속적인 상호작용은 지역 형성의 새로운 특성을 뚜렷이 보여주었고, 그 과정에서 중국은 탈식민시대의 동남아시아에 이중의 이미지를 환기시켰다. 1949년부터 1980년대 중반까지, (공산주의) 중국은 몇몇 동남아시아 국가들로부터 위협으로 간주되었다. 동남아시아 각국의 정부는 이 중국위협론이라는 관념의 도움을 받아 국내의 권위주의 정치체제와 화인(華人)에 대한 동화 정책을 강제할 정당성을 강화할 수 있었다. 비교적 소수의 관점에서 보면 중국은 근대성의 대표이고, 중국을 (진실로 혹은 상상으로) 사회변혁과 경제 발전의 모범으로 간주하고 있다. 이러한 견해는 동남아시아의 비공산주의 국가에서, 예를 들어 수카르노 시대[2]의 인도네시아에 존재했다.

서양 모델의 입헌민주 정체가 인도네시아에서 실패한 이유는 무엇일까? 이것은 예로부터 탈식민시대 인도네시아 정치 연구에서 풀기 어려운 문제였다. 그리고 '서양'은 연구 자료 중에 유일한 '타자'이자 참조 기준이 되었다. 이러한 연구 방법은 "동양과 서양의 학자 사이에 존재하는 기본적으로 약분(約分)할 수 없는 차이"를 이미 정해진 불변의 사실로 본다(Philpott, 2000:

---

[2] 수카르노 시대는 1949년부터 1965년까지를 일컫는다. 수카르노는 인도네시아의 정치가로, 1927년 인도네시아 국민당을 조직해 민족독립운동에 참여했으며, 헤이그 협정(1949) 성립 이후 초대 대통령이 되었다. 1963년에는 국민협의회에 의해 종신 국가원수로 지명되었다. 중립주의 정치가로서 아시아, 아프리카 국가의 기대를 모았으나, 시간이 지날수록 친중국적인 경향을 보였다. 1965년 군부 쿠데타가 일어난 이후 실권이 약화되었고, 1966년 종신 국가원수 자격이 박탈되었다. _옮긴이

3~4). 슈무엘 아이젠슈타트(Shmuel Noah Eisenstadt)은 다음과 같이 명확히 지적했다. "근대성과 서양화를 동등하게 묶을 수는 없다. 설령 그들에게 역사적 강점이 있고 다른 모델의 기준점이 될 수 있다고 해도, 서양 모델의 근대성이 하나뿐인 '진정한' 근대성은 아니다"(Eisenstadt, 2000: 1~29). 그는 '다중근대성' 이념의 중시는 일원적 근대화 이론의 부정이라고 하면서, "균질화와 근대성의 서양 모델을 우위로 보는 가정"은 현실적이지 않다고 했다.

수카르노 시대(1949~1965)에 인도네시아의 많은 정치가나 지식인들은 다른 나라의 발전 모델에서 영감을 얻고자 했고, 중국이 그들의 특별한 선택 대상으로 되었다. 그들은 신중국에 관한 세 가지 주요한 이미지를 형성해 전파시켰다. 그것은 목표가 명확한 조화로운 사회, 경제 발전의 성공과 민중의 지지를 얻은 포퓰리즘 = 내셔널리즘 사회, 문화와 지식이 부흥한 새로운 사회였다. 인도네시아에서 보면 중국의 매력은 중국이 제창한 공산주의 이데올로기가 아니라 비교적 짧은 시기에 아주 큰 성공을 이룬 발전 모델에 있었다. 이 때문에 수카르노 대통령은 중국이 "아시아 문제를 해결할 아시아적 시각"의 모범이라고 확신한 것이다. 20세기 초기의 문화와 관념의 교류에 대한 역사 기억이 환기되었고, 그 위에 이미 검증된 중국의 발전 모델에 대한 인식도 함께 이용되었다. 중국의 사회, 정치, 문화의 발전 모델의 체계적 결합은 수카르노 시대 말기 인도네시아의 역사 과정에 깊은 영향을 미쳤다(Liu, 2011).

중국과 인도네시아의 우호·협력 관계는 수하르토 시대(1967~1998)[3]에 중단되었지만, 양국 관계는 수하르토가 하야한 후에 급속히 회복되었다. 1999년

---

3 하지 수하르토(Haji Muhammad Soeharto)는 1965년 쿠데타 당시 국방장관 나수리온과 협력해 반란군을 격파하는 데 일조했다. 1966년 수카르노에게서 치안 대권을 위임받고, 1967~1968년 대통령 권한대행을 거쳐 1968년 제2대 대통령에 선출되었다. 외교 면에서 수카르노 시대의 반제국주의·비동맹 노선에서 선회해 미국 등 서방 여러 나라와 밀착된 관계를 유지했다(두피디아 참조). _옮긴이

중국을 공식 방문했을 때, 압둘라흐만 와히드(Abdurrahman Wahid) 대통령은 중국의 지도자에게 양국 간의 관계는 '형제'와 같으며 인도네시아 인민은 중국이라는 '유교 형제(儒教兄弟)'가 있다는 것을 기쁘게 생각한다고 말했다. 또한 신시대의 인도네시아는 아시아의 이웃 국가, 특히 중국과 우호적이고 긴밀한 관계를 형성할 것을 명확히 표명했다(New York Times, 1999.10.24). 자와 포스 그룹(Jawa Pos Group)의 최고 경영자 아흐마드 달란(Ahmad Dahlan)은 자신의 저서 『중국의 경험(Pelajaran dari Tiongkok)』(2008)에서 인도네시아는 중국의 발전 모델을 배우라고 강조했다. 베트남에서는 중국 작가의 소설 번역본이 외국 문학 작품의 절반을 차지하며, 다음 세대의 정책 결정자는 이런 종류의 안정적인 경제 개방과 적절한 정치 통제를 강조하는 '중국 모델'을 이미 받아들이고 있다. 라오스에서도 "중국은 근대성의 대표로 더욱 간주되었다"(Kurlantzick, 2007: 133~134)고 한다.

'월경 아시아'는 갈수록 강해지는 문화나 이념의 유동 과정에서 서서히 나타나고 있을 뿐만 아니라, 더욱 중요한 것은 20년 동안 경제의 결합과 인구 이동의 급속한 증대를 촉진한 사실이 증명하듯이, 중국이 그 가운데서 주도적인 역할을 담당하고 있다는 것이다. 스기하라 가오루(杉原薫)에 따르면 중국이 국제경제구조에 녹아드는 모델은 서서히 "아시아 역내 무역, 이민, 자본의 유동과 (해외) 송금의 증가 속에서 형성되고 있고, 이는 서양과의 직접적인 접촉으로 형성된 경우와 동일한 규모이다"라고 한다(Kaoru, 2005). 아시아의 내부 무역과 경제 활동의 급격한 성장은 동아시아 전체 무역액의 절반 이상을 차지하고 있어, 1970년대 말에 수출입 총액이 20%였다는 것과 비교하면 크게 증가한 것이다(Das, 2009: 321~338). 2013년 초에, 중국은 아세안의 첫 번째 무역 파트너가 되었고, 아세안은 중국의 세 번째 무역 파트너가 되었다. 동아시아공동체 구상이 발전하는 가운데 '치앙마이 이니셔티브'4를 대표로 하는 통화지역주의의 발전과 역내 자유무역지구의 확산에 의해 경제지역주의는 이 지역에서 날이 갈수록 중요한 협력 방식이 되고 있다

(Shujiro, 2008). 아시아개발은행연구소 소장 가와이 마사히로(河合正弘)는 "아시아 각국 사이의 경제적 유대는 점점 강해지고 있다. 달러의 지위는 약해지고 있으며 유로도 반드시 (그것을) 인수할 능력이 있다고는 할 수 없다. 현재 아시아에서 안정적인 통화권을 형성할 필요가 있다"라고 지적했다(International Herald Tribune, 2008.12.29).

결국 세기가 바뀔 때 발전과 실천이 증명하듯이 '월경 아시아'의 형성은, 장기간에 걸쳐 동아시아와 동남아시아 각국과 민중에게 존재해왔던 국경을 넘어 상호작용 하는 귀중한 역사 자원과 문화 자본의 흡수에 유익하고, 인구·자본·상품·이념의 이동은 이미 제도화와 다자간 시스템을 추진하는 가운데 분명히 강화되고 있다. 구조적으로 제도화된 월경 아시아 모델은 과거 10년 사이에 형성되어, '10+3'과 같은 정부 간의 협력 시스템이나 보아오 아시아 포럼(Boao Forum For Asia)5과 같은 비정부 협력 기구가 창설되면서 서서히 강화되고 있다. 이와 같은 '월경 아시아'의 비공식적 차원은 인류가 문화·교육·경제 등의 경쟁적인 영역에서 지속적으로 이동하면서 더 분명해지고 있다. 경제성장의 엔진, 인구 이동의 원천과 국경을 넘은 제도화의 틀(예를 들어 '10+1'이나 중국과 ASEAN의 자유무역지구)에서 중심적인 행위자인 중국은 새로운 지역 형성에 핵심적인 역할을 하고 있다. 그렇지만 중국이 '월경 아시아'의 형성 과정에서 획득한 중심적인 지위 역시 (조직적인 것을 포함한) 미국 주도의 거대한 저항에 직면했다. 중국과 아시아의 인접 국가 사이에 있는 영토·영해 분쟁도 형성 중이던 지역 질서에 얼마간 부정적인 영향을 주었다. 따라서 '월경 아시아'는 불안정하고 잠재적 충돌 가능성을 지닌 지역

---

4 치앙마이 이니셔티브는 한·중·일과 동남아국가연합(ASEAN)이 외환위기 발생을 예방하기 위해 2000년 5월 체결한 역내 자금 지원 제도이다(두피디아 참조). _옮긴이

5 보아오 아시아 포럼은 아시아 국가들의 협력과 교류를 통한 경제 발전을 목적으로 창설된 비정부·비영리 민간기구로, 1998년 제안되어 2002년 제1차 연차총회가 열렸다(두피디아 참조). _옮긴이

구조와 병존하고 있다. 동아시아 정치경제의 새로운 발전이라는 측면에서 본다면, 국경을 넘은 새로운 구조는 결과이기도 하고 원동력이기도 하다. 그들이 지역 변동에 미치는 복합적 영향과 깊은 의의를 충분히 관찰해야만 한다.

4. 맺음말

이상의 분석을 통해 본문에서는 다음과 같은 세 가지 초보적인 결론을 얻었다.

첫째, 동아시아의 정치경제에 관한 기존의 분석 패러다임은 여전히 국민국가의 틀에 지배를 받고 있다. 동아시아의 인구, 자본, 실천과 이념이 지역을 넘어 이동하는 움직임이 날로 강해질수록, 우리는 새로운 분석 도구를 도입해 변화하는 지리·사회·정치적 상황을 좀 더 자세히 읽고 해석할 필요가 있다. 하나의 지역이 발전하는 과정으로서, 그리고 분석 도구의 일종으로서 '월경 아시아' 개념은 종래 밀접했던 지역의 상호작용 속에서 대량의 역사와 문화 자본을 흡수했다. 중국이 부상한 원동력이나 발전 모델, 중국과 주변 국가의 사회·문화·경제의 상호작용, 국경을 넘어 이동하는 비정부 기구나 정부 기구의 형성 또는 그 유지에 상관없이 '월경 아시아'는 대체 가능한 선택이 될 것이며, 과거 20여 년간 동아시아에서 발생한 심층적 수준의 전환을 좀 더 자세히 해독하는 데 도움을 줄 수 있다.

둘째, '월경 아시아'의 틀에서 사회·정치·경제적 전환의 복잡성과 다양성 및 다차원성을 더 깊이 이해하기 위해, 전통적인 국가와 사회의 이분법을 넘어 새로운 분석 방법을 도입해야만 한다. 수직적으로 형성된 하향식의 권위적 국가 시스템을 수평 방향으로 넓혀, 월경하는 네트워크의 넓은 궤도 위에 놓아야 하고, 공공 영역과 사적 영역이 종횡으로 뒤섞여야 한다. 이 과정에서 집정(執政)의 다양한 상호작용으로 실현되는 거버넌스는, 중요한 개념적 틀과 구체적 실천의 결과로 나타난 것이라 할 수 있다. 또한 네트워크와 거버넌스는 변화하는 시장 시스템이나 감독 제도와 동일한 위치에 있다. 국내의 정치경제구조가 이와 같은 새로운 국가·사회·시장과 네트워크가 관련된 월경 모델에 어떻게 반응하는가(그리고 어떻게 영향을 받는가)에 대해 우리는 좀 더 많은 실증 연구를 진행해야 한다.

셋째로, 국가와 그 재구축은 여전히 '월경 아시아'의 발전 과정에서 중요한 관련을 맺고 있다. 1997년과 2008년에 일어난 두 차례의 금융위기와 그 해결 방법에서 분명히 드러났듯이, 유의미한 모든 거시적 경제정책에서 본다면 국가는 필요불가결한 역할을 하고 있다. 그러나 국가 자체의 성격과 특징은 변화하고 있으며(어쩌면 '네트워크화한 국가'라고 정의할 수도 있을지 모르겠다), 다음의 두 가지 중요한 측면은 1970~1980년대에 강력히 발전한 발전국가와는 다르다. 하나는 발전국가의 '시장 친화 전략'과 개입주의적 정책의 기본적 특징으로서, 경제 기술관료가 정치적 영향으로부터 벗어나 우수하고 효율성 높은 관료 시스템과 정보를 공유하는 공적·사적인 자문을 담당하는 것이다. 그러나 '네트워크화한 국가'는 정책이 초래하는 인센티브를 통해 시장과 경제에 영향을 줄 뿐만 아니라 글로벌한 생산이나 지식 및 종족(에스닉 그룹) 네트워크와 접촉하고, 경제 부문에도 직접 관여하는 중요한 경로가 된다. 다른 하나는 만약 내셔널리즘의 전통적인 틀에서 발전국가가 국민국가 내부의 행동 기준을 제공한다면, 세계화 과정에서 중요한 주체인 네트워크화한 국가는 더욱 많은 월경적 성질과 특징을 갖는다는 점이다. 따라서 월경하는 민간 사회 및 상향식 시스템과 그 프로세스는 날이 갈수록 중요해진다(劉宏·廖赤陽, 2006: 346~373: Liu and Dongen, 2016).

참고문헌

Akira, Suehiro. 2008. *Catch-Up Industrialization: The Trajectory and Prospects of East Asian Economies*. Singapore: National University of Singapore Press.

Arnason, Johann P. 1997. "The Southeast Asian Labyrinth: Historical and Comparative Perspectives." *Thesis Eleven*, Vol.50.

Arrighi, Giovanni, Takeshi Hamashita and Mark Selden(eds.). 2003. *The Resurgence of East Asia: 500, 150 and 50 Year Perspectives*. London: Routledge.

Bland, Ben. 2013.8.3. "Indonesia Forced to Readjust as China Boom Slows." *Financial Times*.

Das, Dilip K. 2009. "A Chinese Renaissance in an Unremittingly Integrating Asian Economy." *Journal of Contemporary China*, Vol.18, No.59.

Eisenstadt, S. N. 2000. "Multiple Modernities." *Daedalus*, Vol.129.

Gu, Jing, John Humphrey and Dirk Messner. 2008. "Global Governance and Developing Countries: The Implications of the Rise of China." *World Development*, Vol.36, No.2.

Hau, Caroline and Takashi Shiraishi. 2009. "Daydreaming about Rizal and Tetcho: On Asianism as Network and Fantasy." *Philippine Studies*. Vol.57, No.3.

Hawes, Gary and Hong Liu. 1993. "Explaining the Dynamics of the Southeast Asian Political Economy: State, Society and the Search for Economic Growth." *World Politics*, Vol.45, No.4.

Hefner, Robert. "Introduction: Multiculturalism and Citizenship in Malaysia, Singapore, and Indonesia." in idem.(ed.). 2001. *The Politics of Multiculturalism: Pluralism and Citizenship in Malaysia, Singapore, and Indonesia*. Honolulu: University of Hawaii Press.

International Organization of Migration. 2010. *World Migration Report 2010 — The Future of Migration: Building Capacities for Change*. Geneva: IOM.

Iskan, Dahlan. 2008. *Pelajaran dari Tiongkok*(Teachings from China). Surabaya: JP Books.

Johnston, Alastair Iain. 2013. "How New and Assertive Is China's New Assertiveness?" *International Security*, Vol.37, No.4.

Kaoru, Sugihara. "An Introduction," in idem.(ed.). 2005. *Japan, China, and the Growth of the Asian International Economy, 1850-1949*. Oxford: Oxford University Press.

Karl, Rebecca. 2002. *Staging the World: Chinese Nationalism at the turn of the Twentieth Century*.

Durham: Duke University Press.

Kurlantzick, Joshua. 2007. *Charm Offensive: How China's Soft Power Is Transforming the World*. New Haven: Yale University Press.

Liu, Hong. 2011. *China and the Shaping of Indonesia, 1959-1965*. Singapore and Kyoto: National University of Singapore Press and Kyoto University Press.

_____. 2012. "Beyond a Revisionist Turn: Networks, State, and the Changing Dynamics of Diasporic Chinese Entrepreneurship." *China: An International Journal*, Vol.10, No.3.

Liu, Hong and Els Van Dongen. 2016. "China's Diaspora Policies as a New Mode of Transnational Governance." *Journal of Contemporary China*, Vol.25, No.102, pp.805~821.

Liu, Lydia H. 1995. *Translingual Practice: Literature, National Culture, and Translated Modernity, China, 1900-1937*. Stanford: Stanford University Press.

Philpott, Simon. 2000. *Rethinking Indonesia: Postcolonial Theory, Authoritarianism and Identity*. New York: St. Martin's Press.

Shujiro, Urata. 2008. "The Emergence and Proliferation of FTAs in East Asia." in Abe Shigeyuki and Bhanupong Nidhipraba(ed.). *East Asian Economies and New Regionalism*. Kyoto: Kyoto University Press.

Wimmer, Andreas and Nina Glick Schiller. 2002. "Methodological Nationalism and Beyond: Nation-state Building, Migration and the Social Sciences." *Global Networks: A Journal of Transnational Affairs*, Vol.2, No.4.

Winichakul, Thongchai. 2003. "Writing at the Interstices: Southeast Asian Historians and Postnational Histories in Southeast Asia." in Abu Talib Ahmad and Tan Liok Ee(ed.). *New Terrains in Southeast Asian History*. Athens: Ohio University Press.

劉宏. 2013. 『跨界亞洲的理念與實踐 ― 中國模式, 華人網絡, 國際關係』. 南京大學出版社.

劉宏·曹善玉. 2013. 「近代中國の南洋觀と越境するアジア像 ― ≪南洋群島商業研究會雜誌≫を中心に」. 松浦正孝 編著. 『アジア主義は何を語るのか ― 記憶·權力·價値』. ミネルヴァ書房.

劉宏·廖赤陽. 2006. 「ネットワーク, アイデンティティと華人研究 ― 20世紀の東アジア地域秩序を再檢討する」. ≪東南アジア研究≫, 第43卷, 第4期.

3부

역사 문제에 대한
한국, 타이완, 중국의 인식

9장

자국사의 제국성을 묻는다

한·중·일 3국의 동아시아 지역사 비교

유용태

1. 머리말

동아시아에서 익숙한 '1일3성(一日三省)'과 '이사위감(以史爲鑑)'이라는 말은 자기성찰이 얼마나 중요하고 어려운 일인지 잘 말해준다. 1일3성은 하루에 세 번 자신을 돌아본다는 뜻이고, 이사위감은 역사를 거울로 삼아 자신을 비춰본다는 뜻이다. 어느 국가에서나 자국사를 인식하고 서술할 때 자성사관과 자만사관이 대립하는 것도 그 때문일 것이다. 자만사관(自慢史觀)은 자국사를 자기민족의 시각에서 성공담을 구성하기 위해 이면의 이야기를 축소하거나 은폐하려는 경향을 보인다. 그래서 일국의 자만사관은 국경을 넘는 순간 이웃 나라에서 통용되기 어렵다.

동아시아 근대사 속의 '식민 지배와 침략'을 어떻게 인식할 것인지의 문제는 지난 70년간 지속되어온 한국, 중국, 일본 3국의 현안이다. 이에 대한 일본인의 역사 인식은 '전후(戰後) 역사학'의 성과 위에서 꾸준히 개선되어왔다. 그러나 최근, 어렵게 이룩한 자성사관의 성취를 부정하는 자만사관이 증대하고 있는데, 이는 1990년대 후반부터 강화된 우경화 추세를 반영한다 (정재정, 2014: 8, 261~263). 그 와중에 한 일본인 학자가 '현대 일본의 역사학과 우리의 관점'을 말하면서 "식민 지배를 받는 쪽 사람들"과의 "긴장 관계를 자각하는 것"과 "당하는 측", "당한 쪽의 관점을 의식하는 것"이 필요하다고 환기한 것은 그래서 더욱 의미 있게 다가온다(君島和彦 編, 2014: 1~2).

이 글은 '동아시아 지역사회에 통용되는' 역사 인식과 '역사 서사'를 얻기 위한 노력의 일환이다. 이에, 가장 큰 걸림돌로 보이는 자국사의 제국성과 어떻게 마주할 것인지에 초점을 맞춰 그 하나의 방법으로 최근 한국, 중국, 일본 3국에서 출간된 동아시아 지역사를 비교·분석하고자 한다. 타국의 제국성에 대한 비판보다 자국의 제국성에 대한 성찰이야말로 지역사의 성패를 가르는 관건이라고 보기 때문이다. 제국성(empireness)이란 제국(empire)을 형성하고 유지·확장하려는 성향과 그로 인해 나타나는 객관적 형상을 지칭한다. 이 경우 제국은 전통적 제국과 근대적 제국을 모두 포괄한다.

여기서 검토할 동아시아 지역사란 2000년대 들어와 한국, 중국, 일본 3국에서 간행된 동아시아사 저작을 말한다. 여기에는 각국 필자에 의해 집필된 일국판(一國版)과 3국 필자에 의해 집필된 공동판이 있다. 자국사의 자국중심주의적 인식 체계를 얼마만큼 상대화했는지를 가늠하기 위해 제국성이 좀 더 잘 드러났을 것으로 보이는 일국판의 자국사 인식을 검토할 것이다. 특히 일본판 동아시아사가 자국의 제국성을 어떻게 인식하고 있는지에 초점을 맞춰 살펴보고자 한다. 이를 통해 이웃 나라에 대한 침략과 가해로 나타날 수밖에 없는 팽창 지향의 제국성을 영광스러운 국가의 위신으로 여겨 널리 드러내는 자만사관을 직시하고, 소통을 위한 성찰적 시각을 마련하도록 촉진하는 계기로 삼고자 한다.

2. 동아시아 지역사의 출간 경위와 현황

최근 몇 년 사이 한국, 중국, 일본 세 나라에서는 각 나라의 필자들이 집
필한 동아시아사가 잇달아 출간되었다.『동아사: 선사시대부터 20세기 말
까지(東亞史: 從史前至20世紀末)』[楊軍·張乃和 主編, 長春出版社, 2006(동북아역사재단 옮
김, 내부 자료, 2007)],『성인을 위한 근현대사: 19세기 편(大人のための近現代史: 19世
紀編)』[三谷博·並木賴壽·月脚達彦 編, 東京大學出版會, 2009(강진아 옮김,『다시 보는 동아시
아 근대사』, 까치, 2011)],『함께 읽는 동아시아 근현대사』 1·2(유용태·박진우·박태
균, 창비, 2010~2011)가 그것이다. 편의상 이 책들을 '장춘판', '동대판', '창비판'
으로 부르고, 일국판으로 통칭하겠다. 중국과 한국에서는 장춘판과 창비판
이 각각 그 나라에서 출간된 최초의 동아시아사이지만, 일본에서는 동대판
보다 앞서 출간된 것도 있다.

이와 같은 일국판의 출간은 아마도 한국, 중국, 일본 3국 필자가 공동으
로 집필한『미래를 여는 역사: 한중일 3국의 근현대사』(2005)의 영향을 받았
을 것으로 보인다. 이는 앞의 일국판과 달리 세 개 국어로 동시 출간되어 상
당한 반향을 불러일으켰다. 두 번째 3국 공동판인『함께 쓰는 동아시아 근
현대사』 1·2(2012)가 그 후속편으로 3국에서 동시에 출간했다.

이렇게 공동판과 일국판이 서로 경쟁하듯이 동아시아사의 서술을 진전
시키는 사이, 한국에서는 2006년 11월 고교 교과목(선택)으로 동아시아사를
신설하기로 결정했으며, 그 결과『동아시아사』(2012) 교과서가 출간되었다.
동아시아사의 필요성을 먼저 제기한 일본에서도 1995년 이를 고교 교과목
으로 도입하자는 제안이 나왔지만 아직 제도화되지는 않고 있다.

이처럼 2000년대 들어와 각국에서 동아시아사가 다양한 형태로 속속 출
간되고 있는데, 그 배경에는 탈냉전과 민주화의 진전이 자리하고 있다. 그
결과 동서 이념 대립과 독재정권하에 억압되어 있던 탈식민의 과제가 뒤늦
게 제기됨으로써 제국성의 성찰에 좋은 전기를 마련해주었다.

그러나 이런 객관적 조건만으로 동아시아 지역사가 출현한 것은 아니며, 역사학과 역사 교육 내부의 주체적 노력이 함께 고려되어야 한다. 기존의 자국사와 세계사는 국민국가를 역사의 도달점으로 파악하려는 시각에 맞춰 구성되었으므로, 국민국가와 그 확장인 국민제국(= 식민제국)의 침략성과 억압성, 곧 제국성을 당연시하는 역사 인식이 내면화해 있다. 지역사는 이러한 인식 체계에 맞서 싸우고 성찰하는 사고의 실험실이 될 수 있다(白永瑞, 2007; 柳鏞泰, 2009: 380~384).

　　최근 출간된 동아시아사의 서문이나 후기에 그 집필 동기가 실려 있다. 창비판은 자국사와 세계사의 분리, 자국사의 자국 중심주의와 세계사의 유럽 중심주의라는 역사 교육 내부의 문제를 성찰하던 중, 2000년대 초 한국, 중국, 일본 3국이 역사 인식을 놓고 갈등(일본의 후소샤 교과서, 중국의 '동북공정')이 심화된 것을 계기로 2004년에 기획되었다. 동대판은 2005년 한국과 중국이 일본의 역사 인식에 항의를 제기한 것을 계기로, "일본인이 20세기 전반 선조가 행한 일에 반성하지 않는 것은 아닌가라는 우려"에서 기획되었다. 이는 일본 국민이 "학교교육을 통해 일본의 침략과 지배에 대해 상세히 배우고 있는 이웃 나라 국민"만큼도 그 사실을 모르고, 나아가 이웃 국가의 역사 자체를 모르고 있다는 진단과 연결된다. 그리하여 '동아시아 전체 역사'에 대한 일본인의 '기억의 공백'을 메우기 위해 기획된 것이라 한다. 장춘판은 "2003년부터 정치·경제 각 학과 영역 내에서 동아시아 관련 토론이 빠르게 증가"하는 가운데 "국내외 학술계와 교류하는 과정에서 점차 동아시아 통사가 필요함"을 느껴 2004년에 기획되었다. 이 책의 경우 자성의 필요성이 앞의 두 경우만큼 드러나지는 않는데, 실제 내용 서술에도 그런 성격이 그대로 반영되어 있다.

　　이상의 의미를 살려 지역사를 구성하는 방법은 다양하다. 동대판과 장춘판은 국가의 활동에 중점을 두어 국제 관계사를 위주로 하되 각국사의 전개를 추가하는 방법을 취했고, 비교사의 방법은 거의 적용하지 않았다. 창비판은 몇 개의 주제를 지역·국가·민중 세 수준으로 나누어 구성하고, 연관(지역 수준)과 비교(국가·민중 수준)를 시도했다. 관계사·교류사가 직접적·단기적 관계를 파악하는 데 중점을 둔다면, 연관사는 그것을 포함하면서 구조적이며 장기 지속적 관련성까지 드러내는 것을 목표로 한다. 연관의 방법을 통해 역사 주체들 간의 직간접적인 상호 연관성을 드러내는 한편, 비교의 방법으로 구성 주체들의 독자성을 드러냄으로써 사고의 실험을 깊고 풍부하게 만들 수 있다고 보았기 때문이다(유용태 외, 2010: 30~32). 이는 장기간의 노력에 의해서만 성취될 수 있는 목표로서 장차 국경을 넘어 상호 소통할 수 있는 역사 인식을 형성하는 데 도움을 줄 것으로 믿는다.

목차의 구성 방식을 살펴보면 동대판과 장춘판은 국가별로 장과 절을 나누어 구성한 반면 창비판은 한 주제 속에서 각국의 사정을 연관과 비교의 방법으로 구성했다. 그 속에서 전자가 동서 대비 구도를 뚜렷이 한 것과 달리 후자는 역내의 관계를 중시하는 구도를 취했다. 동대판이 근세 이후부터 청일전쟁 직후까지를 다루고 있어 3자의 비교·검토는 그 시기로 한정한다.

3. 인식 체계의 양대 축: 동서 대비와 대응적 방어

동대판과 장춘판은 국제 관계사 위주로 구성되었다. 장절의 배치와 서술 내용, 서사 구조와 이데올로기 양면에서 드러나는 인식 체계의 핵심은 동서 대비와 대응적 방어이다. 구미 열강의 동아시아 '진출'(동대판) 혹은 '침략'(장춘판)과 그에 대한 동아시아 각국의 대응이 조공 체제와 조약 체제의 대비 속에 동서 대비 구도를 형성하고 있다. 그 결과 동아시아 역내 국가들 간의 상호 관계는 소홀히 다루어졌다. 그리고 동아시아 각국의 대응 중 청일의 대응은 결국 근대 제국화를 초래했는데 자국의 제국화는 단지 대응적 방어로만 인식되었다. 과연 그렇게만 보아도 좋은 것일까?

먼저 동대판의 구성을 보면 일본과 러시아·영국·미국과의 관계, 특히 러시아의 위협이 집중적으로 부각되어 있다. 이를 위해 27개 장 중 4개 장이나 할애했다. 구미 열강의 위협은 실제 이상으로 과장된 것이었다는 연구 성과가 고려되지 않은 듯하다.[1] 이와 대조적으로 역내 각국 간의 상호 관계와 상호 인식에 대해서는 극히 간략히 서술되어 있다. 프랑스의 인도차이나 침략과 1, 2차 '사이공 조약'은 일본의 대청 정책을 급진화하는 데 중대한 영향을 미쳤음에도 일체 누락되었다. 이 책이 국제 관계사를 추구했다는 점에서 이해하기 힘든 부분이다.

이와 같이 러시아·영국·미국의 동향을 중시해 기술한 뒤 일본 지도자의 현명한 대응을 특별히 강조했다. 이는 일본사가 아닌 동아시아사의 제1장 제목으로는 특이한 '일본의 개국 결단'을 포함해 4개 장에 걸쳐 다루어졌다. 그 주된 내용은 당시 일본의 총리 겸 외상 홋타 마사요시(堀田正睦)가 1857년 자주적으로 개국을 결단했다는 것이다. 근대 일본의 성공 요인을 지도자의 현명한 판단에서 구하는 관점이 반영된 결과이다.[2] 1864년 관세를 20%에서 5%로 낮추고 열강의 요구에 따라 천황이 불평등조약을 승인한 사실을 언급하지 않은 것도 그 때문으로 보인다.

구미 세력에 대한 한국, 중국, 일본 3국의 대응이 조약 관계의 수용과 근대국가를 향한 제도 개혁으로 구체화되는 상황을 15~26장에서 다루었다. 청일 양국의 군비 확장이 청일전쟁으로 이어졌고, 일본의 군사행동은 단지 청국과 러시아의 움직임에 대한 대응적 방어로만 인식되었다.

장춘판은 조공 체제가 조약 체제로 바뀌는 내용을 중심으로 구성되었

---

1   메이지 정부가 구미 열강의 세계 분할 경쟁과 러시아 남하의 위협을 강조하고, 그로 인한 일본 독립의 위기를 호소한 것은 분명히 "과장이며 문식(文飾)"이었다. 오히려 메이지 정부 스스로 류큐와 조선에 팽창을 기도함으로써 청일 간의 대결을 격화시켰다(坂野潤治, 1977: 10~11; 芝原拓自, 1988: 479~480; 高橋秀直, 1996: 523~524).

2   이는 종래 막부 외교에 대한 소극 평가를 비판하고, 적극 평가하려는 경향을 반영한 것이기도 하다(岩波 編輯部 編, 2013: 27).

다. 동서 대비는 13~14장에서 16세기 이래 구미 각국의 동남아시아 식민지화로 조공 체제가 수축되고, 구미 열강과 굴기(崛起)한 일본에 의해 와해되는 과정을 다룬 데서 드러난다. 인접한 러시아의 '중국 영토 침략'을 강조한 것도 동대판과 흡사하다. 한편 동대판과 달리 1874년이 지역질서 변화의 중대한 분기점으로 중시된 것이 주목된다. 1874년에 프랑스가 '사이공 조약'을 맺어 "베트남에 대한 중국의 종주국 지위를 대신"하기 시작했으며, 일본이 '타이완을 침범'해 '베이징 전관(北京專款)'을 맺고 점차 "중국의 속국 류큐를 병합"했는데, 이로써 조공·책봉 체제는 내외 두 방면으로부터 충격을 받아 전면적으로 와해되기 시작했다는 것이다(『동아시아사』, 2007: 36, 375).

그와 연관해 와해되는 조공 체제를 수호하려는 대응적 방어의 논리도 드러난다. 14장에서는 러시아, 영국, 프랑스, 일본 등의 침략으로 중국의 경계 지역이 맞은 위기와 조공국의 상실을 지도와 함께 강조해 설명하면서 이에 대한 청국의 대응을 강조했다. 러시아의 이리(伊犂) 점령과 일본의 타이완 침공을 계기로 이역(異域)·이족(異族)인 신장(新疆)과 타이완을 1884~1885년 직할성화한 것, 1884~1894년 조선에 대한 감국 정책(監國政策: 사실상 보호국화 정책)을 당연시하고 이를 일본의 한일병합 위협에 대한 대응책으로 강조한 것 등이 그렇다.

15장 「조약 체제를 향하여」는 1895~1919년 시기를 '중국의 구망도존(救亡圖存)', '일본의 식민제국 건설', '동남아시아의 식민지화와 조약 체제' 등의 절로 구성했다. 멸망 위기에서 중국의 생존을 구하는 구망도존(희생자)과 일본의 식민제국(침략자)이 대비되는 구도이다. 동서 대비의 구도가 청일전쟁 이후 점차 중일 대비의 구도로 바뀌고 있는 것이다. 이런 인식은 실제로 1882~1894년 청조의 조선에 대한 감국 정책을 일본의 침략에 대한 대응으로 인식해 서술한 것의 연장이다.

이에 비해 창비판의 인식 체계는 동서 대비, 대응적 방어와 거리를 두고 역내의 상호 관련과 비교에 중점을 두었다. 지역사의 의미와 필요성을 설명한 서장에 이어 1장에서 해금시기(海禁時期: 바다 출입을 금지한 17~19세기 전반)의 지역 질서와 역내 각국의 상황을 다루었고, 2장에서는 구미 세력에 의한 세계 시장의 확대와 지역 질서의 변화를 다루었다. 그 속에서 불평등조약이 초래한 국가의 위기, 그에 대한 국가와 민중의 대응을 상호 연관 지어 이해할 수 있도록 했다. 3장에서는 역내 국가들의 국민국가를 향한 구상과 실천(개혁과 혁명)이 상호 영향 속에 전개되는 사정을 드러냈고, 4장 「제국주의 침략과 반제 민족운동」을 '청·일·러 3제국의 패권 경쟁'으로 시작한 것은 동서 대비와 대응적 방어의 논리를 동시에 극복할 수 있는 구성이라 할 수 있다. 이런 구성은 제국성을 직시하도록 도와줄 수 있다. 동아시아 5국의 국가와 사회를 두 개 유형으로 나누어 다룬 '문인 사대부 국가와 무사의 국가', '농민사회와 민란' 등의 절에서는 비교의 방법을 취하고 있다.

요컨대 동대판과 장춘판은 모두 서양의 진출, 침략에 대한 '대응적 방어'의 구도와 논리를 취하고 있다는 점에서 본질적으로 다르지 않다. 이는 진화론적 문명사관에 의거해 당시 동아시아 세계를 열강의 권력정치(power politics)의 관점에서 인식한 결과라 할 수 있다. 개항 당시에는 청일과 조선 및 류큐·베트남 등 5국 모두 구미 열강의 군사적 침략이나 위협을 받고 포함외교(砲艦外交)의 위압에 눌려 불평등조약을 맺음으로써 국가주권의 상당 부분을 상실했다. 바로 이 점이 '대응적 방어'의 논리를 제공하는 원천이다.

그러나 그 이후 청일과 이웃 나라의 관계를 그렇게만 인식해서는 곤란하다. 열강의 침략에 대한 청일의 '대응적 방어'가 이웃 나라, 소국들에게는 '경쟁적 침략'이 되었기 때문이다. 자국의 주권이 침범당하는 상황에서도, 일본은 1874년부터 류큐·조선·청국의 주권을 침범하는 열강에 버금가는 국가(亞列强)가 되었다. 제국화가 개시된 것이다. 청국은 1882~1894년 조선의 보호국화를 기도했다. 동대판에는 구미 열강의 동아시아 진출만 있을 뿐 침략은 없고(예외적으로 러시아의 경우만 "침략"으로 표기), 동일한 논리의 연장선에서 동아시아에 대한 일본의 '국권 확장'과 '해외 팽창'만 있고 '침략'은 없다.

'확장'과 '팽창'은 그 대상의 주권을 부정해 마치 무주지(無主地)인 것처럼 간주하는 의식을 전제로 한다.[3] 반면 장춘판에는 동아시아에 대한 구미와 일본의 침략이 있을 뿐 이웃 나라에 대한 중국 자신의 침략은 없다.

여기서 말하는 '침략'의 개념은 1982년 일본 정부 자신의 정의에 따르면 "상대국의 국토와 주권을 침해할 목적으로 무력을 행사"하는 것이다(정재정, 1998: 207). 1974년 국제연합도 침략을 "타국의 주권, 영토, 정치적 독립을 침범하는 것"이라 정의했다. 따라서 구미 열강이 동아시아 5국과 맺은 불평등조약은 모두 '침략'에 해당한다.

일본도 불평등조약에 의해 주권의 상당 부분을 훼손당했지만, 동대판에는 근대 일본이 구미로부터 침략받았음을 명시한 역사 인식이나 구체적 서술이 보이지 않는다. 이는 장춘판·창비판에서 볼 수 없는 특징이다. 동서 대비의 구도 속에서 일본의 국가 위기를 그토록 강조했음에도 불구하고 무엇 때문에 그랬을까? 그것을 침략이라 명시하는 순간 이웃 나라에 대한 자국의 침략 행위를 자인하는 결과를 초래하기 때문이거나, 타국을 침략한 것은 물론 타국의 침략을 받은 적도 없다는 신국의식(神國意識)과 관련 된 것이 아닌가 싶다.

4. 제국, 제국몽, 제국화

앞에서 필자는 근대 일본의 제국화는 1874년부터 시작되었다고 했다. 이와 달리 대부분의 일본사가 그렇듯이 동대판 동아시아사도 그 기점을 청일전쟁 이후의 타이완 영유로 보고 있다. 정말 그런 것일까? 그리고 일본의

---

3   당시 도도쿠 소호(德富蘇峰)에 따르면 일본인에게 "팽창이란 타국을 침략한다는 말이 아니라 일본 국민이 세계에 웅비하고 세계를 향해 대의를 펴는" 것, "국민으로서의 건전한 존재를 보장하기 위한 것"이었다(장인성, 2010: 308~309).

제국화에 대응한 청국의 근대적 제국 정책은 장춘판에서 어떻게 인식되고 있는가?

한자어 '제국(帝國)'은 막부 말기에 네덜란드어 'keizerrijk'와 영어 'empire' 의 번역어에서 유래했다. 동서양 역사상의 제국은 다양한 형태를 취하며 나타났는데, 전근대 시기에는 절대적 지배자의 광역적 지배 영역을 의미했으나 입헌제가 출현한 근대 이후 절대적 지배자의 유무와 상관없이 근대국가 자신의 이역과 이족을 위계적으로 포함하는 광역 지배 체제를 지칭하게 되었다. 홉스봄(Hobsbawm)의 말대로 황제와 제국은 오래된 것이지만 제국주의는 새로운 현상으로, 그 새로움이란 근대국가를 지배의 주체로 하는 제국을 추구한다는 점이다.[4] 그에 비해 제국성은 근대 제국에 한정되지 않고 제국이 있는 한 성립할 수 있는 개념이다.

주지하는 바와 같이 역대 중국 왕조는 비록 자신을 제국이라 칭하지 않았으나 진한(秦漢) 이래 그러한 전근대의 제국이었다. 조선, 일본, 베트남도 당(唐)의 제국 시스템을 자신의 국가 모델로 수용했기에 어느 정도 제국의 꿈을 공유하게 되었다. 특히 이 3국들은, 동대판·장춘판·창비판에 공히 언급된 바와 같이 이적(夷狄)으로 간주되던 만주족이 청(淸)을 건국해 중국을 지배하게 되자 각기 자국이 중화(中華)라고 자처하면서 소중심질서(소중화질서)를 형성하려 했다. 다만 그것을 실현할 주객관적 조건의 차이에 따라 실현의 정도가 달랐을 뿐이다.

전통적 제국의 꿈이 중국에서 발원했다면 근대적 제국의 꿈은 일본에서 발원했다. 동아시아 각국이 전통적 제국의 꿈을 역사적 배경으로 하고 19세기 중엽 유럽 근대제국의 위협을 받게 되었을 때 가장 먼저 강렬하게 반응해 제국화 실천에 나선 것은 일본이다.

우선 일본이 공문서에서 자국을 '제국'으로 호칭한 것은 1854년 '미일 화친

---

4   제국의 개념에 대해서는 이삼성(2014: 1부, 3부), 山本有造(2004: 3~30) 참조.

조약'부터이다. 조약 당시 일본의 국명을 영문본에는 "Empire of Japan", 일문본에는 "제국일본(帝國日本)'으로 표기했다. 이렇게 에도 막부에 의해 만들어진 용어 '일본 제국'은 주로 서양 국가들과의 관계에서 대외적 자주와 자존, 그리고 그것을 뒷받침하는 부국강병의 목표 의식이 내면화된 개념으로 사용되었다. 도쿠가와 나리아키(德川齊昭)는 1856년 "신국의 영토는 비록 좁다 하더라도 외이(外夷)에서 제국이라고 우러러 존경하며 두려워함은 결국 고대 진구 황후(神功皇后)의 삼한 정벌(三韓征伐), 중세의 몽골 격퇴, 근세 히데요시(秀吉)의 조선 정벌 …… 등 명민한 판단과 무력의 위세를 해외에 떨쳤기 때문"이라고 했다(박진우, 2004: 109).

이런 용례는 막부가 타도된 유신 후에도 계승되어 메이지 일본 최초의 대외 군사행동인 1874년의 타이완 침공 이후 점차 일반화되었다. 1874년 2월 메이지 정부의 참의(參議) 오쿠보 도시미치(大久保利通)와 오쿠마 시게노부(大隈重信)는 "우리의 번속(藩屬) 류큐 인민을 살해한 행위에 보복하는 것은 일본 제국 정부의 의무이며, 토번(討蕃)의 공리(公理)도 이로써 큰 근거를 얻게 된다"고 했다(이삼성, 2014: 217). 강화도 침공 직후인 1875년 12월 어느 민간의 건의서가 "조선은 원래 서북의 한 소국으로 옛날부터 대대로 우리 제국에 복속했으며, 중세 이래 조공을 바치지 않았으니 그 죄를 어찌 용서할 수 있겠는가?"(박진우, 2004: 213)라고 조선 정벌(征韓)을 주장했다. 여기서 토번·조공이라는 화이론적(華夷論的) 용어와 함께 일본을 제국으로 호칭한 것이 주목된다. 이로써 근대 일본의 제국의 꿈이 전통의 논리를 바탕으로 근대의 논리를 수용해 형성된 것임을 알 수 있다.

메이지 일본은 강화도 침공 직후 '대일본제국'이라는 국명을 조선에서 사용했다. 이는 타이완 침공으로 류큐 왕국의 내정과 외교를 장악함으로써 사실상 제국화의 일보를 내디뎠다는 자부심이 반영된 것으로 보인다. 바로 그때 1874년부터 1875년까지 일본 안에서 일본을 자유독립국, 중국을 약속(約束)독립국, 조선을 공납(貢納)독립국으로 위계화해 일본의 국제적 지위를 동아시아 제일로 높이고 "서에는 영국", "동에는 일본"이 되자는 강력한 희망이 고취된 것도 이런 변화를 반영한다(김용덕 엮음, 2011: 210~211; 박영재, 1984: 100~101). 실제로 1876년 강화도조약은 일본이 조선을 개국시킨 국제적 지위를 확보함으로써 세계 체제의 반(半)주변부로 상승하는 동시에 조선의 쌀과 금을 강제로 수탈해 자본 축적의 기반을 마련하는 결정적 계기가 되었다(백영서 외, 2009: 23).

동대판은 메이지 일본이 홋카이도와 류큐를 영토화한 것을 식민지화 과정으로 파악했다. 이는 성찰적 역사 인식의 한 표현으로 주목된다. 이 식민지화는 이역과 이족에 속하는 별개의 지역, 국가를 '병합'한 것으로서 근대일본의 제국화를 보여주는 첫 사례이다. 와다 하루키(和田春樹)가 엮은 『동아시아 근현대통사』(岩波書店, 2010) 1권에서 이노우에 가쓰오(井上勝生)는 홋카이도와 한일병합을 묶어 "두 개의 병합"이라 불렀다. 이들을 묶어 메이지 일본의 '세 개의 병합'이라 불러도 좋을 것이다. 그중 두 개의 병합이 청일전쟁이전의 일이며 이러한 일련의 제국 정책의 결과가 청일전쟁이다. 동대판이홋카이도와 류큐 왕국의 '식민지화'를 직시하면서도 이를 제국화의 기점으로 인식하지 않는 것은 이해하기 어렵다.

따라서 근대 일본의 제국화 기점을 청일전쟁으로 보는 것은 결과론에 치우친 유럽 중심주의일 뿐이다. 그렇게 보는 이유는 다음 두 가지이다. 첫째, 근대의 제국을 구미 열강들에서 보이는 독점자본주의의 대외 팽창이라는 시각에서만 접근함으로써 구미에 대해서는 대응적이지만 동아시아에 대해서는 선제적 침략을 단행한 일본 제국의 특수성을 직시할 수 없게 만든다. 둘째, 일본은 자국의 불평등조약을 개정해 주권 평등을 실현해야 비로소 제국이라는 관점에서 구미 열강과의 관계만을 중시하고 동아시아 이웃나라와의 관계를 간과한다.

이상과 같은 메이지 일본의 제국화는 러시아의 이리 점령과 함께 전통적 제국인 청국의 근대적 제국화를 추동했다. 1884~1885년 신장성·타이완성 설치, 그리고 1882~1894년 조선 내정·외교에 대한 간섭과 보호국화 기도가 그것이다. 청국은 그사이 대부분의 조공국을 상실했기에, 마지막 조공국 조선을 향한 근대적 제국화 욕구는 더욱 강렬해질 수밖에 없었다. 이는 감국 정책으로 구체화되었으니 위안스카이가 '감국'으로서 군권(軍權)을 바탕으로 고문(顧問)을 통해 재정권과 외교권도 상당 정도 장악한 것이다. 이는 사실상 조선을 청국의 보호국으로 만들어가는 과정이었으나 청일전쟁에서 패해 뜻을 이루지 못했다.

청국이 이렇게 근대적 제국화를 추진하는 사이 중국 민간의 지식인들도 이러한 제국 정책을 적극 지지하면서 '민족제국주의'를 제창했다. 량치차오(梁啓超)는 1902년부터 제국들 간의 경쟁이라는 세계적 대세에 맞추어 이제 중국도 역내의 모든 민족을 합해 "하나의 대민족을 형성"하고 이를 바탕으로 "하나의 민족제국을 형성"해야 하고, 이제 화족(華族)도 "라틴족이나 튜턴족처럼 식민지를 영유해야 한다"라고 주장했다(유용태, 2008: 35~36). 대민족 = 중화민족 형성이 근대제국화의 대내 정책이라면 식민지 영유는 그 대외 정책이다. 근대 중국의 제국성은 결국 대내 정책의 실현에 그쳤다는 점에서 일본의 제국성과 다르다.

그사이 조선은 청·일·러 3 제국의 경쟁적 침략 대상이 되어 곤경에 처했고 자구책의 일환으로 1897년 대한제국의 성립을 선포했다. 이는 명의상의 변경일 뿐이어서 실질적 제국화와는 거리가 멀었지만, 각국의 제국의 꿈이 경쟁적으로 분출하고 격돌하던 시대의 반영이라 할 수 있다. 대한제국은 청·일·러 3제국의 경쟁 속에 점차 국권을 빼앗기다가 결국 일본 제국에 의해 강제 병합되어 멸망했다. '대남제국(大南帝國)'을 자칭한 베트남의 응우옌(阮) 왕조는 그보다 앞서 프랑스의 식민지가 되었다.

요컨대 동아시아 4국은 화이사상에 의거한 전통적 제국의 꿈과 진화론적 부국강병을 추구한 근대적 제국의 꿈을 공유했지만 그 정도와 실현 여부는 달랐다. 따라서 역사 인식 면에서 자성사관을 방해하는 제국성의 정도도 다를 수밖에 없다. 일본과 중국의 그것은 한국에 비해 훨씬 강렬할 수밖에 없는 역사적 근거를 갖고 있다. 동아시아사가 자국사의 제국성을 성찰함으로써 비로소 구성될 수 있다면, 중일 양국은 그만큼 자국의 제국성과 더욱 강렬한 격투를 벌일 것을 요구받고 있다. 이것은 일본판(동대판)과 중국판(장춘판) 동아시아사의 인식 체계를 구성하거나 이해하는 기초 조건이 될 것이다.

5. 자성사관의 가능성과 한계

이상에서 본 것처럼 동대판과 장춘판의 인식 체계는 제국성을 옹호하는 자만사관을 드러냈으므로, 이것이 개별 사실의 서술에도 그대로 반영되는 것은 당연하다. 그러나 그 속에서도 자성사관의 가능성을 보인 부분이 있으므로 이를 주목하지 않을 수 없다. 동대판이 일본의 제국성에 대한 자기성찰의 가능성을 보인 것은 장춘판과 다른 점이다.

첫째, 개항 전후 조·일 관계를 객관적으로 설명했다. 양국은 "서로 자국이 상대보다 우위에 있다"고 여기며 "양국에 속하는 쓰시마(對馬)"를 매개로 결과적으로 '대등 관계'를 형성하고 유지한 사실을 서술했다. 이는 막부 말기부터 메이지 시기에 일본이 조선을 속국으로 간주한 것을 성찰하게 도와줄 수 있다. 그리고 1875년 운요호(雲揚號) 사건은 일본 정부가 강화도에서 고의로 전투를 도발한 결과 일어났으며 이를 은폐하기 위해 조선 측이 고의로 발포했다고 허위 보고를 했다는 사실을 분명히 했다. 조선 측이 고의로 발포했다는 허위 보고는 당시 일본의 각 신문을 통해 보도되어 조선에 대한 증오심과 조선 침략 열기를 끓어오르게 만들었다.

둘째, '근세'의 류큐 왕국을 독립된 장에서 조선·중국·일본과 대등하게 다루었을 뿐만 아니라 메이지 정부가 1879년 단행한 이른바 '류큐 처분'을 국가 간의 병합을 의미하는 "류큐 병합"이라 표기했다. 메이지 정부가 에조치(蝦夷)와 류큐를 식민지화했다고 명시한 것도 그렇다. 또한 류큐민의 피살 직후 교섭 과정에서 청조의 언명이 류큐를 일본의 속지(屬地)라고 인정한 것이 아니었음에도, 일본 정부가 이를 자의로 해석해 출병(出兵)을 정당화했음을 지적했다.

셋째, 청일전쟁의 결과 일본이 제국화한 사실을 상대화해 재인식할 수 있는 가능성을 보였다. 전쟁 결과 일본이 타이완을 영유해 구미 열강과 똑같은 식민지 제국이 된 것을 일본인의 자존심을 드높여준 문명화의 성취라고 하면서도 다른 평가가 가능함을 보여주었다. 나쓰메 소세키(夏目漱石)의 일기를 통해 이 같은 "일본의 성공은 무리하게 얻은 공허한 것"이므로 "양식 있는 사람은 일본인이 아니라 중국인으로 불리는 것을 명예롭게 여길 것"이라고 덧붙인 것이다. 그리고 청일전쟁 당시 일본군의 민간인에 대한 포악 행위를 소개한 것도 주목된다.

넷째, 국민국가 형성 과정에서 각국이 자국 중심의 탈아시아주의를 내면화시킨 사실을 직시하고자 했다. 27장 「국제 공공재의 형성」에 "중국과 일본은 모두 서양 근대를 자기 것으로 만들기 위해 주변국을 부정적으로 파악하는 소프트웨어를 수용했다"라고 기술했다. "국민국가가 형성되는 과정에서 주위의 국가들을 부정적으로 파악해 자기정당화를 꾀하는 모습이 이곳저곳에서 나타나게 되었다"라고 한 것이 그런 예다.

이상은 모두 동대판의 가능성을 보여준 예들인데, 장춘판에서 근대 중국의 제국성을 성찰하는 모습을 보인 예는 찾기 어렵다. 근현대의 한국이 제국성을 보인 예외적인 사례는 베트남 전쟁에서 미국의 제국성에 편승한 일일 것이다. 창비판 제2권은 한국군 참전의 성격과 민간인에 대한 가해의 문제 등에 관해, 1990년대 후반부터 이 전쟁을 현지인의 입장에서 역지사지하는 성찰과 진실 규명 운동이 등장해 종래의 자만사관 일변도의 인식에 균열을 일으키고, 마침내 한국 대통령이 베트남 국가주석을 만나 직접 사과한 것 등을 자성사관의 시각에서 다루었다.[5]

한편 동대판에는 적극적으로 제국성을 옹호하거나 분식하려 한 사례도 있어서 주목된다. 이는 무의식중에 자만사관의 서사 구조와 인식 체계의 제약을 받아 서술된 경우보다 더 염려되는 부분이다.

첫째, 불평등조약의 성격을 호도한 것이다. 서술의 논조상 기본적으로 대등한 형식의 조약임을 강조할 뿐 사법주권과 관세주권을 침범한 사실을 언급하지 않았다. 더구나 '불평등했는가?'라는 항목까지 설정해 영국 등 열강이 관련 조약의 조항을 "특권적으로 이용했다고 말할 수 없는 면도 있다"라고 적극 변호했다. 협정관세로 인해 "관세가 낮았다 하더라도 이는 관세 수입을 확보해야 하는 정부에 불리할 뿐 기업에는 오히려 유리한 조건이 되었다"라고도 했다. 그렇다면 조·청·일이 조약 개정에 나설 이유가 있었을까? 그런데도 일본의 조약 개정 노력과 성공담만을 현명한 지도자의 노력에 의한 성취라고 강조했다. 창비판은 영국에서 금지된 중독성 마약인 아편 무역이 조약 체제하에서 1890년대 초까지 영국의 대(對)중국 수출 품목 1위였다는 사실, 당시 구미 각국이 자국의 수출입 상품에 30~40%의 고관세를 부과했음을 명기하여 비교해볼 수 있도록 했다.

둘째, 조약 체제를 조공 체제와 대비시켜 편향적으로 서술함으로써 제국성을 분식했다. 가령 '공법의 외교규칙'을 수용한 일본은 가까운 이웃 각국에 대해서도 그에 기초하여 재편성하려고 했음을 강조한 것이 그런 예이다. 그러나 월남·미얀마·조선 등이 조약에 의해 류큐는 조약도 없이 폐멸되었으며, 그중 두 국가가 일본에 의해 폐멸되었다. 이런 사실은 외면한 채, 조약 체제의 근대성·공공재적 성격을 편향되게 강조했다.[6] 창비판은 "조공

<hr />

5   그 자세한 사정에 대해서는 유용태(2010: 113~146) 참조.
6   동대판 동아시아사와 달리 오사카 대학판 세계사는 영미가 함포를 앞세운 외교로 중국과 일본을 개국시키고 체결한 불평등조약에 의거한 자유무역 체제를 '자유무역제국주의'라고 규정하고, 그 조약의 개정을 요구한 일본이 "이웃 나라 조선에 똑같은 조약을 들이밀어 개국을 강요한 점이, 훗날 일본의 아시아정책의 방향성을 시사하고 있다"라고 지적했다(大阪大學歷史敎育研究會 編, 2014: 187~189).

체제는 그 의례를 수용하는 조공국의 자주를 인정했으나 조약 체제는 그 조문을 이행하는 조약국을 병합하거나 식민지화했다"는 사실을 환기했다. 장춘판은 "열강은 동아시아에 이른바 조약 체제, 사실상 식민 체제를 강요했다"고 함으로써 조약 체제를 곧 식민 체제로 간주했다.

동대판의 이런 서술은 막부 말기 이래 근대 일본 위정자와 식자들의 공법관과도 부합하지 않는다. 그들은 만국공법을 실정법이라기보다 자연법적인 이상으로서 파악했으므로, 당초부터 국가 상호 간을 대등하게 규율하는 외교 규칙을 거의 믿지 않았다. 기도 다카요시(木戸孝允), 오쿠보 도시미치(大久保利通) 등이 보기에 이른바 '공법'은 열강에는 자신의 지위를 보전하고 '약소국을 빼앗는 도구'이지만, 소국에는 아무 쓸모가 없는 것이었다(芝原拓自, 1988: 466~470).

셋째, 정한론자들의 의도를 적극 변호해 제국성을 호도한 다음에, 청일전쟁에 이르는 과정과 조선에 대한 침략을 분식·부인했다. 개전에 이르는 과정에서 "외정(外征)을 주장하는 세력도 있었지만 그것과 정부의 정책으로 채택된 것과의 사이에는 큰 차이가 있다"라고 한 것이 하나의 예이다. 공의(公議)와 공론이 근대 일본 정치의 근간이라면 조선에 대한 일본의 정책은 그에 의거해 지속되고 실행된다. 류큐·조선을 향한 일본의 '외정' 혹은 '국권확장'이 곧 침략이라는 인식은 동대판에서 찾아볼 수 없다.

이렇게 조선의 입장을 무시했던 역사 인식은 청일전쟁 후 조선 정책에도 이어진다. 전쟁 당시 조선에 대한 일본의 '내정간섭'(또는 '개입')이 결국 청국과 러시아를 배제하고 조선을 '지배'하는 것, 즉 1905년에 한국의 외교권을 '접수'한 것으로 이어졌다고 서술되었다. 이는 1875년 류큐번의 외교권을 '회수'했다는 인식과도 상통한다. '간섭·개입·접수'만 했을 뿐 '침입·침략·탈취'는 하지 않았다는 역사 인식이다. 그렇다면 이러한 인식과 논리는 "조선이 옛날과 같이 속국으로 되어 천황에게 복속해야 한다"는 정한론으로부터 얼마만큼 벗어난 것일까? 심지어 "정한은 유신의 이념과 합치하는 정론(政論)이었기에 반론하기 어려웠다"는 코멘트가 추가되었다. '정한'의 정벌은 하국(下國)의 무도함을 바로잡아 고치는 상국(上國)의 정당한 책무여서 결코 침략이 아닌 것이다. '정한'은 앞에 말한 '토번(討蕃)'과 연관된 화이론적 용어로서 제국성을 옹호하는 논리를 내포하고 있어서 적절한 역사 용어가 아니라고 본다.

동대판보다 앞서 일본에서 출간된 우에하라 가즈요시(上原一慶) 등의 『동아시아 근현대사』(1994)가 오히려 메이지 일본의 침략성을 직시한 점에서 앞서 있다. 이 책은 '타이완 출병(出兵)' 대신 "타이완 침략(侵略)"이라 표기하고 "임오군란을 계기로 일본 정부는 조선 침략과 청국과의 전쟁을 준비하기 위한 군비 확장에 착수했다. 일본의 본격적인 군국주의화가 시작된 것이다"고 했다. 이런 점에서 동대판은 15년 전의 역사 인식으로부터 후퇴한 셈이다.

끝으로 야스쿠니 신사(靖國神社)에 대해 일절 언급하지 않은 것도 주목되는 점이다. 그곳에는 (메이지) 유신 이래 제2차 세계대전 종전까지 천황의 이름으로 대외 군사행동에 나섰던 전사자의 위패가 합사(合祀)되어 있다. 그 대외 군사행동의 첫 사례가 타이완 침공이라는 것은 일본 제국의 팽창 기점이 언제인지를 보여준다. 야스쿠니 신사 사헌(社憲, 규정)에는 '위령'과 '현창'이라는 양대 기능이 명시되어 있다(坂元一哉 2011: 779~780). 따라서 야스쿠니 신사는 단순한 위령 시설이 아니라 일본 제국의 팽창, 결국 대외 침략을 적극 현창하는 의미를 담고 있다.

6. 맺음말

중국과 일본은 각각 전근대와 근대의 제국 경험으로 인해 직시해야 할 제국성이 한국에 비해 훨씬 강렬하다. 그런데도 창춘판과 달리 동대판이 부분적으로 그것을 직시하고 성찰할 수 있는 자성사관의 가능성을 보여준 것은 한 걸음 진전한 것이라 할 수 있다. 그렇지만 그것은 개별 사건의 서술에 한정된 것일 뿐 근대사 인식 체계는 여전히 자만사관에서 벗어나지 못하고 있다.

동대판의 자성사관을 제약하는 인식 체계의 골간은 두 가지이다. 첫째, 동서 대비와 대응적 방어를 양대 축으로 삼고 있다. 이는 대국·제국 간의 관계만을 중시하는 관점의 소산이다. 둘째, 일본 지도자의 자세가 개국과 개혁에서는 적극적이고 주도적인 결단을 보여주었으나 팽창과 침략에서는 소극적이고 대응적인 방어로 바뀌었다는 것이다. 이런 인식 체계에 의거하는 한 동아시아의 이웃 국가들에 대한 일본의 침략을 인정할 수 없게 된다. 그래서는 동아시아 지역사의 취지를 살리기 어렵다.

그렇더라도 앞으로 출간될 동대판의 20세기 편이 1931년 이후 일본의 팽창을 침략이라고 규정한 도쿄 재판 사관을 부정하지는 않을 것이다. 그 이전의 팽창을 침략이 아닌 문명화라고 보는 분절적이고 편의적인 역사 인식에 대해 요시다 유타카(吉田裕)는 "대외적으로는 도쿄 재판의 판결을 수용해 어쩔 수 없이 최소한의 전쟁 책임을 인정하고, 일본 내에서는 전쟁 책임 문제를 사실상 부정하거나 불문에 부치는" '역사 인식의 이중 잣대'를 지적했다(요시다 유타카, 2004: 91).

1990년대 이래 일본의 역대 총리들이 사죄 담화를 발표했지만, 더 많은 수의 각료·총리에 의해 번복과 부정이 되풀이되고 있다. 이는 다름 아닌 이중 잣대의 사이를 오가는 것으로, 2015년 8월 특별한 관심을 끌었던 아베 총리의 '전후 70주년 담화' 역시 이 틀을 벗어나지 않았다. 아베 내각과 한국의 박근혜 정부가 12월 28일 이른바 '일본군 위안부' 문제를 "최종적이고 불가역적으로" 합의했다고 발표한 것은 양국의 정치적 리더십이 자만에 치우쳐 있음을 말해준다. 그렇기 때문에 '동아시아 지역사회에 통용될 수 있는 역사 인식'이란 정치적 리더십과 역사 연구, 역사 교육이 병진할 때 비로소 획득될 수 있다. 역사의 연구와 교육이 민주주의의 진전을 중요한 과제로 의

식해야만 하는 까닭이다.

한국의 저명한 문학평론가 황현산(黃鉉産)은 근대 일본의 식민 지배와 침략에 관해 다음과 같이 말했다. "과거에 대한 현재의 일본은 과거의 일본에 대한 주체이기도 하고 과거를 딛고 일어선 타자이기도 하지요. …… 타자로서 객관화시켜보면 많은 문제가 해결됩니다. …… 국가와 민족을 떠나 순전하게 사람의 입장에서 그 죄를 객관화하는 것이 중요합니다. 이 죄악의 객관화에 한국보다도 오히려 일본 미래의 행·불행이 달려 있습니다"(황현산, 2015: 102).

현재의 일본은 과거 일본의 주체인 동시에 타자이기도 하다는 이 논리는 한국, 중국, 베트남에도 마찬가지이다. 이 국가들과 국민 역시 시기와 사안에 따라 피해자인 동시에 가해자인 만큼 자국의 국가 폭력에 대한 자성 정도가 그 나라 미래의 행복과 불행으로 이어지기는 마찬가지이다. 그리고 자성의 결핍으로 인한, 한 국가의 행복과 불행은 결코 그 나라의 일로 끝나지 않는다는 문제의식이야말로 지역사의 출발점이다. 미래의 불행을 최소화하려면 침략과 가해의 '사실을 인정'하는 것에서 시작해 그것을 자국의 학생들에게 '역사로서 가르치는' 용기가 뒤따라야 한다. 그래야 역사를 거울로 삼는 '이사위감'이 되는 것이다. 그래서 필자는 일본의 역사 교육에서 근대사가 자만사관으로 인식되고 가르쳐지는 것이야말로 총리의 사죄 담화가 부정되는 것보다 더 우려할 일이라고 생각한다.

참고문헌

김용덕 엮음. 2011. 『일본사의 변혁기를 본다: 사회인식과 사상』. 지식산업사.
박영재. 1984. 「근대 일본의 한국인식」. 역사학회 엮음. 『일본의 침략정책사연구』. 일조각.

박진우. 2004. 『근대 일본 형성기의 국가와 민중』. J&C.

백영서 외. 2009. 『동아시아 근대이행의 세 갈래』. 창비.

요시다 유타카. 2004. 『일본인의 전쟁관』. 하종문·이애숙 옮김. 역사비평사.

유용태. 2010. 「한국의 베트남전쟁인식과 역사화해의 길」. 『동북아시아와 동남아시아의 역사화
해』. UNESCO한국위원회.

유용태·박진우·박태균. 2010. 『함께 읽는 동아시아 근현대사』 1. 창비.

이삼성. 2015. 『제국』(한국개념사총서 8). 소화.

이와나미 편집부 엮음. 2013. 『일본근현대사를 어떻게 볼 것인가』(시리즈 일본근현대사 10). 서
민교 옮김. 어문학사.

장인성. 2010. 「근대동아시아 국제사회에서의 '질서'와 '정의': 근대 일본지식인의 동아시아 국제
사회관」. ≪동북아역사논총≫, 28호.

정재정. 1998. 『일본의 논리: 전환기의 역사 교육과 한국인식』. 현음사.

_____. 2015. 『한일의 역사 갈등과 역사대화』. 대한민국역사박물관.

황현산. 2015.6.2. 「다르게 사는 법을 배워야 한다」. ≪주간경향≫, 1128호.

高橋秀直. 1996. 『日淸戰爭への道』. 東京: 創元社.

君島和彦 編. 2014. 『近代の日本と朝鮮: された側からの視座』. 東京: 東京堂出版.

大阪大學歷史教育硏究會 編. 2014. 『市民のための世界史』. 大阪大學出版會.

白永瑞. 2007. 「自國史と地域史の疏通: 東アジア人の歷史敍述についての省察」. ≪現代思想≫,
35-10.

山本有造. 2004. 「'帝國'とはなにか」. 『帝國の硏究』. 名古屋大學出版會.

柳鏞泰. 2008. 「民族大一統論和内在化了的帝國性在近代中國」. ≪學海≫, 5期. 江蘇省社會科學院.

柳鏞泰·岩方久彦 譯. 2009. 『歡聲のなかの警鐘: 東アジア歷史認識と歷史教育の省察』. 東京: 明
石書店.

芝原拓自. 1988. 『對外觀とナショナリズム』. 芝原拓自 外 編. 『對外觀』(日本近代思想史大系
12). 岩波書店.

坂野潤治. 1977. 『明治·思想の實像』. 東京: 創元社.

坂元一哉. 2014. 「首相の靖國參拜と日中關係 — 何が議論を混亂させるのか」. ≪阪大法學≫, 64號.

10장

동아시아 공동 연구와 타이완의 역사 인식

쉬위밍 許育銘 | 정세련 옮김

1. 역사 인식 논쟁에서의 교과서 문제

　'역사 인식' 문제는 동아시아의 국제 관계에서 하나의 주요 쟁점이며, 일본의 국내 정치를 중심으로 했던 것이 국제 문제로 발전했다. 타이완을 비롯한 동아시아 국가 모두에 역사 인식 문제가 존재했지만, 그것이 '역사 인식'이라는 명목으로 나타나는 것은 아니다. 타이완으로 한정하자면 '역사 인식' 문제는 오로지 일본에서 발생한 상황을 가리키는 고유명사가 되어 있다. 따라서 동아시아의 역사 인식을 논할 때 일본을 중심으로 논의의 장이 형성되어 있으며, 사태의 경과는 일본의 정세와 밀접하게 관련되어 있는 것이다. 한편 이른바 '역사 인식' 문제에도 광의와 협의의 양면이 있는데, 넓은 의미에서는 역사를 통해 국가·민족의 과거 여러 가지 일을 설명하거나 정체성(identity)을 구축해 미래로 가는 길을 인도하는 것을 의미한다. 좁은 의미에서는 역사 서술에 한정되어 사용되며, 일어난 일을 어떻게 선별하는가,

특히 역사 교육에서 교과서 서술을 의미한다. 당연히 타이완에도 '역사 인식' 문제는 존재하며, 최근에 논쟁이 더욱 거세지고 있다. 타이완과 일본의 상황에는 차이가 있지만, 동아시아라는 관점에서 보면 상호 관련성이 없는 것은 아니다. 또 동아시아의 상호 협력을 촉진하는 동시에, 양측의 상호 이해를 높일 필요가 있을 뿐만 아니라 공통성을 탐구하고 협력의 기초를 공고히 하는 것은 의미가 있다.

일본의 역사 인식 문제를 둘러싼 논란은 1990년대 초기의 위안부 문제로 소급된다. 일본 정부에 사죄와 배상을 요구하는 목소리가 끊임없이 고조되어 일본의 국내 여론이 '도쿄 재판 사관'과 '자학사관(自虐史觀)'을 비판하는 가운데 논쟁을 불러일으키는 사건이 자주 발생했다. 2001년 후쇼샤(扶桑社)가 출판한 『새로운 역사교과서』가 검정을 통과해 출판된 것에 대해 국내외에서 비판이 집중된 것이 그 예이다. 그러나 세 차례에 걸친 일본 교과서 사건의 경과와 국제 정세로부터 관찰해보면, 1950년대 역사 인식 문제에 관한 교과서 개정과 소송은 (그 이전에) 이미 발생한 것이고, 1982년에 국내 문제로부터 국제 문제로 발전한 것이다. 중국·한국 등은 당시 일본 문부성이 교과서 검정에 관여한 것, 요컨대 사실에 위배되는 개정, 예를 들어 위안부에 관한 기술을 삭제하고, '침략' 대신 '진출'이라는 용어를 사용하도록 요구한 것에 항의했다. 본래는 일본의 국내 문제였던 교과서 문제는 국제적으로 큰 사건이 되었고, 최종적으로는 일본 정부가 교과서 검정 기준에 '근린제국조항'(교과서 서술에서 이웃 나라를 적절히 배려한다는 요지의 서술 지침)을 추가하는 것으로 수습했다. 교과서의 기술은 일본 국내에서의 역사 인식 문제를 둘러싼 논쟁에 관련되어 있을 뿐만 아니라, 국제 이해와 국제 협력도 고려해야 했다. 따라서 이후 동아시아의 역사 인식 문제에서는 기본적으로 일본의 역사 인식이 중심이 되었고, 동시에 국내 및 국제의 두 수준이 존재하게 된 것이다.

언론을 통해 타이완에 전달된 일본의 국내 상황은 복잡한 영향을 초래했다. 타이완 사회에서, 일본이라는 국가는 전쟁에 대한 반성이 부족하고 전쟁 책임을 희석시키고 있다는 이미지가 정착된 한편, 민주화가 진행되는 타이완 사회에서는 교과서 기술의 영향을 인식함으로써 국가 기구에 대해 역사해석권 장악의 완화를 요구하는 움직임이 나타났다. 국가의 관여를 가장 잘 드러내는 것은 역사교과서 과정강요(課程綱要: 한국의 교육과정에 해당)의 개정으로, 국가가 개정한 과정강요는 민간이 교과서를 집필하고 출판할 때 근거가 된다. 타이완의 역사 인식 문제는 역사교과서 과정강요의 정기적인 개정 문제를 중심으로 발전하고 있으며, 일본에서의 교과서 문제 전개 과정과 많은 유사점이 있다.

역사교과서는 중요성뿐만 아니라 지표성도 있다. 역사학의 관점에서 보면 역사는 하나의 객관적인 과정이지만, 역사 인식은 인위적으로 구축된다. 민족의 역사는 역사 교육을 통해 구축·기억·전승되는 것이며, 역사교과서는 역사의 기억을 전승하는 가장 중요한 매개가 된다. 덧붙이면 역사교과서는 공적 권위와 정식으로 보편적 특징을 갖추고 있어, 민족의 역사적 기억을 학습자의 정신세계에 깊이 새겨 넣는다. 또 민족의 체계화된 기억은 중요한 기억 장소에 의거하고 있다. 그렇기 때문에 교과서는 사회에서 어떤 지식이 인지되면 그것이 합법적이고 진실한 것인지를 결정하는 일에 참여한다. 이 때문에 타이완의 민주화 과정에서도 본토파는 국민당의 장기적인 권위 통치가 만들어낸 역사 인식은 왜곡되어 있으며, 역사해석권의 장악을 고쳐야 한다고 생각해왔다.

1990년대 후반 일본에서 교과서 문제 및 '자유주의 사관'을 둘러싼 격렬한 논쟁이 전개되고 있던 때, 타이완에서도 역사관의 규범이 전환되고 있었다. 타이완의 주체성이 강조되어 타이완의 본토 의식에 대한 정체성이 요구되었고, 타이완 본토사관(臺灣本土史觀)이 기존의 대중국사관(大中國史觀)을 대신하도록 하는 것이 차츰 정부의 주류적 견해가 되어갔다. 1997년 정부가 출판한 중학 역사교과서『타이완을 알자』는 바로 이 규범의 전환을 대표했다. 이 책의 출판을 계기로 타이완 사회에서 역사관의 규범을 둘러싼 극한 대립이 드러나게 되었다. 『타이완을 알자』로 대표되는 타이완 본토사관에 반대하는 사람들은 일본의 식민 지배 통치를 긍정하는 것이며, 이는 일본 우파(우익)가 제2차 세계대전 이전의 역사를 미화하는 흡사하다는 비판을 받았다. 이후 교과서 과정강요의 개정 문제가 반복적으로 발생하면서, 사용하는 용어에 대한 논란이 사회 전반으로 퍼져 갔다. 예를 들면 '일본의 통치(日治)'와 '일본의 점거(日據)', '종전(終戰)'과 '광복(光復)' 등의 논쟁으로, 타이완의 역사 인식 문제와 일본 우파(적 논조)의 연결은 동아시아의 역사 인식 문제에서 타이완의 입장을 고통스럽고 모호한 것으로 만들었다(汪宏倫, 2014: 72~94).

2. 타이완에서의 일본 역사교과서 문제의 연구 현황

동아시아 공동 연구라는 화제로 들어가기 전에, 타이완에서의 일본 역사교과서 연구 상황을 간단히 다시 짚어보고자 한다. 미리 강조하고 싶은 것은, 이는 일본 국내 - 국제 - 타이완 국내라는 국경을 초월하는 문제이다. 타이완의 역사교과서 문제는 확실히 일본 역사교과서 문제의 영향을 받고는 있지만, 일본 역사교과서 문제에 관계된 연구는 많지 않다. 그러나 타이완 본토의 교과서와 역사 교육 문제는 일관되게 연구의 중점이 되어왔다.

교과서 연구에서는 교육이나 커리큘럼에 관한 논의에 집중하고 있는데, 란순더(藍順德)의 『역사교과서의 이데올로기』(藍順德, 2010)를 예로 들 수 있다. 이 책에서는 기존 교과서에 관한 연구를 정리한 뒤 이데올로기의 관점으로부터 교과서 분석을 시도하고 있으며, 정치·젠더·민족성·종교·계급·지역이라는 분류를 사용해 교과서 이데올로기에 관해 1979년부터 2008년까지 박사 논문과 학술지 논문 및 국가과학위원회(國科會) 주제 보고의 내용분석을 통해 다음과 같은 결론을 도출했다. 즉 2000년 이전에는 교과서 연구가 정치 면에서의 이데올로기 비판에 집중되어 있었으며, 사회과 교과서가 분석 자료로 가장 많이 사용되었다.

그러나 2000년 이후 『타이완을 알자』가 출간되면서 타이완에서 '중국화'와 '본토화'를 둘러싸고 첫 논쟁이 일어난 것을 배경으로, 교과서 연구의 중심이 양안(兩岸: 타이완과 중국 대륙) 교과서의 비교와 계엄령 해제 전후의 교과서 비교로 옮겨졌으며, 타이완에서의 국내 교과서 연구의 관심이 본토화의 발전을 중시하기 시작한 것으로 이해되었다(黃貞瑜, 2013: 5). 이 점에 관해서는 왕푸창(王甫昌)의 「민족상상, 종족의식과 역사: 『타이완을 알자』 교과서 논쟁 파동의 내용과 맥락 분석」(王甫昌, 2001: 145~208)이 참고할 만하다. 여기에서는 주로 신문이나 미디어의 보도와 분석을 통해 『타이완을 알자』의 교과서 논쟁으로 표면화된 민족(nation)의 상상, 종족(ethnic: 타이완에서는 '族群'이라 표기) 정체성과 역사 기억의 관련성을 밝혔다.

타이완에서의 교과서 문제와 역사 인식 문제에 관한 논의는 역사 교육에 관한 정기 간행물에 비교적 많이 나타난다. 정기 간행물은 단순한 논술의 장이 아니라 이데올로기적 주장을 펼치는 장이 되기 쉽다. 예를 들어 민족 문화 정신을 강조해 중화문화를 떨쳐 일으켜 빛나는 것으로 만들자고 주장하는 ≪해협평론(海峽評論)≫은 중국화 사관을 대표하는 잡지이다. 한편, 학교 교육을 중심으로 역사 교육의 개선을 주장하는 ≪역사 교육≫, ≪청화역사교학(清華歷史敎學)≫, ≪역사월간≫ 등에서도 타이완 국내에서의 역사 교육의 상황과 정책에 관한 논의가 항상 이루어지고 있으며, '중국화'와 '본토화'를 둘러싼 논란이 최대의 주제이다. 타이완 본토사관의 대표적 단체인 '타이완 역사학회'는 『역사의식과 역사교과서 논문집』(2003)을 편찬해 역사 교육과 국가 정체성의 문제를 다루었다. 기본적으로 타이완 국내의 교과서 제도에 관한 연구는 일본의 상황에 대해 다소 언급하거나 참고로 하고 있으며, 일본의 교과서 제도를 전문적으로 검토한 논문도 적지 않다. 그러나 그 수는 한정되며, 상당수는 교육에 착안한 것이다. 역사적 관점으로 일본의 역사 교육 문제를 논한 것은 전체적으로 보아 양은 상당히 적지만, 수준 높은 것도 많다. 예를 들면 앞에서 말한 학회의 회보에 수록된 허이린(何義麟)의 「일본 역사교과서 문제의 추이: '국제적 배려'와 '본국 중심' 사이에서 흔들리다」(何義麟, 2002: 69~78)가 대표적이다.

많은 타이완 학자가 일본의 역사 인식 문제를 고찰하는 목적은 타이완에서 역사 인식의 양호한 발전을 증진하기 위해서이다. 필자는 「전쟁 귀신의 그림자: 일본 역사교과서 속의 중일전쟁」(許育銘, 2005: 84~115)에서, 일본의 역사 인식 문제와 역사교과서 논란을 주로 검토해 일본 국내 차원에서 역사교과서의 내용을 비교하는 동시에 정치 투쟁의 영향 아래 있는 역사교과서의 발전을 고찰했다. 또 「법정에 선 역사학: 이에나가 사부로와 일본교과서 검정 소송의 연구」(許育銘, 2006: 251~282)에서는 역사와 법률의 관점에서 이에나가 사부로(家永三郎) 소송 문제[1]를 분석했다. 구체적으로는 일본의 교과서 검정 제도와 헌법으로 보장되는 학술의 자유가 충돌하는지를 검토한 후, 역사 교육을 중시하지만 역사교과서의 질은 경시하는 타이완 역사교육의 현상을 반성하고, 대학 교수의 교과서 편찬 참여를 촉구하면서 이를 정식 연구 성과로 인정하도록 호소했다. 러우즈핑(羅志平)은 「역사수정주의와 신민족주의: 일본교과서 수정을 둘러싼 논쟁의 정치적 효과」(羅志平, 2006: 81~106)에서, 일본이 역사교과서를 수정하려는 심층 심리는 새로운 민족주의의 창조에 있다고 했다. 일본은 제2차 세계대전 이전과 이후 민족의식의 차이를 기반으로 하여, 일본 천황에게 충성을 다했던 전쟁 전의 황국

---

1   이에나가 사부로가 1962년 자신이 집필한 고교 교과서 『신일본사』가 문부성의 검정에서 불합격 판정을 받은 데 대해 제기한 위헌 소송을 말한다. 그동안 일본의 교과서에 언급되지 않았던 난징 대학살과 731부대 등 '아시아 침략 행위'에 대해 서술한 것을 이유로 불합격 처분한 것은 헌법상 보장된 언론·출판의 자유를 침해하는 것이라고 주장하면서 30년간 소송 투쟁을 벌였다. 검정 불합격 처분 취소 판결을 받았지만 검정제도 자체의 위헌 판결까지 얻어내지는 못했다. _ 옮긴이

사관을 상기시키려 하기 때문에 전쟁 후의 '반성하는 일본'에 반대하고 이를 '자학사관'으로 보는 것이며, 일본 국내에 역사 수정주의가 출현했다고 주장한다.

일본이 역사교과서를 수정하려는 심층 심리에 대해 왕훙룬(汪宏倫)은 『『정쟁론』에서 『새로운 역사교과서』로: 일본 당대 민족주의의 원한 심리와 그 제도적 형성 요인에 대한 시론』(汪宏倫, 2010: 147~202)에서 사회학 및 심리학의 관점에서 일본 우파의 심층 심리를 검토했다. 왕훙룬은 사회학 이론을 사용해 일본 민족주의의 심층 심리를 분석하면서, 전체적으로 주로 막스 셸러(Max Scheler)가 거론한 '르상티망(ressentiment)'[2]을 이용해 현대 일본의 민족주의를 구축하고 이해하려고 했다. 이 문제를 논의할 때, 전쟁 전과 전쟁 후 일본의 자기 인식에 거대한 파열이 생겼음을 이해할 필요가 있다. 즉 전쟁 이전의 슬기롭고 뛰어난 '진무 황국(神武皇國)의 백성'이 전쟁 후에는 사죄를 계속할 수밖에 없는 '역사의 죄인'이 되어버린 것이다. 연합국 군대(미국)가 일본을 점령했을 때, 난폭하고 강제적인 방식으로 일본에 민주국가를 수립했지만, 이전의 천황 제도와 황국사관을 완전히 배제하지는 않았다. 커다란 논쟁을 일으킨 이 같은 사실이 르상티망의 씨앗을 심어주었다고 논한 것이다. 논문의 중점은 새로운 민족주의자에 의해 새 역사교과서가 나타난 사회적 배경과, 사회학 이론에서 이러한 민족주의자의 정신 구조의 성립을 이해하고 분석하려는 것이다(黃貞瑜, 2013: 7).

일본 우파의 『새로운 역사교과서』에 대해서는, 황쯔진(黃自進)의 「일본

---

2 원한이나 복수심을 뜻하는 말이다. 인간 본성의 비합리적 측면, 특히 격정(激情)의 구실을 중시한 F. W. 니체(F. W. Nietzsche)는 권력의지에 의해 촉발된 강자의 공격욕에 대한 약자의 격정을 르상티망이라 했다. 반면 셸러는 근대사회의 시민도덕이나 그 발전 형태인 사회주의 사상이야말로 소수 지배자에 대한 대중의 르상티망의 결정(結晶)이라고 하며 윤리적 프롤레타리아트의 의의를 강조했다. 한편, 시몬 드 보부아르(Simone de Beauvoir) 등에 의해 르상티망의 반동적 이데올로기성이 비판되기도 했다. _옮긴이

역사교과서 문제: 『새로운 역사교과서』를 만드는 모임의 사례 검토」(黄自進, 2004)를 대표적인 연구로 들 수 있다.[3] 황쯔진에 따르면 교과서 문제는 일본 적 가치 체계 재건 및 주변 이웃 나라와의 외교 관계와 관련되기 때문에 일본 사회의 동태를 살피는 데 최적의 지표라고 한다. 또 일본에서 역사교과서 문제와 국내의 정치경제 문제는 밀접한 관련성을 지니기 때문에, 일본의 국내 모순이 존재하는 한 교과서 문제도 막을 내릴 일은 없다는 것이다. 간후아이전(甘懷眞)은 「타이완과 일본의 중학교 역사교과서 비교」(甘懷眞, 2009: 151~170)에서 타이완과 일본의 역사교과서의 '과정요강'과 학습 지도 요령을 비교하면서, 일본에서 교과서 문제가 형성된 역사적 배경에는 좌파 사학과 우파 정부의 충돌이 있었음을 논한 다음, 타이완의 교과서 제도를 검토해 건의하고 반성할 점을 제시했다.

　이와 같은 비교의 관점은 역사 인식 문제에 대한 동아시아 공동 연구의 첫걸음이다. 황중환(黃總緩)은 「중일 중학교 역사 교육의 비교: 민족주의와 세계주의의 갈등」(黃總緩, 1994)에서, 타이완, 일본, 중국 대륙의 역사교과서에서 역사 교육의 목표, 내셔널리즘과 글로벌리즘의 관계를 분석했다. 일본 정부는 국제 평화의 이념에 기초한 교육 개혁을 강조하는 한편 역사교과서의 전쟁 반성이 옅어지고 있지만, 전쟁에 대한 반성은 여전히 교과서에 나타나 있다고 말한다. 이로부터 일본 정부와 역사학계, 교과서 편찬자 간의 인식의 불일치를 엿볼 수 있다. 이 불일치는 일본 정부가 국가민족 의식을 (인위적으로) 통합하는 것을 어렵게 만들고 있지만, 일본이 다시 극단적인 국가주의로 치달을 가능성은 부인할 수 없다. 중국의 역사 교육은 정부가 모든 것을 주도하려고 한다. 거기에서는 역사 교육을 국가의 특수한 사정(國情)에 대한 교육과 정치사상 교육의 일환으로 하며, 상당수의 국가 중요 정책이 역사 교육을 통해 선전되고 있다. 교과서에서는 국제 평화에 관한 의

3　황쯔진이 최근 발표한 서평도 특별히 참고할 가치가 있다(黃自進, 2014: 105~113).

제에 대해 국제적인 우호 협력과 각국의 진보·번영 촉진이 제창되지만, 국내 민주와 인권에 관한 의제에 대해서는 정부의 정책과 배치되는 현상이 나타났다. 타이완에 관해 말하자면, 그동안 중국화를 중심으로 역사교과서는 고향과 조국을 지킨다는 기본 정신에 기초하고 있으며, 대내적으로는 학생의 중화문화에 대한 연대감을 육성하는 것으로 국가 통일의 기초를 구축하고, 대외적으로는 국제 협력을 강조함으로써 국제적 지위를 호소했다. 이러한 서술은 1990년대 전반까지의 타이완의 대내외적 상황을 반영하고 있다 (黃總緩, 2013: 8).

3. 동아시아의 역사교과서 공동 편찬에 대해 타이완이 주목하는 점

그동안 타이완에서 공적으로 역사교과서를 관할하는 대표적인 기구는 국립편역관(國立編譯館)이었다. 이는 1932년에 설립된 국가 도서 편찬 기구이며, 교육부에 소속되어 학술문화서적, 교과서 및 학술용어의 편역 사무를 담당했다. 이 기구는 정부와 함께 타이완으로 이전했지만, 편역 성과의 효력도 시대마다 달랐다. 교육부가 민간의 교과서 편찬·출판을 인정한 1997년까지 국립편역관은 중화민국 초중고 각 학년 교과서의 유일한 제공자였다. 그러나 2011년에 국립편역관은 국가교육연구원(國家敎育硏究院)에 합병되었다. 국가교육연구원은 그동안 교육 제도·정책 연구, 교육 정책과 여론조사의 데이터베이스 설치, 교육 정책을 결정하는 데 필요한 정보와 전문적인 자문을 제공해왔지만, 국립편역관과의 합병에 따라 교과서 연구 및 심사의 권한도 장악하게 되어, 초중고 교과서의 심사 기구로서 각급 학교 교원이 참가하는 연수 활동을 상당수 진행해왔다.

2012년 6월, 국가교육연구원과 국립타이완사범대학(國立臺灣師範大學) 공동 주최로 「동아시아 역사교과서 공동편찬 워크숍」이 열렸다. 주목해야 할 것은, 이 워크숍은 국경을 초월한 역사교과서 공동 편찬에 관한 논의, 즉 어떻게 국경을 초월해 협력하고, 공동 집필하고, 쟁점 의제에 어떻게 대응할 것인가의 문제에 대해 상세하고 평이하게 논의한 최초의 무대였다. 지금까지 동아시아에 위치한 타이완은 중국 대륙, 일본, 한국과 밀접한 관계를 맺고 있음에도 불구하고, 국제적인 역사 교과서 공동 편찬이라는 과제 혹은 역사 인식에 대한 국제적 협력 연구에 대해 정부는 기본적인 태도를 보여주지 않았다.

국경을 초월한 역사교과서 공동 편찬은 단일 민족 국가로서의 자기 인식을 넘어서는 기술 방식을 통해 다국가·다민족 간의 대화에까지 도달하며 국경을 초월한 협력을 위해 상호 이해의 기초를 제공한다고 일컬어지고 있다. 현재 역사교과서의 국경을 초월한 공동 편찬은 서양에서 많은 성과를 냈고, 최근 동아시아의 주요 국가도 적극적으로 행동하고 있으며, 중국·일본·한국은 모두 역사교과서를 공동으로 편찬하고 있다. 『미래를 여는 역사: 동아시아 삼국의 근현대사』(2005)에 이어, 『한중일이 함께 쓴 동아시아 근현대사』(2012)가 각각 3국에서 거의 동시에 출간되었다. 이런 국제적 발전 추세에 타이완은 반응을 보이지 않았으며, 특히 중국·일본·한국에 의한 (역사교과서 공동 편찬의) 협력 과정에서 타이완은 외교 등 안팎의 요인으로 인해 이른바 '할 말을 잃어버린(失語)' 상태에 빠져 있었다. 그러나 이와는 반대로 타이완 내부에서는 국가 정체성의 구축에 관한 교과서 및 과정강요 논쟁과 역사 인식 문제, 특히 일본의 통치 시대를 어떻게 정의할지를 놓고 첨예하게 대립하는 격렬한 논쟁이 전개되었다. 즉 타이완의 역사 인식 문제에는 안을 중시하고 밖을 경시하는 경향이 있으며, 이는 시간적·공간적 제약에 의한 것이었다.

앞에서 서술한 2012년에 공적 기관이 주최한 것과 같은 연구 활동은 타이완에서의 국제적인 역사교과서 공동 편찬을 향한 첫걸음으로 볼 수 있을지도 모른다. 이 연구 활동은 동아시아 역사교과서 공동 편찬에 종사하고 있는 학자를 모아 기조 보고를 한 것으로, 중국사회과학원 근대사연구소의 부핑(步平), 일본 쓰루 문과대학(都留文科大學)의 가사하라 도쿠시(笠原十九司)가 초청되었고, 또 국립 타이완 대학 역사학과의 저우완야오(周婉窈)와 중앙연구원 사회과학연구소의 왕훙룬이 타이완의 관점 및 역사사회학의 시각에서 기조 보고를 했다. 과거 동아시아 역사교과서 공동 편찬 사업에 종사했던 부핑과 가사하라는 이런 종류의 연구 과제에 관한 중국과 일본의 대표적인 학자로, 연구 활동의 참가자에게 최신 정보를 제공했다. 게다가 두 타이완 학자의 기조 보고는 한국, 중국, 일본 3국의 역사교과서 공동 편찬에 대한 타이완 학계의 관점을 반영한 것이었다.

저우완야오는 「동아시아사 공통교재 서술의 가능성과 한계에 대한 시론」에서 국경을 초월한 역사교과서 공동 편찬에 잠복해 있는 국가의 주체성, 역사적 기억과 국제정치 등의 심각한 문제를 지적했다. 우선, 한국, 중국, 일본이 공동 편찬한 『미래를 여는 역사』는 일본 제국권(日本帝國圈)을 중심으로 하기 때문에 변방이 된 타이완과 류큐 등의 주체성에 관한 기술이 결여되어 있고, 따라서 누구의 동아시아사인가라는 문제를 추구할 때, 변방에 있는 자의 자주성의 결여가 나타난다고 했다. 게다가 일본 제국권 안에 있던 타이완, 류큐, 한국 등은 공통의 경험을 갖고 있었는가 하는 문제도 있다. 이 같은 결점은 동아시아의 교재를 공동으로 편찬할 때 고려되어야 할 사항이라고 지적했다. 나아가 그는 다국 간에 공통의 역사를 서술할 때 직면하는 시련을 다음과 같이 말했다. "이론상으로는 일국의 역사를 초월해 국경을 넘는 서술을 해야 하지만, 각국의 역사에는 저마다의 문맥이 있어 종종 양립하지 않고 공통의 역사 사건에 대한 서술에서도 논의와 시각을 달리하므로, 그 위에서 각국은 각자의 핵심적인 역사 문제를 처리하고 각자의 국가의 의의와 민족정신의 전통에 직면하지 않으면 안 된다"(詹美華·陳瓶旋, 2012: 171).

이상의 시각과 의견에는 타이완이 갖는 일종의 초조감이 나타나 있다.

한국, 중국, 일본 등이 동아시아에 대해 공동 연구를 진행할 때 타이완을 의도적으로 배제하지는 않지만, 동아시아의 역사 인식을 논의할 때 타이완은 주변화되지 않는다 하더라도 간과되어버린다. 또 타이완 본토사관과 일본 우파의 논리적 결합도 타이완을 궁지로 몰고 있다. 따라서 타이완이 현 단계에서 어떻게 평화적인 대화에 근거한 동아시아의 역사 인식 논의에 참여해야 하는가, 또 어떤 관점에서 타이완인의 동아시아사를 확립해야 하는가, 이것은 탐구할 가치가 있는 문제이다.

이 워크숍에서 얻은 공통 인식은 참고할 만하며, 타이완이 동아시아와 공동으로 역사 인식을 연구하는 데 첫걸음이 될 것이다. 요지는 다음과 같이 간추릴 수 있다.

① 의의와 가치에 대해 회의 참가자는 일치되고 긍정적인 태도를 보였다. 즉 동아시아에서 역사교과서의 공동 편찬은 자기의 시각을 넘어 결과보다 과정을 중시한 것이며, 국민국가(nation state)의 틀에 용감하게 도전하는 것이다.

② 필요조건으로 표현의 자유와 열린 대화가 없어서는 안 된다. 그러나 민족주의의 감정론에 빠져서도 안 된다.

③ 공유해야 하는 주제로 제2차 세계대전 이전, 전쟁 후의 민주화, 민주화 이후 이행기를 어떻게 정의할 것인지가 포함된다.

④ 직면한 곤경과 도전으로서 우선 중국 - 타이완 관계를 피할 수 없다. 상호 '이해 과정'은 매우 중요하며, 이 과정에서 먼저 타이완의 주체성을 전제로 삼아야 한다. 다음으로 가해자와 피해자의 이원적 대립 문제이다. 마지막으로 민족주의의 영향을 돌파하는 문제이다. 즉 민족주의가 가져오는 악영향을 경계하면서 민족주의를 극복하고 초월한 후, 누구에게 가장 유익할 것인지를 구상하는 것이다.

⑤ 공동 연구의 계기로 타이완이 한국, 중국, 일본의 국제 네트워크에 참여하는 것을 고려한다. 열쇠가 되는 사례 연구에 따라 형성된 공통 인식을 교과서에

서술하고, 아이들에게 평화적인 사고 양식을 학습시킴으로써 평화에 대한 '몰이해'로부터 '대화적 이해'로 나아가게 해야 한다(詹美華·陳瓶旋, 2012: 172~173).

4. 맺음말

타이완 본토사관을 지닌 학자는 역사 교육의 개혁이 민주화를 추진할 수 있다고 깊게 믿고 있다. 역사 교육의 개혁은 역사 인식 문제로 취급되지 않았지만 양자는 같은 문제이다. 이 관점은 2014년 3월에 일어난 해바라기 학생운동(太陽花學運)[4]으로 증명되었다. 계엄령 해제 후에 태어난 학생들은 자유화·민주화 시대에 자랐고, 많은 학생은 고등학교에서 '95잠강(九五暫綱: 民國 95년=2006년 暫行課程綱要)'의 역사 교육을 받았다. 이 과정강요는 2004년 민진당 집권 당시 교육부 장관 두정성(杜正勝)의 재임 시기에 '보통고급중학 잠행과정강요'로 공포되고 2006년에 시행되어 '95잠강'으로 불렸다. '95잠강'에서 타이완 역사는 처음으로 독립된 교과서가 되어 중국사의 범위에서 벗어나 교육할 수 있게 되었다(汪宏倫, 2011). 이번 학생운동 참가자들의 국가 정체성, 민주, 인권에 대한 인식은 '95잠강'에 의해 형성되었다고 많은 사람들이 믿고 있다.

타이완의 역사 인식과 역사 교육이 국제표준의 입장에서 동아시아 국가들과의 협력을 구할 수 있는 가능성이 아직은 많이 남아 있다. 어느 국가에서나 역사교과서는 다음의 두 가지 기능이 있다. 즉 과거와 현대 사이에서

---

4 2014.3.18~4.10. 타이완의 대학생과 NGO를 중심으로 입법원과 행정원 건물들을 점거함으로써 타이완의 광범한 서비스 분야를 중국에 개방하려는 마잉주 정부의 무역 정책의 의회 통과를 저지한 사건이다. _옮긴이

일종의 '기억'의 연결을 제공해 공인된 역사 서술을 전달하는 한편, 현대 사회의 수요를 바탕으로 과거를 다시 쓰는 것이다. 이와 같이 역사교과서에 보이는 편견, 차별, 고정 관념을 해소하는 것은 (부정적) 역사 유산으로부터 탈피하는 데 큰 도움이 된다. 국경을 초월한 역사교과서의 공동 편찬과 동아시아 역사 인식에 대한 공동 연구는 이런 종류의 역사 유산을 타파하는 자극제이자 평화 교육에 대한 구체적인 실천이라 할 것이다.

참고문헌

甘懷眞. 2009. 「臺灣與日本的中學歷史敎科書之比較」. ≪歷史敎育≫, 第14期.

羅志平. 2006. 「歷史修正主義與新民族主義: 日本修改敎科書爭議的政治效應」. ≪問題與硏究≫, 第45期.

藍順德. 2010. 『敎科書意識形態 ― 歷史回顧與実徵分析』. 臺北: 頂文書局.

汪宏倫. 2010. 「從『戰爭論』到『新歷史敎科書』: 試論日本當代民族主義的怨恨心及其制度成因」. ≪臺灣社會學≫, 第19期.

_____. 2014. 「臺灣的『歷史認識問題』初探: 史觀, 戰爭, 框架」. ≪21世紀東アジア社會學≫, 第6號.

王甫昌. 2001. 「民族想像, 族群意識與歷史―認識臺灣敎科書爭議風波的內容與脈絡性分析」. ≪臺灣史硏究≫, 8卷 2期.

王仲孚. 2011. 「論『高中歷史新課綱』的根本問題」海峽評論』(ネット版), 247期.

周婉窈. 2012. 『試論東亞歷史共通敎材書寫的可能性及其界限』. 東亞歷史敎科書共構工作坊 會議手冊.

詹美華·陳甁旋. 2012. 「2012東亞歷史敎科書共構工作訪」. ≪敎科書硏究≫, 第5卷 第2期.

何義麟. 2002. 「日本歷史敎科書問題之演變 ― 擺蕩在『國際考量』與『本國中心』之間」. ≪灣歷史學會會訊≫, 13/14期.

許育銘. 2005. 「戰爭魅影―日本歷史敎科書中的中日戰爭」. ≪近代中國≫, 第163期.

_____. 2006. 「站列法庭的歷史學: 家永三郎與日本敎科書審定斥訟之硏究」. ≪東華人文學報≫,

第9期.

黃綉媛. 1994. 「中日初中歷史教育的比較 ─民族主義與世界主義的糾葛」. 國立臺灣師範大學歷史研究所博士論文.

黃自進. 2004. 「日本歷史教科書問題 ─『新歷史教科書編纂會』的簡案探討」. ≪中研院亞太區域研究專題中心≫.

黃自進. 2014. 「東亞歷史教科書問題的組成 ─評菊池 ─隆著『東アジア歷史教科書問題の構圖 ─日本·中國·臺灣·韓國, および在日朝鮮人學校』(法律文化社, 2013)」. ≪教科書研究≫, 第7卷 第1期.

黃貞瑜. 2013. 「歷史認識與書寫─臺, 日, 中高中歷史教科書比較研究」. 國立東華大學歷史學系碩士班碩士論文.

http://www.haixiainfo.com.tw/247-8199. html.

11장

동아시아 공동 연구와 중국의 역사 인식

장페이 江沛 | 김성현 옮김

1. 머리말

하버드 대학의 이리에 아키라(入江昭) 교수 등이 주창한 국제역사학과 윌리엄 맥닐(William H. McNeill)이 1963년 제의한 글로벌 히스토리 혹은 '신세계사'로 불리는 역사 연구 방법은 역사학에 큰 영향을 미쳤다. 이는 방법론의 일종으로 국민국가의 한계를 타파하자는 것으로, 국가, 지역, 민족, 문화를 넘어선 역사를 연구 대상으로 한다. 이는 어떤 의미에서 경제의 세계화, 문화일체화의 물결에 대해 역사학이 보여준 일종의 반응이며, 역사학의 종합적인 융합이라는, 일체화한 거시적 추세를 구체적인 형태로 실현하는 것이다. 그러나 동아시아 지역에서 역사가는 뜻밖에도 '어떻게 동아시아 공동 연구와 역사 인식을 이해할 것인가'라는 의제를 제출하고 있으며, 과연 동아시아 공동 연구를 실현할 수 있을지, 동아시아 여러 나라에서 공통의 역사 인식이 실현될 수 있을 것인지를 염려하고 있다. 이러한 사태에 이르게 된 데는 지난 일을 되돌아보게 하는 몇 가지 요인이 있다(동아시아 각국 특유의 정치 문화, 민족의식, 여론의 압력은, 가령 타이완과 일본이 중국 대륙에 비해 상대적으로 언론의 자유를 누린다 하더라도, 학자들 역시 대중의 노여움에 역행할 수 없다).

동아시아 역사와 현실에 대한 인식은, 단순히 학술상의 문제만이 아니라, 많은 나라의 이익과 상호 관계에 미치고 동시에 복잡하고 어지럽게 변화하는 국가 간의 이익 관계에 크게 제한받는다. 한 가지 특유의 현상으로, 동아시아 각국이 모두 근대화의 후발 국가라는 점이다. 일본의 메이지 유신이 "탈아입구(脫亞入歐)"를 슬로건으로 내세웠지만, 유교 문명의 사고를 벗어나는 것은 어려웠다. 뒤이어 일어난 미일 간 패권 다툼인 태평양전쟁, 냉전 및 미일동맹, 중일분쟁 등의 배경을 지닌 일본은, 근대의 가치관으로 전통적 일본 문화를 도태시킬 충분한 시간을 아직 갖지 못했고, 현대에 정상적인 국가로 되돌아가려는 열망 속에서 민족주의의 속박을 초월할 수 없다. 타이완과 중국 대륙은 1949년 이후 정치적 이유로 오랜 세월에 걸쳐 결별한 채로 있으며, 문화적 차이는 계속 심화되고 있다. 또한 타이완에서는 최근 정치민주화 및 민족 간의 분쟁으로 인해 중국 대륙을 '악마'화하는 인식이 더욱 커져가고 있다. 한국과 북한 양국도 정치적으로 분리 상태에 있고, 일본과 중국에 일종의 '피해자' 감정을 함께 지니고 있다. 문화적 정체성과 역사 인식은 매우 민감한 문제이고, 또한 상당히 강한 민족 자존심을 가지고 있다. '천하의 중심'인 중국은 1840년부터 장기간에 걸쳐 서양과 일본의 침략을 받아 억압된 민족주의 사조가 중국인의 사상을 지배해왔다. 2010년 중국의 GDP는 일본을 넘어섰고, 중국인은 대국의 지위로 복귀했다고 자인하는 허구적 의식이 조장되면서 민족주의 감정이 인터넷을 통해 즉시 고조되었다.

지금 이와 같이 정치적 분리와 국가 이익의 주장에 기인하는 이익과 문화의 차이가 발생한 동아시아 지역에서 지식인에 의한 '동아시아 공동 연구와 역사 인식'의 가능성을 논의하는 것은, 동아시아의 발전과 지역의 안정에 관해 미래를 전망하는 과제일 뿐만 아니라 이 과제 자체가 동시대 이데올로기에 선행한다는 문제를 내포하고 있다. 가까운 장래에 이 연구는 당연히 인정되지 않을 것이고 우리는 고독한 선구자가 될 것이다.

2005년에서 2014년까지, 중국과 일본의 민간 기구가 양국 국민의 생각을 조사했다. 중국 측은 영토 문제의 선택지가 가장 높았는데, 2013년 77.5%에 비해 다소 떨어지기는 했으나 64.8%를 차지했다. 또한 동시에 '일본의 역사 인식과 역사 교육 문제'를 중일 관계의 진전에 영향을 주는 하나의 중요한 선택지로도 보고 있다. 일본 측은 '영토 문제'가 최대의 장애 요인은 아니라고 인식하고 있다(≪中國日報≫, 2014.9.9). 중국 대륙과 타이완 국민의 생각에 관한 조사에 대해서는 아직 모르겠으나, 양국 관계에 영향을 주는 최대 장애 요인은 아마도 누가 중국의 정치적 정통성을 갖고 있는지가 아니라, 타이완에 자결권이 있는지 없는지로 바뀌어가고 있는 것이 아닌가 생각한다. 이 때문에 타이완 당국은 중국사의 내용을 세계사에 편입해 타이완의 역사를 강조하고 중화민국사의 연장으로 갈음하는 역사 교육을 강구하고자 했다. 또한 남색 진영(藍色陣營: 국민당)[1]과 녹색 진영(綠色陣營: 민진당)[2]의 당파 분쟁이 촉발한 비이성적 감정이 역사 인식에 대한 최소한의 이성과 객관성에 꽤 심각한 영향을 주었다. 지금도 대치하고 있는 한국과 북한 양국은 자국 민족의 역사, 특히 민족의 분열을 초래한 한국전쟁사를 둘러싼 해석에 차이점이 있다.

이제 우리는 하나의 결론을 내야 한다. 동아시아 공동 연구와 역사 인식의 형성에서 하나의 기본 전제는 정치 문제의 해결, 영토 문제의 해결, 각국

---

1 국민당은 쑨원이 결성한 정당으로 쑨원이 사망한 뒤 장제스가 국민당을 이끌었다. 일본 패망 후 일어난 공산당과 국민당 간 내전에서 패배한 국민당 정부는 1949년 12월 수도를 타이완의 타이베이(臺北)로 옮겼다. 이후 2000년 민진당 천수이볜(陳水扁)이 총통에 당선되기까지 집권 정당이었다. _옮긴이

2 민진당은 민주진보당(民主進步黨)의 약칭으로 1986년 결성된 정당이다. 민진당은 기본적으로 타이완 독립을 지향하며, 2000년 천수이볜이 총통에 당선되면서 집권 여당이 되었다. 2017년 현재 타이완 총통인 차이잉원 또한 민진당 소속이다. _옮긴이

간의 이해 분쟁의 완화이며, 이것 말고는 다른 방법이 없다.

이렇게 생각하면, 다음과 같은 의문이 생긴다. 국가·지역·민족 차원의 이해 분쟁이 가까운 시일 내에 해결되지 않으면, 동아시아 공동 연구 및 공통 역사 인식의 형성은 실현 불가능한 꿈이 되지 않을까. 나아가 동아시아 공동 연구와 역사 인식의 형성이 각국 간의 상호 인지, 상호 이해의 추진에 무의미한 것일까. 이에 대한 답은 물론 '아니다'이다. 한중, 중일, 한중은 모두 영토 분쟁에 휩싸여 있고, 더욱이 한국과 북한, 중국 대륙과 타이완은 민족 분열과 정치적 정통성의 분쟁이라는 문제를 포함하고 있다. 이런 분쟁은 항상 정치·외교상의 수요에 응해 미디어를 통해 과장되게 표현되고 있다. 그리고 민중의 감정은 나날이 대립해가고 있고, 점차 감정적이고 극단적인 언행으로 전환한다. 더욱이 이것이 극단적 민족주의로 발전하면 정치가나 정치 집단은 민심을 구실로 국방 예산의 확대와 무역보호주의의 추진을 도모하고, 이것이 또 극단의 민족주의적 사조를 고조시키고 민중 간의 감정적 대립을 더욱 심화시킨다. 이러한 감정적 대립은 국가체제·군사력 수준부터 문화적 전통과 역사상 과오에 대해서까지 서로 비난하는 사태에 이르게 된다.

따라서 어떤 의미에서는 각국의 역사 인식을 통해 동아시아 공동 연구를 추진해 각국의 민간 이해와 문화 교류의 평화 분위기를 조성하고, 정치상 긴장 관계와 외교상 분쟁이 초래한 적의(敵意)를 완화하는 것이 매우 중요하다.

동아시아 공동 연구와 역사 인식을 논의하려면 각 방면의 사고, 시각 및 이익 추구를 포괄적으로 검토해야 한다. 이것이야말로 이 의제의 의의이다. 개인적으로 이 연구는 각국의 지식인들이 동아시아 분쟁의 현실에 장기적인 전망과 높은 식견을 보이는 것이며, 지식인이 정치적 현실의 영향을 돌파하여 민간의 힘으로 현실의 정치 분쟁의 이익을 해결하고, 사고의 기초를 구축하려는 시도라고도 생각한다. 가까운 미래에 이 연구에서 진전이 보일 가능성은 크지 않다. 그러나 양식 있는 지식인들이 여기에 관련되어야 할 것이다. 어쩌면 우리의 노력이 동아시아 지역이 평온한 평화공동체로 나아가는 중요한 요인이 될지도 모른다.

이 장에서는 자료와 시각의 문제로, 최근 수십 년간 중일 양국의 관계가 냉랭해진 배경을 바탕으로 중일 관계사를 중심으로 하는 중국의 역사 인식을 사례로 하여, 2004년 중국 전국 중소 학교 교재 심사위원회의 제1회 심사를 통과한 '보통 고교 과정 표준 실험교과서'의 『역사』 1과 2(이하 『역사 1』, 『역사 2』), 중국의 대표적인 일본 연구와 중국에서의 최근 중일전쟁에 관한 연구 상황에 기초해 중국 지식인들의 동아시아 공동 연구와 역사 인식에 대한 견해를 가능한 한 객관적이고 이성적으로 검토하고자 한다.

2. 중국의 역사 인식의 특징과 곤경

중화인민공화국이 성립한 1949년 이후 중국에서 역사 인식, 특히 중국 근현대사, 중일 관계사에 대한 인식은 이데올로기의 구축과 민족의 자존심을 고양하기 위한 선전, 혹은 일본의 침략에 의해 초래된 증오가 혼재되어 있고, 이는 사고방식, 문화적 전통, 국제적 시각에도 관련되어 있다. 여기에 나타난 문제는 다음의 다섯 가지 특징을 갖고 있다.

1) 습관적 도덕 판단

도덕 판단은 중국인의 전통적인 역사관에서 보이는 한 가지 특징이며, 법과 이성이 아니라 장기간에 걸친 혈연관계를 중심으로 하는 가부장제 사회에서 이어져 오는 가족애·도덕·감정을 시비의 판단 기준으로 하는 의식이다. 물론 이는 근대적 가치 판단의 기준이 아니다. 현재에도 중국의 고등학교 교과서, 나아가 대학의 교재에서 1840년 영국에 의한 중국 침략 전쟁을 출발점으로 중국 근대사를 언급할 때, 이는 민족의 굴욕적인 역사이자 국치의 역사이며, "피와 눈물의 결정(結晶)"으로 되어 있다. 이 문맥에 따라, 중국의 군대와 인민이 그 시대 이후 침략에 반대했다는 일종의 영웅 서사를 덧붙여온 것은 자명한 이치가 되고 있다(人民教育出版社課程教材研究所·歷史課程教材研究開發中心 編著, 2004: 26).

이렇듯 영토 분할, 경제 손실, 침략 전쟁이라는 점에서 러시아와 일본이 근대 중국을 가장 많이 침략하고 가장 심하게 피해를 입힌 두 나라라고 보는 교과서는 적지 않다. 국민국가의 입장에서 보면, 중국인이 민족의 존속과 독립 자주의 권리를 지키는 것은 부정해야 할 것이 아니다. 그러나 이러한 역사 인식은 늘 여기에 머물러 있으며, 근대 중국은 왜 침략받았는지, 결국 어떤 원인 때문이었는가라는 반성이 매우 부족하다. 리훙장(李鴻章)이 지적한 "지난 삼천 년 이래 유례가 없는 비상사태"라는 세계의 추세에 직면하여 오직 눈물샘을 자극해 증오를 불러일으키는 것만으로, 정신을 계몽하지 않으면 역사의 발전과 변화에 주어진 교훈을 충분히 이해할 수 없는 것은 당연하다.

2) 모순된 세계관

서양 열강과 일본에 대해서는, 중국을 '반식민지·반봉건' 시대로 전락시켜 독립자주를 앗아간 나쁜 나라로 간주하는 한편, 서양으로부터 도입한 근대 문명의 보급이야말로 중국이 봉건사회에 대한 반대를 외치는 열쇠가 된 것으로 보고 있다. 또한 진보적인 중국인이 중국의 진흥을 위해 서양을 배우고, 자본주의를 발전시켜야 한다고 호소해 서양의 물질문명과 제도문명이 중국과 열강과의 협력을 바탕으로 중국에서 신속히 확산되었다고 한다. 한편으로는 제국주의 열강이 중국의 자본주의 발전을 용납하지 않았다고도 서술하고 있다(人民教育出版社課程教材研究所·歷史課程教材研究開發中心

編著, 2004: 33).

　무력으로 중국에 진출한 침략자임과 동시에 현대 기술을 도입한 경제와 문명의 개척자라는 서양과 직면해, 중국인의 심리 상태와 역사 교육은 늘 수동적이라는 모순을 안고 있다(江沛, 2008). 예를 들어 『역사 1』에서 근대 중국의 역사 과정을 서술하는 경우에, 서양과 일본에 대해 무자비하게 비판하고 견책(譴責)하고 있다. 그러나 『역사 2』에서 서양의 중국 진출을 묘사하는 경우에는 서양이 중국 자연경제의 해체, 양무운동의 전개, 사회구조의 심층적 변혁을 초래했다고 쓰고 있으며 민족자본주의의 발전을 시대의 진보로 간주하고 있다. 마찬가지로, 중국 전국에서 통일되어 있는 대학의 정치 이론 과정 교재인 『중국근현대사강요(中國近現代史綱要)』에는 중국과 서양에 관한 서술이 분열되어 있다. 양자는 서로 보충하는 듯 보이지만, 실제로는 상기의 모순된 세계관을 구체화하고 있다.

3) 통일과 중앙집권을 핵심으로 하는 천하 관념

　중국의 역사는, 진(秦)의 통일 이전에는 오랜 기간에 걸쳐 여러 나라가 독립해 있었다. 서서히 서주 시대부터 느슨한 연방제의 제국(帝國)이 형성되고, 춘추전국시대에 들어서자 제후가 난립하는 분열 상태로 바뀌었으나 결국 진에 의해 통일된 중앙집권국가가 수립되었다. 이후 제국정치(帝國政治)의 영향으로 중국인의 역사관은 중앙집권을 기준으로 삼게 되면서 분열은 견책되어야 하는 것으로 간주되었다. 통일인가 분열인가의 판단은 영토 혹은 강역(疆域)3을 기준으로 이루어졌다. '천조대국'의 의식을 토대로 중국은 주변의 민족 및 국가와의 관계를 '조공 체제'로 유지하고 극히 강렬한 자기중심의식을 형성했다. 근대 이후 통일의 기준은 강역으로부터 중앙정권에 대한 인식으

3　근대적 의미의 '영토'와 달리 국가가 점과 선에 의해 지배를 관철하는 공간이다. _옮긴이

로 발전했으며, 중화민국 초기 공화제는 물론 심지어 민주·자유의 이념에 대한 지식인의 추구에서도 중앙정권에 대한 인식이라는 기준이 적용되었으며 그 결과 여러 가지 가치판단상의 착오가 발생했다. 동아시아 지역에 대한 인식에 관해 말하자면, 일부 연구는 항상 동아시아 지역을 유가문화권(儒家文化圈)으로 간주함으로써 중화문명의 영향력을 지나치게 강조하는 한편, 동아시아 여러 국가·민족의 역사와 그 특성을 간과하고 '유럽중심론'을 비판하는 동시에 무의식중에 '중화중심론'에 빠지고 있다.

4) 혁명사관의 지속

1890년대부터, 특히 러시아 혁명의 성공 이후 혁명은 사회변혁과 민족독립을 실현하는 가장 유효한 수단이라는 의식이 중국 엘리트층과 지식인 사이에서 사상의 주류가 되었다. 이로부터 혁명은 절대적 정당성을 갖게 되었다. 1949년 이후 중국 근대사, 중국공산당사에 관한 지배적 서술은 중국혁명의 정당성을 부각시키는 것을 중심으로 함으로써 중국공산당 정권의 합법성을 주장해왔다. 그 때문에 혁명은 역사관을 평가하는 유일한 기준이 되었다. 이러한 문맥에서 중국 근대사는 반(反)침략, 반(反)봉건주의의 혁명사로 묘사되었고, '눈을 크게 뜨고 세계를 보는 최초의 인물'로 일컬어지는 린쩌쉬(林則徐)를 비롯해 서양의 경제와 제도의 도입을 주장한 웨이위안(魏源), 쉐푸청(薛福成), 정관잉(鄭觀應), 왕타오(王韜), 캉유웨이(康有爲), 량치차오(梁啓超) 등이 반봉건을 진행해가는 인물로 제시되고, 또한 태평천국, 의화단, 쑨원이 지도한 동맹회에 참가한 인물이 반침략의 혁명가로 서술되어 있다. 그러나 오늘날 그들은 모두 철저한 혁명가가 아니라는 평가가 내려지고 있다.

또한 이 혁명사관에 의하면, 서양은 언제나 악의를 품고 있으며 일본은 언제나 음모자이고 러시아는 야만국이며 중국의 통치자는 모두 봉건주의의 대표자이다. 그들은 전부 중국혁명에 반대하는 적이며 혁명의 대상이었다.

그리고 민주공화제는 중국에서 진정한 진보를 실현할 수 없고 서양의 억압 하에 근대 경제의 성장을 실현하기도 어렵고, 오직 혁명에 의해서만 국민국 가의 독립자주를 확립하고 처음으로 진정한 정치적 자유를 획득해 사회의 진보를 추진할 수 있다는 것이다. 중국공산당이 바로 그 철저한 혁명가의 대표이자 혁명의 유일한 지도자이다(『中國近現代史綱要』編寫組 編, 2013: 71). 혁 명사관은 중국공산당에 의한 이데올로기의 구축과 함께, 중국사학계에 확 실히 영향을 미치고 있을 뿐만 아니라, 예술, 영화, 드라마, 연극, 나아가 문 화계, 교육계에 대해서도 영향력을 키워가고 있다. 이들은 고등학교 졸업 후에 다시 진지하게 역사를 배울 기회가 거의 없는 청년 세대에게, 얕고 애 매하지만 비교적 공통된 역사 인식의 일부를 키워주었다.

5) 경제의 급속한 성장 후에 다시 분출한 민족주의 이념

수천 년도 전에, 농경문명을 중심으로 한 중화문명은 동아시아 지역에 서 특별한 우위성이 있고, 주변의 유목문명과의 관계를 천하관과 조공 체제 로써 유지해갔다. "덕을 갖춘 자는 천하를 얻는다"라는 천하관과 "천하를 얻 은 자에게 공물을 바친다"라는 왕조관은 오랫동안 중국인의 정치관을 지배 했다. 또한 중화문명이 주변 지역보다 우위에 있었기에, 여러 번 침략을 받 아도 주변민족의 문화를 동화하는 것으로 존속하는 데 성공했기 때문에, 우 월감을 가진 '천조상국(天朝上國)'의 심리를 형성하게 되었다. 근대에 들어서 면, 외국의 침략으로 중화 문명의 우위성을 잃어버려 열등감과 서양 숭배의 심리가 뒤섞여 들어와 '천조상국'의 심리는 억압되었다.

1980년대부터 30년간 개혁·개방 정책이 불러일으킨 고도 경제성장으 로, 중국은 세계 제2의 경제 대국이 되었다. 이 때문에 이제까지 100년간에 걸쳐 억압받아온 '천조상국'의 심리와 중국인의 민족감정이 분출하게 되었 다. 상실한 권익을 회수하고 이전의 천조대국과 같은 우위성을 되찾아 역사의 상처를 치료하기 위해, 무력에 호소해서라도 주변의 국가 및 지역과의 분쟁을 해결하려는 심리는, 올바른 역사관에 기초한 교육이 결여된 청년 세대 사이에서 은근히 늘어나고 있다. 또한 인터넷의 발달로 익명으로 발신이 가능하게 되어 이런 심리는 더욱 광범위하고 신속하게 퍼져나가고 있다. 이런 가운데 민족의 자존심과 편협하고 거만한 민족적 심리도 나타나 우려할 만한 사상을 형성하고 있다.

이상에서 언급했듯이, 현재 중국에서 역사 인식의 다섯 가지 특징은 중국인의 전통적 사고방식, 이데올로기의 구축, 국제 환경 등과 관련되어 있다. 일부 역사 인식에서 문제가 생겨나고 있으며 이성적 판단이 결여되고 역사적 사실의 전개 과정에 대한 깊은 이해력이 부족하고, 주변 국가, 지역 문화, 민족의 특성에 대한 인식과 이해도 부족하다. 이러한 이데올로기와 국제 환경의 변화에 큰 영향을 받는 중국의 역사 인식은 현재의 가치라는 면에서 깊이 반성할 필요가 있다.

3. 동아시아 관계사, 중일 관계사에 대한 인식 형태

지면 관계상 이 절에서는 주로 중국의 역사학 연구, 동아시아 관계사, 근대 중일 관계사에 대한 여론과 민중의 인식을 논하겠다.

동아시아란 무엇인가? 이것은 근대 세계사의 성립 이후, 유럽 및 서양과 대조되는 하나의 공동체 개념이고, 하나의 지역성 개념이며, 공업화 생산양식에 뒤떨어진 하나의 농업문명 개념이다.

이 의미에서 보면, 일본이 이전에 제기한 '대아시아주의' 이론은 아시아를 침략해 서양의 식민주의자를 배제하고, 동아시아의 패자 지위를 다투어, 정당성에 의거한 사상적 책략을 제공했을 뿐만 아니라, 자국의 이익 주도를 본래 출발점으로 하는 권리의 주장이었다. 다만 이것이 진실로 동아시아 각국의 요구를 대표하는 것이었는지는 별개의 문제이다. 100여 년 전, 후쿠자와 유키치는 청일전쟁을 하나의 "개화 대 보수의 전쟁", "문명 대 야만의 전쟁"으로 해석하고, "일본인의 안중에는 중국인도 없고 중국도 없다. 다만 세계문명의 진보를 목적으로 하고 그 목적에 반대하거나 이를 방해하는 것을 타도하는 데까지 이른다면, 사람과 사람, 나라와 나라의 일이 아니라 일종의 종교전쟁으로 보는 것도 가능하다"라고 기술했다(福澤諭吉, 1961: 492).

그런데 이처럼 중국에 가까운 동아시아 지역은 중국의 국가 이익에 무엇보다 밀접하게 관계하는 지역이며, 여기에는 우호 관계를 맺은 나라, 경쟁 관계에 있는 나라, 친선 관계가 없는 나라들이 죽 늘어서 있는데도, 중국의 역사 인식에서는 이들에 대한 이해와 관심이 부족했다. 근대 이래로 100여 년, 특히 최근 30여 년 사이 세계를 주도하는 구미 각국과 그 기술 및 경제가 지탱하는 생활양식은 중국에 대한 영향력을 나날이 키워가고 있다. 이 때문에 중국인의 국제사회에 대한 인식은 항상 아시아 여러 나라를 간과하고 구미 각국만을 주목하고 있다. 그 결과 많은 청년은 구미의 도시·생활·문화의 특징을 충분히 파악하고 있지만, 가까운 일본과 한국에 관한 지식이 매우 한정되어 있으며, 타이완에 대해서도 아리산(阿里山), 르웨탄(日月潭), 타이베이(臺北)의 고궁(故宮), 타이베이 101 등의 관광지밖에 모른다. 현재 중국에 보급되어 있는 고등학교 교과서와 대학 교과서에는 '동아시아'라는 개념의 해석 또는 동아시아 지역의 중요성에 관한 해석은 거의 없다. 이는 정말로 이해할 수 없는 일이다.

동아시아 지역에 있는 나라의 역사와 국가 관계사에 관한 서술은, 고대의 경우 아시아 지역에서 중화문명의 우위와 조공 체제밖에 언급하고 있지 않으며, 근대의 경우 중국을 침략한 일본과 러시아가 항상 언급되고 있지만, 한국·조선과 타이완은 거의 시야에 없다. 요컨대 동아시아라는 개념에 대해 중국인의 머릿속은 거의 비어 있거나 아니면 일본의 대체품으로 이해하고 있다. 예를 들어, 인도와의 국경분쟁에 관해 고등학교 교과서와 대학의 정치 교재에서는 전혀 언급하고 있지 않다. 한국전쟁에 대해서는 고등학교 교과서에는 여전히 기술되어 있지 않고, 대학의 정치 교재에는 기술되어 있으나 최소한으로만 언급되어 있다.

여론과 민중이 생각하는 동아시아의 범주에는 대략 중국, 일본, 한국, 북한이 포함되어 있다. 그러나 타이완은 동남아시아에 속해 있는 듯하고, 동아시아는 이후 언제까지나 분열되어 있을 것으로 간주된다. 중일 사이는 우호적 관계에서 분쟁으로 향하고 있으며, 한국과 일본은 표면상 사이가 좋지만, 내심으로는 사이가 원만하지 못한 듯하다. 한국과 북한은 말할 필요도 없이 분열되어 있고, 중국과 북한과의 관계는 예전의 '동지·형제'라는 관계로부터 냉랭한 관계로 변한 것 같다. 이 때문에 동아시아 공동 인식이라는 과제는 전혀 논의할 수 없는 화제가 되고 있다.

근대 중일 관계사에 대한 인식에서 여론과 민중의 인식은 여전히 견당사(遣唐使)의 이미지에 머물러 있다. 예전의 일본은 문화 면에서 중국의 제자이며 근대에 와서는 갚아야 할 은혜와 의리를 망각해 스승으로서의 중국을 괴롭혔다는 점을 강조하고 있다. 중일전쟁과 일본군의 폭행에 관해서는, 항상 중일 외교의 필요에 따라 관련 보도가 많아지기도 하고 적어지기도 한다. 근래 일본 정치인들의 몇 번에 걸친 야스쿠니 신사 참배와 우발적인 반중(反中) 언론이 보이는 중국에 대한 강행적 자세로 인해 생겨난 과장과 자극 때문에, 중국 민중 사이에 일본은 공식적으로 사죄하고 싶어 하지 않고 객관적으로 중일전쟁사를 서술하고 싶어 하지 않는다는 나쁜 이미지가 형성되어 있다.

미디어에 연속 보도되는 반일(反日) 내용과 일련의 '항전 드라마', '항전 영화'의 제작을 기본으로 하여, 특히 전쟁에 대해 깊이 성찰하지 않는 환경과 시장경제의 수요에 영향을 받아 비웃음이 섞인 표현인 '항일 신극(抗日神劇)'(항일 신화 드라마)이 대거 등장하고 있다. 그 내용은 언제나 저속하고 엉터리이며 있을 수 없는 것으로, 거기에서는 일관되게 일본군·괴뢰군을 악마화하고 있다. 중국의 지속적 경제성장과 공업화의 진전에 따라 경제 면에서는 중일 간의 격차가 줄어들고 중국이 일본을 추월할 것으로 보인다. 이 때문에, 중국 민중의 마음에 숨겨져 있는 '천조상국'의 심리가 다시 부상하고 있다. 국토의 면적과 인구수를 기준으로, '소일본'이라는 멸시의 의미가 담긴 호칭이 다시 사용되고 있다. 그 배후에는 경솔한 대국 심리와 겉으로 보기에 과도한 자존심이 가득 차 있다.

그러나 다음과 같은 사정은 매우 흥미롭다. 중국 민중이 품고 있는 일본제 상품에 대한 좋은 이미지는 1980년대부터 출현해 아직도 지속되고 있다. 현대적인 생활양식을 추구하는 중국인은 중일전쟁이 초래한 일본에 대한 정치적 반감을 현실 생활과 관련짓지 않으므로, 그들에게 일본제 전자제품과 그 외 생활용품은 여전히 고품질의 상징으로 남아 있다. 예를 들어 유니클로, 무지루시료힌(無印良品), 이세탄(伊勢丹) 등은 젊은이와 중산층 사이에서 매우 인기가 있고, 이자카야(居酒屋)와 일본 요리는 유례없는 속도로 성장하고 있다. 선진적 문화와 품질 좋은 상품의 추구라는 면에서 말하자면, 중국인은 그다지 정치적 감정을 끄집어내지 않는다.

18세기 말부터 19세기 중반까지 중국과 일본 사이에는 청일전쟁, 일본도 관여했던 의화단 사건, 중국 동북 지역에서 싸웠던 러일전쟁, 일본에 의한 산둥(山東) 출병과 칭다오(靑島) 점령, 또한 1937년부터 중일 전면 전쟁이 잇달아 발생했다. 당시 중국은 자국에서 일본이 세력을 확장하는 것을 전혀 저지할 수 없었다. 중일 양국의 경쟁은 사실 두 부류의 문명의 경쟁이며, 중국의 패배는 피할 수 없었다. 이후 오랜 기간, 중국의 근대화 과정에서 일본은 가교(架橋) 역할을 하며 서양의 기술과 문명을 수용하는 데 크게 공헌했다. 당시 일본은, 마르크스가 지적한 아편전쟁을 일으킨 영국과 같이 "역사의 진보에 의도하지 않은 역할을 했던" 것은 아닐까. 이는 검토할 가치가 있는 매우 흥미로운 문제이다.

중일 관계사 전체에 대한 이해에 관해 말하자면, 중국사와 국제 관계사의 분야에서는 지정학, 현대 경제의 지표, 후쿠자와 유키치를 비롯한 사상가의 영향 등 여러 시각이 있다. 여기에서는 공통되게 일본에 의한 중국 침략이 '대륙 정책'에 의거한 것임을 강조하고, '음모론'의 존재를 주장한다. 이런 이해는 항상 의도적으로 때로는 무의식적으로 일본 정부와 군부를 동일시하고 일본 내부의 분열, 국제 환경의 제약, 중일 관계사에서의 복잡성을 무시할지도 모른다. 장기간에 걸쳐 중국은 비밀에 싸인 무질서의 왕조 정치로 지배되어왔기 때문에, 중국인은 정책 형성 과정이 '음모'의 결과라는 것을 믿어왔다. 삼국시대의 제갈공명은 우수한 정치가의 전형으로 인정되고 발군의 지혜를 지녔으며 부드러움으로 강함을 제압했다. 이렇듯 정치가는 지혜의 대표자이고 정치는 지혜의 대결로 간주되고 있다. 이에 반해 무력과 폭력은 두려운 것이며 하등한 것으로 인식되고 있다. 근대의 중일 관계에서 우위성을 지닌 일본이 지배적인 지위를 차지하여 중국이 온갖 고생을 겪었기 때문에 중일 관계 역사상 혹은 전 시기의 일본 정치가와 군인에 대해 중국인은 항상 ① 정의감 없는 음모자, ② 인권 의식 없는 잔혹한 자라는 이미지를 가지고 있으며, 도덕적으로는 매우 낮은 위치를 부여하고 있다.

고등학교 역사교과서에서 항일 전쟁에 관한 서술은 약 5쪽 분량인데, 전쟁의 발발 및 종결과 관련해서는 간결한 설명 이외에는 일본군의 폭행과 중국공산당에 의한 전쟁을 기술하고 있을 뿐이다. 장제스가 지도한 국민혁명군의 항전, 또는 국민정부 통치구(統治區), 중국공산당 근거지와 피점령지에서의 민중 생활 등에 관해서는 전혀 언급하고 있지 않다(人民教育出版社課程教材研究所·歷史課程教材研究開發中心 編著, 2004: 35~39). 이런 역사 서술은 불충분한 역사 지식과 역사 인식을 일방적으로 학생들에게 제공한다.

이와 달리 대학의 정치 이론 과정 중 하나인 『중국근현대사강요』에는 최근 변화가 보인다. 이 책 제6장에 '국민당과 항일의 정면 전장(正面戰場)'을 내용으로 하는 절이 있는데, 약 두 쪽 반 분량이지만, 항전사에 대한 인식의 중대한 전환이라고 할 수 있다. 그러나 그 앞에 있는 두 개 절은 "무장 항일의 기치를 올린 중국공산당"이라는 제목하에 만주사변 이후 중국공산당이 지도한 국지 항전을 특히 강조하고 있다. 중일 전면 전쟁이 발발한 후 국공합작에 대해서도, 저자는 다분히 의도적으로 중국공산당에 의한 '합작 항전'의 추진을 국민당보다 먼저 서술하고 있다. 이러한 글쓰기 방식은 중국공산당이 국민당의 항전을 촉구한 듯한 인상을 독자에게 심어줄 것이다. 또한 제4절은 "중국공산당은 항일 전쟁의 대들보가 되었다"는 제목하에 중국공산당에 의한 무력 항전과 후방 동원, 중국공산당 조직의 발전 등을 서술하고 있으며, 그 분량이 12쪽 반을 차지하고 있다(『中國近現代史綱要』編寫組編, 2013: 142~151, 이하 인용은 같은 책의 쪽수를 의미한다). 중국공산당이 지도한 게릴라전에 관해서는, "중국공산당이 지도한 무장 병력은 12만 5000번의 작전을 수행했고, 171만 4000여 명의 일본군과 괴뢰군을 섬멸했다. 그중 섬멸한 일본군의 숫자는 52만 7000여 명에 달한다"(p.154)라고 서술되어 있다. 만주사변부터 중일 전면 전쟁이 종결될 때까지 중국의 항전 전체의 성과를 총괄해 "150만여 명의 일본군을 섬멸했다"고 결론내리고 있다(p.165). 그렇다면 1931년 만주사변부터 1937년 7월 전까지의 국지적 항전에서 일본군의 손실이 100만 명 이상이었다는 것 아닌가. 어떻게 하면 그런 일이 가능할까? 또한 그렇다고 한다면, 전면 항전의 의의와 중요성을 어떻게 설명할 수 있을까?

중일전쟁사의 서술에 중국인의 역사 인식이 충분히 나타나 있다. 그것은 세계 근대화의 진전으로부터 전면적으로 뒤처져 있던 중국의 취약한 국력에 대해 전혀 반성이 없다는 것이다. 과거의 약한 중국을 인정하는 것을 자기 민족에 대한 폄훼로 생각하는 듯하다. 일본의 중국 침략 정책은 일본을 중심으로 한 새로운 동아시아 국제 질서의 구축에 상응한 것이며, 일본의 대(對)중국 정책의 실책은 잘못된 중국 인식에서 초래된 것이라는 생각과 인식은 중국에서 극히 적다(宋志勇·田慶立, 2010: 2~3). 대체로 일본의 중국 침략을 도덕적으로 견책하는 시각이 우세하다. 따라서 일본군과 괴뢰정권이 지배한 피점령지의 경제와 생활의 실태를 분석한 것은 없고, 피점령지에서의 마약, 유곽, 강제 연행, 위안부 등 어두운 면을 강조하는 역사 서술이 역사의 전체상이 되었다.

게다가 일부 역사 서술은 사실을 과장하거나 왜곡하고 있다. 예를 들어 1939년 톈진(天津)의 대홍수로 일본 조계(租界)가 재해를 지원하기 위해 배수 공사를 실시한 것을 기동유격대(冀東遊擊隊)를 익사시키려 음모를 꾸민 것으로 해석하고 있다(기동유격대가 활동한 주요 지역은 톈진 북부의 산악 지대인 점을 고려해야 한다). 또한 사료의 진위와 신빙성을 구분하지 않은 연구도 보인다. 예를 들어 1942년 허베이성 수해는 일본군이 바이양뎬(白洋淀)의 둑 100개를 터뜨려 발생한 것으로, 허베이성 40여 개 현이 피해를 입었다고 기재되어 있다(바이양뎬 저수량을 생각하면 그럴 가능성은 없다). 또한 일본군의 폭행에 대한 기술에서는 많은 부분이 과장되어 있고 다른 원인에 의한 사망도 자주 일본군이 원인으로 제시되어 있다. 예를 들어 어떤 연구는 8년간의 항전으로 중국인은 3500만 명의 사상자를 냈으나, 그중 포로와 강제 연행자가 1000만 명에 달했다고 말한다(何天義 編著, 2013: 15).

1980~1990년대 중일 정부 간의 관계는 경제적 요구가 대폭 증가하면서 긴밀해졌다. 민간의 관계도 일본 측의 죄악감, 중국 측의 근대적 기술과 생산품에 대한 동경에 의해 대체로 우호적이었으나 문제는 조용히 잠복해 있었다. 2000년 이후, 특히 최근 10년간은 중일 국교 수립 후 정부 간 관계로부터 민간의 인식에 이르기까지 쌍방의 인식이 급속히 저하되었다. 양국의 마이너스 요인을 완화하던 거의 모든 요인이 약화되었다(중국 경제가 강대해지자, 일본 측의 전쟁 책임감이 대폭 감소하고, 중국 측은 일본의 기술을 부러워하지 않게 되었다).

이러한 배경하에서, 지난 100년간 아시아 최정상이라는 데 익숙해져 버린 일본 국민에게, 또한 100년 전 동아시아의 최정상이던 지위를 회복하고 싶어 하는 중국 민중에게, 2010년 중일의 GDP 순위가 역전된 것은 새로운 기원을 여는 중요한 역사적 전환점으로서 의의가 있다. 2013년 중국의 보아오 아시아 포럼에서 발표된 「아시아 경제 경쟁력 2014년 보고서」에서는 아시아 37개국 중 일본이 23위까지 하락했다고 한다. 경제의 급속한 성장을 경험한 일본의 민중에게 이로 인해 생긴 상실감은 불을 보듯 뻔하며 국민의 의식은 어두운 그늘에 가려졌다. 또한 여론의 보수화와 영웅적 정치가의 출현을 바라는 목소리도 이로 인해 생겨났다. 중국 민중 사이에 대국이 출현했다는 의식과 자국을 자랑하는 의식도 이로 인해 높아져갔다. 그 후 이러한 배경하에서 중일 민족의 심리는 극히 복잡한 변화를 보였다. 장기간에 걸쳐 중국은 낮고 일본은 높고, 중국은 약하고 일본은 강하고, 중국은 열등하고 일본은 우월하다는 분위기가, 점차 중국과 일본이 평등하다는 쪽으로 변하고, 더욱이 교양이 부족하고 전통적 사고를 꽤나 좋아하는 중국인에게 '천조대국'이라는 분수를 모르고 우쭐대는(夜郎自大) 심리가 다시 나타나게 되었다. 서로 어긋나고, 덤비고, 적대시하거나 멸시해, 양국 각각에게 과거의 이미 중요하지 않게 된 역사 문제에 대한 엇갈린 인식이 '새로운 문제'로 변화했다. 민심의 끊이지 않는 압력하에 일본 측은 각료가 야스쿠니 신사 참배에서 강경한 태도를 보이고 중국 측은 국가 규모의 위령으로 응수하는 데 이르렀으니, 민심은 국가 수준에서의 정치적인 의사나 태도를 분명히 드러내는 것으로 대항하게 되었다. 이런 추세는 민간에서 이어지고 무르익어 양국 민중의 상호 인식을 부정적인 방향으로 몰고 갈 것이다.

4. 맺음말

중국인의 동아시아, 근대 중일 관계사 및 현대 중일 관계에 대한 인식을 돌이켜보면서 각국의 '동아시아' 개념을 둘러싼 차이를 어떻게 줄여나갈 것인가? 어떻게 동아시아 역사에 관한 객관적이고 진실에 기초한 공통 인식을 형성할 것인가? 이 과제가 민족주의를 억제하고 동아시아 지역의 안정을 촉진해 각국의 관계를 개선하는 데 매우 중요한 문제임을 우리는 깊이 인식하고 있다.

2014년 9월 9일, ≪차이나 데일리≫와 일본의 ≪언론 NPO≫가 공동으로 실시한 제10회 '중일 관계 여론조사' 결과를 발표했다(1000명의 일본인과 1539명의 중국인을 대상으로 했다). 일본인의 중국에 대한 '인상은 좋지 않다'고 응답한 사람이 93%에 달해, 지난 2013년보다 2.9% 상승했다. 이는 2005년 이래 가장 높은 수치였다. 중국인의 일본에 대한 '인상은 좋지 않다'고 응답한 사람이 86.8%로 전년도보다 6% 감소해, 다소 개선되었다(≪中國日報≫, 2014.9.9).

| 그림 11-1 | 중국인의 일본에 대한 전체적인 인상(2014)

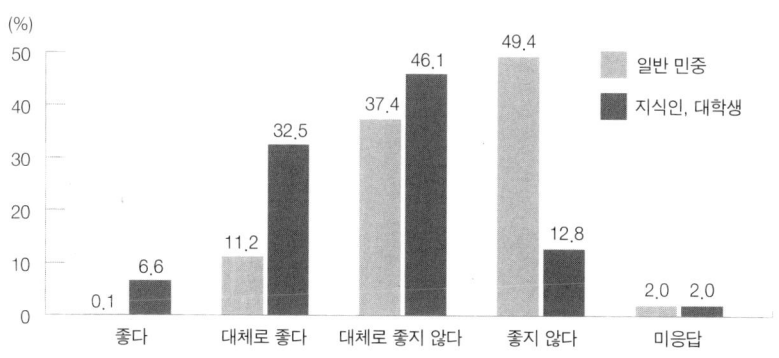

주: 〈그림 11-1〉~〈그림 11-5〉는 中國日報網의 '2014년 중일 관계 여론조사'에서 인용했다.

| 그림 11-2 | 중국인의 민간 교류를 통한 중일 관계 개선의 중요성에 대한 판단(2014)

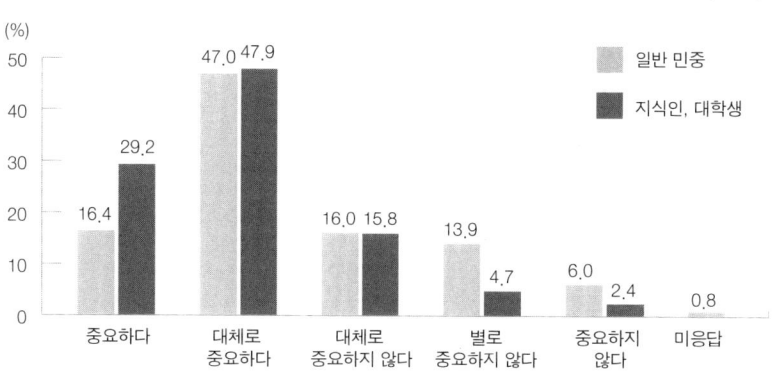

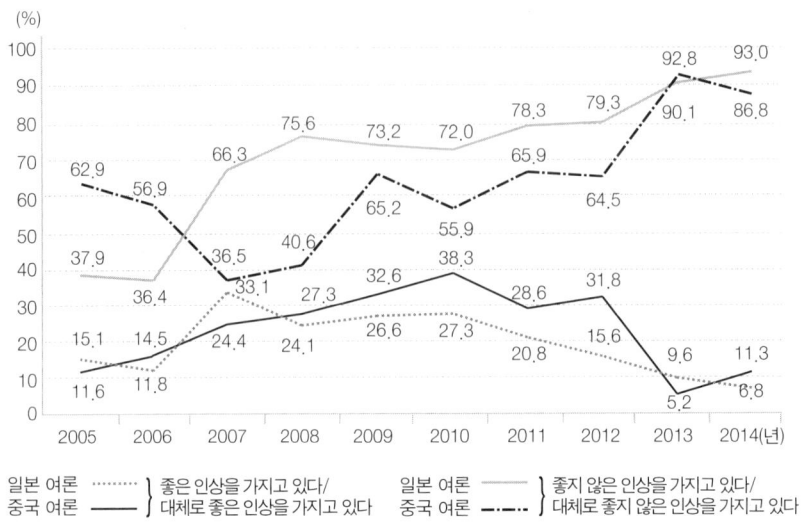

|그림 11-3| 과거 10년간 중일 국민의 서로에 대한 인상

(%)

일본 여론 ········· } 좋은 인상을 가지고 있다/
중국 여론 ——— 대체로 좋은 인상을 가지고 있다

일본 여론 ——— } 좋지 않은 인상을 가지고 있다/
중국 여론 —··—·· 대체로 좋지 않은 인상을 가지고 있다

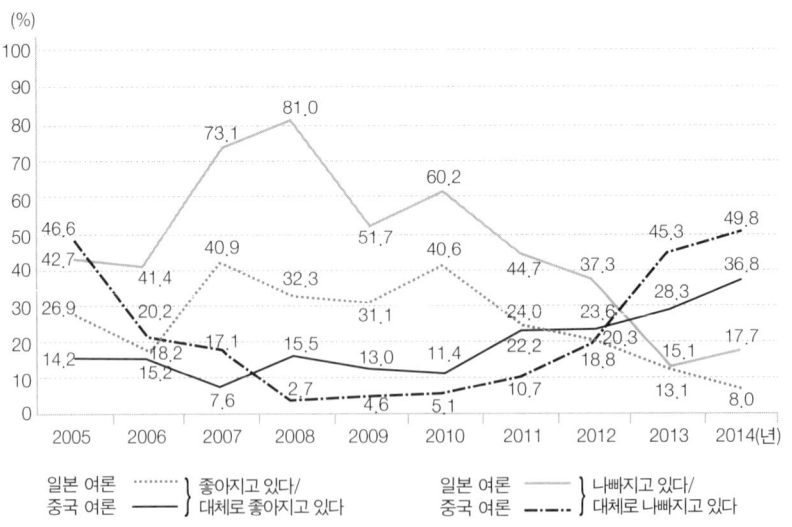

|그림 11-4| 과거 10년간 중일 국민의 양국 관계 발전 동향에 대한 판단

(%)

일본 여론 ········· } 좋아지고 있다/
중국 여론 ——— 대체로 좋아지고 있다

일본 여론 ——— } 나빠지고 있다/
중국 여론 —··—·· 대체로 나빠지고 있다

| 그림 11-5 | 과거 10년간 중일 국민의 양국 관계 중요성에 대한 인식

(%)

일본 여론 ········· ⎫ 중요하다/
중국 여론 ──── ⎬ 대체로 중요하다

일본 여론 ──── ⎫ 중요하지 않다/
중국 여론 ─·─·─ ⎬ 대체로 중요하지 않다

이상의 조사 결과에서 볼 수 있듯이, 과거 10년간, 그중에서도 특히 2010년은 중일 양 국민 간의 상호 인식이 악화하고 있는 동향이 나타난 분기점이었다. 이러한 민심의 동향은 동아시아 공동 연구와 중일 양국의 역사 인식에 상당한 압력을 주고 있다. 현 단계에서 중일 쌍방이 공공연히 대립할 수 없다는 전제하에, 객관적 역사를 무시하고 서로의 역사를 의도적으로 왜곡해 먹칠을 하는 것은 불만을 표현하는 중요한 방식이 되고 있다.

·세계화 시대를 맞이해 서양의 공업 체계가 전 세계로 확장되고 물질 재산이 매우 풍부한 현실에서 서양의 가치 체계를 배척하기란 어렵다. 중국은 자국의 이데올로기 및 정치적 이익은 서방의 가치 체계와 다르다고 말하고 있지만, 현실적으로는 자유·민주·평등·공정·법치의 이념을 새롭게 공포된 '사회주의 핵심 가치관' 안에 편입시킬 수밖에 없었다. 일본과 타이완도 이러한 가치관과 민족 권리 등에 대해 승인하고 있다. 문제는 이것들이 표면상으로 보면 동아시아 각국의 공통 인식이 되고 있지만, 국가 이익에 이르

게 되면 같지 않다는 점에 있다. 중국에서는 일본과 타이완을 이해하는 입장을 보이는 담당자는 '한간(漢奸: 매국노)'으로 불리며, 타이완에서는 '매국노(賣國奴)'로 불린다. 일본에서도 같은 압력이 존재하고 있다고 생각한다. 이 때문에 학술 차원에서의 '동아시아 공동 연구'를 진정으로 진행할 수 있을지 없을지의 열쇠는 학술계도 역사학계도 아닌, 현재 모든 나라와 민족이 국가-민족의 입장을 버릴 수 없다는 데 있다. 바로 이것이 동아시아가 중심적 가치관을 수립하는 데 영향을 미치고 공동 연구 및 같은 역사 인식의 형성을 저해하는 관건이 되고 있다. 이런 의미에서 보면, 새로운 시대에 역사학자가 어떻게 독립적으로 생각하고 어떻게 민중과 여론으로 하여금 글로벌 히스토리와 국제사의 관점으로 동아시아의 관계를 고찰하고 역사 문제를 사고하도록 추동할 것인가 하는 것은 더 이상 단 하나의 역사학 방법론의 문제가 아니다. 이것은 동아시아 지역 관계의 조화와 정세 안정을 이룩할 수 있는가 없는가라는 큰 문제와 관련되어 있다.

오늘날 동아시아 각국에 관해 말하자면, 역사사실의 인식과 객관적인 진상의 기술을 우선 확인해야 한다. 각국의 정치적 요구와 민족감정이 어떻든 간에 큰 영향을 미치지 않을까. 지식인들은 본래 시대의 선도자이지 오합지중에게 이끌려 불공평한 사고방식을 논증하는 사람이 아니다. 〈그림 11-2〉가 보여주듯이 지식인은 일반 민중보다도 중일 관계를 더 중시하고 있다. 만약 스스로를 시대의 엘리트로 자칭하는 지식인이 솔선수범해 객관적 진실을 탐색하는 길을 걸을 방법이 없다고 한다면, 무슨 공통 인식 따위를 말할 수 있겠는가?

다음으로, 역사 인식 차원에서 사실에 관한 여러 원인과 양상의 인정, 그리고 사료가 풍부한지 아닌지 등에 대해서는 다양한 논의가 있지만, '역사적 사실'의 형성 그 자체에는 역사 지식의 일반적 본질과 신화적 성질 사이의 관계라는 문제가 존재한다. 1923년 5월 중국의 학자 구제강(顧頡剛)은 후스(胡適)가 주재한 월간 ≪독서잡지(讀書雜誌)≫에서 역사에 관해 논하면서,

이른바 '중층적으로 형성된 중국 고대사'의 현상, 그리고 그 성질이 사료학 차원에 있을 뿐만 아니라 그 근대성은 역사의 실체가 어떻게 형성되고, 역사 지식이 어떻게 축적되며 역사 형태가 어떻게 만들어지는가라는 중대한 문제이다라고 제기했다. 오늘날 각국의 입장에 기초해 끊임없이 전개되는 정치 슬로건에 인해, 점점 민중의 사고가 고정화되고 그에 따라 끊임없이 사람의 정신과 지혜가 방해받고 있다.

셋째로, 어쨌든 우리는 진실에 근접하는 역사가 존재한다고 믿는다. 사람들은 역사 인식에 대해 시야를 넓히고 정신과 지혜를 해방시켜 이익을 초월함으로써 서서히 객관적 인식에 접근할 수 있다. 역사적 진상의 규명은 기대할 수 있는 것이며, 무수한 증거들이 사람들의 양심과 이성을 움직여 사고하도록 이끌 수 있다. 우리는 확고한 신념을 가져야 한다.

참고문헌

江沛. 2008. 「自由主義と民族主義の葛藤 － 1930~40年代中國の'戰國策派'の思潮を例として」. ≪近きに在りて≫, 第54號.

福澤諭吉. 1961. 「日淸の戰爭は文野の戰爭なり」(1895年 7月 29日). 『福澤諭吉全集』 第14卷. 岩波書店.

宋志勇·田慶立. 2010. 『日本近現代對華關係史』. 世界知識出版社.

言論NPO 「第10回日中共同世論調査(2014年)」. http://www.genron-npo.net/pdf/2014forum.pdf

人民敎育出版社課程敎材硏究所·歷史課程敎材硏究開發中心 編著. 2004. 『普通高中課程標準實驗敎科書歷史(1)』. 人民敎育出版社.

『中國近現代史綱要』. 2013. 編寫組 編. 『中國近現代史綱要』(2013年 修訂版). 高等敎育出版社. 第5版.

中國日報網. 「2014中日同步輿論調査」. http://world.chinadaily.com.cn/2014zrlt/2014-09/09/content_18580477.htm.

何天義 編著. 2013. 『日本侵華戰俘營總論』. 社會科學文獻出版社.

역사 문제에 대한
일본의 인식

TEIKOKU NIHON NO KAITAI TO SENGO ASIA

in KINGENDAI HIGASHI ASIA TO NIHON

by **Toyomi Asano**

© Toyomi Asano 2016, Printed in Japan

First published in Japan by Chuo University Press

REKISI NO KOKUFUKU TO HIGASHI ASIA KYOUDOUTAI E NO MICHI

in KINGENDAI HIGASHI ASIA TO NIHON

by **Tokushi Kasahara**

© Tokushi Kasahara 2016, Printed in Japan

First published in Japan by Chuo University Press

제국 일본의 해체와
제2차 세계대전 후의 아시아

아사노 도요미 淺野豊美 | 이용운 옮김

1. 머리말: 몇 장의 사진으로부터

이 장의 목표는 일본 제국의 해체로 거슬러 올라가서, 21세기인 오늘날
에도 여전히 동아시아의 정치 문제가 되고 있는 일본인의 '역사 인식 문제'
의 기원을 탐구하는 것이다. 구체적으로는 패전으로 제국이 해체된 후 배상
의 기본적인 틀이 어떻게 계획되고 있었는가, 또한 그 계획은 어떻게 변질
되어 현대에 이르렀는가라는 두 개 문제에 초점을 맞춘다. 그 변질의 연장
에서 '역사 인식 문제'가 발생한 기원을 배상 정책의 전개와 연결해 논하고
자 한다.

먼저 이 장의 기본적인 문제의식을 제2차 세계대전 직후 서울역 앞에서
찍힌 사진을 보여주고 싶다. 이것은 이 장의 문제의식을 상징하는 흥미로운
사진으로 미군의 행진 속에 찍힌 일본 병사의 모습이다. 또한 미국의 통신
병을 무장해제 된 일본 병사가 둘러싸고 있으며, 장갑차로 행진하는 미국

| 보론 사진 1-1 | 1945년 9월 9일 미군이 서울역 앞에 진주한 장면

군대의 사진에도 일본 병사가 찍혀 있다. 장갑차에 미군과 함께 올라타 뒤에서 길을 안내하고 있는 일본 병사의 모습이 특히 눈길을 끈다.

이런 사진이 상징하는 미일 간의 특수한 관계야말로 일본 제국의 해체와 밀접하게 연관된 미국 배상 정책의 전개와 함께 역사 문제의 기원이 되었다고 볼 수 있지 않을까. 본문에서는 이런 가설을 둘러싼 역사적 배경을 상세히 서술하고자 한다.

| 보론 사진 1-2 | 조선총독부가 한반도의 통치권을 미군 24군단에 이관한 조인식 장면
1945년 9월 9일.

2. 일본 제국의 확장과 해체에 관한 기본 관점

필자는 현대 일본의 역사 인식 문제의 기원을 일본 제국의 해체와 관련 지어 논의하면서, 제국의 해체와 함께 각종 재산과 사람의 이동에 주목하고자 한다. 이것이야말로 사회적 생활과 국제 관계 차원의 제국을 연결시키는 것이기 때문이다. 애당초 일본 제국을 지탱한 것은 권력의 비호하에 일본 열도에서 이주해왔던 사람들이다. 그런 사람들은 이민(移民)과는 다른, 식민(植民)이라 불리는 존재들이다. 요컨대 이민이 주권국가 간의 수평적인 관계를 전제로 하고, 상대국의 법제도에 따라 그 영토에 합법적으로 이주해 공동체를 만들어가는 것인 데 비해, 식민은 '근대화'에 뒤처진 일본의 주변 영역인 한반도, 타이완, 사할린 등에 치외법권에 근거한 자국민 보호권과 상업상의 보호권 아래, 나아가 보조금으로 건설된 항구나 항로 등의 인프라를 이용해 이주한 사람들이다.

본국으로부터 부여받은 치외법권과 법적 보호의 토대 위에 관료 기구와 경찰·군인 조직에 의해 보호받는 사람들이 철도·전기·가스·수도로 상징되는 근대적인 인프라 설비를 현지에서 사실상 독점적으로 지배하면서 구축한 근대사회야말로 식민지라 할 수 있다. 역으로 말하자면 일본 제국의 패전으로 보호받지 못한 사람들은 본국으로 철수하지 않을 수 없었고, 그와 동시에 이들이 소유했던 인프라, 공장 설비, 가옥 등에 대한 법적인 권리는 마치 "허공에 떠버린" 것처럼, 독립이 예정된 국가의 지배권과 함께 격렬한 정쟁에 노출되어갔다.

또한 전쟁 수행 단계에서 식민지에서 '본국'으로 이주한, 요샛말로 '3K'(더럽고, 힘들고, 보기 싫은)[1] 노동에 종사했던 사람들의 귀국도 일본 제국의 해체로 촉진되었다. 그러나 후술할 것처럼 제국 해체에 수반된 경제적 혼란은

---

1   한국에서는 일반적으로 3D(difficult, dirty, dangerous)라 칭한다. _옮긴이

그 흐름을 정지시켰다. 또한 이러한 제국적 사회 안에서 만들어진 '사유재산'이 순수하게 19세기적 의미의 '사유'재산이라 부를 수 있는지가 크나큰 쟁점으로 부상했다. 이와 같은 사람의 이동과 재산 보호라는 관점에서 보자면, 일본 제국의 팽창에서는 군대와 경찰의 힘과 함께 사람과 재산에 대한 법적 보호가 중요했으므로, 그런 보호의 붕괴가 더욱 큰 비극을 불러왔다고 말할 수 있을 것이다.

다시 말하면 일본 제국은 '무주지(無主地)'로 여긴 진공 지대로 팽창한 것이 아니라 이미 거류지 제도와 치외법권 제도가 설정된 지역으로 팽창했기 때문에, 식민지 법제는 일본인에게 제3국의 외국인보다도 유리한 법적 지위를 보장하는 것이어서 더욱 중요했다. 그러므로 패전에 따른 제국 붕괴와 법적 보호의 상실로 일본인 거류민들은 '비참'한 도피(본국 귀환)를 하지 않을 수 없었다. 현지에 남겨진 사유 재산은 소련과 미국 군정 당국에 의해 몰수 혹은 일시 보관되었는데, 그것은 귀환·송환 업무의 원활한 수행에 기여했다. 그러나 그들의 귀환은 아시아 국가들 사이에서는 재외 재산 문제를 일으켰고, 그리고 일본에서는 귀환자들이 재외 재산 보상을 정부에 요구하는 문제를 일으켰다.

일본 제국 해체 이후, 그 주변 지역에서 국민국가 체계를 확장한 것, 곧 독립국가의 건설과 교육에 몰두한 것은 미국이었다. 미국은 러일전쟁을 '교훈' 삼아 일본의 재확장을 허용하지 않는 체제를 동아시아의 국제 관계와 미일의 특수한 관계 구축을 통해 만들어갔다고 할 수 있다. 이를 상징하는 인물이 샌프란시스코 강화조약을 체결할 때 미국 국무성 고문으로 그 기초에 전면적으로 관여한 존 덜레스(John Foster Dulles)이다. 강화를 앞두고 일본을 방문해 요시다 시게루(吉田茂) 총리와의 교섭을 통해 강화조약 내용을 조율한 덜레스는 시어도어 루스벨트(Theodore Roosevelt) 대통령의 인척이자 국방장관인 로버트 랜싱(Robert Lansing)의 조카였다. 러일전쟁 이후 한국보호권을 둘러싼 헤이그 밀사 사건 때, 19세 청년이던 덜레스는 네덜란드 헤이그에서 회의를 방청하기도 했다. 그는 러일전쟁 후에 러시아의 남하를 저지하려고 일본 제국의 확장을 지지했던 데 대한 '뼈아픈 반성'을 되짚으며, 전후 일본을 완전히 미국의 통제하에 두면서도 일본과 주변 지역의 기본 관계 설정에 필요한 구조를 만들기 위해 강화조약 제정에 임한 것으로 보인다. 이 점은 이 장의 끝에서 서술하고자 한다.

3. 일본 제국 해체 후 재산청구권 문제의 전개

만주, 조선, 타이완에 거주했던 재외 국민은 일본군의 무조건항복으로 재산 대부분을 현지에 둔 채, 큰 희생을 치르고 일본 본토로 돌아왔다. 1945년 말에 민간의 재외 국민 총수는 334만여 명, 군인·군속은 후생성 관할 아래 있는 사람이 311만여 명으로, 관민 합쳐 귀환자 총수는 660만여 명이라고 한다.

귀환자의 정착 지원과 재이주 알선은 재외 재산의 보상 문제와도 연결되어 일본 정부에는 무거운 부담이 되었다(厚生省援護局, 1988). 정착 원호 지원에 따라 국내에 개척자로 받아들여진 귀환자들 중에서는 브라질 등으로 전후 이민을 가는 경우도 많았다. 초기 단계에서의 민간인에 대한 원호 조치로 홋카이도나 아소산(阿蘇山), 후지산(富士山) 기슭 등 황무지에 개척 농민으로 들어가게 하는 정책이 농수산성 주도로 전개되었으나, 기대한 만큼 성과를 거두지 못했다. 오히려 귀환자들은 대개, 전쟁 후 일본 사회에서 비약적으로 성장한 프로레슬링이나 야구 등 스포츠, 텔레비전과 라디오를 무대로 한 예능계, 영화산업 등에서 활동했다. 만주나 조선을 무대로 '반전'을 주제로 한 '명작' 영화는 이를 보여주는 전형적인 사례이다. 그러나 고도성장 이전의 일본 사회에서 안주할 땅을 찾지 못하고, 도미니카, 볼리비아, 브라질 등 남미로의 정책이민에 지원한 귀환자들도 많았다.

지면의 제약으로 상술하지는 못하지만, 후쿠시마의 도쿄 전력 후쿠시마 제1원자력발전소로 사용되고 있는 토지의 일부도 이전에는 귀환자들이 염전으로 개척하려 시도했던 땅이다상세한 것은 淺野豊美 編(2016) 참조. 한편 옴진리교가 '사티안'이라는 화학공장 겸 수련소를 지었던 후지산 기슭의 마을 가미쿠이시키촌(上九一色村)도, 만주에서 귀환한 사람들이 개척한 마을이었다. 그 외에도 나리타(成田) 공항은 필리핀 다바오에서 귀환한 사람들이 들어갔던 곳이고, 세계적으로 유명한 자동차 제조사 도요타의 본사 인근에 있는 아이치현(愛知縣) 조스이(淨水)도 해군 기지에 불하되어 만주에서 귀환한 사람들이 개척한 곳이다. 한편 최근 NHK 다큐멘터리에서 밝혀진 것처럼 나스(那須) 고원 우유를 생산한 미야기현(宮城縣)의 지부리(千振) 개척단은 만주에서 귀환한 뒤 재이주해 개척에 성공한 소수의 성공 사례 중 하나였다.

그러나 가루이자와(輕井澤)나 나스 등 소수의 국내 개척지 성공 사례의 이면에는, 압도적 다수의 '이농자(離農者)'가 존재했다. 한 관계자로부터 필자가 직접 듣기로는, 식민지에서 조선인과 중국인을 "거만하게 부리며 으스대던 사람들이 새벽 4시나 5시에 일어나 목장에서 소에게 사료를 주는" 것은 대단히 고통스러운 일이었다. 이농자를 흡수한 것은 남미로의 재이민이나 고도성장이 시작된 이후 팽창되기 시작한 대도시권이었다.

그렇지만 1960년 전후 고속 성장이 본격화되면서, 대도시권을 상징하는 도쿄 근교에는 도큐(東急), 세이부(西武), 도부(東武), 오다큐(小田急), 게이오(京王) 등 사철회사(私鐵會社)에 의해 전차 통근망이 확대되어, 전차 역을 중심으로 대도시권이 팽창되었다. 이에 따라 노동자로 도회지에 과잉 인구가 흡수되면서 국내 개척도, 재이민도 고도성장의 탁류 속에 사라져버렸다. 흔히 '전후사(戰後史)'라고 하면 오직 헌법, 천황제, 안전보장, 오키나와현 등의 정치 문제와 직결되는 역사가 떠오른다. 그러나 귀환자를 중심으로 본 전후사는 원자력발전소나 신칸센·전차, 고원의 리조트와 목장이라는 형태로 현대 일본인들의 생활의 근간과 직결되어 있다. 우리가 당연하게 받아들였던 원

| 보론 사진 1-3 | **조선과 중국의 국경인 압록강에 있던 수풍댐 터빈**

자력발전소나 목장·리조트도 실은 전쟁의 영향을 짙게 품고 있었던 것이다.

이와 같은 대변동의 기점이 된 귀환은 식민지에서의 생활을 지탱했던 재산을 현지에 그대로 두고 온 것을 의미했다. 그 재산은 다음에 서술하겠지만, 미국에 의해 배상의 일부로 활용되었다. 미국은 일본인이 식민지와 외국에 남겨놓은 해외 자산을 '일본의 재외 자산(Japanese external asset)'이라 부르며 일체를 달러로 계산하려 들었다. 당시 재외 재산은 국유·공유·사유의 세 부류로 나뉘었고, 지역별로는 북한, 남한, 화북, 화중, 화남, 타이완, 만주국으로 나뉘어 집계되었다. 재외 재산 중에서도 특별히 중요시된 것이 제철, 석유, 공작기계를 중심으로 한 중화학 공업 설비였다. 그 한 예를 〈보론 사진 1-3〉에서 볼 수 있다.

이는 조선과 만주 국경의 수풍댐에 설치된 도쿄시바우라 전기(東京芝浦電機)가 제작한 발전기로, 미국의 웨스팅하우스(westinghouse)로부터 기술을 제공받았다고 한다. 현재는 도쿄시바우라가 웨스팅하우스를 휘하에 두고 중국이나 인도로 원자력발전소를 수출하는 계획을 추진하고 있다. 식민지 시대의 제휴 관계와 현대를 잇는 프로젝트는 바로 양자의 공동 출자로 원자로가 도입된 도쿄 전력의 후쿠시마 제1원자력발전소였다고 할 수 있다.

미국의 기술과 자금을 활용해 식민지 개발의 최전선에 배치되었던 중화학 공업 설비가 일본 제국의 해체로 이제 배상의 대상이 되었다. 제국의 해체로 일본인 사회가 일소되고 현지에는 중화학 공업 설비 등이 남겨졌다. 이렇게 남겨진 설비를 기반으로, 현지에 경제 발전을 급속히 실현시키려는 배상 정책이 추진되었다.

한편 재외 재산에는 대표적인 중화학 공업 설비 이외에도 주택이라는 사유재산이 포함되면서 한일 교섭에 복잡한 그림자가 드리웠다. 그 예로는 일본 본토에 거주하는 한국계의 재산을 들 수 있다. 조선총독부 관계 기관의 재산과 최후의 대한제국 황태자 이은(李垠)의 도쿄 자택 등이 그에 해당한다. 이토 히로부미가 조선통감이던 시대에 이은은, 다이쇼 황태자의 방한에 대응하는 형태로 1907년부터 일본에 유학했고, 이토 사후에는 이방자(梨本宮方子, 니시모토노미야 마사코)와 결혼해 도쿄의 아카사카(赤坂)에 거주했다. 한국의 초대 대통령이 된 이승만은 아카사카의 어용 저택을 한국대사관으로 삼고자, 소유권을 이씨 왕가가 아닌 한국 정부에 귀속시켜야 한다고 주장했다. 결국 그 건물은 무국적이 된 이씨 왕가의 사유재산으로 인정되었고, 세이부 그룹에 의해 매수되어 아카사카 프린스 호텔의 일부가 되었다.

프린스 호텔이라는 명칭도 한국 황태자에서 유래했다. 당시 세이부 그룹을 통솔했던 쓰쓰미 요시아키(堤義明)는 이전에 척무대신(拓務大臣)을 지냈으므로, 이씨 왕가의 집사나 고용인들과 폭넓게 교류했는데, 그들을 세이부 그룹의 사원으로 받아들인 대가로 이 프로젝트를 추진했다고 한다. 몰락한 조선 왕가뿐만 아니라 구황족도 이 프로젝트의 대상이 되면서 다케다 쓰네요시 가문(竹田宮家), 히가시쿠니노미야 나루히코 가문(東久邇宮家)의 저택도 각각 시나가와(品川) 프린스 호텔, 다카나와(高輪) 프린스 호텔이 되었다(猪瀬直樹, 2002).[2]

---

2   황족(宮様)에게도 세이부 그룹의 권유에 응할 만한 이점이 있었다고 이노세(猪瀬)는 지

이상과 같이 일본 제국의 해체는 공장이나 가옥을 중심으로 한 사회적 인프라 등 생활에 직결된 재산의 재편성, 즉 소유권의 이전을 의미했다. 이와 같이 생활에 직결된 재산인 만큼, 본래의 소유자인 귀환자들은 자신들의 재외 사유재산이 일본 정부가 지불해야 할 공적 배상의 일부로 사용되었다는 점을 이유로 들어 일본 정부에 보상을 요구하는 정치운동을 격렬히 전개해나갔다(淺野豊美, 2011).

제2차 세계대전 이후 일본으로부터 분리된 지역의 재외 일본 자산은 샌프란시스코 강화조약과 아시아 각국과의 국교정상화의 틀 속에 규정되어 일본 정부가 상대국에 지불해야 할 공적 채무의 일부가 되었다. 정치적으로 중요한 점은 그와 같은 재외 자산 중에서도 사유재산을 소유했던 귀환자들이 일본 정부를 향해 재외 사유재산은 국제법상 보호받아야 할 것이라며 보상을 요구하는 운동을 전개했다는 점이다.

이 운동은 1946년 11월에 발족된 귀환자단체전국연합회(引揚者團體全國聯合會, 이하 全聯)를 중심으로 1980년대에 이르기까지 계속되었다. 임원으로는 호즈미 신로쿠로(穗積眞六郎), 오노 반보쿠(大野伴睦), 다나카 다케오(田中武雄), 가와시마 소주로(川島正次郎) 등이 취임했고, 귀환자 중 다수가 자민당원으로 총재 선거를 통해 영향력을 행사하면서 자민당 의원이 중심이 된 '재외 재산의 법적 처리를 촉진하는 의원 연명'도 결성했다.

샌프란시스코 강화조약 체결의 가능성이 높아지자, 전련은 재외 사유재산의 보상을 조문에 반영하도록 덜레스 특사와 애치슨 국무장관 앞으로 혈서(血判要望書)를 보냈다. 그러나 미국 측의 대답은 어디까지나 일본 국내 문

적한다. 이전에 살던 저택 근처의 호텔에 전용 가옥을 소유해 거주할 수 있고, 이전 저택이 연회장으로 결혼식 등에 활용되는 모습을 볼 수 있으며, 게다가 세이부 그룹이 토지와 건물 대금을 할부로 지불하기 때문에 생활비도 보장되었다. 또한 세이부 그룹도 토지와 건물의 대금을 할부로 지불하는 가운데, 고도성장으로 토지의 가치가 급속히 올라 그 대금의 수배나 되는 자산을 손에 넣을 수 있었다.

제로 간주해 선처할 것을 기대한다는 내용이었다. 이에 실망한 '전련'은 평화조약 체결 시에 도쿄 사무소에 조기(弔旗)를 걸고, 자동차 트렁크에 "사유재산 신위(私有財産之靈位)"라고 적힌 위패를 싣고 다니면서 축제 기분에 젖은 도민에게 찬물을 끼얹고, 국회의원에게 고별식 거행 통지를 보내는 등 과격한 운동을 전개했다.

국제법상 사유재산은 존중되어야 하는 것인데 일본 정부는 왜 재외 사유재산에 대해 보상하지 않았을까. 그 이유는 일본 사회 전체에 경제적인 부담을 늘릴 뿐 아니라 재벌의 부활을 초래할 것으로 여겼기 때문이다. 일본 정부는 각국과 국교를 정상화하면서 정부 간의 '배상'이 아니라 '경제 협력' 방식을 고집했다. 그 하나의 원인은 만약 일본 정부가 상대국 정부에 정식으로 배상을 지불하고 일체의 청구권을 포기하면, 국내법상 귀환자의 사유재산을 보상해줘야 하는 상황이 되기 때문에 일본 정부는 이를 피하고 싶었던 것이다. 그런 의미에서 재외 사유재산 보상 문제는 전후 일본의 대(對) 아시아 외교를 제약하는 국내 요인이 되었다.

한편 이 문제는 귀환자, 특히 중일전쟁 이전부터 일본 제국의 공식적인 영토나 만주 등지에 거주했으면서도 공무원에게 준 각종 구제 조치를 받을 수 없었던 상공업자나 무역 및 건설업자 등 민간인에게는 남다른 의미가 있었다. 그들에게 재외 사유재산 문제의 귀추는 단순히 생활 구제 수단이라는 의미를 넘어 정부가 '귀환 일본인의 정치적 성격'을 어떻게 분명히 할 것인가라는 일종의 '후미에'3 같은 성격이 강했다. 특히 그러한 운동을 전개한 귀환자들은 자신들이 일본 제국의 '주구' 혹은 전쟁 협력자로서 증오받아야 할 존재가 아니라 봉건제가 강한 일본 사회에 만족하지 않고 '자유'를 찾아 개척자로서 해외로 웅비해, 외지(外地)를 사후에 자신이 묻힐 땅으로 삼아야 한

---

3   에도 막부가 기독교 포교를 금지하는 정책을 펼치면서 신도 여부를 식별하기 위해 십자가를 밟고 지나가게 한 것을 말한다. _옮긴이

다는 '국가 시책'을 따랐다면서 그 정치적 성격을 확인해줄 것을 요구했다. 그것은 '맨 손'으로 돌아왔을 때 물심양면으로 피해를 보상받을 근본 명제로 서, 육친의 귀환 촉진이나 국내에서의 원호 사업을 추진하기 위한 대전제로 서 확인받아야 할 것이었다.

이와 같은 귀환자들의 요구는 하토야마(鳩山) 내각이 성립되자 정책 과 제로 검토되었고, 그 결과 1956년 재외재산문제심의회가 부활되어 이듬해 에 '귀환자 교부금 등 지급법'이 제정되었고, 그에 따라 생활 재건을 위해 총 500억 엔이 지급되었다. 게다가 1967년에는 '귀환자 특별교부금 지급법'에 기초해 약 349만 명의 귀환자에게 총 1925억 엔의 교부금이 지급되었다.

그러나 이는 재외 재산에 대한 보상이 아니라 어디까지나 외지에서 귀 환자가 소유했던 '특별한 의미와 가치가 있는 재산'의 상실을 '보상하는' '교 부금'에 지나지 않았다. 내지에 거주하며 외지에 재산을 보유했던 개인과 법인에 대한 보상이나, 외지에 등기되었던 법인 소유 재산은 제외되었기 때 문이다.[4]

---

4   재외 사유재산에 특별한 의미와 가치가 있었다고 보는 견해는, 귀환자가 "당시 국책에 따라 해외의 제일선에서 일하고 생활을 영위했던 곳"에서 일본군의 투항으로 "오랫동안 정들었던 사회로부터 퇴거를 강요당하고, 전혀 달라진 전후의 일본 내지에서 생활을 재 건할 수밖에 없다는 사정에서 유래했다. 이 때문에 정부 간담회에서는 외지에 거주했던 사람들에게 외지에서 소유했던 재산은 "오랫동안 쌓아온 인간관계, 생활 이익, 자랑, 안 정 등 인간으로서의 생활에서 가장 기본이 되는 기둥"으로 인식되었다. 요컨대 귀환자들 의 요구였던 '정치적 성격'까지는 확인받지 못했지만, 재산 형성의 기반이 된 '인간관계' 와 '자랑'의 상실에 대한 실질적인 보상이, 이 교부금의 지급으로 이루어졌다. 이 교부금 은 10년 상환의 무이자 기명 국채(記名國債)로 지불되었고, 이에 따라 재외 재산 처리는 일체 종결한다는 각서가 '전련'과 자민당 사이에 교환되었다.
그러나 1979년도 예산에서 구 육해군간호부에 대해 '위로금'이라는 형태로 보상이 이루어 지자, 재외 재산 보상 요구는 다시 활발히 일어났다. 그 결과 1982년부터 총리부 총무장관 의 사적 자문기관으로 '전후처리문제간담회'가 발족되어, 같은 해 가을 나카소네 야스히로 (中曾根) 내각의 성립과 함께 전후 처리를 재검토한다는 공약을 내세워 자민당원들이 억 류자, 귀환자로부터 조직적인 표를 모았다. '군인군속은결자전국연맹=은결련', '전국전후 강제억류보상요구추진협의회중앙련합회', '귀환자단체전국련합회를 통해 500만 표를 모

4. 미국에 의한 배상 정책의 전개: 귀환과 재외 재산

미국이 전개한 배상 정책은 '외지'의 일본인을 일제히 귀환시킨다는 정책과 맞물려 전개되었다. 귀환에 대해서는 최근에 다양한 시각에서 연구가 진행되고 있으며, 그것이 재산을 둘러싼 배상 정책과 극히 밀접하게 연결된 것으로 판명되고 있다.

전후 일본에 미국에서 파견된 배상 사절단의 첫 번째 단장이 에드윈 폴리(Edwin Pauley)이다. 〈보론 사진 1-4〉에서 보듯이 맥아더와 나란히 찍혀 있는 인물이다.

전쟁 종결 직후에 점령군이 취한 정책 중에서 상당히 중요한 부분은 배상을 위한 공장 조사였다. 당시 일본인은 불타버린 들판을 헤매는 것처럼 암시장 경제를 통해 하루하루를 영위한 반면, 점령군은 일본 본토 민주화의 기반이 될 제도의 추진과 현물 배상의 일환으로 일본 본토로부터 철거해야 할 기계나 공장 설비에 대한 조사에 착수했다. 일본 본토의 중심부에 있는 공장을 철거해 기계를 취하고 그것을 필리핀, 한반도, 중국 등 일본 주변 지역에 반입해 현지의 설비와 합쳐 급속한 경제 발전을 실현한다는 것이 미국

있다고 한다. 간담회는 1984년 이후 총무청의 관할이 되었고, 그 보고서에 기초해 1988년에는 평화기념사업특별기금 등에 관한 법률이 제정되었으며, 다음 해 총무청 인가법인 평화기념사업특별기금(www.heiwa.or.jp)이 설치되었다. 그러나 이 기금의 사업은 귀환자나 시베리아 억류자, 은급 결격자의 '노고'에 관한 자료의 수집과 전시, 조사·연구, 기록 작성 및 '서장(書狀)·은배(銀杯)의 증정'에 불과했고 개인 보상은 아니었다.

귀환자 측이 자신들의 '정치적 성격'을 분명히 해달라는 요구에 대해, 관련 법안을 국회에서 심의하던 야당 측은 "침략 전쟁의 앞잡이 노릇을 한 반동분자까지 희생자로 간주해 보상하고, 이를 고무·격려하고 있다"라는 비판과 귀환자 중 "반동적·침략적 세력을 존속시키고 격려해 군국주의 부활의 추진자를 육성"하려 한다고 비판했다. 게다가 귀환자들이 자민당 지지 세력의 모체가 되고 있으며 자민당이 귀환자를 선거의 기반으로 이용하고 있다는 비판이 등장해 대외 발전(진출·침략)과 전쟁의 의미를 둘러싼 논쟁이 전개되었다. 그렇지만 1980년대 당시에는 이와 같은 문제가 사회적 논쟁을 크게 불러일으키지는 않았다.

| 보론 사진 1-4 | 에드윈 폴리

트루먼 대통령이 도쿄에 파견한 배상사절단 단장 에드윈 폴리(가운데)와 연합군사령관 맥아더(왼쪽)
1946년 5월 17일 .

이 구상한 배상 정책의 핵심이었다(淺野豊美, 2013).[5]

　요컨대 이 배상 구상의 중심에는 일본 제국의 해체와 그에 따른 주변 지역의 급속한 경제 발전이 자리했다. 제1차 세계대전에서 얻은 교훈을 근거로 인플레이션을 유발하는 금전을 통한 배상 대신, 제국 해체로 발생한 재외 재산을 배상의 주요 대상으로 삼으려 했다. 그런 의미에서 제2차 세계대전 후의 배상 구상은 자본 배상이라고 일컬어지며 제국을 해체해 '지역'으로 강제로 재편하는 정책의 수단이 되었다.

　20세기 초의 동아시아 역사를 되돌아보면, 제국을 만들 것인지 대한제국과의 사이에 지역적 결합을 모색할 것인지는 러일전쟁 이후 일본의 한국에 대한 보호정치의 과제였다. 나아가 미국도 한국에서의 치외법권 철폐를 승인하는 형태로 간접적으로 이에 관여했다(淺野豊美, 2008). 이제 제국을 지역으로 재편하는 것은 역사적인 과제가 되었다고 할 수 있다. 제2차 세계대전의 종결은, 미국에 의해 직접 주도되었다는 점에서 각 주체의 위치는 크

5　이 글에서 전거를 따로 달지 않은 부분은 이 책에서 인용했다.

게 달라졌지만 이와 같은 과제를 한·미·일 삼국 관계를 통해 다시 역사의 표면에 떠오르게 만들었다.

이 구상에서 중요한 위치를 차지한 것이 귀환자였다. 연합국은 각각의 식민지 사회를 현지에서 통제해왔던 타이완의 일본인 사회나 조선의 일본인 사회를 일소해 일본인을 본토로 추방함으로써 현지의 공장 설비나 인프라 모두를 현지의 신정권에 그대로 물려주려고 했다. 귀환자가 구식민지에서 옷만 겨우 걸친 채 생활의 기반인 재산과 분리된 채 귀환하도록 만든 것은 이와 같은 배상 구상을 위한 포석이었다고 할 수 있다.

그들이야말로 전후 일본에서의 전쟁 기억 중 피해자의 기억을 갖게 만드는 '옷만 겨우 걸친 도피 행렬'의 주인공이 되었다. 그리고 귀환자들이 어디에서 귀환했는지, 과거에 어떤 직업을 갖고 있었는지, 어떤 학교를 졸업했는지에 따라 각종 귀환자 단체가 생겨났고, 그 단체가 호조회(互助會)라는 형태로 전후 일본 사회에서 재외 재산 보상 문제를 담당하게 되었다.

이렇듯 조선에서 귀환한 이들이 구성한 호조회가 일본의 종전연락사무국(終戰聯絡事務局)에 보낸 진정서에서 가장 중요하게 거론한 것은 자신들의 '정치적 성격'을 둘러싼 문제였다. 요컨대 "절대로 참을 수 없는 당면한 3대 문제 중 첫 번째는 다름 아닌 귀환 일본인의 정치적 성격을 결정하는 기본 문제"였다. '정치적 성격'에 관한 기본 문제는 '인식'을 둘러싼 문제로서 이를테면 조선에서 돌아온 이들 전부가 "제국주의·자본주의의 주구로서 침략과 착취에 가담한 것처럼 비방하는" 논자의 주장이 틀렸다는 것을 정부로 하여금 분명히 확인하도록 한다는 것이었다.

귀환자는 대체 어떠한 존재이고 귀환의 배경인 일본의 '외지 통치'에 대한 국민의 역사 인식은 어떠해야 하는가가 일본역사상 처음으로 문제가 되었다. 그들의 주장에 따르면 "우리가 유일하게 염원해 마지않았던 것은" 일본과 조선이라는 "두 민족의 긴밀한 융합·제휴"와 "조선에서 경제와 문물 모두의 향상 발전을 도모하려 한 것" 말고는 없었다. 그런데도 귀환자들은 일본 사회에서 제국주의자로 공격받고 있는 것으로 인식되었다. 그들의 분노는 다음과 같이 일본의 국민감정에 호소하면서 제국주의자라는 비판에 반론을 제기하는 것이었다. "부분만을 내세워 전체를 왜곡함으로써 일본인 전부를 비방·모략한다. 이와 같은 일은 실로 어떤 목적이 있어 한 것이 아니라면 (그 밖에 다른) 무엇이겠는가?" 이것은 국민 전체와 귀환자를 동일시하고 있다는 점에서 오늘날의 '자학사관'에 대한 비판과 매우 닮았다.

또한 이 비판을 역사 인식 문제의 선구로 삼을 수 있는 것은, 귀환자들이 제2·제3의 요구로 각각 내세운 미귀환 가족의 귀환 촉진과 귀환자의 국내 정착에 대한 원호·지원이라는 실제적인 요구보다 '정치적 성격' 규명을 우선적 요구로 내세운 것을 보아도 알 수 있다. 미귀환 가족의 귀환 촉진은 돌아오지 못한 육친을 조속히 귀환시켜달라는 요구였고, 정착을 위한 원호·지원은 귀환해 돌아온 사람들에게 직업과 주택을 제공해달라는 극히 현실적인 요구로서 생활과 직접 관련된 것이었다. 귀환자의 '정치적 성격'을 사회적으로 분명히 하는 것은 이처럼 생활과 직결된 요구 이상으로 중요한 문제가 되었던 것이다.

귀환자의 '정치적 성격'이 역사 인식과 크게 연관되는 것은 귀환자를 '대륙발전의 선구'로 볼 것인가 아니면 '제국주의자'로 볼 것인가라는 서로 대립되는 언설로 이어지기 때문이다. 귀환자는 메이지 유신 이래로 '대륙 발전'에 나선 존재였는가, 그렇지 않으면 '제국주의자'였는가라는 역사 인식의 분열이야말로 귀환자가 실제로 겪은 '처참'한 귀환 체험과 연결되면서, 피해자 의식을 기본으로 하는 일본 국민의 기억의 배경이 되었다. 그리고 이러한 언설과 기억의 체계 속에서 재외 재산 문제는 서서히 봉인되어왔다고 할 수 있다. 재외 사유재산 문제는 일본 국민의 감정을 분열시켰고, 바로 그 때문에 피해의 기억으로 모든 것을 다 덮어버렸다고 할 수 있다.

실제로 전후의 한일 교섭에서도 사유재산의 법적 성격이 문제가 되었다. 일본 측이 국내에서의 운동이나 국민감정을 의식하면서 앞에 말한 국제

법에 의거해 재외 사유재산에 대한 청구를 주장했던 데 반해, 한국 측은 그 사유재산은 '착취'에 의해 만들어진 것으로 '부당이득'에 지나지 않기 때문에 국제법상 보호 대상에 해당하지 않는다고 했다. 또는 한국 측은 일본이 민족자결을 '포츠담 선언'에서 인정했다는 점을 근거로 들어 반박했다. 그러나 제국주의적 착취가 행해졌는지 아닌지의 역사 문제는 귀환자의 재외 사유재산의 평가와 연결되어 귀환자의 '정치적 성격'과 직결되었으므로 일본에서는 국내 문제였다.

원래는 일본 정부가 마땅히 지불해야 하는 배상의 일부에 민간인 자산이 사용된 것에 대해 일본 정부는 공식적으로 인정하지 않았다. 그 이유는 전적으로 일본 정부가 귀환자의 개인 자산에 대해 보상하려 하지 않았다는 사정에서 유래하는 것으로 보인다. 그에 상응해 한국의 민간인이 일본 정부에 행사할 수 있었던 청구권도 시간이 지나면서 소멸되었다. 한국의 군인과 군속 등이 일본 정부에 행사할 수 있었던 청구권도, 일본인 귀환자가 가져야 할 재외 사유재산에 관한 청구권도 모두 종전 이전의 상황에서 유래한 것이라고 시간적 범위를 정함으로써 양쪽의 청구권을 실질적으로 모두 소멸시킨 것이다. 이렇게 짝을 지어 한국 측의 청구권을 '상쇄'함으로써 일본 정부는 일본인 귀환자의 청구를 보상해야 하는 의무를 지게 되었다. 이제 시간적 제약에서 벗어난 상호의 청구권은 각국의 국내법에 위임된 것으로 여겨졌다.

요컨대 일본인 귀환자의 한국 정부에 대한 개인청구권은 남아 있지만 한국의 사법적 판단에 달렸다고 전제되었고, 마찬가지로 한국 민간인의 개인청구권도 일본의 사법적 판단에 위임되었다. 청구권의 '완전하고 영구적인' 해결은 종전 이전 상태에서 유래하는 청구권과 외교보호권의 상호 방기를 결부시켜 행하는 것을 의미하며, 이로써 그 실행 여부가 서로의 국내법 질서에 따른 사법적 판단에 맡긴 셈이 되었다. '상호 방기'하는 가운데 일본 측은 한국에 일방적으로 경제 협력을 실행했고, 한국은 그것을 청구권에 대한 보상으로 해석했다. 이처럼 서로가 각기 자유롭게 법적 해석을 했던 것이다. 이것이 한일 국교정상화로 실현된 법적 구조였다. 한국의 민주화 이후 일본이나 한국에서 제기된 소송은 이런 구조에 대한 도전이었다.

역사적으로는 제국 해체 이후에 일본 본토에 재일 조선인이 잔류할 경우 재산을 가지고 나가는 것을 제한하는 제도가 있었다. 그것은 재조선 일본인이 그 사유재산을 가지고 나갈 경우에 가해졌던 제한과 같은 것이었다. 제2차 세계대전이 종결될 시점에, 재일 조선인 총수 200만 명 가운데 120만 명이 귀환했지만, 중일전쟁이 발생하기 이전에 일본 본토에 거주했던 재일 조선인 수와 거의 같은 수의 80만 명은 귀환하지 않았다. 이는 조선에서 일본으로 귀환한 일본인 귀환자에게 허용된 것과 같은 액수(초기에는 1000엔, 나중에는 3000엔)의 금액 밖에 가지고 나갈 수 없었기 때문이다. 귀환한 조선인들이 가지고 나가지 못한 재산은 '조선인연맹'이라는 단체에 기탁되었으나 한반도 경제가 혼란스러워 재차 밀입국해 일본에 돌아왔을 경우에는 반환되었을 것이다. 그러나 그들의 재산은 현재 조총련이나 민단(한국거류민단)에 기탁된 것으로 여겨질 뿐 현대로의 계승 관계는 불명확하다.

크게 문제가 된 것은 조선인이 구일본인 자격으로 '국민 징용'되었는가, 아니면 외국인으로서 부당하게 '강제 연행'되었는가 하는 점이다. 이는 다른 의미에서 '정치적 성격'에 관한 문제였다. 제국 시대의 전쟁 동원에 관해 한국의 민족감정은 일본인이 앞장서 시작한 전쟁에 '강제'로 '연행'되었다는 데 의미를 부여했다. 반면, 일본 측의 입장은 어디까지나 같은 일본 국민으로 전쟁에 동원되었다거나 자주적인 계약에 의해 기업에서 근무한 데 지나지 않는다고 했다(外村大, 2012). 당시에는 같은 일본 국민이었다는 전제하에 한국인이 행사할 청구권은 일본의 민간인과 같은 수준에 그친 데 반해, 한국인을 외국인이라고 할 경우 차별에 의한 '정신적 고통'을 포함해 일본 민간인에게는 인정되지 않는 권리까지 인정하지 않을 수 없게 된다. 같은 국민으로서 동원되었는지 아니면 '강제 연행'되었는지는 재외 사유재산의 성격과 함께 전후 한일 교섭에서 논의의 대상이 되었다.

더구나 일본의 민간인에 대한 전쟁 피해 배상이 대단히 인색했다는 점이 위에 말한 개인이 가진 청구권에 대한 전후 보상의 장벽으로 되었다. 도쿄 대공습으로 손발을 잃어버리거나 사망한 경우라도 정부로부터 일절 위로금이 나오지 않았다. 공무 중에 죽은 군인과 군속, 그리고 민간인 중에서 예외적 존재인 원자폭탄 피폭자와 오키나와 전투 협력자(이런 예외가 만들어지기까지 오랜 노력과 시간이 들었다)를 제외하고는, 조직되지 않은 민간인 피해자에 대한 체계적이고 일관된 정부의 전후 보상은 이루어지지 않았는데, 아마도 전후 부흥을 우선한 결과일 것이다.

애초에 일본의 자국 민간인에 대한 전쟁 피해 보상은 전반적으로 인색했음에도, 전후의 한일 교섭 과정에서 일본은 한국 측으로부터 '한국인'의 '강제 연행'에 대한 정신적인 보상을 요구받았다. 외국인으로서 동원되었다는 한국 측의 논리에 따라 보통의 일본 민간인 이상의 대우를 한국인에게만 해준다면, 그것은 역으로 일본인의 국민감정에 불을 지필 것이 뻔했다. 이것이 바로 외교 교섭 시기에 '국민감정'이 상대방의 주장을 허락하지 않는다는 말이 한일 쌍방에서 나왔던 이유이다.

5. 배상 정책의 전환: 조건부 경제 부흥과 대일강화조약

1) 실제의 배상 정책 전환의 필연성

한일 교섭 과정에서 재외 사유재산의 성격을 둘러싸고, 그리고 한국인이 동원된 것에 대한 보상 방법을 둘러싸고, 한일 간에 심각한 대립이 존재했다. 양자 사이를 중재한 미국을 제외하고는 국민감정과 일체화된 심각한 충돌을 피할 수 없었다.

미국의 제2차 세계대전 후의 배상 정책이 자본 배상을 기본으로 했다는 점은 이미 서술했다. 이 정책은 1947년을 기점으로 크게 전환되었다. 전후 초기, 옛 적국인 일본 정부에 거의 신뢰가 없는 상황에서 극동위원회가 주축이 된 연합국에 행사된 대일 배상청구권은 독일과 마찬가지로 '경제 안전 보장'을 우선한 것이었고, 이는 초기 대일 점령 방침에 반영되었다. 요컨대 미국으로서는 일본이 재차 아시아의 위협이 되지 않게 하는 것이 최우선 목표였고, 배상은 일본의 경제 발전을 억제하는 수단으로 여겨졌다. 그다음 목표가 일본의 민주화였고, 민주화를 지탱해야 할 일본 사회의 복지 후생과 경제 부흥은 어디까지나 일본 측의 문제라는 전제하에, 경제 부흥 문제는 일본을 억제하는 경제 안전 보장에 종속되어 있었다.

1945년 12월 7일 에드윈 폴리가 이끄는 배상사절단이 도쿄에 파견되었을 때도, 미국의 대일 배상 정책은 일본 군국주의의 부활을 막기 위해 군수 공업을 중심으로 한 과잉 산업 설비를 철거하여 침략받은 지역으로 운송해 현지의 새로운 산업기반으로 삼는 것이었다. 일본 국민의 생활수준을 '침략 전쟁'이 발동되기 이전 상태를 기준으로 삼아 경제 통제로 제한하고, 과잉 산업 자본과 공장 설비를 물리적으로 주변 지역에 이전시키려 했다. 그중에서 공장 설비에 의한 배상의 첫 번째 대상이 바로 일본 정부와 국민의 재외 재산이었다. 그러나 공장 설비의 철거와 이동 및 재설치에 의한 배상이라는, 세계사에 전례를 찾아볼 수 없는 배상은 여러 가지 문제를 내포했다.

첫째, 공장 설비의 해체 철거 비용이 막대했다는 점이다(北岡伸一, 2000: 168~173). 공장 설비를 애써 철거해와도 현지에서 설치·가동할 수 없고, 또한 철거를 위해 들어가는 비용에 비교하면 그 경제적 효과는 극히 적었다. 둘째, 공장 설비 반출 기준인 전쟁 개시 전의 적정한 일본 국내 '생활수준'을 가늠하는 것이 불가능했다. 셋째, 공장을 주변 지역에 이동시켜 가동하는 데 필요한 기술 이전은 간단하지 않았다.

두 번째 문제와 관련되어 있는 것이 일본의 경제 부흥 문제였다. 전쟁 수행 기간 중에 민간의 수요를 최대한 줄이면서 군수로 전용했던 제철, 조선, 석유화학 등 중화학공장 설비가 전부 철거되면, 안 그래도 긴축된 국민경제의 긴장 상태가 전쟁 때와 마찬가지로 지속될 수밖에 없었다. 또한 만주사변 개시 전의 생활수준에 걸맞은 산업력을 갖추려 해도, 전쟁 중에 마모되고 폭격을 입은 설비를 복구하는 데 드는 비용에 대해 견적을 낼 필요가 있었다(竹前榮治·中村隆英 監修, 1996). 배상 수단으로서의 공장 설비 이전은 의미가 다르지만, 금전 배상과 마찬가지로 항구적인 경제·정치 질서의 안정, 요컨대 경제 부흥과는 곧바로 양립할 수 없다는 것이 분명해졌다.

앞의 세 번째 문제는 점령에 관한 '역(逆)코스'와 크게 관련되어 있었다. 일본 본토에 타버리지 않고 남은 석유정제나 제철 등의 중화학공업 설비를 철거해 구식민지로 반입한다 하더라도, 그 설비를 가동하려면 기술 취득을 위해 긴 시간이 필요했을 뿐만 아니라 신흥국 단독으로는 할 수 없는 일이었다. 서유럽에서는 마셜 플랜이 이미 기술과 교육 수준이 충분한 지역에 집중되었으므로 큰 영향을 발휘했던 것과 달리, 기술과 교육 수준이 낮고 정치·경제의 안정성이 훼손되어 있는 동아시아에서는 같은 효과를 기대할 수 없었다.

그런 중에도 주변 지역의 정치적 불안정이 시시각각 확대되었다. 주변 지역에서 일본 기술자가 사라지면서 공장의 생산 설비가 보수되지 않고 부품 조달이 곤란해져 가동을 중지한 결과, 물품 부족에 의한 인플레이션이 진행되기 시작했다. 타이완에서 2·28 사건이 1947년 2월에 일어났을 뿐만 아니라, 제주도에서는 4·3 사건이 1948년 4월에 발생했다. 농업 생산에 꼭 필요한 비료가 생산될 수 없었던 곳에서 대규모로 귀환자가 몰려들었기 때문에 식량이 충분히 전해지지 않아 불만이 쌓였고, '공산주의자'라고 불린 불만분자도 경제의 혼란을 틈타 세력을 키웠다. 일본에서도 "쌀을 달라"는 시위가 1946년 5월 중순의 식량 위기를 계기로 일어났고, "짐은 배불리 먹고 있노라"라는 플래카드를 내건 시위대가 황궁 앞 광장에 몰려들었다. 식량 생산 기지였던 타이완과 남한으로부터 유리된 일본 본토의 식량 부족은 주변 지역보다도 오히려 더 일찍 발생했다고 할 수 있다.

1946년 5월 소련군이 만주로부터 철수하고 중국에서 내전이 발발하자 중국 경제는 혼란해졌고, 중국은 이제 내전이 격화되면서 일본을 대체해 아시아의 중심축이 될 수 없었다. 또한 조선에서도 미소 분할 점령이 이루어졌으므로 북쪽으로부터의 비료 및 전력 송전과 남쪽으로부터의 식량 공급을 둘러싸고 1947년에 들어서면서부터 분쟁이 일어나기 시작했다. 남쪽의 대한민국 정부와 북쪽의 조선민주주의인민공화국 정부가 각각 분리 독립한 것은 1948년 8월과 9월이었다. 미국의 눈에는 일본의 주변 지역인 중국과 조선에서 모두 공산주의가 세력을 확대하는 것처럼 비쳤다. 이런 정세 속에서 공장을 각기 주변 지역에 두고 가동해 지역 경제를 단번에 발전시키려는 모델은 완전히 현실성을 잃고 철회되었다.

생산 설비로 배상하려는 정책은 앞에서 말한 세 가지 경제적 이유가 공산주의 확산이라는 냉전적 이유와 결합해 실현되기 어려웠다. 이와 같은 곤란에 직면해 미국은 일본을 '아시아의 공장'으로 재건할 수밖에 없는 방향으로 점령과 배상을 포괄한 종합적 차원에서 정책을 전환해갔던 것으로 보인다. 그것이 이른바 '역코스'이다. 그 요점은 배상으로서 중간 공업 설비를 일본으로부터 빼앗아 주변 지역에 분산·배치하는 것이 아니라 공장을 일본 본토에 남겨둔 채 일본 자체의 생산력을 긴급히 회복시켜 '아시아의 공장'으로 삼아 그 생산물에 의한 배상으로 대체하는 것, 그와 동시에 생산력 회복을 위해 대기업을 지도할 능력을 갖춘 보수파의 부활을 용인하는 것이다. 이 두 가지가 '아시아의 공장'이 의미하는 바였다. 일본 본토 내부의 보수파 활용과 재등장 배경에는, 동아시아에 대한 배상과 경제 부흥의 방법이 이처럼 기본적으로 전환되었다는 정세가 깔려 있었다.

이 역코스 속에 옛날의 군수공장이나 연료 창고 대부분은 일본 본토에 남겨져 민간에 불하되었다. 이것이 바로 욧카이치(四日市)의 석유 콤비나트나 도요하시(豊橋)의 중화학공업 설비 및 자동차 공장을 지탱한 공작기계 등으로 전쟁 후 일본에 남겨졌다.

2) 역코스의 정치적 조건과 분할 지불의 조건부 부흥

이 같은 '아시아의 공장'으로서의 일본이라는 정책적 위치를 법적으로 표현한 것이 바로 샌프란시스코 강화조약 체제였다. 이 체제는 미국이 제1차 세계대전 때 실패한 금전 배상의 교훈에 입각해 일본의 부흥을 우선으로 하고, 사유재산을 포함한 재외 일본 재산의 접수와 배상은 그만둔다는 두 기둥을 법적인 축으로 삼았다. 그와 동시에 예외로서 양국 간의 배상 가능성을 미래 교섭에 맡긴 것이라고 할 수 있다.[6] 요컨대 일본의 부흥을 우선하는 방향으로의 정책 전환은, 장차 양국 간의 교섭에 의한 배상이 진행될 경우 배상액이 증가될 가능성을 열어둔 조건부 전환이었다.

이 강화조약 중에는 일본이 "전쟁 중에 일으킨 손해와 고통"에 대해 "배상과 보상을 원하고 바란다"(16조)라는 조항이 있다. 하지만, 일본 경제의 존립을 유지하는 동시에 15조, 18조에 근거하는, "다른 채무를 이행"하면서 "완전한 배상"을 하는 것은 불가능하다(14조 (a)의 서두)라는 상황을 고려해 배상의 우선순위가 정해졌다.

제14조는 일본과 연합국 사이에서 사유재산을 포함한 재외 재산 접수를 통해 배상한다고 분명히 밝혔다. 이에 따라 연합국은 그 이상의 배상을 요구할 수 없다는 제한이 14조 (a)에서 명시되었다. 그것은 일본 정부가 외교사절과 종교단체의 재산을 제외하고 연합국 국내에 있는 일본인 사유재산의 몰수를 승인한 것이었다.[7] 그 대신, 14조 (b)에는 연합국 측의 일본에 대

---

6   양국간 교섭의 의한 배상 가능성 등의 상세한 내용은 이하를 참조(Toyomi Asano, 2010: 109~129).

7   14조 (a) 2는 상쇄를 전제로 한 배상분으로서의 연합국에 의한 재외 재산 접수 규정이었다. 이 규정은 연합국에 소재하고 그 "관할하"에 있는, 모든 일본의 "재산, 권리와 이익"

한 전쟁 배상, 연합국 측의 일본에 대한 '모든 배상청구권'(전투 행위로 인한 물적·인적 손해에 대한 배상), 전쟁 수행 중에 일본 측이 취한 행동으로 말미암은 '기타 청구권'(군표 지불 등) 및 일본 '점령의 직접 군사비'를 포기하는 것으로 명시했다.

이 14조의 예외가 된 것은 첫째, 앞에서 말한 양국 간의 교섭에 따른 생산물과 역무(役務)에 의한 추가 배상 가능성, 둘째, 재일 연합국 재산, 셋째, 전쟁 전의 채무, 넷째로 민간인이 식량이나 의약품을 원조받은 경우의 간접 군사비 즉 점령 경비였다.[8]

첫째 예외는 14조 (a) 1에 규정되었다. 그것은 버마(현재 미얀마)나 필리핀 등의 구연합국과 그 식민지였던 지역이 희망하면 역무(役務)와 생산물로써 두 나라 사이에 배상 협정을 맺을 의무가 일본에 있음을 규정한 것이다. 일본이 원재료 구입을 위해 외국 돈으로 환전하는 부담을 지지 않는다는 조건부였지만, 이 규정에 따르면 공장 설비 자체로 지불하는 자본 배상이 아닌 생산물과 역무에 의한 배상이 양국 간 협정으로 가능하게 된다. 둘째가 15조

을 "차압하고 유치(留置)하며, 청산해" "처분하는 권리"가 연합국 측에 있다는 것을 중심으로 다음 사항을 명시했다. "처분"해야 할 재산의 정의(I), 처분에서 제외되는 예외 항목(II), 그 예외에 관한 청산 대금의 반환 방식(III), 청산에서의 준거법은 각국 국내법에 따라야 한다는 것(IV) 등이다.

14조 (a) 2(II)은 재외 재산 접수의 예외 규정이었는데, 18조 전전채무계승규정(戰前債務繼承規程)과의 관계도 중요하다. 접수 중 예외가 된 것은, 연합국에서의 외교관 시설과 외교관 사유재산(ii), 종교 및 자선단체 재산(iii), 엔화로 환산한 일본 정부와 "일본 국민의 채무, 일본국에 소재한 유체 재산에 관한 권리, 권원(權原), 혹은 이익, 일본국의 법률에 기초해 조직된 기업에 관한 이권 또는 이에 관한 증서(v)"였다. 이 규정들은, 이를테면 주식이나 회사채가 미국에서의 일본 자산 접수에 의해 처분되더라도, 그것이 달러로 환산되는 한, 그 효력은 일본에 있는 담보 물건이나 일본 본사의 채무에 미치지 않는다는 것을 의미한다. 그러나 이 규정(v)에서는 일본(법)인이 미국 기업이나 정부에 대해 갖고 있는 엔화 단위의 채무는 제외되었고, 이는 18조의 전전 채무의 계승 규정에 의해서도 유효하게 되었다.

8 점령 중에 공장 설비 반출이라는 형식으로 일본에 부과된 중간 배상분도 환불해주지 않았다.

(a)에 따른 재일 연합국 재산의 반환 규정이다. 이는 일본국에 있는 연합국과 그 국민의 재산과 권리 혹은 이익에 관한 것으로 전쟁 기간 중 어느 한 시기에 일본 국내에 있었다면, 일본이 그것을 반환할 책임이 있다고 규정했다. 셋째 예외인 18조는 전쟁 전부터 일본 정부와 기업 및 개인이 연합국 측에 대해 지고 있던 채무를 유효하다고 인정한 규정으로 쌍방을 고려한 조항이었다. 전쟁 전 영국, 프랑스, 미국에서 빌린 외국채는 달러 단위로 환산해 원금과 누적된 미지불 이자를 합쳐 4억 달러가량 되었다(『日本外交文書 平和條約調書』 第3冊, 2002: 155; 『日本外交文書 平和條約調書』, 第2冊, 2002: 745). 게다가 넷째 예외는 실질적인 '가리오아 채무(Government Appropriation for Relief in Occupied Areas Fund)'[9]를 의미했다. 점령기에 일본 국민의 생활을 지탱했던 미국의 원조 물자 대금에 해당하는 '간접 점령 경비'는 언젠가 지불해야 하지만, 그 반환이 일단은 유예되었다.

이 가리오아 채무 문제는 방위의무 부담 문제와 함께 안전보장과 경제에 걸쳐 있는 중대한 미일 간의 문제로서 강화조약 이후에도 계속 존재했다. 일본의 부흥을 최우선으로 보고 그 해결을 조급하게 요구하지는 않는다는 미국의 태도가 1957년에 안보조약 개정 교섭이 문제가 되었을 때도 유지되었다. 예를 들어 1953년 10월 5일부터 같은 달 30일에 이르는 동안, 워싱턴에서 개최된 요시다 총리의 특사 이케다 하야토(池田勇人, 민주자유당, 정무조사회장)와 로버트 손(Robert Sean) 국무차관보의 회담으로(19일) 가리오아 문제는 "방위력 점증 등 일본의 다른 재정 부담과 어긋나지 않도록 고려해야 하며, 가리오아 문제만을 떼어 조급히 해결하는 것은 불가능하다"라는 이케다의 주장이 받아들여졌다.[10] 1961년 6월 22일 이케다-케네디 회담으로 최종

9　미국이 점령 지역 내의 사회 불안과 질병 및 기아를 제거하고 구제하기 위해, 군사비 중에서 독일, 일본, 한국 등에 지출한 원조 자금을 일컫는다. _옮긴이

10　「2. ガリオア問題交渉史(抜粋)」; 2010-0758 ≪日米ガリオア・エロア援助≫, 外交史料館. 특히 「第3章従来の日米交渉經緯, 昭和27年－35年」.

합의되고, 1962년 1월의 반환 협정 체결로 4.9억 달러를 15년에 걸쳐 분할 상환하기로 했다. 어떤 방식으로 반환할지는 안보조약의 개정과 일본의 경제 부흥 상황에 의해 좌우되면서 전후 미일 관계의 큰 주제로 지속되었다.

채무 금액이 확정되지 않고 유연한 정치 판단 아래 운영되었다는 점에서, 첫째 예외인 동남아시아 여러 국가와의 상호 배상 협정에 기초한 생산물과 역무를 통한 지불과, 넷째 예외인 미국에 지불한 점령 경비 사이에는 공통점이 있다. 요컨대 명확한 금액이 산출되지 않은 채 장차 일본 측에 지불을 요구할 수 있는 권리로 인정했다는 점에서, 일본의 부흥이 진행될수록 그에 상응하여 증액되는 '유연한 배상'의 구조가 만들어졌다고 생각된다. 그러나 실제로 가리오아 채무는 대폭 감액되었고 그만큼 경제협력 자금을 늘리라는 미국 측의 요구가 1960년의 안보조약 개정 이후 일본에 제기되었다.

재외 재산 접수를 승인함으로써 그 이상의 배상을 법적으로 중지하는 동시에, 다른 한편으로 일본 경제가 부흥하면 부흥하는 정도만큼 미국이 통제하는 '자유세계'에 경제 협력의 형태로 서서히 증액해 배상을 지불하도록 하는 틀을 정한 것이 바로 샌프란시스코 강화조약 체제였다.

6. 맺음말: 역사 인식 문제의 기원

샌프란시스코 조약 체제 속에서 조약의 제2·3조에 따라 옛 일본 제국으로부터 분리된 지역에 대해, 해당 지역에 남긴 재산에 대한 일본 정부와 일본 국민의 청구권, 해당 지역에 소속된 사람과 그 시정 당국이 갖는 일본 정부와 일본 국민에 대한 청구권을 정부 간에 '특별 협정'을 맺어 청산한다는 틀이 제4조에 의해 만들어졌다. 즉 이 장의 전반부에서 논한 한국인과 조선인 사이에 이른바 '강제 연행'에서 비롯된 청구권과 일본인 귀환자가 한반도의 남북 양 지역에서 소유한 사유재산에 대한 청구권이 효력을 갖는가, 그 것이 청구권일 수 있는 것인가의 문제도 포함해 진행된 교섭이 1965년 국교 정상화를 이룬 한일 교섭이었다. 이것은 지금도 한일 교섭의 형식적인 기본 틀로 계속 남아 있다.

1972년의 중일 국교정상화를 포함해 이와 같은 국교정상화의 틀은 청구 권의 상호 포기와 일방적 경제 협력의 추진이라는 점에서 샌프란시스코 강 화조약에서 나온 것이다. 즉 상호 포기는 이 조약 14조 (a)와 (b)의 세트 조 항에서 나온 경제 협력이 똑같이 14조 (a) 1에 의거하기 때문이다. 문제는 청구권의 상호 포기와 일본으로부터의 일방적인 경제 협력이 어떠한 법적 관계에 있느냐는 점이다. 즉 상호 포기의 대가로 경제 협력을 한 것인지 아 닌지에 대한 해석이 모호했다. 일본 측이 양자의 관계가 법적으로 연계되어 있다고 인정하는 순간, 일본 정부는 재외 재산을 잃은 일본인 귀환자에게 배상을 할 의무가 발생하기 때문이다. 일본 정부는 재외 재산을 상실한 귀 환자에게 교부금을 지불했지만, 그것은 어디까지나 법적 의무를 수반하지 않는 '교부금'이라고 규정한 뒤의 일이었다.

근래 위안부 소송에서 나타나듯 한국인 전쟁 피해자들이 일본 정부를 향해 소송을 제기했지만, 일본 최고재판소는 소송권이 행사될 수 없다고 확 정했다. 이는 일본인 귀환자의 사유재산에 대한 권리가 상대 측 법질서 안 에서 인정되지 않고 있는 현실에 대응한 것이라 할 수 있다.

각기 분리된 한일 쌍방의 강한 국민감정은 재산과 청구권의 문제에서, 그것과 깊이 연관된 역사 인식과 얽히면서 강하게 충돌하고 있다. 한국인과 조선인(북한인)의 입장에서 보면, 일본인의 재외 사유재산은 착취로 인한 '부 당이득'일 뿐이다. 식민지 시대에 만들어진 일본인의 사유재산은 총독부의 보조금과 차별적인 고액 수당에 의해 조선인을 '착취'해 축적된 것으로 간주 되므로, 국제법상 보호 대상이 되는 사유재산으로 인정할 수 없다는 것이 다. 이에 대해 일본인의 입장은 그것이 선조의 '유산'이면서도 일본인의 투자로 만들어진 이유라는 것이다. 또한 투자는 전기회사나 가스회사 등의 사기업뿐만 아니라 학교나 관공서 등 공적 인프라에도 이루어졌다. 그렇기 때문에 이러한 투자를 둘러싸고, 그 재산의 사회적 성격은 무엇이며 그것이 공적 재산인지 사적 재산인지, 재산 축적 과정은 정당한지 아닌지, 소유권은 누구에 귀속되는지, 나아가 그런 투자 자체가 역사상 필요했던 것인지 아닌지 등으로 이어지는 발언이 나올 수밖에 없었다. 하지만 이 같은 일본 대표 측의 발언은 당시 한국 국민의 '역린'을 건드리는 문제이기도 했다.

식민지 연구나 지역 연구의 기원과도 얽히는 문제이지만, 한국 측의 주장에 따르면 관공서뿐 아니라 한국 '전체 토지의 60~70%, 중요 기업의 90%를 일본인이 독점'하는 상태에서 일본인이 축적한 사유재산은 사유재산으로 인정될 수 없는 것이었다. 또한 일본이 '포츠담 선언'으로 민족자결을 승인한 것도 일본인 귀환자에 대한 사유재산 보상이 불가능하며, 전부 국유화될 수밖에 없다는 것이 한국 측의 근거로 제시되었다.

다른 한편으로 '강제 연행'에 대한 청구권에 관해서도, 그것이 '국민 징용'이라는 형태로 국민의 의무에서 유래한 전쟁 동원인가 아니면 일본인이 제멋대로 시작한 전쟁에 외국인이 동원된 것인가라는 점에서, 양국의 국민 감정이 대립했다(상세한 교섭 경과는 淺野豊美(2015a: 349~370) 참조]. 즉 일본 정부 측의 "일본인과 같은 수준의 보상이라면" 가능하다는 논의에 따라, 한국인 원폭 피해자나 은급(恩給) 적격자에 대해 일본인과 같은 수준의 보상이라면 응할 수 있다는 일본 측에 대해, 한국 측은 '연합국 국민으로서' 정신적인 차별을 받았다면서 일본인과 달리 그들만 받은 정신적인 고통에 의한 피해도 포함하여 강제 연행 보상을 시행하라는 논리를 전개했다. 이 논리는 2015년 가을, 나가사키 하시마 탄광(일명 군함도)의 유네스코 세계유산 등록 문제에서, 그 탄광에 동원된 한국인에 관해 언급하라는 요구로까지 이어졌다.

일찍이 냉전 시대에는 이런 첨예한 한일 간의 대립 상황이 미국의 중재로 억눌려 있었다. 그 중재는 경제적인 틀로도 뒷받침되었고, 미국이 일본에 대해 가진 가리오아 채권의 대폭 감액과 한국에 대한 일본 측의 일방적인 경제 협력 추진 및 증액은 실질적으로 한 쌍처럼 정치적으로 결부되어 있었다(淺野豊美, 2013).

그렇지만 이것은 법적·정치적 틀로 봉인된 것이어서 어떤 방식으로 해결되었다고 하더라도 마치 '허공에 떠버려' 방황하는 것 같은 상태가 되어 있다. 제국의 해체와 귀환으로 생겨난 집단감정, 예컨대 이동하며 잃어버린 재산, 살아서 이별하거나 사별한 가족 등에 대한 '애석함'과 '애정'을 기원으로 하는 쌍방의 강력한 집단감정이 현대에까지 그림자를 드리우고 있기 때문이다. 제국의 해체에 따른 귀국·귀환 등 사람의 이동과 관련해 발생한 개인의 살아 있는 감정은 생활 기반의 해체와 재편이라는 격변을 동반했기 때문에 강력하다. 그에 대한 국민감정이 세대를 넘어 계승되어가는 동안 강해졌으며, 이는 공적인 기억이나 역사에 의존하는 것을 피할 수 없게 만든 것으로 보인다. 그것이 1990년대 중반 인터넷의 대중화와 세계화로 인해 상이한 민족감정이 사이버 공간에서 충돌하기 시작했다. 이런 상황이 현대의 역사 문제를 만들어내고 있는 것이다.

거듭 보충하자면, 역사와 얽혀 있는 민족의 '감정질서'라고 할 수 있는 것이 한일 상호 간에 크게 다르기 때문에, 안전보장상의 공통 이익이 있음에도 상호 신뢰가 생기지 않으며 그것을 제도화하는 것이 불가능하다. 대립된 두 국민감정이 냉전시대에는 미국의 중재에 의해 일시 봉인되어 법적으로 조리를 갖춘 상태를 유지했지만 , 세계적인 냉전 종결, 한국의 민주화, 세계화라는 세 요소가 동시에 진행된 1990년대가 되자 극적인 변화에 노출되었다(상세한 내용은 淺野豊美(2015b: 15~44) 참조].

세계화에 따라 간단히 국경을 넘는 시대, 민주화로 인해 국내에서 자유롭게 언론의 자유를 행사할 수 있는 시대, 국민 정서를 강력히 막았던 전략적인 필요성이 냉전의 종식으로 중시되지 않게 된 시대에, 한일 양국의 국민 정서는 상대방의 역사를 둘러싼 교육과 여론에 책임이 있다고 비난하면서 정면으로 충돌하기 시작했다.

현재 필요한 것은 고급 관료나 정치가, 군인 엘리트가 밀실에서 진행하는 새로운 담합이 아니라 서로의 민족적 존엄을 공통의 대원칙으로 승인하는 가운데 그와 모순되지 않는 서로의 국민사(國民史)를 어떻게 다시 서술할 것인지를 공동으로 논의하는 것이 아닐까? 그러기 위해서는 재산을 둘러싸고 발생한 '착취'인가 '유산'인가의 문제와 사람의 동원을 둘러싸고 벌어진 '강제 연행'인가 '국민 징용'인가의 문제를 식민지 연구의 성과와 대조해 상세히 논의하면서, 그 근본에 있는 '보호국 병합'이라는 근대사의 기원까지 함께 관련지어 살펴보아야 한다. 또한 단일한 '국민적 정의'에서 벗어나 양자가 공유하는 '보편적인 정의'를 역사 속에서 발견하는 작업이 절실히 필요하다. 그러나 그럴 경우 그와 같은 '정의'가 거꾸로 폭력적인 사태를 초래할 것인지 아니면 현실을 실제로 건설적인 방향으로 움직여갈 것인지 하는, 규범 효용의 공과(功過)를 잘 확인해 논의할 필요가 있다. 그런 작업이 새로운 테이블에서 깊고 넓게 확대되어가기를 바란다.

참고문헌

北岡伸一. 2000. 「賠償問題の政治力學」. 北岡伸一・御厨貴 編. 『戰爭・復興・發展』, pp.168~173. 東京大學出版會.

外務省. 2002『日本外交文書 平和條約調書』第2~3冊.

外村大. 2012. 『朝鮮人强制連行』. 岩波書店.

猪瀨直樹. 2002. 『ミカドの肖像』(小學館, 1986). 『日本の近代 猪瀨直樹著作集』第5卷. 小學館.

竹前榮治・中村隆英 監修. 1996. 『GHQ日本占領史 第25卷 賠償』. 日本圖書センタ-.

淺野豊美. 2008. 『帝國日本の植民地法制 ― 法域統合と帝國秩序』. 第2編. 名古屋大學出版會.

_____. 2011. 『サンフランシスコ講和條約と帝國淸算過程としての日韓交涉』. 淺野豊美・本宮正

史・李鍾元 編.『歷史としての日韓國交正常化 ― 脱植民地化編』. 法政大學出版局.

_____. 2015a.『民主化の代償 ―〈國民感情〉の衝突・封印・解除の軌跡』. 本宮正史 編.『日韓關係 1965~2015 I：政治』, pp.349~370. 東京大學出版會.

_____. 2015b.『第1章 歷史と安全保障問題 I 連環の系譜 ―戰後50年村山談話と戰後70年安倍總理訪美』. 本宮正史 編.『シリーズ日本の安全保障(全8卷)』第6卷, pp.15~44. 朝鮮半島と東アジア. 岩波書店.

_____. 2016.『移住・引揚・國内定住地とて福島と原子力發展所』. 根川幸男 編.『近代日本人の越境と複數文化體驗』. ミネルバア書房.

淺野豊美 編. 2013.『前後日本の賠償問題と東アジア地域再編 ― 請求權と歷史認識問題の起源』. 慈學社.

厚生省援護局. 1988.「引揚げと援護三十年の歩み」.

역사 문제의 극복과
동아시아공동체로 가는 길

한·중·일 3국 공동 역사 교재의 목표

가사하라 도쿠시 笠原十九司 | 정동연 옮김

1. 머리말

이 글은 21세기 들어 필자가 역사 연구자로서 관여해온 한·중·일 3국의 역사 연구자, 역사교육자, 시민들이 두 차례 공동으로 발행한 교재의 발행 목적과 편집·발행 경위 및 발행 이후의 반향과 의의 등을 시대 배경을 근거로 서술한 것이다.

필자의 반평생을 되돌아보더라도 동아시아의 역사는 동아시아공동체 형성을 향해 흘러가고 있음이 분명하다. 필자가 태어난 1944년 4월은 아직 일본이 아시아·태평양전쟁을 치르고 있던 때이다. 1945년 일본이 패전했고, 1950년 6월 한국전쟁이 일어났으며, 1953년 7월 한국전쟁의 휴전협정이 체결되었다. 이 사회문제들에 관한 필자의 첫 기억은 한국전쟁을 신문의 사진 보도나 라디오 뉴스로 전해 듣고 '또 전쟁이 시작되어 사람들이 죽겠지' 하며 암울해했던 것이다.

    1949년 10월 1일 중화인민공화국이 탄생한 후, 일본은 미국 중심의 샌프란시스코 체제와 미일 안보 체제에 편입되어 중국이나 조선민주주의인민공화국(북한)에 대해 적대 정책을 취했다. 필자가 대학에서 중국 근현대사를 공부하던 당시, 일본은 중국과 국교 관계가 없었다. 1972년 중일 간에 국교가 회복되었지만, 중국은 문화대혁명으로 혼란한 시대가 계속되었고, 중국 근현대사 연구자로서 중국에 갈 수 있게 된 것은 중국 정부가 개혁개방 정책을 실시한 이후인 1980년대 말이었다.

    그러던 것이 현재는 비자가 없이도 자유로이 중국에서 열리는 국제회의에 참석하거나 여행도 할 수 있게 되었다. 1990년대 초에는 중국의 대학 교원과 전화하기 위해 대학의 교환대를 통해야만 했고, 대학 당국에 의한 도청도 가능했다. 그러던 것이 지금은 일반 중국인들과도 메일이나 휴대전화를 이용해 직접 통신을 할 수 있게 되었다. 또한 중국인도 비교적 자유롭게 일본을 방문할 수 있게 되어, 상하이에 사는 친구가 자기 부모와 함께 필자의 집에 직접 들르기도 한다.

    필자의 생활신조는 세계사·동아시아사가 진보·발전하는 흐름에 맞추어 살아가는 것이다. 다만 역사의 발전은 직선적이지 않고, 진보와 발전이 있으면 반드시 반동과 반격도 있다. 이러한 역사 과정은 이 글에서 다룰 한·중·일 3국이 두 차례의 공동 역사 교재의 편찬과 간행 과정에 참여하면서 필자 스스로 하나의 역사 체험으로서 절실히 느꼈다. 역사 발전 과정은 나선형이면서, 진보·발전과 반동·역류·후퇴의 대립을 포함해 복잡하게 전개된다. 이런 역사의 소용돌이에서 일본인에게 중요한 것은 중국, 타이완, 한국, 북한, 러시아, 몽골, 동남아시아 국가들, 그리고 미국을 포함한 동아시아의 발전 방향을 궁리하며 살아가는 것이 아닐까? 이것이야말로 필자의 생활신조이다.

2. '역사 인식과 동아시아 평화' 포럼의 발족

2002년은 중일 양국의 국교정상화 30주년을 기념하는 해였다. 중국의 WTO 가입(2001.12)을 계기로 일본 기업의 중국 진출은 가속화되어, 중국에 대한 투자도 늘고 중일 무역 총액도 늘어나 경제 관계는 더욱 긴밀해졌으며, 유학, 여행, 문화, 학술 교류 등을 통한 중일 양국 사람들의 왕래와 교류도 확대·발전한 해였다. 경제적으로는 이미 동아시아 경제권의 기초가 느슨하게나마 형성되고 있었는데, 이로부터 21세기 역사는 일본, 한국, 북한, 중국을 중심으로 하는 동아시아공동체(북동아시아공동체라는 말도 있다)가 형성되는 방향으로 흘러갔으며, 이런 희망은 일본 국내에서도 확산되었다. 일본 출판계에서는, 특히 역사 분야에서는 근현대사뿐만 아니라 고대사와 중세사에서도 '동아시아'를 내건 역사서가 여럿 출판되었다. 일본의 일상생활 영역에서도 역(驛)의 이름이나 역에서의 안내 방송, 도로명 표기에까지 영어뿐만 아니라 중국어와 한국어가 포함되었다.

일본을 정치적 몰락에서 구원할 단 하나의 방법은 동아시아공동체 건설이고, 이것이 불가능하다면 일본은 고립·쇠퇴할 것이라는 세계적 경제학자 모리시마 미치오(森嶋通夫)의 『왜 일본은 몰락하는가』와 『일본에서 할 수 있는 일은 무엇인가: 동아시아공동체를 제안한다』(森嶋通夫, 1999; 森嶋通夫, 2001)가 널리 읽혔다. 모리시마는 이 책에서 동아시아공동체를 만들기 위해서는 "역사의 공동 이해"가 필요하고, 만약 일본이 동아시아공동체 형성으로부터 등을 돌린다면 일본은 동아시아에서 고립되어 몰락을 감수하게 될 것이라고 경고했다.

21세기 역사가 동아시아공동체 형성을 향해 흘러가는 상황에서, 일본 국민이 중국, 한국이나 이웃 아시아 국민과 공생하기 위해서는 일본의 침략전쟁과 식민지 지배라는 '과거의 극복'이 필연적인 전제가 되고 있다. 일본에서는 방치되어온 전쟁 책임 문제와 '극복되지 않은 과거'라는 부정적인 역사 유산이 현재의 국민들에게 책임으로 남겨진 것이다. 일본 국민이 이를 잘 풀어내야만 이웃 아시아 국민들과 '화해'를 실현하고 국제적으로 신뢰를 얻을 수 있는 것이다.

이와 같은 역사의 흐름 속에서 2002년 3월, 한·중·일 3국의 시민 측으로부터 평화로운 동아시아공동체 형성을 지향하는 제1회 '역사 인식과 동아시아 평화' 포럼이 중국 난징에서 개최되었다. 이 포럼의 발기인 중 한 사람인 아라이 신이치(荒井信一)에 따르면, 2001년 7월 중국사회과학원 일본연구소가 '근대 일본의 내외 정책 1931~1945'라는 학술토론회를 베이징에서 개최했을 때, 일본, 한국, 북한의 뜻있는 사람들이 동아시아의 평화로운 지역공동체를 지향하는 관점에서 상호 간에 역사교육과 역사 인식을 점검하는 학술토론회를 계속적으로 열어가자고 중국 측에 제안했다. 이는 일본의 교과서 문제를 중심으로 한 것이었으나, 장기적으로는 동아시아의 평화와 미래를 공유할 수 있는 역사 인식을 젊은 세대들 사이에서 키워가기 위한 협력을 만들어내고 발전시켜나가자는 제안이었다.

이런 제안에 의거해 2002년 3월 한·중·일 3국의 역사 연구자, 역사교육자, 시민단체가 참여한 제1회 '역사 인식과 동아시아 평화' 포럼이 '역사교과서 문제'를 주제로 난징에서 개최된 것이다(日本の戰爭責任資料センター, 2002: 60; '歷史認識と東アジアの平和'フォーラム·東京會議 編, 2010). 필자도 '난징 대학살과 교과서 문제'라는 제목으로 발표했다(笠原十九司, 2002). 이때 3국의 아이들이 역사 인식을 공유하는 데 첫걸음이 될 공동 역사 교재를 만들어보자는 제안이 나왔고, 이후 포럼 개최와 병행해 공동 교재 개발을 위한 국제회의를 계속해나가기로 합의했다. 같은 해 8월, 서울에서 제1회 한·중·일 3국의 공동 역사 교재에 관한 국제회의가 열렸다.

이어 2003년 2월 도쿄의 와세다 대학에서 열린 제2회 '역사 인식과 동아시아 평화' 포럼을 계기로, 한국, 중국, 일본의 근현대사를 중심으로 한 3국 공동의 역사 부교재를 만들기 위한 한·중·일 3국 공동역사편찬위원회가 발족했고, 2005년 출판을 목표로 편집 작업을 시작했다. 필자는 일본 측 대표 위원 세 명 중 한 사람으로 기획·편집에 참가했는데, 많은 어려움이 예상되기는 했지만, 3국의 공동 부교재를 편집하는 과정에서의 대립·충돌까지 포함해 대화하는 과정과 내용이 무엇보다 중요하리라 생각하고 있었다. 우리는 능력이 부족할지 모르지만, 무력하지는 않다는 것이 솔직한 심정이었다.

제3회 '역사 인식과 동아시아 평화' 포럼 이후에도 매년 한국, 중국, 일본이 번갈아가며 포럼이 개최되어, 2015년 10월에는 제14회 포럼이 '전후(戰後) 70년, 동아시아 평화를 오키나와에서 생각하다'라는 주제로 오키나와에서 개최되었다. 2009년 11월 도쿄의 메이지 대학에서 '동아시아사의 가능성과 평화를 만들어내는 힘'이라는 주제로 개최된 제8회 포럼에서는 '역사 인식과 동아시아 평화 포럼'(도쿄 회의)이 공동으로 엮은 「동아시아의 역사 인식과 평화를 만들어 내는 힘: 동아시아 평화공동체를 목표로」(일본평론사, 2010)라는 보고서가 출판되었다. 한국의 광주에서 개최된 제12회 포럼부터는 필자도 일본실행위원회 공동 대표 다섯 명 중 한 사람이 되었다.

3. 한·중·일이 공동으로 편집한 『미래를 여는 역사』의 발행

1) 발행 목적

『미래를 여는 역사』는 평화로운 동아시아공동체,[1] 즉 국가, 국경의 테두

---

1   동아시아공동체는 중국에서는 동북아시아공동체, 한국에서는 북동아시아공동체 등으로 불리는데, 현재 유럽연합(EU)이 된 유럽공동체(EC)와 같이 장래에는 동아시아에도 일본, 중국, 타이완, 한국·북한을 중심으로 동남아시아의 여러 국가를 포함할 가능성이 있는 정치·경제·문화 등의 광역 지역세계의 공동사회적 이익사회이다. 국제경제학자 모리시마 미치오(森嶋通夫, 2001)는 일본의 몰락을 구제할 유일한 길은 동아시아공동체에

리를 초월한 동아시아 시민사회 형성을 목표로 한·중·일의 연구자, 교사, 시민이 3국에 민간 조직²인 한·중·일 3국 공동역사편찬위원회를 조직하고 2002년부터 편집 작업에 돌입해 11회에 달하는 국제 편집회의를 개최하는 한편, 일상적으로는 인터넷을 이용해 자주 원고와 의견을 교환해 2005년 5월 하순 3국에서 동시 간행하기에 이르렀다.³

이 책은 일본저널리스트회의(JCJ)로부터 2005년에 특별상을 받았다. "자국 중심의 폐쇄적 역사 인식이 교육 현장에 들어오려는 지금, 한·중·일 3국의 연구자, 교사, 시민이 3년 동안 협력해 국경을 초월한 관점에서 접근한 역사상 최초의 역사책을 3국에서 동시 간행했습니다. 동아시아의 평화 구축에 획기적인 시도로 평가합니다"라는 것이 특별상 선정 이유였다.

『미래를 여는 역사』는 머리말인 「독자 여러분께」에서 동아시아의 근현대사를 배우는 목적을 다음과 같이 서술하고 있다.

우리가 역사를 배우는 것은 과거를 교훈으로 삼아 미래를 개척하기 위해서
입니다. …… 지난 19~20세기 동아시아 역사에는 침략과 전쟁, 인권 억압 등 씻
기 힘든 상처가 스며들어 있습니다. 물론 동아시아의 과거가 어두운 것만은 아
닙니다. 동아시아는 교류와 친선의 오랜 전통을 갖고 있고, 국가의 울타리를 넘

참가하는 것이라고 말하고 있다. 다니구치 마고토(谷口誠, 2004)는 국제연합 대사였던 저자가 동아시아 경제공동체 성립의 가능성과 장래 동아시아 정치 통합으로의 전망을 검토하고 있다. 와다 하루키(和田春樹, 2003)는 역사가의 입장에서 러시아와 몽골까지 더한 동아시아공동체 구상을 전망하고 있다. 신도 에이이치와 하라카와 히토시가 엮은 책(進藤榮一·平川均 編, 2006)은 동아시아공동체 건설을 구체적으로 추진하기 위해 국제 관계론·국제정치·국제경제 연구자를 중심으로 2003년에 결성된 '아시아공동체연구회'(대표 신도 에이이치)의 논문집이다.

2　현재 중국에서는 일본처럼 직장이나 직업을 초월해 시민이 개인으로 자유로이 참가하는 민간단체·시민단체의 조직과 활동이 아주 자유롭지는 않다. 따라서 중국의 편집위원들은 시민의식이 있지만, 민간단체로서 사무국을 설치해 집단적으로 활동하려는 태도는 취하지 않았다.

3　일본의 출판사는 고문연(高文研), 중국은 사회과학문헌출판사, 한국은 한겨레신문사이다.

어 밝은 미래를 위해 노력하고 있는 사람들도 많습니다. 지나간 시대의 긍정적인 면은 계승하면서도 잘못된 점은 철저히 반성함으로써 우리는 아름다운 지구에서 더 평화롭고 밝은 미래를 개척할 수 있을 것입니다. 평화와 민주주의, 그리고 인권이 보장되는 동아시아 미래를 개척하기 위해 우리가 역사를 통해 얻을 수 있는 교훈은 무엇일까요?

그리고 이 책은 맺음말에서 평화로운 동아시아공동체 형성에 대한 전망을 다음과 같이 말하고 있다.

동아시아에 평화로운 공동체를 만들기 위해서는 그 전제로서 역사 인식의 공유가 반드시 필요합니다. …… 역사 인식을 공유한다는 전망은 동아시아에서 살아가는 시민이 침략 전쟁과 식민지 지배의 역사를 사실에 근거해 학습하고, 과거를 극복하기 위한 대화와 토론을 거듭함으로써 확실히 열릴 것입니다.

『미래를 여는 역사』는 동아시아 시민사회 형성에는 세계시민적인 입장에서 역사 인식을 공유하는 것이 필수적이라는 생각에 근거해, 그 실현을 위한 역사의 길은 쉽지 않은 먼 미래일 것이라고 인식하면서도 그 길의 첫걸음을 향해 도전하는 것이라고 의미를 부여하고 있다. 일본저널리스트회의가 주는 특별상을 수상한 이유에서 볼 수 있듯이, 이 책은 한·중·일 3국 공동 편집으로 발행된 동아시아사에 관한 최초의 역사서이다.

2)『미래를 여는 역사』의 역사적 의미

『미래를 여는 역사』를 만든 직접적인 계기는 이 장의 맺음말에 있는 것처럼, 2001년의 '새로운 역사 교과서를 만드는 모임'(이하 만드는 모임)이 발행한 교과서 문제에 있다.[4] '만드는 모임'이 발행한 교과서를 비판하는 것뿐만 아니라, 그 대안으로 동아시아에서 역사 인식을 공유할 수 있는 역사 교재를 만들려는 것이었다.

『미래를 여는 역사』제작 과정의 특징이나 편집 과정에서 어떤 문제에 대해 의견 대립이 있었고, 격렬한 토론이 벌어졌는지 등에 관해 사이토 가즈하루(齋藤一晴)가 잘 정리하고 있다.[5] 반도 히로시(阪東宏)는 『전쟁의 뒷모습』에서 "『미래를 여는 역사』는 그 전체가 3국의 연구자, 교사, 시민에 의한 역사대화로부터 탄생해, 3국의 독자에게 쉽게 이해되고 익숙해질 것이다. 이것이 이 책의 중심적인 공헌이다"라며 "이 책은 3국 각각의 교육제도, 교과서 제도와는 상관없이 축적해온 대화의 소산으로, 일본 측이 조선, 중국에 대해 일본의 침략과 점령에 의한 가해를 인정함으로써 그 구성과 서술에서 쭉쭉 뻗어나가는 개척자의 분위기가 느껴진다"라고 평가하고, 최종적으로 "이 책은 3국에 의한 역사대화의 첫 소산이며 또한 초보적인 달성이다"라고 평가했다(阪東廣, 2006: 169).

동아시아 역사대화의 발전 과정에서 『미래를 여는 역사』가 차지하는 특징과 의의 및 역사적 위치는 다음과 같다.

첫 번째 특징은 종래의 역사대화가 한국, 중국, 일본의 연구자, 교육자를 중심으로 이루어진 것에 비해, 이 책은 국제적으로는 NGO 운동으로 분류되는 시민단체, 시민운동과 제휴했고, 독자도 압도적으로 시민층이 많다는 것이다. 이는 '만드는 모임'이 발행한 교과서 문제(『새로운 역사교과서』의 검정 합

---

4   '새로운 역사 교과서를 만드는 모임'('만드는 모임')은 1997년 1월 결성되었다. 회장 니시오 간지(西尾幹二), 부회장 후지오카 노부카쓰(藤岡信勝)와 다카하시 시로(高橋史朗)는 보수·우익 세력의 국민운동 형태로서 일본 현행 교과서의 종군위안부나 난징 대학살 등의 침략·가해의 역사에 관한 서술을 '자학', '편향'이라며 공격했다. 또한 일본의 침략 전쟁을 긍정·미화한 『새로운 역사 교과서』(扶桑社)를 출판해 문부성의 교과서 검정에도 합격하여 2001년에는 채택 활동을 전개했다.

5   사이토 가즈하루는 제1부 「『미래를 여는 역사』라는 역사대화(第I部 ≪未來をひらく歷史≫という歷史對話)」에서 더 상세히 고찰하고 있다(齋藤一晴, 2005a, 2005b, 2008).

격과 선택 및 시판 등을 둘러싼 문제뿐만 아니라 다른 출판사의 교과서 공격에 따른 침략·가해 서술의 후퇴 문제도 포함해)에 항의하는 운동을 전개해온 일본과 한국의 시민운동 단체가 주도적 역할을 담당한 데서 잘 드러난다. 일본에서는 '아이와 교과서 전국 네트21'[사무국장 다와라 요시후미(俵義文)], '역사교육 아시아 네트워크 저팬'(공동 대표 다와라 요시후미 등)이고, 한국에서는 '아시아 평화와 역사교육연대'(전신은 2001년 4월 결성된 '일본교과서 바로잡기 운동본부')이다. 현재 중국에서는 아직 시민운동 단체가 조직될 수 없다는 것은 이 장의 주 2)에서 밝힌 대로이다.

동아시아의 역사대화를 위한 역사교육은 학교 교육은 물론이고, 넓게는 시민, 국민을 대상으로 한 사회 교육도 포함해 생각해야 하며, 장래 동아시아의 시민사회 형성을 향해 한국이나 중국의 시민·민중과 시민 차원에서 역사대화를 시작하는 것이 중요하다는 것을 떠올린다면, 시민, 시민 단체, 시민 운동 측이 참가할 필요가 있다.[6]

한·중·일 3국의 현행 역사교육에서는 각자가 국민국가를 형성하는 국민교육을 목적으로 애국심을 함양하고 민족 정체성을 확립하기 위해 자국사를 중심으로 하고 있다. 일본에서는 중학교 학습지도 요령(사회 편)의 교과 목표에 "우리나라 국토와 역사에 대한 이해와 애정을 심화한다"라고 제시되어, 역사 교과서는 일본의 문화나 전통에 대한 애정을 키우는 것을 목표로, 그리고 일본인, 일본 국민이라는 민족적 정체성 형성을 목표로 서술이 이루어지고 있다. '만드는 모임'이 발행한 교과서는 이를 극단적으로 강조해 민족적 우월감과 배외 심리를 갖도록 하고 있으나, 다른 출판사의 교과서도

---

6   일본은 시민운동의 역사가 짧고 아직 발달되지 않았기 때문에 다양한 문제나 한계가 있기는 하지만, 일본 학자나 지식인, 나아가 출판 언론이 시민운동이나 시민운동가의 업적을 냉정하게 바라보려는 경향도 있다. 『미래를 여는 역사』에 대해서도 시민운동가가 참여해 편집·집필한 책이기에 학문적으로 가치가 떨어진다는 평가가 내려지는 것도 사실이다.

'국민의 역사'라는 틀에 얽매여 있다는 점에서는 차이가 없다.

사토 마나부(佐藤學), 나리타 류이치(成田龍一), 윤건차(尹健次)는 『역사 교과서는 어떠해야 하는가』에 다음과 같이 제언하고 있다(金子勝·藤原歸一·山口二郎 編, 2003: 167).

> 역사 교과의 사명은 세계화와 함께 진행된 국민국가의 변모에 따라 재정의를 해나가는 데 있다. '국민적 교양'으로서의 역사에서 '시민적 교양'으로서의 역사로 전환이 이루어지지 않으면 안 된다. 공교육은 '국민교육'에서 '시민교육'으로, 즉 지역공동체의 시민, 일본 사회의 시민, 세계 사회의 지구 시민이라는 세 차원에 걸친 '시민성(citizenship)' 교육으로 전환해야 하는 시대를 맞이하고 있다.

이 제언에서 "세계 사회의 지구 시민"이라는 것은 이 장에서 말하는 "동아시아공동체 시민", "동아시아 시민사회"와 같은 범주에 속한다. 『미래를 여는 역사』가 목표로 하는 바는 인권 존중, 평화와 민주주의 실현, 이를 위한 법치사회 구축이라는 공통된 가치관을 지닌 동아시아 시민의 육성이고, 이를 위한 역사교육이다. 동아시아에서 역사 인식의 공유는 인권, 평화, 민주주의라는 인류 보편의 가치관을 공유하는 동아시아 시민사회의 형성과 상관관계를 이루고 있다.

독일에서는 교육행정권이 주정부에 있고 그 목표는 '국민의 육성'보다도 '시민의 육성'에 중점을 두고 있다. 예를 들어 독일의 최대 주인 노르트라인베스트팔렌의 김나지움용 교육 과정 기준 『역사』(1993, 일본의 학습 지도 요령에 해당)에는 학교교육과 역사교육의 목표에 대해 다음과 같이 씌어 있다(船橋洋一 編, 2001: 97).

> 학교는 학생의 관용과 연대 능력, 그리고 타자와 의사소통해 협력하는 능력을 키우지 않으면 안 된다. 이것이 민주주의 사회의 기초이고, 또한 그 시민이

다른 나라·민족·문화와 관계를 쌓아가기 위한 기초인 것이다. …… 가치와 규범에 대해 특히 중요한 것은 인권의 존중이고, 민주주의적·사회적 법치국가의 원칙이다. 또한 학생은 우리 사회와 세계의 정치적·사회적 그리고 환경의 커다란 문제에 맞설 능력과 의욕을 발전시켜나가지 않으면 안 된다.

역사 수업을 받음으로써 학생들은 오늘날 사회에 나타나는 역사적 요소·구조·경위를 파악하는 힘을 체득하고, 지금도 진행 중인 역사상의 전달과 변용 과정에서 자신의 역사적 판단 능력을 발전시켜야 한다. 이와 같이 검증·수정 가능한 역사의식이야말로 민주주의 사회에 주체적으로 참가하기 위한 중요한 전제이다. 『미래를 여는 역사』가 지향하는 바는 이러한 의식과 의욕과 능력을 지닌 동아시아 시민의 육성이다.

두 번째 특징은 한·중·일 3국의 공동 편집 역사서를 발행함으로써 이 책에 서술된 동아시아 근현대사의 '역사사실 인식'의 공유가 가능해졌다는 것이다. '역사 인식 공유'는 크게 세 가지 단계로 나누어 생각해볼 수 있다. 제1단계는 '무엇이 있었다', '어떤 사건이 발생했다'와 같은 '역사사실 인식'의 공유이다. 제2단계는 그 역사사실이 왜 발생했고 어떠한 의의가 있으며 어떠한 영향을 주었는가 하는 역사사실의 원인이나 요소의 분석, 평가, 의미 부여 등과 관련된, 어떤 의미로는 역사관을 동반하는 추상적 인식에 관한 것이다. 제3단계는 앞서 말한 두 단계의 인식을 거쳐 동아시아 세계의 시대상이나 동아시아 사회의 역사 구조, 동아시아 역사상을 추상적으로 이해하고 파악하는, 좀 더 이론적이고 총체적인 역사 인식이다.

『미래를 여는 역사』가 달성한 것은 제1단계 역사사실 인식의 공유로, 동아시아공동체, 동아시아 시민사회의 형성을 향해 '역사 인식의 공유'로 초보적인 첫걸음을 내딛은 것이다. 그러나 이 단계도 결코 쉽지 않은 것은 동아시아 근현대사에서 일본과 중국·한국은 침략과 식민지 지배라는 적대 관계에 있었기 때문이다. '만드는 모임'이 발행한 교과서는 일본의 침략과 가해, 식민지 지배의 역사사실을 빼버리고, 일본의 전쟁이나 식민지 지배를 긍정하고 미화해 중국이나 한국의 국민으로부터 반발과 비판을 초래한 것이다. 또한 전후에 세 차례 발생한 일본 교과서 문제는 모두 일본 정부나 여당인 자민당이 침략과 가해의 역사사실을 역사 교과서에 서술해서는 안 된다고 교과서를 공격함으로써 일어난 것이다.

필자는 일찍이 「아시아 각 국민과 화해하는 길」이라는 제목의 글에서 '일본 국민이 21세기를 이웃 아시아의 각 국민과 **함께 살아가기** 위해서는 중국과 일본의 15년 전쟁과 아시아·태평양전쟁의 **과거를 극복**하는 것이 불가결한 전제인데, 이를 위한 가장 바람직한 방법은 먼저 침략과 가해의 죄를 지은 **사실을 인지**하는 것'이라는 취지로 다음과 같이 서술했다.

> 전후 일본 정부는 전쟁 책임 문제에 대해 무책임했고, 문부성의 교과서 검정에서 보듯이 중요한 침략·가해의 '사실 인지'조차 거부해왔다. 이뿐만 아니라 국민 측의 자발적인 침략·가해의 '사실 인지' 운동에 대해 간섭하고 음으로 양으로 방해와 압력을 가하기도 했다. 아시아·태평양 민중에 대한 전후 처리와 전쟁 책임 문제를 일관되게 회피해온 일본 정부를 대신해, 국민 측에서 자각적·양심적으로 부정적인 과거를 극복하려는 노력과 운동을 추진해왔고, 국제사회에서 일본의 고립화를 어느 정도 극복하고 아시아 각 국민과의 화해의 길을(현 단계에서는 넓은 길이라고는 할 수 없지만) 만들어온 것이다(笠原十九司, 1994: 220).

필자가 20여 년 전에 지적한 이와 같은 일본 내 역사 인식의 대립 구도는 고이즈미 준이치로(小泉純一郎) 정권 시대(2001.4~2006.9)에 고이즈미 총리의 야스쿠니 신사 참배 강행이나 '만드는 모임'이 발행한 교과서 문제가 상징하는 일본 정부와 일본 사회의 이른바 보수화·우경화에 따라 더욱 심각해졌다. 게다가 민주당 정권의 탄생으로 잠시 물러났다가 2012년 12월 고이즈미 정권을 계승해 재집권한 현재의 아베(安倍) 정권이 등장하면서 일본은 중국과 한국 모두와 역사 문제를 둘러싸고 대립을 심화시켜, 일본 국민과 중국·한국 국민과의 상호 감정도 전후 최악의 상황으로 빠져들었다.

이런 엄중한 상황에서 『미래를 여는 역사』가 만들어져 일본의 침략과 가해, 식민지 지배의 '역사사실'을 일본인이 인식하게 된다면 '역사사실 인식'에서 중국인이나 한국인과의 공통 이해가 생겨나 '역사대화'가 가능해질 것이다.

다만 일본의 학교교육에서 이와 같은 역사사실을 배우지 않은 일본 학생에게는 '역사사실 인식'의 공유조차도 쉽게 받아들여지지 않는다. 이는 『미래를 여는 역사』를 필자가 담당한 대학 수업 과제로 읽혔을 때 "중국·한국을 지나치게 편들고 있다", "일본만을 악으로 몰아가고 있다", "중국, 한국이 말하는 대로 되고 있다", "이 정도까지 일본인의 책임이나 죄악으로 몰아붙여야 하는 것일까?", "일본의 침략을 비판하는 데 너무 치우쳐 있다"는 등의 반발·반감의 감정을 써낸 학생이 적지 않았다는 데서 잘 드러난다.

그러나 앞에서 언급한 사토 마나부, 나리타 류이치, 윤건차가 함께 쓴 『역사 교과서는 어떠해야 하는가』의 「한일 공동의 역사교과서 전망」에서 다음과 같이 제언한 것은 『미래를 여는 역사』가 한·중·일 3국과 동아시아에서 지향하는 바였다.

> 한일의 미래를 개척하기 위해서는 양국의 과거를 말하는 데서부터 시작하지 않으면 안 된다. 타자의 존재를 인정하지 않는 배외주의에서 벗어날 필요가 있다. 역사교과서 문제는 탈식민지주의 과제의 일부이다. 과거를 청산하지 않고서는 문제의 본질적 해결은 없다. 가해자 측이 먼저 반성하지 않는 한 피해자 측은 반발의 자세를 취할 수밖에 없다. '국민'이나 '국가'가 아닌 한일의 시민이 주체가 되어 문제를 하나씩 해결해갈 필요가 있다(金子勝 外, 2003: 184).

『미래를 여는 역사』가 간행된 것은 반도 히로시가 지적하는 것처럼 "일본 측의 참가자가 조선·중국에 대한 일본의 침략과 점령이라는 가해를 인정함으로써" 중국과 한국의 편집자와 '역사대화'가 이루어졌기 때문이다.

『미래를 여는 역사』의 집필은 일본의 전쟁 정책과 식민지 정책의 전개에 대해서는 일본 측이, 일본의 중국 침략과 저항의 역사에 대해서는 중국 측이, 일본의 조선 식민지 지배에 대해서는 한국 측이 각각 담당했다. 다 쓴 원고를 3국에서 특히 자국 독자가 읽을 수 있는 것인지에 유의하며 상호 비판하고 검토한 후 수정했다. 이 때문에 3국, 특히 중국과 한국의 민족주의 의식을 반영한 서술이 되어버렸지만, 현시점에서는 상호 감정을 동반한 '역사 인식'을 이해하기 위해 필요한 것으로 보고 허용하기로 했다. 이것은 일본의 학생들이 피해국인 중국과 한국 사람들의 역사의식이나 역사 감정을 이해하도록 하는 데 효과적이었다.

엄밀히 따지자면 『미래를 여는 역사』는 3국의 편집위원이 분담해 집필한 것을 기본으로 한 3국의 역사 서술의 집합과 병렬이었기 때문에 자국사, 그것도 국가사의 영향을 반영했다고 할 수 있다.

세 번째 특징은 『미래를 여는 역사』의 서장, 제1장, 제2장에서 일본의 침략과 가해, 식민지 지배의 대립적인 역사사실 서술과 동아시아 3국의 서양화·근대화라는 공통의 역사사실 서술이라는 두 가지 축으로 되어 있다는 점이다. 후자는 충분하지는 않지만 동아시아 공통의 역사상을 서술하려는 것이고, 앞서 언급한 '역사 인식 공유'의 제3단계인 동아시아 세계의 시대상을 서술한 것이다. 예를 들어 서장의 「개항 이전 3국의 사회구조」, 제1장의 「개항과 3국의 근대화를 목표로 한 개혁과 서양화에 따른 사회와 민중생활의 변화」, 제2장의 「제1차 세계대전 후의 자본주의 발달과 도시의 발달, 대중문화의 확산과 여성의 사회 진출」 등, 한·중·일 3국에 공통되는 시대상을 서술하고 있다. 이와 같은 공통의 시대상을 세계사의 발전 속에 자리매김하면서 동아시아의 역사상으로서 더욱 총체적·구조적으로 서술하는 것이 가능하다. 이렇게 3국이 납득할 수 있게 서술된 동아시아 역사상은 '역사 인식의 공유'로 이어질 것임은 두말할 나위 없다.

『미래를 여는 역사』는 '역사사실 인식'의 공유뿐만 아니라 그다음 단계인 '역사상 인식'의 공유를 향해 첫걸음을 내디딘 것이라고도 할 수 있다. 다만 현 단계에서는 일본의 역사 연구자와 중국·한국의 역사 연구자의 역사인식 및 방법론이 서로 다르기 때문에, 본격적인 역사 인식의 공유를 위한 동아시아 역사상을 구성하는 것은 그리 간단해 보이지는 않는다.

3)『미래를 여는 역사』는 어떻게 읽혔는가?

『미래를 여는 역사』는 지금까지 일본에서는 9만 부, 중국에서는 13만 부, 한국에서는 6만 부가 발행되었다. 일본에서『미래를 여는 역사』의 주 독자층은 시민들이고, 이 책을 교재로 삼은 시민학습회가 전국에서 생겨나 그 일부가 지금도 활동하고 있다. 이는 일본 정부와 '풀뿌리 보수주의', 신민족주의의 영향을 받은 시민들이 전개한 교과서 공격에 대항해 동아시아 평화공동체를 지향하는 시민 측이『미래를 여는 역사』를 간행해 보급 운동을 벌인 성과라고 할 수 있다.

일본에서는 본래 의도한 중·고등학교 역사 교육 부교재로 사용하는 것이 어려워 몇 개 학교에 그치고 있다. 이는 장기적으로 계속된 일본 정부의 역사 교육 정책의 결과, 문부과학성 산하 중앙에서부터 지방 말단에 이르기까지 교육 현장에서 일본의 침략 전쟁과 식민지 지배의 역사를 가르치는 데 대해 "정치적이다", "편향되어 있다", "지나치게 자학적이다" 등의 이유를 들어 억제·통제하는 교육행정을 전개하고 있기 때문이다.

그 대신 국공립과 사립을 포함해 일본의 10여 개 대학에서 수업 교재로 사용되었다. 필자도 두 대학의 수업에서 교재로 사용했지만, 일본의 학교교육 특히 고등학교 역사교육에서 근현대사 학습이 소홀히 이루어져 일본의 침략 전쟁과 식민지 지배에 대해 제대로 배우지 못한 학생에게는 효과적이었다. 학생들은 놀라면서도 역사적 사실을 받아들이는 경우가 많았지만, 일부에서는 "자학적이다"라고 반발하는 경우도 있었다.

필자가 근무하는 대학에는 중국이나 한국 유학생이 많지만, 일본 학생은 그들과 역사 문제에 관해 대화를 할 수 없다. 중국인 유학생이 "난징 대학살이나 중일전쟁을 어떻게 생각하는가?"라며 토론하려 해도 "어려운 문제이다", "나는 모른다"라고 회피해버리는 것이다. 일본에서는 학생·청년이 일본의 전쟁이나 식민지 지배의 역사를 둘러싸고 중국이나 한국의 학생·청년과 '역사대화'를 나눌 수 있을 만큼 역사교육이 이루어지지 않고 있다. 이는 근현대사, 특히 침략과 가해의 문제를 포함한 전쟁이나 식민지 지배의 역사는 역사관이나 평가를 수반하기 때문에, 일본의 전쟁을 침략 전쟁으로 인식하는 데 대해 정부뿐만 아니라 국민 측에서도 뿌리 깊은 저항감이나 자기규제 의식이 존재하기 때문이다.

4. 『새로운 동아시아 근현대사』의 발행

1) 『신서』의 발간

『미래를 여는 역사』를 간행한 한·중·일 3국 공동역사편찬위원회는 2006년 11월, 제5회 '역사 인식과 동아시아 평화' 포럼이 리쓰메이칸 대학(立命館大學) 국제평화박물관에서 개최되었을 때 편집 회의를 갖고, 역사 인식 공유의 제2단계를 지향하는 새로운 역사서(이하 『신서』)의 발간을 추진하기로 합의했다. 궁극적으로 『신서』를 한·중·일 3국 공통의 역사 인식 기반이 될 체계적인 동아시아의 근현대 통사를 집필하는 디딤돌로 삼는 데 합의했다.

『신서』의 편집을 위한 국제회의를 도쿄에서 세 차례, 베이징에서 여섯 차

레, 서울에서 네 차례, 제주도에서 한 차례, 모두 14차례 개최하고, 최종 단계에는 실무 차원의 협의를 위해 다섯 차례의 대표자 회의를 베이징에 있는 중국사회과학원 근대사연구소에서 개최했다. 한·중·일 3국 공동역사편찬위원회는 편집 작업을 하는 과정에서 때로는 격렬히 대립하거나 격앙된 논쟁을 벌이기도 했지만, '평화로운 동아시아공동체' 형성을 목표로 한 공통의 과제 인식은 6년에 걸친 작업을 지탱해주었고, 이것은 2002년 이래로 한·중·일 3국 공동역사편찬위원회를 밀고 나가는 원동력이 되었다.

이 『신서』는 먼저 한국에서 『한중일이 함께 쓴 동아시아 근현대사』(1·2)라는 제목으로 2012년 5월 간행되었다. 동북아역사재단으로부터 지원을 받고 출판을 서두른 결과이다. 일본에서는 『새로운 동아시아 근현대사 (상): 국제 관계의 변동으로 읽는다/미래를 여는 역사』와 『새로운 동아시아 근현대사 (하): 주제로 읽는 사람과 교류/미래를 여는 역사』라는 제목으로 같은 해 9월 하순에 발행되었다. 중국에서는 2012년에 견본이 발행되었지만, 표지 등을 수정하는 문제로 해를 넘겨 2013년 2월에 발행되었다. 출판사는 중국의 경우 '미래를 여는 역사'와 같은 사회과학문헌 출판사였지만, 일본은 일본평론사, 한국은 휴머니스트로 바뀌었다.

『신서』 상권에서는 한·중·일본 3국의 국제 관계 변동을 세계사의 흐름과 관련시켜 체계적으로 다루었고, 동아시아 전체의 큰 흐름을 국제 관계의 변동에 중점을 두어 서술했다. 중국을 중심으로 하는 전통적인 국제 질서가 무너지고 일본이 주도권을 잡아가던 시기, 일본의 근대화 정책이 식민지 지배와 전쟁으로 이어지고 이에 대해 한국·중국에서 민족운동이 일어나던 시기, 제2차 세계대전 후 동아시아에 냉전 체제가 형성되고 이것이 곧 변용·해체되어가던 시기를 염두에 두고 동아시아 3국을 둘러싼 국제 관계사를 8개 장으로 나누어 개관했다.

『신서』 하권에서는 동아시아의 국제 관계 속에서 살아간 민중의 생활과 교류를 주제별로 다루어 민중의 구체적인 모습이 부각되도록 했다. 다음과 같이 주제를 설정해 제도나 문물이 민중 생활에 어떠한 영향을 미쳤는지 3국을 비교하면서도 3국 민중의 교류에 착안해 서술했다. 「헌법: 국가의 구조와 민중」, 「도시화: 상하이·요코하마·부산」, 「철도: 근대화와 식민지 지배·민중 생활」, 「이민과 유학: 사람들의 이동과 교류」, 「가족과 젠더: 남녀 관계·부모와 자식 관계」, 「학교 교육: 국민 만들기」, 「언론: 만들어진 대중의식과 감정」, 「전쟁과 민중: 체험과 기억」의 8개 장과 마지막의 「과거를 극복하다: 현재에서 미래로」라는 부분으로 이루어져 주제에 따라 3국의 근현대사를 동시에 다루었다.

『신서』의 특징과 의의는 첫째, 『미래를 여는 역사』를 동아시아 역사대화의 끝이 아니라 새로운 기획, 새로운 역사대화의 시작으로 삼았다는 점이다. 『미래를 여는 역사』보다 고차원적인 '역사 인식 공유'를 목표로 했기에 당초 예정했던 2009년보다 꽤 늦게 출판되었고, 한·중·일 3국 공동역사편찬위원회에서 공통된 이해에 도달하기까지, 감정 대립도 포함한 격렬한 논의가 이루어졌다. 동아시아 공동 역사서를 만드는 것이 얼마나 어렵고 많은 시간을 필요로 하는 것인지 통감하게 되었지만, 그래도 여러 난관을 극복하고 3국에서 간행될 수 있었다.

둘째, 『미래를 여는 역사』에 이어 동아시아 역사상 최초로 한·중·일 3국의 연구자, 교사, 시민이 집단적으로 공동 편집해 만들어진 것이라는 점이다. 한·중·일 3국의 연구자 교류나 공동 연구가 적지 않고, 한·일과 일·중 등 양국 간의 공동 출판에 의한 공통 역사 교재도 가끔 보이지만, 『신서』와 같이 한·중·일 3국이 공동 출판한 것은 없었다. 그만큼 한·중·일 3국이 함께 모여 공동으로 편집 작업을 진행해나가는 것이 어렵다는 증거이기도 하다.

셋째, 17세기에서 21세기까지, 근세에서 근현대, 그리고 현재에서 미래로 이어지는 3국의 국제 관계 변동을 큰 관점에서 다루어 동아시아 미래를 전망했다는 점이다. 동아시아에도 세계화의 급진전 속에 동아시아 지역경제권이 이미 형성되어가고 있고, 장래에는 평화로운 동아시아공동체의 형성을 전망할 수 있는 역사 단계에 도달해 있다. 동아시아공동체 형성을 위해서는 동아시아 지역 주민이 공통의 '동아시아 역사 인식'을 공유하도록 하는 것이 지극히 중요한 의미를 지닌다. 『신서』는 이를 위한 선구적인 시도라고 할 수 있다.

넷째, 상권의 총 8개 장 중에서 3개를 제2차 세계대전 이후부터 현재에 이르는 전후사, 즉 현대사에 할당해 비교적 상세히 서술했다는 점이다. 동아시아의 냉전 체제가 형성·변용·해체되고, 한·중·일이 함께 고도의 경제성장을 이룩해가면서 동아시아 지역의 경제권이 서서히 형성되어가는 현재를 역사적으로 명확히 했다. 그리고 '평화로운 동아시아공동체'의 형성을 전망했다.

중일 양국 정부 사이의 중일역사공동연구(2006.12~2009.12)의 「보고서」[7]에서는 중국 측의 강력한 요청으로 전후사 부분이 공개되지 않았다. 또한 한일 양국 정부가 실시한 제1기 한일역사 공동연구(2002.5~2005.6) 및 제2기 한일역사 공동연구(2007.6~2010.3)가 교과서 문제를 다루는 분과회에서 "성난 목소리가 메아리 치고 있다"거나 한일 위원의 "인신공격에 가까운 비판"이 문제가 되어 학술적인 논의가 이루어지지 않고 냉정한 '역사대화'도 이루어지지 않았던 것과 비교하면, 한·중·일 3국의 시민 측이 간행한 『신서』의 역사적 의의는 새롭게 평가될 수 있을 것이다.

다섯째, 동아시아 각국의 고도의 경제성장, 그리고 항공기를 중심으로 한 교통의 발달과 대중화는 경제활동을 위한 이동뿐만 아니라 관광이나 문화 교류 등을 촉진시켜, 동아시아 지역 차원의 이동과 교류는 점점 활발해지고 있다. 또한 인터넷을 통한 정보 전달 수단이 보급되면서 민중 간의 직

---

7   2010년 1월에 공표된 「보고서」는 본래 정부가 간행해 대학이나 학교, 도서관 등에 배포해야 하는 것인데도 등한시되고 있어, 필자가 편집·출판하여(原十九司 編, 2010) 그 내용을 소개했다. 그 후 벤세이 출판사(勉誠出版社) 편집자의 노력으로 출판되었다(北岡伸一·步平 編, 2014).

접 대화와 정보 교환이 가능해지고 있다.

그러나 이런 동아시아 근현대사 속의 민중 생활이나 교류의 역사는 지금까지 역사서에서 그다지 해명되지 않았다. 이 책은 한·중·일 3국 민중의 생활을 비교하고 그들 간의 이동과 교류의 역사를 밝히려고 했다는 점에서 선구적인 시도라고 할 수 있다.

2)『신서』는 어떻게 읽혔는가?

2005년에 출판된『미래를 여는 역사』와 2012년에 출판된『신서』에 대한 반응은 발행 부수의 극단적인 차이에 잘 드러난다.『미래를 여는 역사』는 한·중·일 3국에서 약 30만 부나 판매되었지만, 후자는 2015년 10월 일본에서 상권 7500부, 하권 6500부로 합계 1만 4000부가 팔렸다. 중국에서는 상하권 세트로 5000부를 인쇄해 3000부가 팔렸고, 2000부가 팔리지 않은 채 남아 있다. 한국에서는 상하권 각 4000부로 합계 8000부가 판매되어 2015년 10월에 상권 3쇄를 2000부를 인쇄했다. 3국에서 상하권 합쳐 약 2만 8000부가 팔린 것이다.『신서』의 판매 부수는『미래를 여는 역사』의 약 10분의 1에 머물러 있다.

이렇게 극단적으로 차이가 나는 주요 원인을 살펴보면『신서』가 상하 2책이고, 일본에서『미래를 여는 역사』가 1600엔인 데 비해『신서』는 상하권 5000엔으로 고가라는 점, 더욱이『미래를 여는 역사』가 읽기 쉬운 계몽서적인 데 비해『신서』는 상세하고 다소 전문적인 동아시아 근현대 통사이기 때문으로 여겨진다. 그러므로『미래를 여는 역사』의 구매자는 시민이 압도적으로 많고, 각지 시민학습회의 교재로도 널리 이용되는 데 비해,『신서』는 고등학교 역사 교사 등이 강사로 활동하는 몇몇 시민학습회의 교재로 이용될 뿐이었다.

그러나 가장 큰 원인은『미래를 여는 역사』와『신서』의 발행 사이에 발생한 일본과 중국, 일본과 한국 간 국제 관계의 악화이다. 간단히 말하자면, 평화로운 동아시아공동체 형성을 시민이나 연구자뿐만 아니라 정치가와 언론도 꿈꾸고 전망하는 시대 상황이 조성된 지 불과 7~8년 만에 국내외의 정치 상황에 의해 국민의식이 급변해버린 것이다.

일본 정부 내각부가 매년 발행하는 '외교에 관한 여론조사'의 '일본과 중국' 항목에서 '중국에 대한 친근감'을 나타낸 데이터를 보면 일본인의 대중(對中) 감정이 시대에 따라 극단적으로 변화하고 있음을 알 수 있다. 1980년에는 일본인의 78.6%가 중국에 "친근감을 느낀다", 14.7%가 "친근감을 느끼지 않는다"라고 답했지만, 1995년에는 양자가 48.4%로 완전히 같아졌고 그 후 이와 같은 분위기가 2003년까지 이어졌고, 2005년에 양자는 크게 역전되어 "친근감을 느끼지 않는다"가 63.4%, "친근감을 느낀다"가 32.4%가 되었다. 아베 정권이 들어선 후 양자의 격차는 더욱 벌어져 2013년에는 "친근감을 느끼지 않는다"가 80.7%가 된 반면 "친근감을 느낀다"는 18.1%로 떨어졌다. 1980년에 비하면 완전히 역전된 수치였다.

언론 NPO가 실시한 '중일 공동 여론조사'에 따르면[8] 2013년 일본인의 '중국에 대한 인상'은 "좋지 않다", "비교적 좋지 않다"가 90.1%, 중국인의 '일본에 대한 인상'은 "좋지 않다", "비교적 좋지 않다"가 92.8%로, 일·중 양 국민의 90% 이상이 상호 악감정을 품기에 이르렀다. 2014년 조사에서는 일본인이 93.0%, 중국인이 86.8%로 전년도와 큰 차이가 없다.

이 장의 초점과 논점을 좁히기 위해 여기서는 이런 현상의 경위나 배경에 대해서는 자세히 설명하지 않겠지만, 센카쿠 열도(댜오위다오) 문제, 독도(다케시마) 문제에서 한·중·일 3국의 영토민족주의가 선동되어 동아시아 교류를 저해하는 '역풍 현상'의 한가운데 있기 때문이다.

---

8 '언론 NPO'는 일본의 여러 사회 문제에 대한 건설적 논의와 대안을 모색하기 위해 2001년 설립된 비영리 언론기구이다. _옮긴이

일본에서는 2011년 3월 11일 이른바 3·11 동일본 대지진 이후 대두한 일본 부흥을 위한 민족주의가 보수·우익 세력에 왜곡·이용되어 '강한 일본의 부활'을 내세우는 아베 정권이 등장했다. 아베 정권은 센가쿠 문제를 이용해 일본의 주변 사태 위기를 강조하고, 중국을 가상의 적으로 삼는 일·미 군사동맹 체제를 강화하는 한편, 집단적 자위권 행사를 명목으로 미국의 전쟁에 자위대를 참가시키기 위해 2015년 7월 '헌법' 제9조에 위배되는 '안보법제안'(전쟁법)의 국회 표결을 강행함으로써 일본은 전쟁이 가능한 국가가 되었다. 현재는 북한의 핵미사일 문제를 이용해 국방 의식을 선전하고 '국방군'의 창설까지 내세우며, 2016년 여름 참의원 선거 후 일본국 '헌법'을 개정할 것을 공공연히 주장하고 있다.

평화로운 동아시아공동체로 나아가는 길에 역행하는 아베 정권에 호응해, 일본의 우익·보수 언론은 의도적으로 중국위협론을 불러일으키면서도, 한편으로는 중국 때리기라고 할 수 있을 정도의 혐중 감정을 증폭시키는 보도를 계속하고 있다. 앞서 언급한 일본인의 대중(對中) 감정 악화는 그 영향을 받은 것이다.

이렇게 엄중한 상황에서 한·중·일 3국에 의한 『신서』 발행의 의의는 크다고 할 수 있지만, '역풍 현상'에 맞서 어떻게 역사 교육 현장에 『신서』를 보급하고, 『미래를 여는 역사』를 배우는 시민학습회가 조직된 것처럼 일반시민 사이에까지 보급되도록 하느냐 하는 과제가 남아 있다. 일본 미디어 전체가 우경화 경향을 보이는 현재 상황에서 과제 달성이 쉽지만은 않다.

『신서』는 판매 부수라는 양적 측면에서 『미래를 여는 역사』에 미치지 못했지만, 질적인 측면에서는 다음과 같은 반향을 불러일으켰다.

첫째, 역사 학계로부터 주목되어 평가받았다는 것이다. 이것은 『신서』의 편집에 일본 측 대표 위원으로 관여한 사람들이 다음과 같이 학회 등에 초청되어 발표한 것에서도 드러난다.

① **오비나타 스미오**(大日方純夫) '한·중·일 3국의 공동 작업에서 보이는 것: 『미래를 여는 역사』에서 『새로운 동아시아 근현대사』로'(역사학연구회를 비롯한 다섯 개의 역사학 단체가 주최한 합동 심포지엄 '국경을 초월한 역사 인식을 위해', 2013년 3월 13일).

② **사이토 가즈하루**(齊藤一晴) '중국의 역사교과서와 역사 교육'(일본학술회의 사학위원회, 역사 인식·역사교육에 관한 분과회 제22기, 제4회, 2013년 1월 16일).

③ **사이토 가즈하루** '한·중·일 역사교과서의 동시대사: 동아시아에서 역사와 마주하기 위해'(동시대사학회, 제32회 정례연구회, 2013년 3월 24일).

④ **가사하라 도쿠시** '한·중·일 3국이 공동 편집한 『새로운 동아시아 근현대사』 간행의 성과와 과제'(국가교육연구원, 국립 타이완 사범대학 주최 심포지엄, '국가를 초월한 공동 교과서 제작 경위: 평화교육의 실천', 타이베이, 2012년 11월 2일).

⑤ **가사하라 도쿠시** '한·중·일 공동 역사교과서를 만들다'(국제아시아공동체학회 춘계 심포지엄 기조 보고, 2013년 5월 12일).

그리고 이들이 역사 분야 각 학회지에서도 논고 집필을 의뢰받았다는 사실에서도 잘 나타난다.[9] 이런 활동은 대중매체에서도 보도되었는데, ≪아사히 신문≫(2012년 11월 14일)은 '한·중·일에서 역사서 만들기'라는 대제목에 "학자 40인 이상, 6년에 걸쳐", "토론해 서술 통일, 인식의 차이도 명기"라는 중간 제목을 달아 특집 기사를 게재했다. 오비나타 스미오는 〈한·중·일 공유의 역사서를 미래에 활용하다〉라는 제목의 한 NHK 라디오 심야 프로그램의 인터뷰에 응했다. 잡지 ≪세계≫(2013.3)에는 가사하라 도쿠시의 "시민

---

9 예를 들면 大日方純夫(2013), 齋藤一晴(2013a), 本庄十喜(2013), 笠原十九司(2013), 齋藤一晴(2013b)이 있다.

에서 시작된 동아시아 역사교과서 대화의 실천: 한·중·일 3국에서의『미래를 여는 역사』와『새로운 동아시아 근현대사』의 발행"이 게재되었다.

이처럼 전체 역사 분야의 여러 학회로부터 호평을 받은 것은 앞서 말한 『신서』의 성과, 특히 동아시아 근현대 통사를 3국의 역사 연구자와 교사들이 시간을 들여 공동 편집한 점이 주목받았기 때문일 것이다.

어떻게 교재로 사용되었는가와 관련해 필자는 비상근 강사(한국의 시간강사에 해당)로 있는 센슈 대학(專修大學)의 역사학과 학부 과정의 전공 수업 '세계사 강의', 쓰루 문과대학(都留文科大學) 대학원 석사 과정의 '비교지역문화론(아시아)'에서 교재로 사용했다. 그리고 사회인을 대상으로 와세다 대학의 오픈 칼리지와 익스텐션 센터(나가노 캠퍼스)에서 2014년과 2015년 '새로운 동아시아 근현대사 (1)'을 여름 강좌로, '새로운 동아시아 근현대사 (2)'를 겨울 강좌로 열어, 대학 강의를 담당한 경력이 있는 일본 측 위원이 분담해 강의를 진행했다. (1)에서는『새로운 동아시아 근현대사』상권이, (2)에서는 하권이 교재로 이용되었다. 이 기획은 호평을 받아 2016년에도 여름 강좌와 겨울 강좌로 계속 개설될 예정이다.

필자의 경험에 따르면『신서』는 중고등학교 역사 교재로 사용하기는 다소 수준이 높지만 대학 강좌의 교재로는 활용할 수 있었다. 센슈 대학의 학부 과정에서는『신서』상권을 전기와 후기에 계속해 교재로 사용했고, 강의 후에 학생에게 읽도록 해 이해한 것을 기억하도록 도왔다. 와세다 대학의 오픈 칼리지 강의에서는 수강자가 사전에 교재를 읽고 왔기 때문에, 강의에서 중요한 문제로 범위를 좁혀 심화·고찰하기 위해 사용했다. 쓰루 문과대학의 대학원 강의에서는 수강사도 많고, 중국인·한국인 유학생이 절반 정도였으므로 교재를 기반으로 토론하고 인식을 심화시키는 수업이 진행되었다. 그중에서도『신서』하권은 헌법이나 철도, 이민과 유학, 가족, 학교교육, 언론 등을 주제로 3국 문화와 역사를 비교·검토하고, 그들이 교류하고 상호 영향을 주고받은 역사를 일본 학생과 중국·한국 유학생 사이에서 활발히 토론하도록 하는 데 꽤 효과적이었다.

『신서』를 교재로 활용하는 방법은 각기 달랐지만, 수강생의 반응은 모두 좋았고, 한·중·일 3국에서 역사를 바라보는 관점을 배울 수 있어 의미 있었다는 감상이 많이 나왔다.

『신서』의 성과로 특히 강조되는 점은 영어판이 출판되었다는 것이다. 독일의 게오르크 에케르트 국제역사교과서연구소(Georg Eckert Institute for International Textbook Research)의 에크하르트 푹스(Eckhardt Fuchs) 소장이 『신서』가 동아시아 국제 역사교과서 대화에서 맡은 역할을 인정해 이를 널리 국제사회에 보급하기 위해 영역본 출판을 기획·지원한 것이다. 이를 위해 동 연구소는 3만 유로(300만 엔 상당)의 번역료를 지원했다. 한·중·일 3국 공동역사편찬위원회는 3국에서 여러 명의 위원을 뽑아 2013년 8월 영어판 번역·출판전문그룹 회의를 발족하여(필자가 책임자), 일본어판을 바탕으로 번역하기로 결정하고 일본에 거주하는 로저 프라이어(Roger Prior)와 말라야 일레토(Malaya Ileto)에게 각기 상권, 하권의 번역을 맡겼다. 그리고 사아러 스벤(Saaler Sven) 조치 대학(上智大學) 국제교양학부 교수에게 번역 감수를 부탁했다.

2016년 2월 번역원고는 마무리되었고, 사아러 스벤 교수와 필자가 최종 점검하여 6월말 번역 완성 원고가 출판사에 제출되었다. 2017년 독일의 반 덴회크 & 루프레히트(Vandenhoeck & Ruprecht) 출판사에서 간행될 예정이다.

이상으로 일본에서 『신서』가 어떠한 반응을 이끌어냈는지 서술했는데, 한국에서는 고등학교 『한국사』 교과서에 3국 공동역사 교재 제작 과정이 소개되어 있다. 그리고 한국에서 2012년부터 사용된 고등학교 사회과의 『동아시아사』 교과서는 종래 일국사(一國史)적인 민족 독립운동사의 파악 방법을 세계사 속에 다시 자리매김해 동아시아 관계사 속에서 일본이나 중국을 묘사하는 식으로 대폭 수정했다. 한국에서는 현재 두 종류의 『동아시아사』 교과서가 제출되어 있는데,[10] 모두 마지막 장에 「동아시아의 역사 화해와 갈등」을 넣어 현대사 기술을 늘리고, 동시대의 역사로부터 역사가 무엇인지를 이해하는 것이 중요함을 제기하고 있다. 이처럼 한국이 변화한 배경에는 두 종류의 『동아시아사』 집필자 17명 중 4명이 한·중·일 3국 공동역사편찬위원회의 한국 측 멤버라는 점도 영향을 주었을 것이라 생각된다.

3) 『신서』의 과제와 계속

『신서』는 당초 동아시아 근현대의 통사로서가 아니라 동아시아사가 크게 변화한 변동기에 초점을 맞추어 한·중·일 3국 역사 전개의 상호 관계와 상호작용을 포괄하는 동아시아 전체 역사의 구조를 특정 시대의 단면을 드러내는 방식으로 해명해 서술하고자 했다. 이는 중국 측 위원과 한국 측 위원 모두가 각각 중국사와 한국사 또는 일본사라는 일국사 연구자이고, 한·중·일 3국을 포함한 동아시아사가 존재한다는 것을 충분히 이해하지 못했기 때문이다. 그러나 도중에 중국 측 위원이 적극적으로 동아시아사의 서술을 주장하면서 동아시아 근현대의 통사 서술로 '비약'하게 되었다.

그 결과 통사로서는 높은 완성도를 갖추지 못했다. 근본적 이유는 한·중·일 3국 공동역사편찬위원회의 멤버 중에 동아시아사 전문 연구자가 한 사람도 없었기 때문이다. 이는 일본을 비롯해 중국과 한국에서도 대학이나 대학원에 '동아시아사' 강좌는 없고,[11] 대학이나 연구 기관에서 동아시아사 연구자가 양성되지 않고 있기 때문이다. 이는 미국이나 유럽에서 '동아시아사(East Asian History)'가 역사학 연구의 전문 분야라는 점과 큰 차이를 보인다.

따라서 『신서』에서는 필자처럼 중일 관계사를 연구하고 있는 사람도 있지만, 일본사·중국사·한국사 등 일국사를 연구하고 있는 사람이 많았다. 『신서』는 일국사 연구자가 공동 연구와 토론을 통해 동아시아사 연구에 접근

---

10   2012년에는 교학사와 천재교육의 교과서 두 종류였으나, 2014년 비상교육 교과서가 추가되어 3종이 되었다. _옮긴이

11   한국의 일부 대학에는 이미 동아시아사 강좌가 개설되어 있다. _옮긴이

하려고 노력한 성과라고 할 수 있을 것이다. 다만 각 장을 모두 한 나라의 연구자가 책임지는 형태로 분담·집필했기 때문에 각 장의 서술이 일관되지 않고 책 전체에 통일성도 없었다.

가장 큰 문제는 한국 측 위원 두 사람이 집필을 맡은 하권 8장 「전쟁과 민중: 체험과 기억」 원고가 늦어지는 바람에 토론 시간이 충분하지 못해, 한국 측 위원이 중국과 일본 측의 의견을 충분히 이해하지 못했을 뿐 아니라 합의 단계에 이르지 못했는데도 한국 측이 먼저 출판해버렸다는 것이다. 이 때문에 뒤늦게 간행된 일본판과 중국판의 8장에는 '이 장 서술에 대한 중일 양국 위원회의 비평'이라는 제목으로 일본 측 위원회의 의견과 중국 측 위원회의 의견을 추가하여 한국 측이 받아들이지 않았던 양국 위원회의 수정·가필 문안을 게재했다.

일본 측의 주요 의견은 일본인의 침략 전쟁과 식민지 지배의 역사에 대한 '기억'과 '가해책임'에 대한 인식은 다양하고, 부족하나마 현재는 침략·가해의 역사를 직시해 '반성'과 '사죄'의 인식을 갖고 피해 당사자인 중국인이나 한국인과의 역사대화를 통한 역사화해에 노력하고 있음을 인정해, 이를 서술에 반영하자는 것이었다. 또한 전쟁 기간에 일본 국민은 가해자이면서도 피해자이기도 했다는 침략 전쟁의 비극적 이중성을 이해해주었으면 하는 것이었다.

중국 측의 주요 의견은 민중의 전쟁 체험과 기억에 중국 민중에 관한 서술을 포함해달라고 요구해 원고까지 제출했으나 받아들여지지 않은 점, 중국과 한국이 전쟁의 책임을 바라보는 관점이 서로 다르다는 사실에 대한 인식을 한국 측이 결여하고 있다는 것 등이다.

하권 8장은 침략 전쟁과 식민지 지배의 역사와 기억을 둘러싸고, 한·중·일 3국의 시민이 어떻게 역사대화와 역사화해를 진행할 것인지를 과제로 한, 『신서』 전체를 정리하는 중요한 장이다. 이 장에 대해 3국에서 충분한 토의가 이루어지지 않아서 결국 중일 양국이 의견서를 덧붙여 쓰는 것으로 귀결된 것은 아쉽지만, 전쟁과 식민지 지배의 역사를 둘러싼 가해국과 피해국 국민의 역사대화와 역사화해가 그만큼 쉽지 않다는 것을 증명하는 것이기도 했다.

5. 맺음말

'역사 문제의 극복과 동아시아공동체로 나아가는 길'은 이 글에서 서술한 『미래를 여는 역사』와 『신서』의 발행과 반응 및 영향의 차이에서 드러나듯, 현재 가장 어려운 시대 상황에 처해 있다. 이 글에서 소개한 언론 NPO의 2014년 제10회 중일 공동 여론조사에 따르면 중국인의 86.8%가 일본인에 대해 '좋지 않은 인상'을 갖고 있었다. 그 이유는 "일본이 댜오위다오를 국유화해 대립을 일으키고 있다"가 64.0%(전년도 77.6%), "침략의 역사를 제대로 사죄·반성하지 않고 있다"가 59.6%(전년도 63.8%)이고, "일부 정치가의 언동이 부적절하기 때문"이 31.3%나 되었다.

이와 비교해 일본인이 중국에 대해 "좋지 않은 인상"을 가진 가장 큰 이유는 "국제적 원칙과 다른 행동을 하기 때문에"가 55.1%, "자원이나 에너지·식량 확보 등의 행동이 자기중심적으로 보이기 때문에"가 52.8%였다.

이 여론조사 결과를 본 필자의 지인인 미국인 동아시아사 연구자는 "중국인이 과거의 침략과 가해의 역사를 제대로 인식하지 못할 뿐 아니라 태연히 침략·가해의 역사를 부정하는 일본인에 대해 악감정을 품는 것은 알겠으나, 일본인이 왜 중국을 혐오하는지는 이해할 수 없다"라고 필자에게 말했다. 세계의 다른 나라에서 보면 아마도 당연히 그런 인상을 받을 것이다. 일본인의 중국에 대한 악감정에는 '중국 때리기'식으로 혐중 감정과 반중 의식을 선동하는 보수·우익 언론의 영향이 잘 드러나 있다. 일본인 중에는 "일본 정부는 과거의 전쟁에 대해 중국에 몇 번이고 사죄해왔음에도 중국

정부는 이를 '역사 카드'로 삼아 언제까지라도 일본 정부와 국민에게 반성과 사죄를 요구해올 것이다"라고 반발하는 사람이 많다(특히 보수 정치인 중에 많다). 역사 인식 문제가 중일 양 국민의 상호 반발과 혐오의 원흉이 된 것이다. 『미래를 여는 역사』 출간 이후 『신서』의 출간까지 불과 10여 년 사이에 일어난 동아시아공동체 형성으로 나아가는 길에 대한 '역풍 현상', '역류 현상'의 분명한 원인은 이 글에서도 언급한 것처럼 아베 신조 정권의 등장과 장기 집권에 있다.

아베 신조 총리는 경애하는 외조부 기시 노부스케(岸信介)[12]를 A급 전범 혐의로 체포한 GHQ(연합군 최고사령부)와 도쿄 재판에 대해 트라우마에 가까운 거부감을 갖고 있으며, "'일본국 헌법'의 원안은 GHQ의 비전문가가 8일 동안 만들어낸 것"이라고 생각해 '일본국 헌법'의 개정을 추진했다. 그리고 존경해 마지않는 외조부 기시 노부스케 등을 침략 전쟁과 식민지 지배의 책임자로 처벌하려 했던 도쿄 재판은 승자인 연합국이 패자인 일본을 일방적으로 단죄하고 악으로 간주한 부당한 것이었다고 생각했다. 그래서 일본의 식민지 지배나 침략 전쟁을 비판하고 전쟁 범죄나 전쟁 책임을 묻는 역사 연구나 역사 교육은 모두 '도쿄 재판 사관'에 기반을 둔 것으로 보고 수정과 극복을 주장하게 되었다. 아베 총리의 "침략이라는 정의에 대해서는 학계에서도 국제사회에서도 정해지지 않았다"(2013년 4월 22일 참의원 예산위원회에서의 발언)는 발언이 그 단적인 예이다.

일본의 침략 전쟁과 식민지 지배의 역사를 비판·반성하는 역사 인식을 '도쿄 재판 사관'에 기반을 둔 것이라 하여 부정하고, 정권 차원에서 교과서

12　기시 노부스케(岸信介)는 우익 사상가 기타 잇키의 영향을 강하게 받았다. 관료이자 정치가로서 일본 군국주의의 핵심 위치에 있었다. 패전 후에는 A급 전범으로 분류되었으나 전쟁 종결을 주장했다는 점을 인정받아 사형을 면할 수 있었다. 1957년 자유민주당(자민당)의 총리가 된 후 일본의 군사력 보유를 금지한 '헌법' 제9조의 개정, 미일 안보조약의 개정을 추진해 '안보투쟁'을 불러일으키기도 했다. _옮긴이

공격이나 언론 보도에 대한 간섭 등을 통해 수정하려고 시도해온 것이 바로 아베 자민당 정권이다. 이와 같은 아베 정권의 역사 인식에 반발하는 한편, 이를 역으로 이용한 대항적 민족주의를 불러일으켜 국민 여론의 지지를 얻으려는 중국의 시진핑 주석 체제나 한국의 박근혜 대통령 체제가 등장함으로써, 한·중·일 3국 사이의 역사 인식을 둘러싼 역사대화와 상호 이해는 한층 곤란한 상황이 되고 말았다.

이러한 한·중·일 3국 정부의 지도자들이 역사 인식의 대립을 국민 여론 통합에 이용하려는 충동을 지닌 시대 상황 속에서 강력히 요구되는 것은, 3국의 깨어 있는 시민들이 이러한 '역풍 현상', '역류 현상'을 멈추고 역사의 흐름을 바꾸어가는 커다란 움직임을 불러일으키는 것이다.

제14회 '역사 인식과 동아시아 평화' 포럼 오키나와 회의가 2015년 10월 30일부터 11월 3일까지 '전후 70년, 동아시아의 평화를 오키나와에서 생각하다'를 주제로 개최되었다. 이 회의에는 중국에서 19명, 한국에서 25명, 일본에서는 135명 등 총 179명이 참가했다. 포럼과 병행해 개최된 제39회 한·중·일 3국 공동역사편찬위원회는 『미래를 여는 역사』와 『신서』를 계승하는 공통 역사 교재 제3탄의 편찬을 추진하기로 합의했다. 다음의 제3단계는 고등학생·대학생을 중시하면서도 일반 시민도 대상으로 하는 3국 공통 역사 교재로서의 『새로운 신서(新新書)』의 발행을 목표로 한다. 또한 3국의 각 편찬위원회도 역사 교육자의 보강, 국제정치사와 국제 관계사를 포함한 다른 분야 연구자의 참가 등 세대의 신구 교체를 꾀하면서 멤버를 증강하고 쇄신해 가기로 했다. '계속하는 것 자체가 힘'이다. 나의 신념은 '동아시아공동체 형성으로 향하는 역사의 미래를 믿고 소수파가 될 지라도 단념하지 말고 계속 분투하는 것'이다.

참고문헌

谷口誠. 2004.『東アジア共同體: 經濟統合のゆくえと日本』. 岩波書店.

金子勝・藤原歸一・山口二郎 編. 2003.『アジアで生きよう ― 經濟構想・共生社會・歴史認識』. 岩波書店.

大日方純夫. 2013.「歴史研究と歴史教育の共同」, ≪歴史地理教育≫, 799號.

笠原十九司. 1994.『アジアの中の日本軍 ― 戰爭責任と歴史學・歴史教育』. 大月書店.

_____. 2002.6.「南京大虐殺と敎科書問題」, ≪季刊 戰爭責任研究≫, 第36號. 日本の戰爭責任資料センタ-.

_____. 2013.4.25. "今こそ必要とされる東アジア史市民の歴史對話 ― 日中韓3國共同編集 '新しい東アジアの近現代史'の發行の意義", ≪日中友好新聞≫.

笠原十九司 編. 2010.『戰爭を知らない國民のための日中歴史認識 ― 日中歴史共同研究〈近現代史〉を讀む』. 勉誠出版.

本庄十喜. 2013.「東アジアにおける歴史認識の共有をめざして ― 第11回〈歴史認識と東アジアの平和〉フォ-ラムの開催と'新しい東アジアの近現代史'の刊行」, ≪歴史學研究≫, 904號.

北岡伸一・歩平 編. 2014.『〈日中歴史共同研究〉報告書 第1卷 古代・中近世史篇』. 勉誠出版.

森嶋通夫. 1999.『なぜ日本は沒落するか』. 岩波書店.

_____. 2001.『日本にできることは何か: 東アジア共同體を提案する』. 岩波書店.

船橋洋一 編. 2001.『いま, 歴史問題にどう取り組むか』. 岩波書店.

'歴史認識と東アジアの平和'フォ-ラム・東京會議 編. 2010.『東アジアの歴史認識と平和をつくる力-東アジアの平和共同體をめざして』. 日本評論社.

日本の戰爭責任資料センタ-. 2002.6.「歴史認識と東アジア平和のフォ-ラム・南京會議報告」, ≪季刊 戰爭責任研究≫, 第30號. 日本の戰爭責任資料センタ-.

齋藤一晴. 2005a.「'未來をひらく歴史' 作成の經緯と論點」 上, ≪季刊 戰爭責任研究≫, 第48號. 日本の戰爭責任資料センタ-.

_____. 2005b.「'未來をひらく歴史' 作成の經緯と論點」 下, ≪季刊 戰爭責任研究≫, 第49號. 日本の戰爭責任資料センタ-.

_____. 2008.「第I部 ≪未來をひらく歴史≫という歴史對話」,『中國歴史敎科書と東アジア歴史對話 ― 日中韓3國共通敎材つくりの現場から』. 花傳社.

_____. 2013a.「東アジアから歴史に向き合う-共通敎材開發から歴史敎育ネットワークづくりへ」, ≪歴史地理教育≫, 799號.

_____. 2013b.「東アジア共通歴史敎材の作成から東アジア史へ ― 國境をこえた歴史學と歴史

教育の協同から考える」. ≪歷史學研究≫, 906號.

進藤榮一·平川均 編. 2006. 『東アジア共同體を設計する』. 日本經濟評論社.

阪東廣. 2006. 『戰爭のうしろ姿―教科書問題と東アジア諸國民との歷史對話』. 彩流社.

和田春樹. 2003. 『東北アジア共同の家: 新地域主義宣言』. 平凡社.

연표

연도	중국	타이완	일본	한국	세계
1850	태평천국(太平天國)				
1851					
1852					크림 전쟁
1853			페리 내항(來航)		
1854			미일화친조약, 영일화친조약		
1855			러일화친조약		
1856	애로호 사건(제2차 아편전쟁)				
1857					
1858	톈진 조약, 아이훈 조약	톈진 조약으로 안핑(安平), 단수이(淡水) 개항			
1859					
1860	베이징 협정				
1861	총리각국사무아문(總理各國事務衙門) 설치				
1862					제1차 사이공 조약
1863					제1인터내셔널
1864	신장 대반란, 아큐 벡 정권		개국 결정		
1865					
1866				제너럴셔먼호 사건, 프랑스 함대 강화도 공격	
1867					
1868			메이지 유신		만국통신동맹

연도	중국	타이완	일본	한국	세계
1869					
1870					독일 통일, 파리코뮌
1871	(러) 이리 점령	목단사 사건(타이완 사건)	청일수호조규		
1872	미국으로 유학생 파견		육군성·해군성 설치		
1873			상비군 제도 확립; 타이완 출병	민씨 정권 성립	제2차 사이공 조약
1874		선바오전(沈葆楨) 판리타이완 해방사무(辦理臺灣海防事務) 취임			
1875			가라후토(樺太)-지시마(千島) 교환 조약	운요호 사건	(영) 수에즈 운하 주하 주식 매수
1876	즈푸 조약(芝罘條約)		해군병학교 설치	강화도조약	
1877					
1878			다케바시(竹橋) 사건, 참모 본부 설치		베를린 회의
1879			야스쿠니 신사 설치, '류큐 처분'		
1880	리훙장, 해군 창설				
1881	제2 이리조약				
1882			군인칙론(軍人勅諭)	임오군란, 미·영·독과 통상조약	오스트리아·이탈리아·독일 삼국동맹 결성
1883					
1884	청불 전쟁, 신장성(新疆省) 설치		지치부(秩父) 사건	우정국 설치, 갑신정변	
1885	두 개의 톈진조약	(청) 타이완 건성(建省)	내각제도 제정, 이토 히로부미 초대 총리대신에 취임	(영) 거문도 점령, 서울-인천 간 전신 개설	
1886					

연도	중국	타이완	일본	한국	세계
1887	청-포르투갈 수호통상조약(葡淸 修好通商條約) 조인(마카오 할양)				
1888	베이양(北洋) 함대 편성	타이완 우정 개업			
1889	광서제 친정(親政)		대일본제국 헌법 반포	함경도에 '방곡령' 시행	제2인터내셔널
1890	시킴-티베트 조약		교육칙어(敎育勅語)		
1891					
1892					
1893					
1894	청일전쟁		청나라에 선전포고	동학 봉기, 갑오개혁	
1895	시모노세키 조약, 타이완 할양	타이완총독부, 군정 실시	독일, 프랑스, 러시아의 삼국간섭	을미사변, 태양력 사용	
1896	청러 밀약(동청철도)	'육삼법(六三法)' 삼단경비제			
1897				대한제국	
1898	무술정변	보갑(保甲) 조례	원수부(元帥府) 설치		
1899	의화단 봉기	타이완 은행 개업		만민공동회 개최	(미) 문호 개방 선언
1900	의화단, 베이징·톈진으로 진출, 8개국연합군, 베이징 입성, 러시아군, 동북 점령	해전족(解纏足)운동	중국 출병, 군부대신 현역 무관제	활빈당 활약	
1901	신정(新政) 조직, 신축조약	임시 타이완구관조사회(臨時 臺灣舊慣調査會) 설치		제주도 농민 항쟁(이재수)	
1902			영일동맹	전남 농민 항쟁, 목포 부두 노동자, 항일 노동쟁의	
1903	동청철도 개통				시베리아 철도 개통
1904	러써 조약	총독부, 대조권정리령(大租權整理令)	러일전쟁	한일의정서, 경부선 준공	영불 협상

연도	중국	타이완	일본	한국	세계
1905	대미(對美) 보이콧 운동, 중국동맹회 결성, 과거 폐지		뤼순 항복, 포츠머스 조약	미일 가쓰라-태프트 밀약 체결, 을사보호조약	
1906	예비 입헌 조서		남만주철도주식회사 설립	총독부 설치, 항일 의병 봉기	
1907	동북 지역에 성(省) 제도 시행	'삼일법(三一法)', 북포(北埔) 사건	제3차 한일협약, 러일협약	국채보상운동, 헤이그 특사 파견, 고종 퇴위, 군대 해산	영러협상
1908	흠정헌법대강, 선통제 즉위			동양척식주식회사 설립	청년 투르크당 혁명
1909			안중근, 이토 히로부미 사살	(을) 한국 남부대토벌	
1910		총독부, 대규감(大嵙崁) 사건	한국 병합, 제국재향군인회 결성	한일합병	영국령 남아프리카 성립
1911	철도국유령, 우창 봉기, 외몽골 독립 선언	아리산철도 개통, 단발불개장회(斷髮不改裝會)		토지수용령	
1912	중화민국임시정부 성립, 청 왕조 멸망	린이포(林杞埔) 사건	메이지 천황 서거	토지조사사업 실시	제1차 발칸전쟁, 제3회 러일밀약
1913	제2혁명, 중러협정	마오리(苗栗) 사건	다이쇼 정변		제2차 발칸전쟁
1914	국회 해산, 중화혁명당 결성	타이루거번(太魯閣番) 전쟁, 타이완 동화회(臺灣同化會) 발족	지멘스 사건, 칭다오 점령		제1차 세계대전
1915	21개조 수락, 위안스카이, 제정 포명	초파년(噍吧哖) 사건	21개조 요구		런던비밀협정
1916	위안스카이 서거, 구법(舊法)회복, 국회 소집			하세가와 요시미치(長谷川好道) 조선총독 취임	(러) 레닌 제국주의론
1917	장훈 복벽, 대독 선전포고, 호법군정부(護法軍政府) 성립		니시하라 차관		(러) 10월혁명
1918	중일군사협정	'육삼법(六三法)' 철폐운동	시베리아 출병 선언, 쌀 소동	이동휘·김립 등이 한인사회당 결성	(미) 윌슨 14개조, 독일 항복

연도	중국	타이완	일본	한국	세계
1919	5·4 운동, 카라한 선언, 중국 국민당 결성	타이완 교육령, 타이완 군사령부 조례	국제연맹·ILO 가맹	3·1 독립운동, 대한민국 임시 정부 수립, 사이토 마코토(齋藤實) 총독에 부임	코민테른 결성, 베르사유 조약
1920	안후이-즈리(安直) 전쟁	신민회(新民會) 결성	이항(尼港, 니콜라옙스크) 사건	봉오동·청산리 전투, 《조선일보》·《동아일보》 창간	국제연맹 성립
1921	중일 군사 협정 폐기, 중국 공산당 성립	타이완 의회 설치 청원 운동	황태자 히로히토(裕仁) 유럽 방문		워싱턴 회의
1922	홍콩 해원(海員) 파업, 제1차 펑톈-즈리 전쟁, 천중밍(陳炯明) 반란	'별3호' 발포, 일본인과 타이완인의 '공학제(共學制)' 개시	워싱턴 군축 조약, 영일동맹 폐기	조선노동공제회 개최, 메이데이(May Day) 기념 강연회	9개국 조약, 소련연방 성립
1923	2·7 참안(慘案)·디렌(大連) 회수 운동		간토(關東) 대지진, 조선인 대학살, 도라노몬(虎ノ門) 사건	암태도 소작쟁의	터키공화국 성립
1924	국민당 일전대회(一全大會), 제2차 펑톈-즈리 전쟁 중소협정	치경대(治警, 치안경찰법 위반 검거) 사건	제2차 호헌 운동		(이탈리아) 파시스트당 정권
1925	쑨원(孫文) 서거, 5·30 사건, 국민 정부 성립(광저우)	치안유지법, 이림사건(二林事件)	치안유지법, 일소 기본조약	조선공산당 결성	로카르노 조약
1926	3·18 참안(慘案), 중산함(中山艦) 사건, 북벌 개시	화롄(花蓮) 철도 개통, 타이완 농민 조합 설립	다이쇼(大正) 천황 서거	6·10 만세 운동	(영국) 대(對)중국 신정책
1927	4·12 쿠데타, 우한(武漢) 정부 붕괴, 난창(南昌) 봉기	타이완 민중당	산둥(山東) 출병, 동방회의	신간회 결성	
1928	북벌 재개, 장쭤린(張作霖) 폭사, 북벌군 베이징 입성, 장쉐량(張學良) '역치(易幟)'	타이완 공유(工友總)연맹	3·15 사건		코민테른 제6차 대회, 부전조약
1929	편견회의(編遣會議), 중동(中東) 철로 문제	이시즈카 에이조(石塚英藏) 총독 취임	4·16 사건	원산 총파업, 광주학생 사건	세계대공황

연도	중국	타이완	일본	한국	세계
1930	중원대전(中原大戰), 제1차 '위초(圍剿): 공산당 토벌'	타이완 지방자치연맹, 우서(霧社) 사건	금 본위제로 복귀	평양고무공장 노동자 총파업	런던 해군 군축 회의
1931	류타오후(柳条湖) 사건, 중화 소베트 공화국 성립		만주사변, 진저우(錦州) 폭격, 다카하시(高橋) 재정 개시	신간회 해소 결의, 우가키 가즈시게(宇垣一成), 충독 부임	스페인 공화혁명, 국제연맹 리튼 위원회 조직
1932	상하이 사건, '만주국' 성립, 중소복교		혈맹단(血盟團) 사건, 5·15 사건, 일만의정서(日滿議定書)	사쿠라다문(櫻田門) 사건(이봉창), 상하이에서 독탄 투척(윤봉길)	암스테르담 국제 반전 대회
1933	러허(熱河) 작전, 폐양개원(廢兩改元)(국민정부의 화폐 개혁)		국제연맹 탈퇴, 출판법, 신문법 개정, 미국통제법	농촌진흥운동 개시, 항일유격대, 함북 경원 경성서를 습격	(독일) 히틀러 나치 성립, (미국) 뉴딜 정책
1934	신생활운동, 대장정		위성단 조약 폐기 통고	노동쟁의법	(독일) 은(銀) 수매법, (소련) 국제연맹 가입
1935	쭌이(遵義) 회의, 8·1 선언, 폐제(幣制) 개혁, 12·9 운동	타이중(臺中) 대지진, 시정 40년 기념 박람회	천황기관설 문제, 국체명징 성명, 발표, 아이자와(相澤) 사건		코민테른 제7차 대회, (이탈리아) 에티오피아 침입
1936	전국 각계 구국 연합회 성립, 쑤이위안(綏遠) 사건, 시안(西安) 사건	타이완 척식주식회사 설립	2·26 사건, 일독 방공(防共)협정	재만 한인들의 조국광복회 결성, 일장기 말소 사건	스페인 내전
1937	루거우차오(蘆溝橋) 사건, 제2차 국공합작, 난징 사건	충독부, 국민총동원 본부 설치	제2차 상하이 사변, 난징 점령	항일유격대, 함경남도 보천보 습격	(미국) 루스벨트 대통령의 '격리연설', 브뤼셀 회의
1938	항전 건국 강령, 국민참정회, 광저우·우한 함락	사묘(寺廟) 정리 운동	고노에(近衛) 성명, 국가총동원법		(독일) 오스트리아 병합, 뮌헨 협정
1939	국민정신총동원 강령, 이당(異黨) 활동 제한 변법	황민화, 공업화, 남진기지화의 3대 정책	노몬한 사건, 국민징용령, 히라누마(平沼) 내각 사직		독소 불가침 조약, (독일) 폴란드 침입
1940	마오쩌둥 '신민주주의론', 난징 '국민정부' 성립, 백단대전(百團大戰)	호구 규칙 개정 (타이완인의 개성명 허가)	기본국책요강, 남진정책, 북부 인도 진주, 대정익찬회(大正翼贊會) 성립, 기원 2600년제	창씨개명, 한국광복군 창설	(독일) 파리 점령, 일독이 삼국동맹
1941	화난(皖南) 사건, 전부(田賦) 중앙 이관, 중국 민주정단 동맹 결성	황민봉공회(皇民奉公會)	일소 불가침 조약, 도조 히데키(東條秀機) 내각, 일폐이·진주만 기습		독소전, 대서양헌장, 태평양 전쟁

328

연도	중국	타이완	일본	한국	세계
1942	정풍운동, 중미 무기 대여 협정	타이완 육군지원병 첫 입대	도쿄 첫 공습, 미드웨이 해전	화북조선독립동맹 결성, 조선 어학회 사건, 병역법	연합국 선언
1943	(미·영) 대(對)중국 불평등조약 철폐, 장제스 '중국의 운명'	6년제 의무교육, 해군지원병 제도	학도병 제도(學徒出陣), 대동아회의(大東亞會議)	징병제	코민테른 해산, 카이로 선언
1944	민주동맹 결성, 스틸웰(Stilwell) 소환	징병제	대륙타통작전(大陸打通作戰), 오키나와(沖繩) 10·10 공습, 레이테 만 해전	여자정신대 근무령, 총동원법으로 징용 실시, 건국동맹 결성(여운형)	노르망디 작전
1945	중공 칠전대회, 국민당 육전대회, 중소 우호동맹 조약, 쌍십협정	일본 통치 종결	원폭 투하, 종전 조서	8·15 해방, 건국준비위원회 결성, (미·소) 군정 실시	얄타 회담, (독) 항복, 포츠담 선언
1946	정치협상회의, 전면 내전화, 국민대회	일산(日産) 처리 위원회 설치, 타이완성 국어추진위원회 성립	도쿄재판 개정, 신헌법 공포	제1차 미소 공동위원회 개최	국제연합(UN) 성립, 처칠의 철의 장막 연설(철의 장막)
1947	인민해방군 선언, 토지법 대강, 중화민국 헌법 공포	2·28 사건	맥아더 2·1 총파업 중지 지령	여운형 암살, 국제연합 임시 조선위원단 설치	마셜 플랜, 인도와 파키스탄 독립
1948	국민대회, 화베이 인민정부, 라오선(遼瀋)·화이하이(淮海)·핑진(平津) 전쟁	미원운용위원회(美援運用委員會) 성립	제국은행 사건, 아사다 히토시(蘆田均) 내각, 교육위원·군인칙어 실효, 도쿄 재판 판결	남한·북조선 성립, 반민족행위처벌특별위원회 설치	이스라엘 건국, 베를린 봉쇄
1949	신정치협상회의(新政治協商會議), 중화인민공화국 성립, 마오쩌둥(毛澤東), 모스크바 방문	계엄령, 백색테러	닷지 라인, 경제 안정 정책 명시	국회 프락치 사건, 농지개혁법, 김구 살해	코메콘 결성 NATO 결성, (미) 중국백서, 동독·서독 성립
1950	중소 우호동맹 상호원조조약, 토지개혁법, 인민의용군, 조선 출동	(미) 타이완 해협 '중립화'	공직선거법, 경찰예비대 창설, 평화를 지키는 모음 결성	한국전쟁	
1951	라싸 진주(進駐)	미국 고문단 성립	샌프란시스코 강화조약, 일·미 안전보장조약		샌프란시스코 강화회의
1952	토지개혁 종료	화일(華日)평화조약	제4차 요시다 시게루(吉田茂) 내각	발췌개헌안	(영) 수에즈 운하 봉쇄

연도	중국	타이완	일본	한국	세계
1953	'과도기 총노선', 중·소 경제기술 원조협정	'토지개혁(耕者有其田)'	일본 자유당 결성, 이케다·로버트슨 회담	휴전협정, 제1차 통화개혁	스탈린 사망
1954	제1기 전국인민대표대회(헌법공포)	내정부(內政部), 원주민 9족의 명칭 확정, 화미(華美)상호방위조약	일본 민주당 결성	사사오입 개헌	SEATO 창설
1955	마오쩌둥 「농업협동화의 문제에 대해」	쑨리런(孫立人) 사건	사회당 통일, 자유민주당 결성		반둥 회의, 바르샤바 조약, 원수폭 금지 세계대회
1956	마오쩌둥 「십대관계론」, 백화제방·백가쟁명, 중공 8전 대회		국제연합 가맹, 이시바시 단잔(石橋湛山) 내각, 베마 유골수집단, 스나가와(砂川) 사건		(소) 스탈린 비판, 헝가리 사건
1957	반우파 투쟁, 마오쩌둥 "동풍은 서풍을 압도한다"		헌법조사회 발족, 국제연합 안보리 비상임이사국 당선	진보당 사건	EEC 발족, (소) 스푸트니크 1호
1958	사회주의 건설의 총노선, 인민공사화, 진먼다오(金門島), 마쭈다오(馬祖島) 포격	타이완 경비총사령부 성립, 8·23 포격전	후지야마·덜레스 회담, 나가사키 중국 국기 사건		이라크 혁명
1959	티베트 동란, 루산 회의(廬山會議), 중·인도 국경충돌	중화개발신탁공사 성립, 8·7 수해(水害)	미·일안보조약개정저지국민회의, 얼월배상협정		쿠바 혁명, 미소수뇌회담
1960	(소)제중국 기술자의 인양통고, 인민공사의 삼급(三級) 소유제	'동원반란진정시기임시조항' 수정, 레이전(雷震) 체포, 농지재국확	신미일안보조약, 이케다 하야토(池勇人) 내각, 민주사회당 결성	3·15 부정선거, 4·19 혁명, 제2공화국 수립	OECD 창립
1961	조정정책(調整政策), 우한(吳晗) '해서면관(海瑞免官)'		한일회담	5·16 군사쿠데타	
1962	마오쩌둥 '계급투쟁계속론', 중·인도 국경분쟁		'중의장기총무위임무에 관한 각서'	김종필·오히라(大平) 회담	
1963	'레이펑(雷鋒) 학습' 운동, 농촌사회주의교육운동, 중·소 공개 논쟁	반일운동	사토 에이사쿠(佐藤榮作) 내각, 제18회 도쿄 올림픽	제3공화국	아프리카 통일기구 성립, (미) 케네디 암살
1964	마오쩌둥, 내륙부 건설 방침, 최초의 핵실험	스먼(石門)댐 준공		한일회담 반대 데모(6·3 사태), 베트남 파병	(미) 베트남 전쟁 개입, 쿠바 위기

연도	중국	타이완	일본	한국	세계
1965	린뱌오(林彪), 인민전쟁승리만세, 야오원위안(姚文元), 문회보논문(文匯報論文)	(미) 경제원조 계획 종료	한일기본조약		(미) 북베트남 폭격(北爆) 개시, 인도네시아 정변
1966	5·16 통지, 프롤레타리아 문화대혁명	수출가공구(輸出加工區) 설치	건국기념일 제정	한미행정협정	(프) NATO 탈퇴
1967	상해 코뮌, 우한 사건	국가안전국 성립	이에나가 사부로(家永三郞) 교과서 재판		EC 성립, ASEAN 결성
1968	혁명위원회 성립, 류사오치(劉少奇) 제명 결의	9년제 국민의무교육	메이지 100주년 기념식(明治百年式典)	무장 공비 31명 서울 침입, 국민교육헌장	(미) 북베트남 폭격(北爆) 정지, 체코 사건
1969	중·소 국경분쟁, 중공 9전 대회, 류사오치 옥사		사토(佐藤)·닉슨 공동성명	삼선개헌	(미) 아폴로 달 착륙
1970	최초의 인공위성, 천보다(陳伯達) 비판			전태일 분신	핵확산방지조약, (미) 캄보디아 침공
1971	린뱌오(林彪) 사건, 중국 국제연합 복귀	'바오댜오(保釣) 운동', 국제연합 탈퇴		제7대 대통령 선거, 광주대단지 사건	(미) 金·달러 교환 정지
1972	닉슨 방중, 다나카(田中角榮) 총리 방중	일본과 단교(斷交)	오키나와(沖繩) 반환, 중·일 국교정상화	7·4 남북공동성명, 10월 유신, 제4공화국 수립	(미) 워터게이트 사건
1973	덩샤오핑(鄧小平) 부활, 중공 10전대회(사인방 대두)	'10대 건설(十大建設)'	김대중 사건	박정희 6·23 선언 (평화통일외교)	베트남 평화협정, 석유위기
1974	비림비공(批林批孔) 운동, 덩샤오핑 '제3세계론', 리이저(李一哲) 대자보		다나카 가쿠에이(田中角榮) 총리, ASEAN 역방(歷訪)	대통령 긴급조치	
1975	75년 헌법	장제스(蔣介石) 사망, 옌자간(嚴家淦) 총통			베트남 전쟁 종결, 제1회 G7 회담
1976	저우언라이(周恩來) 사망, 톈안먼 사건, 마오쩌둥 사망, 사인방 체포	타이완·중국 개항	록히드 사건	'민주구국선언'	남·북 베트남 통일

연도	중국	타이완	일본	한국	세계
1977	덩샤오핑(鄧小平) 부활, 중공 11전대회	중리사건(中壢事件)		대학생 유신 철폐 민주 회복 요구 시위	베트남·캄보디아 분쟁
1978	78년 헌법, 진리기준논쟁(眞理基準論爭), 중공 12기 삼중전회	장징궈(蔣經國) 총통, 남북고속도로 전구 간 개통	중일평화우호조약		베트남 최고 대항 귀국
1979	중미국교, 웨이징성(魏京生) 체포, 민주의 벽 폐쇄	미국-타이완 단교, 메이리다오 사건(美麗島事件, 가오슝(高雄) 사건)	원호법(元號法), 대중 ODA(공적 개발 원조) 개시	부마항쟁, 10·26 박정희 암살 사건	이란·이슬람 혁명, (영)대처 총리
1980	류사오치(劉少奇) 명예회복, 선전(深圳) 등 경제 특구 설치	북회철도 개통 신주(新竹) 공업단지 조업개시		광주민주화운동	이집트·이스라엘 국교, 이란·이라크 전쟁
1981	린뱌오(林彪)·사인방(四人帮) 재판, 역사 결의	국민당 '삼민주의(三民主義)에 의한 중국통일'안	중국 잔류 고아 첫 일본 방문	제5공화국 수립, 전두환 대통령 미국 방문	(미)로널드 레이건 대통령, 사다트 암살
1982	82년 헌법, 중공 12전대회	장징궈 '대중삼불정책 對中 不政策'	나카소네(中曾根) 총리 방한(訪韓), 역사교과서 문제	부산 미국문화원 방화 사건	(소)브레즈네프 사망, 포클랜드 분쟁
1983	중공, 정당공의(整黨決議)	장난(江南) 사건		KAL기 격추, 아웅산 폭발 사건	바웬사, 노벨평화상
1984	국영기업 개혁 결정, 당샤오핑 '일국양제(一國兩制)' 제기, 중국 영국 홍콩 공동성명		전두환 대통령 방일(訪日)	대학생 시위 격화	인디라 간디 암살
1985	인민공사 해체, 향(鄉) 정부 수립		나카소네 총리 야스쿠니 신사 공식 참배	제12대 국회의원 선거	플라자 합의
1986	의무교육법, 허페이(合肥) 학생 운동, 사회주의 정신문명	'반두쟁' 시위, 민진당(民進黨) 결성		신민당 개헌운동 선언, 5·3 인천사건	플리핀 혁명, (소)체르노빌 사고, (소)블라디보스토크 제안
1987	후야오방(胡耀邦) 사임, 중공 13전대회	계엄령 해제, 대륙 친족 방문 해제	다케시타(竹下) 내각	대통령선거(노태우 당선)	(소)페레스트로이카 정책, ASEAN, 마닐라 선언
1988	보도금지 해제, 장징궈 사망, 리덩후이(李登輝) 총통		다케시타 방중(訪中), 엔차관(円借款)	제6공화국 수립, 제13대 국회의원 선거, 7·7 선언, 서울올림픽	(소)아프가니스탄에서 철수, 이란·이라크 전쟁 종결

연도	중국	타이완	일본	한국	세계
1989	후야오방 사망, 톈안먼 사건, 장쩌민 총서기, 덩리췬 리라, 노벨평화상		쇼와천황 사망	한민족공동체통일방안	베를린 장벽 붕괴, 몰타 회의
1990	푸둥(浦東) 개발 승인, 홍콩기본법(초안)			민자당 결성, 남북총리회담	이라크군, 쿠웨이트 침공, 독일 통일
1991	애국주의 교육 캠페인	'동원감란 시기(動員戡亂時期)' 종결, '만년국회(萬年國會)' 폐지	김학순, 도쿄 지방에 제소	(한·소) 한소정상회담, (남북) 유엔 가입, 한반도 비핵화 선언	아파르트헤이트 폐지, 소련 해체
1992	덩샤오핑 남방 시찰, 한중국교 수립, 중공 14전대회(사회주의시장 경제)	9·2 컨센서스	PKO 법안, 천황 중국 방문	제14대 국회의원 선거, 제14대 대통령 선거(김영삼 당선)	유고슬라비아 해체, 세계기록유산 시작
1993	중국-베트남 국경 협정	제1회 구전푸(辜振甫)·왕다오한(汪道涵) 회담	55년체제 붕괴, 고노 담화	금융실명제, (북) NPT 탈퇴 선언	마스트리히트 조약, 제1회 APEC 정상회담
1994	외화태환권(外貨兌換券) 발행 정지, 싼샤(三峽)댐 착공	통일시험(統一試驗)에서 '성민주의' 과목 폐지	한신(阪神)·아와지(淡路) 대지진 무라야마 담화	김일성 사망, 김정일 정권 세습	
1995	홍콩 일별평의회 선거, 중미정상회담, '장8점(江8點)'[대(對)타이완 정책]	2·28 사건 기념비(리덩후이 공식 사과), '리6조李6條'(대중국정책), 리덩후이 방미(訪美)			WTO 출범
1996	타이완 부근에서 군사 훈련, 장쩌민 주석 방한(訪韓)	총통 직선 선거(리덩후이 당선)	미일 안전보장선언	OECD 가입	제1회 ASEM, 포괄적 핵실험 금지 조약
1997	덩샤오핑 사망, 홍콩 반환, 중공 15전대회(鄧小平理論)	중국교과서 「타이완을 알자」 채택	미일 신가이드 라인, '새로운 교과서를 만드는 모임' 결성		암스테르담 조약, 동아시아 통화 위기
1998	주룽지(朱鎔基) 총리 취임, 춘민위 원회(村民委員會) 조직법, 중일연합선언			김대중 정부 출범	(미) 양국 관계에서 '3개의 No'

연도	중국	타이완	일본	한국	세계
1999	마카오 반환, 유고슬라비아 대사관 오폭[誤爆] 사건	지방자치법, 리덩후이 '이국론[二國論]' 오국론	국기국가법[國旗國歌法]		단일 통화 유로 도입, ASEAN 10 출범
2000	서부 대개발, 『타이완 백서』	천수이볜[陳水扁] 총통, 중국에 '5개의 No' 표명	(중) 주룽지 총리 방일	1차 남북정상회담, 경의선 복구 공사 개시	
2001	상하이 협력 기구 설립, 08년 카타르 경 올림픽 결정, WTO 가입	소3통[小三通] 해금, 민진당 약진	고이즈미 총리, 야스쿠니 참배, 역사교과서 문제		(미) 9·11 사건, (미·영) 아프가니스탄 공격
2002	중공 16전대회[후진타오 총서기], 남수북조[南水北調] 프로젝트	WTO 가입, 천수이볜 '일변일국[一邊一國]' 주장	고이즈미 총리, 북한 방문	노무현 정부 출범, (북) 6자회담 개시	월드컵 한일 공동 개최, 동티모르 독립
2003	원자바오[溫家寶] 총리, 순즈강[孫志剛] 사건, 선저우[神舟] 5호	'TAIWAN' 표기된 새 여권 발행, '국명[國名]' 변경 요구 시위		반민족행위진상규명법	한·중·일 정상회담 공동선언(발리)
2004	'사회주의화해사회[社會主義和諧社會]' 제창	천수이볜 재선			EU 25개국으로 확대, ASEAN+3 정상회담
2005	반국가분열법[反國家分列法], 반일 시위, '삼농[三農](농촌, 농민, 농업) 제기	국민당 주석 롄잔[連戰] 방중, 헌법개정안 국민대회에서 채택			'교토의정서' 발효, 쿠알라룸푸르 선언
2006	농업세 폐지, 칭짱 철도[靑藏鐵道] 개통	양안 직항편 운항 개시, 천수이볜 총통 파면안, '9·5 잠강[九五暫編]'			(북) 미사일 발사
2007	중공 18전대회, 물권법[物權法]	'정상국가 결의문[正常國家決議文]'	원자바오 총리 방일	2차 남북정상회담 고등학교 과목 선택 과목 '동아시아사' 신설	EU 27개국으로 확대
2008	티베트 소요, 중일 연합 성명, 쓰촨[四川] 대지진, 베이징 올림픽, 08 헌장	마잉주[馬英九] 총통, 후진타오 양안 관계에 관한 여섯 항목 제안	만두 사건		(미) 리먼 파산, G20 긴급정상회담
2009	위구르 소요	'양안 경제협력기본협정' 협상 개시	민주당 정권		(미) 오바마 대통령

연도	중국	타이완	일본	한국	세계
2010	상하이 엑스포, 센카쿠(尖閣)에서 어선 충돌, 류사오보(劉曉波) 노벨 평화상; GDP 세계 2위	저출산, 양안인 서로 관광사무소를 설치		(북) 김정일 사망, 김정은 정권 세습 일본군위안부 소녀상 설립 (서울)	
2011	고속철도 사고		동일본 대지진		
2012	보시라이(薄熙來) 사건, 센카쿠 국유화에 대한 반일 시위, 중공 18전대회[시진핑(習近平) 총서기]		2차 아베 내각		
2013	베이징 PM 2.5 문제, 동중국해 방공식별권(防空識別圈) 설정			박근혜 정부 출범	
2014	'항일전승·난징추모(抗日戰勝南京追慕)' 기념일 제정, 중공정상회담	해바라기 학생 운동(3·18 太陽花學運)			(러) 크리미아 편입
2015	1인 1자녀 정책 폐지, 시진핑-마잉주 회담(習馬會談), 위안화 SDR 결정		안보관련법 통과(선제공격으로 전쟁 가능), 아베 총리 전후 70주년 담화, TPP 합의	(한일) 일본군위안부 합의	ASEAN 경제 공동체
2016	아시아 인프라 투자은행(AIIB) 설립	차이잉원 총통	오바마 미국 대통령 히로시마 방문		남중국해 중재 재판 판결
2017	중공 19전대회			일본군 위안부 소녀상(부산) 문제인 정부 출범	(미) 트럼프 대통령

내셔널리즘 17, 21, 131, 134, 137, 163~
164, 169, 174, 177, 179~181, 188, 191,
195, 228

ㄷ

대(對)소 일변도 84
대동아공영권 168, 177~179
대동아전쟁 162, 165, 175
대아시아주의 175, 178~179, 245
대응적 방어 204~207, 218
대중국사관(大中國史觀) 223
데모크라시(democracy) 55~56
도광양회(韜光養晦) 16
도쿄 재판 158, 165, 218, 319
도쿄 재판 사관 218, 222, 319
독립자주 97~98, 100, 241, 244
동남아시아조약기구(SEATO) 108
동북 변경의 역사와 현상에 대한 계열 연구
공정(東北邊疆歷史與現狀系列硏究工
程) 25
동아시아 역사상 301, 304~305, 308
동아시아공동체 162, 183, 192, 291, 293~
297, 300~301, 307~309, 311~312, 318~
320
동아시아사(East Asian History) 316

ㄹ

러일전쟁 118, 131, 169, 174, 248, 264~
265, 273

ㅁ

마르크스·레닌주의 64, 75, 77
만주국 121, 138~139, 170, 267
만주사변 27, 39~40, 119~120, 122, 132,
134, 136~137, 139, 176, 249~250, 280
매국노 256
무라야마 담화 17, 27, 30
문화대혁명 46, 56~58, 292
미일안보조약 101, 319
미일화친조약 209
미국·중화민국 상호방위조약 108
민국사관 38, 47~49, 52
『미래를 여는 역사』 202~203, 230~231, 295,
310, 312, 314, 318~320
민족제국주의 212
민족통일전선 80
민주당파 40, 49, 77, 79~87, 89
민주집중제 67
민주화 15, 22~25, 40, 47, 56, 68, 94, 202,
223, 232~233, 237, 272, 277, 279, 288
민진당(民進黨) 22, 233, 238

ㅂ

반둥 회의 96, 107~110, 112, 163
반둥 10원칙 111, 163
반식민지·반봉건 사회 44~45, 49, 101, 241

찾아보기(인명)

지은이(수록순)

다나카 히토시(田中仁)

일본 오사카 대학(大阪大學) 대학원 법학연구과 교수이며, 전공 분야는 20세기 중국 정치와 중국 지역 연구이다. 주요 논저로『共進化する現代中國硏究 — 地域硏究の新たなプラットフォーム』(편저, 大阪: 大阪大學出版會, 2012),『新·圖說中國近現代史 — 日中新時代』(공저, 京都: 法律文化社, 2012),『1930年代中國政治史硏究: 中國共産黨の危機と再生』(東京: 勁草書房, 2002) 등이 있다.

가네코 하지메(金子肇)

일본 히로시마 대학(廣島大學) 대학원 문학연구과 교수이며, 전공 분야는 중국 근현대사이다. 주요 논저로「民意に服さぬ代表」(深町英夫 編,『中國議會100年史: 誰が誰を代表してきたのか』, 東京大學出版會, 2015),「民國初期の改革と政治的統合の隘路」(辛亥革命百周年記念論集編纂委員會 編,『總合研究辛亥革命』, 東京: 岩波書店, 2012),『近代中國の中央と地方: 民國前期の國家統合と行財政』(東京: 汲古書院, 2008) 등이 있다.

미즈하 노부오(水羽信男)

일본 히로시마 대학 대학원 총합과학연구과 교수이며, 전공 분야는 중국 근현대사이다. 주요 논저로「一九三〇~四〇年代中國のリベラリズム」(石垃知章 編,『現代中國のリベラリズム思潮: 1920年代から2015年まで』, 東京: 藤原書店, 2015),『中國の愛國と民主: 章乃器とその時代』(東京: 汲古書院, 2012),『中國近代のリベラリズム』(東京: 東方書店, 2007) 등이 있다.

마루야마 고지(丸山鋼二)

일본 분쿄 대학(文教大學) 국제학부 부교수이며, 전공 분야는 전후 만주사, 중국공산당사, 중화인민공화국사이다. 주요 논저로「共和國成立期の軍事戰略と軍需産業」(久保亨 編著,『1949年前期の中國』, 東京: 汲古書院, 2006),「戰後滿州における中共軍の武器調達: ソ連軍の"暗默の協力"をめぐって」(江夏由樹·中見立夫 外 編,『近代中國東北地域史研究の新視角』, 東京: 山川出版社, 2005),「中國共産黨『滿州戰略』の第一次轉換: 滿州における"大都市奪取"戰略の復活」(≪アジア研究≫, 39-1, 1992) 등이 있다.

요시다 도요코(吉田豊子)

일본 교토 산업대학(京都産業大學) 외국어학부 부교수이며, 전공 분야는 중국 근현대 정치·외교사, 동아시아 국제관계사, 아시아 냉전사이다. 주요 논저로 「ソ連と中國: 同盟, 對立, そして戰略的パートナーシップへ」(下斗米伸夫 編著, 『ロシアの歷史を知るための50章』, 東京: 明石書店, 2016), 「試析建國初期中國的"和平共處"政策與蘇聯」(徐藍 主編, 『近現代國際關係史研究』 第9輯, 北京: 世界知識出版社, 2016), 「民族主義與現實主義之間的權衡與抉擇: 再議1945年中蘇條約締結過程中國民政府之因應」(張俊義·陳紅民 主編, 『近代中外關係史研究』 第6輯, 北京: 社會科學文獻出版社, 2015) 등이 있다.

마쓰시게 미쓰히로(松重充浩)

니혼 대학(日本大學) 문리학부 교수이며, 전공 분야는 중국 근대사이다. 주요 논저로 『二O世紀滿州歷史事典』(공저, 東京: 吉川弘文館, 2012), 「營口」(安富步·深尾葉子 編, 『「滿州」の成立― 森林の消盡と近代空間の形成』, 名古屋大學出版會, 2009), 「戰前·戰中期高等商業學校の調査」[末廣昭 編, 『地域研究としてのアジア』(「帝國」日本の學知 第6卷), 東京: 岩波書店, 2006] 등이 있다.

다카하시 게이키치(高橋慶吉)

일본 오사카 대학 대학원 법학연구과 부교수이며, 전공 분야는 미국 외교사이다. 주요 논저로 「G·F·ケナンと臺灣防衛政策の起源」(≪阪大法學≫, 63-3·4, 2013), 「占領期美國の對日經濟援助政策の形成―對日占領政策の轉換過程に見る中國要因(≪阪大法學≫, 58-5, 2009), 「美國外交における中國大國化構想の挫折 ― 一九四八年對外援助法を中心に」, ≪阪大法學≫, 56-3, 2006) 등이 있다.

다키구치 쓰요시(瀧口剛)

일본 오사카 대학 대학원 법학연구과 교수이며, 전공 분야는 일본 정치사이다. 주요 논저로 「平生釟三郎と政財界」(安西敏三 編, 『現代日本と平生釟三郎』, 東京: 晃洋書房, 2015), 「自由通商運動と滿州事變(≪阪大法學≫, 64-3·4, 2014), 「日英通商航海條約改定交涉と第1次世界大戰後の通商政策:自由通商と保護關稅·特惠關稅·滿州問題の交錯」(≪阪大法學≫, 63-3·4, 2013) 등이 있다.

류훙(劉宏)

싱가포르 난양 이공대학(南洋理工大學) 인문사회과학학원 원장이며, 전공 분야는 동아시아 정치사이다. 주요 논저로『跨界亞洲的理念與實踐: 中國模式, 華人網絡, 國際關係』(南京大學出版社, 2013),「近代中國の南洋觀と越境するアジア像: ≪南洋群島商業研究會雜紙≫を中心に」(松浦正孝 編著,『アジア主義は何を語るのか: 記憶・權力・價値』, 東京: ミネルヴァ書房, 2013), *China and the Shaping of Indonesia, 1959-1965* (National University of Singapore Press and Kyoto University Press, 2011) 등이 있다.

유용태(柳鏞泰)

서울대학교 사범대학 역사교육과 교수이며, 전공 분야는 동아시아 근현대사이다. 주요 논저로『환호 속의 경종: 동아시아 역사인식과 역사교육의 성찰』(휴머니스트, 2006),『함께 읽는 동아시아 근현대사』(공저, 창비, 2010/2011),『직업대표제, 근대중국의 민주유산』(서울대학교출판문화원, 2011; 중문판 2017),『동아시아의 농지개혁과 토지혁명』(편저, 서울대학교출판문화원, 2014),『동아시아사를 보는 눈』(서울대학교출판문화원, 2017) 등이 있다.

쉬위밍(許育銘)

타이완 둥화 대학(東華大學) 역사학과 부교수이며, 전공 분야는 중국 근현대사이다. 주요 논저로「近代の臺灣と日本」(土田哲夫 編,『近現代東アジアと日本: 交流・相剋・共同體』, 東京: 中央大學出版部, 2016),「戰後臺琉關係の再構築: 1957年前後を中心に」(田中仁 外 編,『共進化する現代中國研究』, 大阪大學出版會, 2012),『汪兆銘與國民政府1931至1936年 — 對日問題下的政治變動』(臺北: 國史館, 1999) 등이 있다.

장페이(江沛)

중국 난카이 대학(南開大學) 역사학원 교수이며, 전공 분야는 중국 근현대사이다. 주요 논저로「交通システムと近代山東における經濟貿易中心の轉移」(田中仁 外 編,『共進化する現代中國研究』, 大阪大學出版會, 2012),『日僞"治安强化運動"研究』(天津: 南開大學出版社, 2006),『戰國策派思潮研究』(天津人民出版社, 2001) 등이 있다.

아사노 도요미(淺野豊美)

일본 와세다 대학(早稻田大學) 정치경제학술원 교수이며, 전공 분야는 동아시아 국제관계사이다. 주요 논저로 『前後日本の賠償問題と東アジア地域再編: 請求權と歷史認識問題の起源』(편저, 慈學社, 2013), 『歷史としての日韓國交正常化』(공편, 法政大學出版局, 2011), 『日韓國交正常化問題資料』(全 11卷)(공편, 現代史料出版, 2010~), 『帝國日本の植民地法制: 法域統合と帝國秩序』(名古屋大學出版會, 2008), ≪植民地帝國日本の法的展開≫(공편, 信山社, 2004) 등이 있다.

가사하라 도쿠시(笠原十九司)

쓰루 문과대학(都留文科大學) 명예교수이며, 전공 분야는 중국 현대사이다. 주요 논저로 『アジアの中の日本軍 ― 戰爭責任と歷史・歷史教育』(大月書店, 1994), 『南京事件と日本人 ― 戰爭の記憶をめぐるナショナリズムとグローバリズム』(柏書房, 2002), 『體驗者27人が語る南京事件 ― 虐殺の「その時」とその後の人生』(高文研, 2006), 『南京事件論爭史―日本人は史實をどう認識してきたか』(平凡社新書, 2007), 『第一次世界大戰期の中國民族運動』(汲古書院, 2014) 등이 있다.

옮긴이

김은영(金銀英)
서울대학교 대학원 역사교육과 박사 수료

정동연(鄭東然)
서울대학교 대학원 역사교육과 박사 과정

정세련(鄭世蓮)
서울대학교 대학원 역사교육과 박사 과정

김성현(金聖玹)
서울대학교 대학원 역사교육과 박사 과정

윤현상(尹現相)
서울대학교 대학원 국사학과 박사 과정

이용운(李龍雲)
서울대학교 대학원 동양사학과 박사 과정

한울아카데미 2094

21세기 동아시아와 역사 문제
사색과 대화를 위한 강의

ⓒ 다나카 히토시·유용태, 2018

엮은이 | 다나카 히토시·유용태
펴낸이 | 김종수
펴낸곳 | 한울엠플러스(주)
편집책임 | 최진희

초판 1쇄 인쇄 | 2018년 8월 20일
초판 1쇄 발행 | 2018년 8월 27일

주소 | 10881 경기도 파주시 광인사길 153 한울시소빌딩 3층
전화 | 031-955-0655
팩스 | 031-955-0656
홈페이지 | www.hanulmplus.kr
등록 | 제406-2015-000143호

Printed in Korea.
ISBN 978-89-460-7094-3 93910(양장)
      978-89-460-6518-5 93910(반양장)

* 책값은 겉표지에 표시되어 있습니다.